평신도를 위한
쉬운 이사야 1권

평신도를 위한 쉬운 이사야 1

저자 양형주

초판 1쇄 발행 2022. 10. 7.

발행처 도서출판 브니엘
발행인 권혁선

책임편집 김지연
책임교정 조은경

등록번호 서울 제2006-50호
등록일자 2006. 9. 11.

서울특별시 송파구 백제고분로28길 25 B101호 (05590)
마케팅부 02)421-3436
편집부 02)421-3487
팩시밀리 02)421-3438

ISBN 979-11-90308-84-7 04230
979-11-90308-83-0 (세트)

독자의견 02)421-3487
이메일 editorkhs@empal.com

북카페 주소 cafe.naver.com/penielpub.cafe
인스타그램 @peniel_books

도서출판 브니엘은 독자들의 원고를 설레는 마음으로 기다리고 있습니다.
위의 이메일로 간단한 기획 내용 및 원고, 연락처 등을 보내주십시오.

도서출판 브니엘은 갓구운 빵처럼 항상 신선한 책만을 고집합니다.

「 평신도 눈높이에 딱 맞춘 정곡을 꿰뚫는 쉽고 바른 해설서! 」

평신도를 위한 쉬운 이사야

유다 왕 웃시야와 요담과 아하스와 히스기야 시대에
아모스의 아들 이사야가 유다와 예루살렘에 관하여 본 계시라
하늘이여 들으라 땅이여 귀를 기울이라 여호와께서 말씀하시기를
내가 자식을 양육하였거늘 그들이 나를 거역하였도다
소는 그 임자를 알고 나귀는 그 주인의 구유를 알건마는
이스라엘은 알지 못하고 나의 백성은 깨닫지 못하는도다 하셨도다
슬프다 범죄한 나라요 허물 진 백성이요 행악의 종자요
행위가 부패한 자식이로다 그들이 여호와를 버리며
이스라엘의 거룩하신 이를 만홀히 여겨 멀리하고 물러갔도다
너희가 어찌하여 매를 더 맞으려고 패역을 거듭하느냐
온 머리는 병들었고 온 마음은 피곤하였으며 발바닥에서 머리까지
성한 곳이 없이 상한 것과 터진 것과 새로 맞은 흔적뿐이거늘
그것을 짜며 싸매며 기름으로 부드럽게 함을 받지 못하였도다
너희의 땅은 황폐하였고 너희의 성읍들은 불에 탔고
너희의 토지는 너희 목전에서 이방인에게 삼켜졌으며
이방인에게 파괴됨같이 황폐하였고 딸 시온은 포도원의 망대같이,
참외밭의 원두막같이, 에워 싼 성읍같이 겨우 남았도다
기쁨과 즐거움을 얻으리니 슬픔과 탄식이 사라지리로다

양형주 | 지음

브니엘

| 프롤로그 |

이사야서는 구약성경 가운데 예수 그리스도를 가장 풍성하게 전달하는 웅장한 책이다. 신약성경이 인용하는 구약성경 중에 이사야가 가장 큰 비중을 차지하고 있다는 사실은 이를 잘 보여준다. 이사야는 그 분량에서도 예언서 중 가장 방대하다. 하지만 이런 이사야를 잘 이해하고 그 안에 담겨있는 풍성한 메시지를 읽어내는 것은 결코 만만치 않다. 우리에게 익숙한 이사야 소명을 다룬 6장, 고난받는 메시아를 다룬 53장, 예수님의 사명 선언문으로 알려진 61장 등 몇몇 장을 제외하곤 이사야서를 능숙하게 읽고 메시지를 파악하는 일이 쉽지 않다.

이사야를 제대로 이해하려면 이사야 전체 구조를 파악하는 가운데 단락의 흐름을 이해하는 것은 물론이거니와 이사야서의 역사적 배경에 대한 이해, 그리고 난해하게 느껴지는 표현을 오늘의 우리 상황에 맞추어 적절하게 이해하는 작업과 함께 그 안에 감추어진 그리스도를 찾는 작업이 병행되어야 하기 때문이다.

감사하게도 나에게는 그동안 이사야서를 붙들고 씨름할 기회가 몇 차례 있었다. 대전도안교회 새벽예배 때 이사야 전체를 두 번 정도 설교했고, 또 수요기도회 때도 1년이 넘게 이사야 전체를 설교할 기회가 있었다. 이를 통해 이사야서를 더욱 깊고 풍성하게 이해하게 되었고, 이를 성도들이 쉽게 접근할 수 있도록 정리하였다. 이런 과정을 통해 여기 「평신도를 위한 쉬운 이사야」를 내놓는다. 이는 하나님께서 우리에게 주신 귀한 이사야 말씀을 쉽고 풍성하게 이해하기 위한 하나의 시도이다. 부디 이 시도가 하나님이 주신 이사야 말씀을 이해하는 데 디딤돌이 되기를 바란다. 특별히 부족한 초고를 읽고 교정을 봐준 대전도안교회 주정환, 최고은, 김성혁 목사에게 감사의 말씀을 전한다. 본서가 태초부터 우리를 향한 하나님의 놀라운 구원 경륜을 더 깊고 풍성하게 이해하는 데 도움이 되길 바란다. 모든 영광을 하나님께 올려 드린다.

글쓴이 양형주

C·O·N·T·E·N·T·S

차 례

Part 2.
심판 중의 은혜

Part 3.
열방에 대한 심판

Part 4.
유다와 예루살렘에 임할 심판과 구원

부록.

[P·A·R·T·1]

유다의 범죄와 심판

하늘 비전으로 보라 | 하나님의 집요한 징계

오라, 우리가 변론하자 | 신실함을 굳게 지키라

시온산의 비전을 품으라

인생의 정점에서 무엇을 볼 것인가

지도자의 자신감은 어디서 오는가

성도가 가져야 할 자신감 | 절망 중에 희망을 노래하라

극상품 포도나무로 살아가려면

들포도의 정체를 밝히라

01 Chapter 1. Isaiah 1:1-3

하늘 비전으로 보라

[1]유다 왕 웃시야와 요담과 아하스와 히스기야시대에 아모스의 아들 이사야가 유다와 예루살렘에 관하여 본 계시라. [2]하늘이여 들으라. 땅이여 귀를 기울이라. 여호와께서 말씀하시기를 내가 자식을 양육하였거늘 그들이 나를 거역하였도다. [3]소는 그 임자를 알고 나귀는 그 주인의 구유를 알건마는 이스라엘은 알지 못하고 나의 백성은 깨닫지 못하는도다 하셨도다.

팔레스타인 한가운데를 관통하는 중앙 산지 북단에 위치한 도단성에 아침이 밝았다. 하나님의 사람을 섬기는 종이 일찍 일어나 성 밖을 내다보고는 화들짝 놀랐다. 간밤에 적군 아람의 군대가 몰래 쳐들어와 하나님의 사람을 잡으려고 수많은 병사와 말과 병거로 도단성을 겹겹이 둘러 진 치고 있었기 때문이다. 한눈에 봐도 전의를 상실하게 하는 엄청난 전투 병력이었다. 너무나도 공포스럽고 절망스러운 이 장면 앞에 종은 그만 뒷걸음치다 곧바로 하나님의 사람에게 달려갔다.

"아아 주인님, 큰일 났습니다! 이제 우리는 어찌해야 합니까?"

그러자 하나님의 사람이 말했다.

"두려워하지 말라! 우리 편이 그들보다 많다!"

아니, 이게 무슨 뚱딴지같은 소리인가? 겹겹이 둘러싼 어마어마한 군대를 방금 자기 두 눈으로 분명히 보고 왔다. 어떻게 한낱 작은 성읍인 도단의 병사가 더 많다고 할 수 있는가? 도저히 이해할 수 없는 허풍 같은 말이었다. 그러나 하나님의 사람이 기도하자 그 말이 허풍이 아니라 사실임을 확인할 수 있었다.

"하나님, 간구하오니 저 시종의 눈을 열어 보게 해주십시오."

종의 눈이 열리자 그의 눈에 무엇인가 보였다. 자세히 보니 지금 도단 주변 산기슭에 하늘에서 온 불전차와 불말이 천군 천사들과 함께 가득하여 하나님의 사람을 둘러싸 지키고 있는 것이 아닌가! 종의 눈에는 두려운 현실만 보였지만 하나님의 사람 눈에는 이를 압도하는 하늘의 현실이 함께 보였던 것이다. 이쯤이면 이들이 누구인지 짐작할 것이다. 하나님의 사람은 엘리야, 종은 게하시다(왕하 6:13-17, 새번역 참조).

본문 1절은 이사야서를 다음과 같이 소개한다.

"유다 왕 웃시야와 요담과 아하스와 히스기야시대에 아모스의 아들 이사야가 유다와 예루살렘에 관하여 본 계시라"(사 1:1).

이사야서는 선지자 이사야가 유다와 예루살렘에 관하여 본 계시다. 여기 '계시'(히. 하존)는 '본다'(히. 하자)는 동사에서 파생된 단어로, 대부분의 영어성경에는 '비전'(vision)으로, 한글성경에는 '이상'(새번역), '환상'(현대인의 성경), '묵시' 등으로 번역되었다. 본다는 의미의 히브리 동사 '하자'는 단순히 보는 행위 이상의 의미가 있는데, 이는 응시하고 분석적으로 보는 행위를 포함한다. 따라서 여기 이사야가 받은 계시는 이스라엘의 현실을 하나님의 관점으로 재구성한 현실로 보는 것을 의미한다. 하나님의 비전은 종종 우리의 현실을 역전시킨다. 현실에서는 하나님의 손길이 보이지 않고 암담한데, 도단성의 엘리야와 같이 계시의 관점에서 보니 하나님의 놀라운 손길이 함께하며 구원의 역사가 일어나는 것이다. 반대로 현실에서는 평안한데 하나님의 현실에서 보면 위기이고 회개해야 할 때도 있다. 이러한 계시는 하나님의 통치와 경륜에 따라 우리의 현실을 새롭게 한다.

이사야의 때(주전 739-701년)에 이러한 계시가 필요한 이유가 무엇이었을까? 유다의 왕들, 즉 웃시야, 요담, 아하스, 히스기야시대를 거치며 남유다가 풍전등화의 위기에 계속해서 노출되었기 때문이다. 이 시기는 잠자던 호랑이가 깨어나는 시기였다. 잠자던 호랑이는 당시 고대 근동을 지배하던 앗수르를 말한다. 앗수르는 약 78년간(주전 823-745년) 무능한 황제들이 연달아 집권했다. 이들은 제국을 유지하는 것조차 버거워했다. 제국의 힘은 급속도로 약화되었고 앗수르의 통치에 숨죽이며 살던 주변 나라들은 숨통이 트이는 시기였다. 이 기간 유다와 이스라엘도 이런 분위기 덕에 다윗과 솔로몬 통치 이래로 누려보지 못했던 큰 평화와 번영을 누렸다.

이 시기의 끝 무렵에 바로 제10대 유다 왕 웃시야가 통치하고 있었다. 웃시야는 52년간 남유다 왕국을 통치했는데, 이는 제14대 왕 므낫세의 55년 재위를 제외하고 가장 오랜 기간이다. 웃시야가 통치하던 시기 당시 북이스라엘 왕은 13대 왕 여로보암 2세였다. 그 역시 북 왕조 이스라엘 왕 중에 가장 길게 41년간 통치하였다. 계속되는 태평성대는 남북 왕조 모두를 하나님께 가까이하기는커녕 도리어 멀어지게 했다. 하나님이 이들에게 태평성대를 주신 것은 은혜를 베푸시는 하나님께 돌아와 하나님만 섬기도록 하기 위한 것이었다. 그러나 이들은 이런 시기에 하나님을 가까이하지 않고 형식적인 신앙생활과 우상 숭배에 빠졌다. 이런 태평성대의 전성기도 이제 막바지에 이르렀다.

주전 745년 '불왕'(왕하 15:19)으로 알려진 앗수르 왕 디글랏 빌레셀 3세가 즉위하자 오랫동안 잠자던 동방의 제국 앗수르가 깨어났다. 당시 남유다는 10대 왕 웃시야가 통치하고 있었고 북이스라엘은 16대 왕 므나헴이 통치하고 있었다. 디글랏 빌레셀이 막강한 군사를 몰고 북이스라엘에 진격하자 당시 북이스라엘을 통치하던 므나헴(주전 752-741년)은 앗수르의 막강한 군사력에 압도되어 대항 한 번 제대로 못 하고 곧바로 은 천 달란트를 앗수르 왕 불에게 바쳐 겨우 나라를 유지했다(왕하 15:19).

그러나 이것으로 위기가 끝난 것이 아니었다. 불왕 디글랏 빌레셋 3세는 주전 731년 18대 왕 베가(주전 740-732)가 통치하던 북이스라엘을 또다시 침공하였다. 이번에는 가만히 물러가지 않았다. 갈릴리와 납달리 지역 전체를 점령하고 백성을 사로잡아 앗수르로 끌고 갔다(왕하 15:29). 더 나아가 그는 북이스라엘 북쪽의 강성한 이웃 나라 다메섹을 멸망시켰다(주전 732년). 끊임없이 앗수르의 위협에 시달리던 북이스라엘은 급기야 주전 721년 디글랏 빌레셋 3세의 뒤를 이은 살만에셀의 침공으로 멸망하기에 이른다(왕하 17장). 이때 남유다는 히스기야왕(주전 715-687년)이 통치하고 있었다.

이처럼 본문 1절에 등장하는 유다 왕 웃시야(10대), 요담(11대), 아하스(12대), 히스기야(13대)의 시대는 태평성대가 끝나고 북이스라엘뿐 아니라 오랜 경쟁 관계였던 다메섹도 무너지며 국제 정세가 급격히 불안해지는 시기였다. 그러나 이 왕들은 자신의 영적 현실을 제대로 파악하지 못하고 있었다. 이 왕 중 가장 오랜 52년간을 통치했던 웃시야는 하나님이 특별한 은혜로 주시는 태평성대의 기간을 자신이 잘해서 그런 줄 착각하고 있었다. 그의 교만은 급기야 제사장만이 들어갈 수 있는 성소에 들어가 자신이 향단에 분향하려고 시도하는 데까지 이른다. 하나님은 이런 그를 치셔서 나병이 생기게 하셨고, 그는 평생 하나님의 성전에 들어가지 못하고 끊어지게 되었다(대하 26:16-21). 여호와를 경외하는 것이 지혜의 근본이지만(잠언 9:10, 참조 사 1:7), 왕들은 현실만 두려움으로 바라볼 뿐 여호와를 경외하는 마음을 점점 잃어버리고 있었다.

이런 위기 속에 눈에 보이는 것에만 기초하여 현실적인 판단과 결정을 내리면 돌이킬 수 없는 결과를 맞이한다. 이럴 때 정말 필요한 것은 눈에 보이는 대로 따라가는 것이 아니라 현실의 위기에 대한 하나님의 계시(비전)를 통해 현실을 새롭게 바라볼 수 있는 능력을 기르는 것이다. 이처럼 이사야서에서 '계시'는 매우 중요한 역할을 감당하며, 이사야서 전체에 무려 35회나 등장한다.

이런 위기의 시대에 등장한 이사야 선지자의 이름은 특별한 의미를 갖는다. '이사야'는 히브리어 '예사야후'로, 구원을 의미하는 '예사'와 여호와를 의미하는 '야후'가 결합되어 '여호와가 구원하신다'는 뜻을 갖는다. '이사야'라는 이름에 이사야서 메시지의 핵심이 들어 있다. 오직 하나님만이 참된 구원자라는 것이다. 아무리 주변 열강이 협박하고 으스대도 구원은 오직 여호와 하나님밖에 없다. 하지만 유다는 주변 열강이 힘을 자랑하고 협박하면 넘어가기 일쑤였고 이로 인해 이들에게는 점점 고난이 가중되고 있었다.

이사야는 아모스의 아들로도 소개된다. 여기서 아모스는 소선지서 아모스의 저자인 아모스 선지자가 아니다. 이사야의 아버지 아모스는 히브리어 발음 '아모츠'로 아모스 선지자와 발음이 다르다(난하주 1번 참조). 본문의 아모스는 유대 전승에 따르면 왕궁의 서기관으로 알려져 있다. 이사야 선지자도 서기관 출신이며, 그런 신분으로 인해 그가 왕궁에 자주 드나들었을 가능성이 크다.

본문 2절은 하늘 비전을 선언하며 하늘과 땅을 소환하는 것으로 본격적인 계시를 시작한다.

"하늘이여 들으라. 땅이여 귀를 기울이라"(사 1:2).

하늘과 땅을 소환하는 것은 온 피조세계를 증인으로 초대하는 것이다. 이러한 기소는 신명기 32장 1절 이하 모세의 노래에 나오는 계약 기소장(covenant lawsuit) 형식을 연상시킨다.[1] 이는 언약 백성이 하나님 앞에 언약 맹세를 할 때 하늘과 땅을 증인으로 삼았기 때문인데(신 30:19, 31:28-29), 이제 언약에 신실하지 못했던 백성을 향해 증인이 되었던 하늘과 땅이 다시 소환된 것이다.

지금 유다는 자기 눈에 보이는 현실의 위협과 위기만을 볼뿐 자신의 처참한 영적 상황을 온전히 보지 못하고 있다. 온 피조세계가 이스라엘의 처참한 영적 현실에 대한 증인으로 소환된 것은 이런 이스라엘의 영적 현실에 대한 가장 강력한 증인이 되기 때문이다. 하나님은 온 피조세계를 증인으로 소환하고 유다 백성에 대한 고소를 시작한다.

> "여호와께서 말씀하시기를 내가 자식을 양육하였거늘 그들이 나를 거역하였도다. 소는 그 임자를 알고 나귀는 그 주인의 구유를 알건마는 이스라엘은 알지 못하고 나의 백성은 깨닫지 못하는도다 하셨도다"(사 1:2-3).

하나님께서는 이스라엘을 지으셨고 이들을 애굽의 종살이에서 지명하여 불러내셨고 구속하셨고 '내 백성, 내 소유'로 삼아주셨다(사 43:1, 참조 출 19:5-6). 하나님은 이런 이스라엘을 향하여 "내가 내 자식을 양육하였다"라고 하신다. 하나님은 그의 백성을 독수리 날개로 업어 인도하셨다(출 19:4). 그러나 이스라엘은 이런 하나님을 거역하였다. '거역하였다' (히. 파샤)는 국가 간의 조약, 협정, 계약이나 주군과 봉신 혹은 두 계약 당사자 간에 체결한 조약 또는 협정을 깨뜨리거나 충실하지 못한 것을 의미한다(왕하 1:1, 12:19 참조).

하나님이 언약에 불성실한 그의 백성을 기소하는 것은 이대로 가면 유다는 돌이킬 수 없는 패망과 징계를 맛볼 것이기 때문이다. 하나님은 이들을 향하여 소는 그 임자를 알고 나귀는 그 주인의 구유를 알지만 이스라엘은 알지 못하고 깨닫지 못한다고 말씀한다. 소나 나귀는 사람보다 인지능력이 떨어지는 가축이다. 이런 가축도 먹을 것을 주고 키워준 주인을 알아본다. 그러나 이스라엘은 자신의 주인을 알지 못하고 깨닫지 못한다. 여기 '안다' (히. 야다)는 동사는 출애굽의 전 과정을 통해 하나님을 경험하며 아는 것과 같은 체험적 지식을 의미한다(출 6:7). 하나님은 언약 관계 안에서 그 관계를 통해 자신을 계시하셨고 이스라엘은 그런 하나님을 알 수 있었다.[2] '깨닫는다' (히. 빈)는 동사도 마찬가지로 체험적 깨달음과 이해를 의미한다.

지금 이스라엘은 그 지각에 있어서 짐승만도 못한 상태다. 주인을 알지 못하면 주인을 찾지도 않는다. 성경은 이처럼 깨닫는 자도 없고 하나님을 찾지도 않으면 다 치우쳐 함께 무익하게 되고 선을 행하지 않으며 악을 일삼는다고 말씀한다(롬 3:10-18, 시 14:1-4). 이들에게는 하나님을 두려워함이 없다(시 36:1 참조).

하나님이 이들을 기소하시는 이유는 무엇인가? 이들의 불신실함을 압도하는 하나님의 신실하심 때문이다. 하나님은 언약을 깨뜨리고 악을 행하는 이스라엘을 심판하고 이 땅에서 사라지게 하실 수도 있었지만 그들의 조상 아브라함과 이삭과 야곱에게 맺으신 언약으로 인하여 그의 약속을 끝까지 지키려 하신다. 아브라함과 언약을 맺을 때 하나님께서는 타는 횃불이 되어 동물의 쪼갠 사체 사이로 홀로 지나가셨다(창 15:17). 원래 이런 계약에는 계약을 체결하는 당사자 두 사람이 손을 잡고 지나가야 한다. 그러나 하나님은 계약(contract)이 아닌 언약(covenant)을 맺으셨다. 계약은 한쪽이 계약조항에 불성실할 경우 파기된다. 하지만 언약은 다르다. 언약은 한쪽이 연약하여 성실하게 준수하지 못해도, 나머지 한쪽이 끝까지 그 약속을 붙들고 지켜내는 신실함이 전제된다.[3] 홀로 짐승 사이를 지나가신 것은 아브라함과 그의 후손의 불성실함에 상관없이 이 언약을 반드시 이루겠다는 하나님의 신실하심이 전제되어 있기 때문이다. 이러한 언약은 마침내 하나님의 신실하심으로부터 우리로 그분을 신뢰하고 믿게 하는 믿음에 이르게 하는 복음에 최종적으로 드러난다(롬 1:17).

지금 이사야를 통해 이 계시를 주시는 것에는 언약에 신실하시려는 하나님의 안타까운 마음이 담겨 있다. 지금까지 하나님의 특별한 은혜로 태평성대를 누리며 별문제 없이 살아왔던 유다는 하나님이 주신 은혜의 기간을 교만과 헛된 자랑으로 채우며 살았다. 이제 더 이상 나태함은 안 된다. 하나님은 지금 유다의 상태가 심각한 중증 환자임을 진단하신다. 이제 하나님의 영적 현실에 눈떠야 한다. 하늘 비전에 눈뜨라. 그리고 하나님을 알기에 힘쓰는 신실한 백성으로 다시 서야 한다. 그분의 마음을 품고, 그분께 가까이 나아가자!

[1장 각주]

1) 김회권, 「이사야 I」 대한기독교서회창립100주년기념주석 Vol.21(서울: 대한기독교서회, 2006), 99쪽.
2) 존 오스왈트, 이용중 역, 「NICOT 이사야 I」(서울: 부흥과개혁사, 2015), 104쪽..
3) 양형주, 「평신도를 위한 쉬운 로마서」 개정증보2판 (서울: 브니엘, 2022), 50쪽.

02 Chapter 2. Isaiah 1:4-9

하나님의 집요한 징계

*4슬프다. 범죄한 나라요 허물 진 백성이요 행악의 종자요 행위가 부
패한 자식이로다. 그들이 여호와를 버리며 이스라엘의 거룩하신 이
를 만홀히 여겨 멀리하고 물러갔도다. 5너희가 어찌하여 매를 더 맞
으려고 패역을 거듭하느냐. 온 머리는 병들었고 온 마음은 피곤하였
으며 6발바닥에서 머리까지 성한 곳이 없이 상한 것과 터진 것과 새
로 맞은 흔적뿐이거늘 그것을 짜며 싸매며 기름으로 부드럽게 함을
받지 못하였도다. 7너희의 땅은 황폐하였고 너희의 성읍들은 불에 탔
고 너희의 토지는 너희 목전에서 이방인에게 삼켜졌으며 이방인에게
파괴됨같이 황폐하였고 8딸 시온은 포도원의 망대같이, 참외밭의 원
두막같이, 에워싸인 성읍같이 겨우 남았도다. 9만군의 여호와께서 우*

리를 위하여 생존자를 조금 남겨 두지 아니하셨더면 우리가 소돔 같고 고모라 같았으리로다.

성도들과 이야기하다 보면 이따금 '운이 좋았다'는 말을 듣는다. 기도 제목을 부탁해서 함께 기도하다 어떻게 되었냐고 물으면 "정말 운이 좋았다"라고 한다. 또 예기치 못하게 찾아온 어려움 앞에서는 '운이 나빴다'라고도 한다. 신앙생활을 하면서도 왜 운이 좋거나 나쁘다는 생각을 하는 것일까? 그것은 눈에 보이지 않는 하나님의 은밀한 손길보다는 눈에 보이는 현상에 더 집중하기 때문이다. 눈으로 볼 때 순탄하게 이루어지면 이것이 하나님의 역사라는 생각까지는 들지 않는다. 그렇다고 이런 좋은 결과를 얻기는 쉽지 않고 어떻게 설명할 방법이 마땅치 않다. 그러니 원인을 운으로 돌린다. 모든 여건이 다 잘 준비되었는데 결과가 좋지 않을 때도 마찬가지다. 하나님의 손길은 고려하지 않고 다만 '운이 나빴다'고 한다. 이는 우리가 하나님의 은밀한 손길을 간과하기 때문이다.

유다가 그랬다. 웃시야왕 때까지 한창 누리던 태평성대가 어느 순간 사라져 가고 있었다. 사방에 대적이 일어나 유다의 삶을 곤고하게 짓누르기 시작했다. 그러자 이들은 지금까지 그 배후에 역사하며 유다를 붙드셨던 하나님의 손길을 간과했다. 이들은 눈에 보이는 현상만을 보며 환경을 탓하거나 어려울수록 더욱더 우상에게 의지했다. 하지만 유다 백성의 근본적인 문제는 물리적 여건과 환경의 문제가 아니라 그들의 영적 무지였다. 그들은 하나님의 집요한 징계의 손길을 깨닫지 못해 완전히 만신창이에 이르게 된 것이다. 본문은 하나님이 보시는 이스라엘의 영적 현실이 어떠한지 생생하게 계시한다.

> "슬프다. 범죄한 나라요 허물 진 백성이요 행악의 종자요 행위가 부패한 자식이로다. 그들이 여호와를 버리며 이스라엘의 거룩하신 이를 만홀히 여겨 멀리하고 물러갔도다"(사 1:4).

'슬프다'로 시작하는 본문의 첫 탄식은 이들의 심각한 상태를 잘 보여준다. '슬프다'는 이들의 영적 죽음을 내다보며 내뱉는 비탄과 파멸, 슬픔과 죽음의 부르짖음이다.[4] 예루살렘의 멸망을 탄식하며 노래한 예레미야 애가의 시작도 바로 이 '슬프다'는 탄식이다.

> "슬프다. 이 성이여…"(애 1:1).

> "슬프다. 주께서 어찌 그리 진노하사 딸 시온을 구름으로 덮으셨는가…"(애 2:1).

> "슬프다. 어찌 그리 금이 빛을 잃고 순금이 변질하였으며 성소의 돌들이 거리 어귀마다 쏟아졌는고"(애 4:1).

따라서 '슬프다'는 선언은 이스라엘의 영적 죽음을 내다보며 쏟아내는 하나님의 깊은 탄식이다. 그렇다면 탄식의 구체적인 내용은 무엇인가?

"…범죄한 나라요 허물 진 백성이요 행악의 종자요 행위가 부패한 자식이로다"(사 1:4).

'범죄한' 은 히브리어 능동분사형태로 되어 있다. 이는 지속적인 행동의 반복을 의미하는데, 이스라엘이 습관적인 죄를 지속해서 쌓고 있음을 내포한다. 이스라엘은 한 번의 범죄로 망가진 것이 아니라 여러 번 반복적, 습관적으로 죄를 축적해 왔다. 죄가 축적되면 양심이 무감각해지고 그러다 보면 자신을 정당화하고 급기야는 당당해진다. 그러나 이런 가운데 이들은 자기도 모르는 사이 죄의 짐을 점점 무겁게 지는 '허물 진 백성' (a people loaded with guilt, NIV)이 되어가고 있었다. 여기 '진' (히. 케베드) 이란 표현은 '무겁다' (heavy) 는 뜻으로 죄의 짐이 무거움을 표현한다. 하나님은 무거운 죄짐을 진 범죄한 이스라엘을 향하여 '행악의 종자' 라고 하신다. 원래 이스라엘은 축복의 씨, 거룩한 씨가 되어 이스라엘에 뿌려졌어야 했다. 그러나 그들은 행악의 씨를 뿌리고 말았다.

이들은 또한 '행위가 부패한 자식' 이다. '부패했다' (히. 샤하트) 는 썩어버렸다, 망쳤다는 뜻이다. 이스라엘 역사 가운데 하나님의 백성이 썩고 부패하면 보통 이방 군대에 의해 멸망한다. 지금 이스라엘을 부패한 자식으로 묘사하는 것은 이제 유다도 장차 이와 유사한 운명을 맞이할 것을 암시한다.

이런 상태에 있는 이스라엘은 "여호와를 버리고 이스라엘의 거룩하신 이를 만홀히 여겨 멀리하고 물러갔다"(사 1:4). '버렸다' (히. 아자브)는 이혼한다는 뜻으로, 하나님을 버리는 것은 혼인 관계로 비유

되는 하나님과의 언약 관계를 저버렸다는 뜻이다. 이는 곧 배교와 우상 숭배로 이어진다. 또 이들은 이스라엘의 거룩하신 이를 만홀히 여겨 멀리하고 물러갔다. '만홀히 여기다'(히. 나아츠)는 업신여긴다, 또는 멸시한다는 뜻이다(민 14:11,23 참조). '멀리하고 물러갔다'는 것은 여호와에게서 돌아서서 남남이 되어버린 것을 의미한다.[5]

주목할 것은 이들이 업신여기고 돌아선 분이 바로 '이스라엘의 거룩하신 이'라는 것이다. 이 표현은 이사야서에서 하나님을 가리키는 중요한 호칭으로 무려 29회나 등장한다.[6] 이 표현을 직역하면 '거룩하신 이가 소유한 이스라엘'이다. 이스라엘은 거룩하신 분의 소유된 백성이다. 소유된 이는 그를 소유한 이를 닮아야 한다. 하나님의 소유된 백성 이스라엘은 자신을 부르신 하나님을 닮아 거룩해야 했다. 거룩은 피조세계와 전적으로 구별됨을 뜻한다.

하나님은 이방 신들같이 단지 초인적인 존재거나 말 못하는 우상과는 전적으로 다른 분이다. 이 세상의 피조세계와 전적으로 다른 질서에 속한 분이다. 따라서 이런 하나님의 소유된 이스라엘은 세상 풍조와 악의 질서에 속할 것이 아니라 전적으로 여호와 하나님의 신적 질서에 속해야 했다. 하지만 현실은 그렇지 못했다. 이들은 눈에 보이는 현실적인 질서의 힘에 굴복하고, 우상을 숭배하여 우상의 힘을 자신의 뜻대로 조정하여 안정을 확보하려 했다. 우상 숭배의 핵심은 신령한 힘을 개인의 필요에 맞추어 조종함으로써 안전을 확보하는 것이다.[7] 하지만 이런 노력이 계속될수록 이들은 더욱 심한 고난과 저주에 처하게 된다.

자신의 의도와 다르게 점점 무거워지는 죄의 짐과 불행에 당황해

하고 있을 때 하나님은 이스라엘에게 지금 벌어지고 있는 영적 현실을 직접적으로 말씀한다.

"너희가 어찌하여 매를 더 맞으려고 패역을 거듭하느냐"(사 1:5).

지금까지 이스라엘은 운이 나쁘거나 재수가 없어 어려움을 당한 것이 아니다. 이스라엘은 하나님께 범죄하여 계속해서 징계의 매를 맞고 있었던 것이다. 이들이 징계받는 것은 그래도 하나님의 사랑하는 언약 백성이기 때문이다. 히브리서는 "징계는 다 받는 것이거늘 너희에게 없으면 사생자요 친아들이 아니니라"고 했다(히 12:8). 하나님이 징계하시는 이유는 그의 백성의 유익을 위하여 이들을 거룩하게 하여 의와 평강의 열매를 맺도록 하기 위한 것이다(히 12:10-13).

그런데 이스라엘은 하나님의 징계에 좀처럼 회개하거나 반응하지 않았다. 저주와 어려움이 닥치면 왜 이런 일이 일어났는가를 돌아보며 하나님 앞에 회개하며 나아가야 했다. 하지만 그럴수록 이스라엘은 더욱더 주변 강대국을 의지하고 강대국이 섬기는 우상을 비롯한 온갖 우상에게 의지했다(왕하 16:10, 17:10-11, 대하 28:22-25 참조).

이들이 돌이키지 않자 하나님의 징계도 집요하게 계속되었다. 계속되는 징계에 이스라엘은 더 이상 맞을 곳이 없을 정도로 온몸이 피멍투성이가 되었다. '너희가 어찌하여 더 맞으려고' 라는 표현은 '몸의 어느 부분을 더 맞으려고' 라고 해석할 수 있다. 이는 그동안 집요하게 계속되어 온 하나님의 징계로 이제 이스라엘이 더 이상 맞을 만한 곳이 남아 있지 않음을 의미한다.

"온 머리는 병들었고 온 마음은 피곤하였으며 발바닥에서 머리까지 성한 곳이 없이 상한 것과 터진 것과 새로 맞은 흔적뿐이거늘 그것을 짜며 싸매며 기름으로 부드럽게 함을 받지 못하였도다"(사 1:5-6).

이스라엘의 온 머리는 병들었다. 제대로 정상적인 사고를 할 수 없고 건강한 생각을 할 수 없는 상태가 되었다. 또 온 마음은 피곤하였다. 마음이 병들었다. 하나님의 자녀가 아니라 우상과 죄의 노예가 되었다. 이 상태로는 계속해서 죄악으로 더 빠져간다. 만약 하나님이 이스라엘을 불쌍히 여겨 징계의 손을 잠시 거두시면 어떨까? 이스라엘은 분명 '오~ 이렇게 우상 숭배하고 범죄하는 것이 우리의 상태를 더 좋아지게 하네!'라고 착각하면서 더 죄에 빠질 것이다.

하나님은 웃시야왕의 통치기간 잠시 이런 시기를 허락하셨다. 제국 앗수르를 짓누르고 고대 근동에 힘의 공백기를 허락하셔서 주변 여러 나라가 태평성대를 구가했던 것이다. 그러나 이것이 이스라엘의 중심을 하나님께 돌이키지는 못했다. 하나님은 죄악에 빠져가는 이들을 더 이상 용납할 수 없었다. 그래서 성한 곳이 남지 않을 때까지 이들의 죄악에 상응하는 징계를 내리신 것이다. '상한 것'은 칼에 베임을 받아 육신에 파인 상처들을 말한다. '터진 것'은 채찍에 의하여 상처 나고 아픈 부분들이다. 거기에 새로 맞은 부분은 제대로 치료도 받지 못하고 상흔이 그대로 남아 있다. 이들이 이렇게 흠씬 맞는 이유는 갑작스러운 것이 아니다. 하나님은 이스라엘이 약속의 땅 가나안에 들어가기 전 일찍이 신명기 말씀으로 경고하신 바 있다.

"네가 만일 네 하나님 여호와의 말씀을 순종하지 아니하여 내가 오늘 네게 명령하는 그의 모든 명령과 규례를 지켜 행하지 아니하면 이 모든 저주가 네게 임하며 네게 이를 것이니… 여호와께서 애굽의 종기와 치질과 괴혈병과 피부병으로 너를 치시리니 네가 치유받지 못할 것이며 여호와께서 또 너를 미치는 것과 눈 머는 것과 정신병으로 치시리니… 여호와께서 네 무릎과 다리를 쳐서 고치지 못할 심한 종기를 생기게 하여 발바닥에서부터 정수리까지 이르게 하시리라"(신 28:15,27-28,35).

하나님께서는 치유받지 못할 질병으로 이스라엘을 치실 것이다. 치유받으려면 단 하나, 여호와께 돌아가는 것밖에 없다. 과연 이스라엘은 회개하고 여호와께 돌아갈 수 있을까? 주목할 것은 이스라엘 백성이 죄악으로 하나님께 저주받은 상태를 표현하는 5~6절의 용어들은 이사야 53장과 유사하다는 점이다. 메시아가 우리의 질고와 죄악을 담당하기 위해 받는 고난이 이스라엘이 죄악으로 받는 저주의 묘사와 상응한다. 이스라엘은 현재 거의 회복 불가능한 상태에 이르렀다.

"너희의 땅은 황폐하였고 너희의 성읍들은 불에 탔고 너희의 토지는 너희 목전에서 이방인에게 삼켜졌으며 이방인에게 파괴됨같이 황폐하였고"(사 1:7).

약속의 땅은 황폐한 황무지가 되었다. 거룩하고 신실하던 성읍은 불타올랐다. 하나님이 조상 대대로 허락하신 거룩한 땅은 이방 세력이 몰려와 파괴하고 차지하였다. 이는 장차 유다에 임할 대파국을 경고하는 말씀이다. 주목할 것은 그 가운데서 하나님은 그의 백성을 완전히 멸절시키지 않고 적은 무리의 남은 자들을 예비하셨다는 사실이다.

> "딸 시온은 포도원의 망대같이, 참외밭의 원두막같이, 에워싸인 성읍같이 겨우 남았도다"(사 1:8).

포도원의 망대나 참외밭의 원두막은 농부들이 한창 추수로 바쁠 때 추수를 마칠 때까지 마을에 들어가지 않고 한동안 머무는 임시 거처다. 하지만 추수가 끝나면 밭은 황량하고 원두막과 망대도 텅텅 비어 을씨년스러운 분위기를 연출한다. 이런 임시거처는 비워두면 금세 망가지고 또 들짐승들이 드나들며 지저분해진다. 언제 무너질지 모르는 허약한 거처로 전락한다. 이처럼 아름다운 딸 시온, 즉 예루살렘은 대적에게 에워싸여 언제 무너질지 모르는 성읍이 될 것이다. 감사한 것은 이런 와중에도 일말의 소망이 보인다는 점이다.

> "만군의 여호와께서 우리를 위하여 생존자를 조금 남겨 두지 아니하셨더면 우리가 소돔 같고 고모라 같았으리로다"(사 1:9).

하나님께서는 성읍들이 불에 타고 토지가 삼켜지고 황폐하게 되는 가운데서도 생존자를 남겨두신다(사 1:27, 2:2-4, 7:3-4, 10:18,21-22 참조). 소돔과 고모라같이 다 멸망시키지 않는 것이다. 왜 그럴까? 그것은 하나님께서 이스라엘과 맺은 언약 때문이다. 이스라엘이 끝끝내 돌이키지 않는다 하더라도 하나님의 신실하심이 반드시 승리할 것이다. 우리가 감당할 수 없는 죄의 질고를 메시아를 보내서 대신 지게 하고 그를 우리를 위한 대속제물로 삼으실 것이다(사 35:10, 53장 참조). 이 소망을 로마서는 다음과 같이 진술한다.

> "또한 이사야가 미리 말한 바 만일 만군의 주께서 우리에게 씨를 남겨 두지 아니하셨더라면 우리가 소돔과 같이 되고 고모라와 같았으리로다 함과 같으니라"(롬 9:29).

이 구절의 난하주에는 이 말씀이 이사야 1장 9절 말씀에서 온 것임을 명시하고 있다. 하나님은 남은 자, 남은 씨를 통하여 반드시 그의 백성을 회복시키고 다시 세우시고 메시아를 통한 구원의 역사를 이루실 것이다. 이를 아모스는 다음과 같이 말씀한다.

> "그날에 내가 다윗의 무너진 장막을 일으키고 그것들의 틈을 막으며 그 허물어진 것을 일으켜서 옛적과 같이 세우고"(암 9:11, 참조 행 15:16-18).

하나님은 조금 남겨둔 자(씨)를 통하여 마침내 하나님의 신실한 약속을 이루시고 영광스러운 새 백성을 창조하실 것이다. 이렇게 우리에게 오신 분이 예수 그리스도다. 우리는 그 이름을 믿고 그의 새로운 백성이 되어 하나님의 새 이스라엘을 이루게 되었다. 우리는 그의 영광스러운 부르심 가운데 그의 택하신 족속, 왕 같은 제사장들, 거룩한 나라, 그의 소유된 백성이 된 것이다. 그의 언약 백성이 되었지만 여전히 우리는 두 가지를 늘 염두에 둘 필요가 있다.

첫째, 죄의 심각함이다. 우리 안에 습관적이고 반복적으로 점점 쌓여가는 죄가 있는가? 이것을 계속 방치하다 보면 점차 죄의 짐이 무거워 감당하기 버거워진다. 반복적인 죄의 패턴을 돌아보고 습관적으로 쌓여가는 죄의 행동을 주님 앞에 가지고 나아가야 한다.

둘째, 하나님의 징계를 가볍게 보지 말아야 한다. 하나님은 죄를 심각하게 보시고 어느 순간 이 죄에 대한 징계를 시행하신다. 우리가 죄에 집착하는 것 못지않게 죄에 대한 하나님의 징계도 집요하고 무섭다. 때로 우리가 인정하고 토설하고 포기할 때까지 하나님은 징계의 채찍을 거두지 않으신다. 왜? 그냥 거두어 가시면 이것이 내가 잘해서 그런 줄 착각하고 회개하지 않기 때문이다.

이제 내 삶의 현실을 하나님의 시선으로 바라볼 수 있기를 바란다. 애써 피하려 했던 죄의 현실에 눈을 뜨고 당당하게 죄에 맞서 치열하게 싸우라!

[2장 각주]

4) 존 오스왈트, 「NICOT 이사야 I」, 105쪽.

5) 알렉 모티어, 박문재 역, 「이사야 주석」(서울: 솔로몬, 2018), 83쪽.

6) 사 1:4, 5:19,24, 10:20, 12:6, 17:7, 29:19,23, 30:11,12,15, 31:1, 37:23, 40:25, 41:14,16,20, 43:3,14,15, 45:11, 47:4, 48:17, 49:7(2회), 54:5, 55:5, 60:9,14.

7) 존 오스왈트, 「NICOT 이사야 I」, 106쪽.

03 Chapter 3. Isaiah 1:10-20

오라. 우리가 변론하자

[10]너희 소돔의 관원들아 여호와의 말씀을 들을지어다. 너희 고모라의
백성아 우리 하나님의 법에 귀를 기울일지어다. [11]여호와께서 말씀하
시되 너희의 무수한 제물이 내게 무엇이 유익하뇨. 나는 숫양의 번제
와 살진 짐승의 기름에 배불렀고 나는 수송아지나 어린 양이나 숫염
소의 피를 기뻐하지 아니하노라. [12]너희가 내 앞에 보이러 오니 이것
을 누가 너희에게 요구하였느냐. 내 마당만 밟을 뿐이니라. [13]헛된 제
물을 다시 가져오지 말라. 분향은 내가 가증히 여기는 바요 월삭과
안식일과 대회로 모이는 것도 그러하니 성회와 아울러 악을 행하는
것을 내가 견디지 못하겠노라. [14]내 마음이 너희의 월삭과 정한 절기
를 싫어하나니 그것이 내게 무거운 짐이라. 내가 지기에 곤비하였느

니라. [15]너희가 손을 펼 때에 내가 내 눈을 너희에게서 가리고 너희가 많이 기도할지라도 내가 듣지 아니하리니 이는 너희의 손에 피가 가득함이라. [16]너희는 스스로 씻으며 스스로 깨끗하게 하여 내 목전에서 너희 악한 행실을 버리며 행악을 그치고 [17]선행을 배우며 정의를 구하며 학대받는 자를 도와주며 고아를 위하여 신원하며 과부를 위하여 변호하라 하셨느니라. [18]여호와께서 말씀하시되 오라. 우리가 서로 변론하자. 너희의 죄가 주홍 같을지라도 눈과 같이 희어질 것이요 진홍같이 붉을지라도 양털같이 희게 되리라. [19]너희가 즐겨 순종하면 땅의 아름다운 소산을 먹을 것이요 [20]너희가 거절하여 배반하면 칼에 삼켜지리라. 여호와의 입의 말씀이니라.

한때 중국에서 짝퉁 계란이 유통되어 논란이 된 적이 있었다. 중국에서 식료품 가격이 급등하니까 가짜 계란을 만들어 팔기 시작했다. 재료는 화학약품이다.[8)] 먼저 흰자를 만들 때는 마요네즈나 다른 소스를 만들 때 점성을 높이기 위해 사용하는 화학첨가제인 알긴산나트륨이 사용된다. 이것을 물에 풀어서 만든다. 그러면 투명한 젤리 상태의 점성 있는 용액이 된다. 이렇게 하면 흰자가 된다. 그다음에는 가짜 흰자 위에 레몬색 색소를 타서 색깔을 내고 노른자 크기의 반원형 용기에 담아 제설제로 쓰이는 염화칼슘액에 담가서 1분간 응고시킨다. 껍질은 시멘트 원료인 탄산칼슘으로 만든다. 이렇게 만든 흰자위와 노른자위를 껍질에 넣어서 봉합하면 가짜 계란이 완성된다. 이것 1kg 만드는 데 제조비용이 0.55위안, 우리 돈으로 환산하면 93원이다. 일반 계란 값의 10분의 1도 되지 않는다. 이런 계란을 먹다 보면 기억력 감퇴, 치매 등 여러 가지 부작용에 시달릴 수 있다.

이런 소식을 들으면 우리는 놀라고 분노한다. 어떻게 그런 일이 일어날 수 있는가 싶다. 그런데 사실 우리 주변에 보면 겉으로는 멀쩡하지만 속은 치명적인 독으로 온 인생이 썩어 들어간 이가 의외로 많다. 이 독은 바로 죄다. 인생이 썩어 들어갈 정도면 그 속에 있는 치명적인 죄를 보고 안타까워하고 애통해야 한다. 그런데 이런 사람일수록 참회하기보다는 자기 모습이 다른 이에게 어떻게 보이는가에 더 신경 쓰고 고민한다.

우리에게도 이러한 사고방식이 자리 잡고 있다. 죄에 대하여 하나님이 어떻게 생각하실까보다 다른 사람이 이를 알면 어떻게 볼까 고민한다. 저마다 자존심이 있고 체면이 있기 때문에 내면의 죄와 연약함이 겉으로 잘 드러나지 않는다. 그래서 겉보기에는 멀쩡해 보이지만 속이 썩어가는 이가 의외로 많다. 소돔과 고모라가 망한 이유가 무엇인가? 다들 심각한 죄를 모른 척하고 넘어갔기 때문이다.

본문에서 하나님은 그의 백성 유다가 바로 이런 소돔 같고 고모라 같은 백성임을 분명하게 선언하며 탄식한다.

> "너희 소돔의 관원들아 여호와의 말씀을 들을지어다. 너희 고모라의 백성아 우리 하나님의 법에 귀를 기울일지어다"(사 1:10).

'관원' 은 지도자를 말한다. 이는 지도자와 지도자를 따르는 백성 모두가 하나같이 소돔과 고모라의 백성 같은 상태라는 것이다. 겉으로는 멀쩡한 것 같은데 그 속은 이미 죄로 인해 다 썩어 들어가고 있었다. 만약 하나님께서 이들에게 자비를 베풀지 않으셨으면 소돔과 고모라같이 큰 심판으로 멸망했을 것이다. 이사야는 하나님의 백성에게 여호와의 말씀을 듣고 하나님의 법에 귀를 기울일 것을 촉구한다.

그들이 하나님 말씀을 몰라서 그러는 것이 아니다. 나름대로 하나님 말씀을 알고 또 잘 지키기도 하는 것 같다. 언뜻 볼 때는 멀쩡해 보인다. 그럼에도 이렇게 말씀하시는 이유는 무엇일까? 말씀에 담긴 하나님의 진실한 뜻과 참된 의도에 귀를 기울이라는 것이다.

"여호와께서 말씀하시되 너희의 무수한 제물이 내게 무엇이 유익하뇨. 나는 숫양의 번제와 살진 짐승의 기름에 배불렀고 나는 수송아지나 어린 양이나 숫염소의 피를 기뻐하지 아니하노라"(사 1:11).

이스라엘은 율법의 제사 규정에 따라 하나님께 규칙적인 제사를 드리고 있었다. 자신의 소중한 시간과 제물(살진 수송아지, 숫양, 숫염소 등)을 부지런히 번제로 드렸다. 짐승의 '기름'은 짐승의 제일 좋은 부분, 즉 마블링 된 부드러운 고기 부분을 말한다. 그런데 하나님께서는 이들의 제사를 향하여 이러한 제물이 내게 무엇이 유익하냐고 반문하며 이스라엘이 바치는 짐승의 피를 기뻐하지 않는다고 말씀한다. 이유가 무엇인가?

"너희가 내 앞에 보이러 오니 이것을 누가 너희에게 요구하였느냐. 내 마당만 밟을 뿐이니라"(사 1:12).

하나님 앞에 보이기 위해서만 온다는 것이다. 마음은 없는데 의무감으로 온다. 이런 모습을 향해 하나님은 "누가 너희에게 이런 모습을 요구하였느냐. 내 마당만 밟을 뿐"이라고 말씀한다. 이들은 겉으로는 하나님 말씀을 지키는 사람처럼 제사 규정에 따라 규칙적으로 성실하게 제사를 드리지만 그 속은 소돔과 고모라의 백성과 같다. 겉만 번지르르했다. 하나님은 이런 유다가 드리는 제사가 '헛되다'는 충격적인 말씀을 하신다.

"헛된 제물을 다시 가져오지 말라. 분향은 내가 가증히 여기는 바요 월삭과 안식일과 대회로 모이는 것도 그러하니 성회와 아울러 악을 행하는 것을 내가 견디지 못하겠노라"(사 1:13).

'헛된 제물'은 직역하면 '헛됨의 제물'이다.[9] 희생 제물은 속죄의 효력을 가져오는 반면 헛됨의 제물은 아무런 효력을 불러일으키지 않는다. 효력은커녕 도리어 하나님의 진노를 일으킨다. 하나님은 이스라엘이 드리는 제사를 가증히 여기셨다. 이들이 성회, 즉 제사를 위해 부지런히 모였지만 아무런 마음의 변화 없이, 악은 버리지 않고 도리어 이를 즐겨 행했기 때문이다. 이런 모습은 하나님 보실 때 역겹고 견디기 어려운 것이었다.

이스라엘 백성은 제사를 기계적으로 이해했다. 희생 제물로 드릴 짐승의 머리에 안수하면 백성의 죄가 전가되고 죄를 짊어진 짐승의 희생으로 이스라엘의 죗값도 치러진다고 생각했다. 때가 끼면 비누로 손을 닦으면 되는 것처럼 죄를 지으면 기계적인 제사 절차를 거쳐 죄를 씻어내면 해결된다고 생각했다. 이들에게 죄에 대한 애통이나 마음을 찢는 회개는 없었다. 죄를 아파하시는 하나님의 탄식과 슬픔에 대한 깊은 묵상도 없었다. 이들은 윤리적 변화와 거룩에 대한 헌신 없이 기계적인 제사 의식을 통한 자동적인 속죄와 축복을 기대했다. 율법의 제사 규정대로 실수 없이 제물의 형태와 숫자를 맞추기만 하면 된다고 생각했다. 이런 마음으로 매달 드리는 규칙적이고 기계적인 월삭 제사, 매주 드리는 안식일, 유월절, 칠칠절, 장막절과 같은 주요한 절기는 역겨운 것이 되었다. 이스라엘 모든 남자가 모여 제사 드리는 큰 성회(대회)가 하나님께는 진절머리 나는 일이었다. 이들이 제사를 규칙적으로 드리면서도 악행을 포기하지 않았기 때문이다.

제물은 기계적인 공식으로 드리는 것이 아니다. 제물은 사실 제사자의 중심과 밀접한 관계가 있다. 제사자는 제사를 드리기 전에 정결례를 행해야 했다. 하나님 앞에 자신을 정결하게 준비하여 하나님이 기뻐 받으시는 제사를 드리기 위함이다. 정결하게 되는 것은 주변의 온갖 부정함뿐만 아니라 더러운 중심을 애통해하며 몸과 마음을 준비하는 것이다. 하지만 이스라엘 백성의 속은 죄로 인해 썩은 상태였고 겉으로만 제사의 규칙을 따라 번지르르하게 드렸다. 이런 제사는 하나님이 받으시기에 역겨운 제사일뿐이었다.

이미 이사야는 서두에 이런 이스라엘의 상태를 진술한 바 있다. 이들은 범죄한 나라요, 허물진 백성이요, 행악의 종자요, 행위가 부패한 자식이다(사 1:4). 심지어 발바닥부터 머리까지 성한 곳이 하나도 없는 상태였다(사 1:6). 이런 상태로 하나님께 제사를 드리니 하나님이 받으시기는커녕 견디지 못하겠다고 말씀하신다.

분향은 불태우는 고기의 냄새를 말한다.[10] 제물을 태우는 냄새가 하나님 앞에 향기롭게 올라가야 하는데 역겨운 냄새가 된다. 이스라엘이 월삭과 절기 때마다 모여 하나님께 제사드리며 분향하는 것이 하나님께 부담스럽고 무거운 짐이 되었다. 하나님은 이것이 얼마나 견디기 어렵고 역겨운 것인지 "그것이 내게 무거운 짐이라. 내가 지기에 곤비하였느니라"(사 1:14)고 말씀하신다. 이것이 하나님께 무거운 짐인 이유가 무엇일까? 그의 백성이 제사드리며 기도하면 그 기도를 하나님이 들어주어야 하지만 그 더러운 상태로는 도저히 응답할 수 없었기에 하나님께 부담과 짐으로 지어진 것이었다.

"너희가 손을 펼 때에 내가 내 눈을 너희에게서 가리고 너희가 많이 기도할지라도 내가 듣지 아니하리니"(사 1:15).

하나님은 이들이 손을 펴 간절히 기도해도 눈을 가리고 듣지 않겠다고 말씀한다. 희생 제사의 현장에서 드리는 기도조차 하나님은 눈을 가리고 귀를 막고 응답하지 않겠다고 한다. 이스라엘이 하나님께 드리는 기도가 어떤 기도였는지를 파악하면 하나님이 이렇게까지 말씀하시는 이유가 이해가 간다.

"이는 너희의 손에 피가 가득함이라"(사 1:15).

알고 보니 이들은 피 묻은 손으로 기도드렸다. 피가 가득한 손을 들어 하나님께 기도드리면 하나님은 절대 기뻐하지 않으신다. 도리어 그 맘이 무거우시다. 그렇다면 구체적으로 이들의 손에 피가 가득한 것은 어떤 상태일까?

이들은 모든 일에 악을 행했다. 하나님의 뜻을 알면서도 지키지 않고 자기 유익만을 위하여 행동했다(사 1:16). 정의를 무시하고 고아와 과부 같은 연약한 이들을 학대하고 이들에게 편법과 불법을 일삼고 착취했다(사 1:17). 이로 인해 주변의 많은 선량한 이가 상처 입고 피를 흘리며 신음하며 쓰러졌다. 그런데 주변의 아픔이 아무렇지도 않은 듯 압제와 착취를 통해 얻은 살진 제물로 매주 하나님께 나와 꼬박꼬박 제사드린다.

악행을 자행하는 이스라엘이 하나님께 제사드리는 것이 무슨 소용이 있을까? 양을 잡고 피의 제사를 드리는 것은 본래 무엇 때문이었는가? 사죄의 은총뿐 아니라 거룩한 삶의 변화를 위해서였다. 그러려면 제사를 드리면서 자기 죄가 초래한 짐승의 무참한 피 흘림과 죽음을 심각하게 여기고, 죄를 미워하며 단호하게 죄를 버리는 결단이 있어야 한다.

기도도 그렇다. 나를 내려놓게 해 달라는 기도, 하나님의 긍휼을 구하는 기도, 나의 원대로 마시고 아버지의 원대로 해달라는 기도가 우리에게 있어야 한다. 그런데 지금 유다는 자기 욕심과 탐욕으로 이웃의 피를 흘리고 손에 그 피를 잔뜩 묻혀 뚝뚝 떨어뜨리며 하나님께 기도하고 있는 것이다.

하나님은 이런 이스라엘에게 현 상태의 영적 게으름과 더러움에서 나와 새로운 변화로 나아갈 것을 촉구한다.

"너희는 스스로 씻으며 스스로 깨끗하게 하여 내 목전에서 너희 악한 행실을 버리며 행악을 그치고 선행을 배우며 정의를 구하며 학대받는 자를 도와주며 고아를 위하여 신원하며 과부를 위하여 변호하라 하셨느니라"(사 1:16-17).

이 말씀은 모두 9개의 명령으로 이루어져 있다. 그중에서 4개(씻다, 깨끗하게 하다, 버리다, 그치다)는 과거형이고 5개(배우다, 구하다, 도와주다, 신원하다, 변호하다)는 미래형이다.

먼저 과거형 동사를 살펴보자. 하나님은 그의 백성에게 스스로 씻으라고 하신다. 그러려면 이스라엘은 먼저 자신을 돌아보고 하나님 앞에 피 묻은 더러운 손을 씻어야 한다. 그리고 자신을 깨끗하게 해야 한다. 깨끗한 손, 깨끗한 심령으로 준비되어야 한다. 그리고 하나님 앞에서 행했던 악한 행실을 과감하게 버리고 행악을 그쳐야 한다. 이것이 제사의 온전한 정신과 목표다. 우리의 속사람과 삶이 변해야 한다(롬 12:1-2 참조).

둘째, 미래형 동사를 살펴보면 하나님은 이스라엘에게 선행을 배우라고 하신다. 누구로부터 배워야 할까? 하나님께로부터, 하나님 말씀으로부터 배워야 한다. 이는 이웃 사랑의 구체적 행동 양식을 말씀대로 순종하도록 연습해야 함을 의미한다. 또한 이스라엘은 정의를 구하여야 한다(신 10:12-13, 미 6:8 참조). 정의는 한 사회를 안정적으로 지키는 기초로서 이것이 바로 서지 않으면 사회 전체가 흔들린다. 모든 이가 하나님의 형상을 담지한 자로 합당한 대우를 받고 살아가도록 균형을 지켜야 한다. 정의가 구현되는 것은 학대받아 위기에 처한 사람을 구조하고(rescue), 특별히 힘없는 고아의 억울함을 법적으로 풀어주고, 남편 없이 자칫 가산을 빼앗길 위험에 노출된 과부를 변호하고 지켜주는 행위를 통해 드러나야 한다(시 82편 참조). 한마디로 연약한 이들을 세심하게 살피라는 것이다. 이는 불완전한 사회의 양극단, 즉 압제자와 연약한 자 간에 그동안 발생해왔던 갑질 문화를 용인하지 말고 하나님의 정의가 구현될 수 있도록 하는 사회의 변혁을 포함한다.

하나님의 이런 요청을 이스라엘 백성은 어떻게 받아들일까? 지금 이스라엘은 이런 변화를 일으킬 힘이 없는 상태다. 패역과 악행으로 가득 차 온몸이 만신창이가 된 상태였다. 이런 상태로는 장차 하나님의 심판대 앞에 살아남지 못한다.

하나님은 이런 이스라엘을 법정으로 정중하게 초대한다.

"오라. 우리가 서로 변론하자"(사 1:18).

'서로 변론하자' (히. 야카흐)는 법정에서 판결을 위해 다투는 법률적 의미를 갖는다(사 2:4, 11:4, 창 31:37 참조).[11] 하나님은 이스라엘을 하나님의 심판대 앞에 세워 과연 이들의 죗값이 얼마나 되는지, 과연 이들이 착각하는 것처럼 아무 문제 없는 것인지, 아니면 정말 진멸당해야 할 만큼 죄가 큰지 법적으로 따져보자는 것이다. 이는 본문의 시작인 10절에서 이스라엘 백성을 소돔의 관원, 고모라의 백성으로 호출하며 하나님의 법에 귀를 기울이자고 이들을 초대한 것과 긴밀한 관련을 갖는다.

사실 이렇게 되면 이스라엘을 기다리고 있는 것은 끔찍한 심판일 것이다. 그러나 본문에는 이러한 초대 다음에 충격적일 정도로 파격적인 하나님의 제안이 등장한다.

"너희의 죄가 주홍 같을지라도 눈과 같이 희어질 것이요 진홍같이 붉을지라도 양털같이 희게 되리라"(사 1:18).

하나님의 이러한 제안은 특별한 대가를 요구하지 않는다. 하나님은 값없이 죄를 완전하게 사해줄 테니 새로운 삶을 살라는 파격적인 은혜의 제안을 하고 계신 것이다. 여기 죄를 묘사하는 두 가지 심상이 있다. 하나는 주홍이고 다른 하나는 진홍이다. 주홍은 붉은색(scarlet)으로 피의 색이다. 흰 눈에 선혈이 뚝뚝 떨어지면 눈에 확 띈다. 그런데 하나님은 아무리 붉은색이라도 눈과 같이 희어질 것이라고 말씀한다. 진홍은 검붉은색(crimson)이다. 이는 붉은색보다 더 무시무시한 색으로 죄의 무거움과 심각함을 반영한다. 그런데 하나님은 아무리 이스라엘의 죄가 무겁고 심각해도 양털같이 희게 될 것이라고 하신다. 여기 눈과 양털은 본성적으로 흰색을 가진 것으로, 하나님께서 이와 같이 희게 하실 것이라고 말씀하는 것은 이스라엘의 죄를 용서하실 뿐 아니라 죄가 생겨나는 근원인 본성까지도 깨끗하게 변화시켜주시겠다는 의미를 포함한다.[12)]

이러한 파격적인 제안은 하나님께서 일찍이 모세오경에 예고하셨던 새 언약을 반영한다. 하나님께서는 장차 이스라엘이 살가죽이 아닌 마음에 새로운 할례를 받도록 베푸실 것이라고 약속하셨다(신

30:6). 새 언약의 시대에 마음에 할례를 받으면 하나님의 영이 그의 백성 속에 거하시고 하나님의 법이 마음에 기록될 것이다(렘 31:31-33, 겔 36:26-27). 지금 하나님은 만신창이가 된 이스라엘에게 메시아를 통해 새롭게 세우실 하나님의 새 언약을 암시하며 새로운 관계를 계시하는 것이다.

하나님은 이런 파격적인 제안 후에 이스라엘의 응답을 요구한다. 이들이 즐겨 순종하면 다시 복을 얻을 것이다(사 1:19). 물론 그 이전에 '씻고' '깨끗하게 하고' '그치고' (사 1:16), 하나님의 파격적인 초대에 '와야' 한다(사 1:18). 그러나 이를 거부하면 이들에게 남은 것은 칼에 삼켜지는 심판이다.

하나님께 돌아가는 것은 기계적인 공식이 아니다. 죄를 버리고 마음에 변화를 받고 하나님과의 인격적 교제를 새롭게 시작함을 의미한다. 이제는 마음을 겸비하고 하나님께 솔직하게 참회하며 돌아가야 한다. 사람의 시선과 체면은 이제 그만 신경 쓰라. 가난한 마음으로 겸비하며 나아가는 우리에게 하나님은 파격적인 제안을 하신다. 우리 죄가 주홍 같을지라도 눈과 같이 희게 될 것이고, 진홍같이 검붉을지라도 양털같이 희게 될 것이다! 나는 날마다 그리스도의 십자가 앞에 서는가? 거룩한 성도로 날마다 마음을 새롭게 함으로 변화를 받아 하나님 앞에 신실하게 서자!

[3장 각주]

8) 이명진, "중국 가짜 계란은 '100% 화학약품 덩어리'", 조선일보, 2007. 8. 14.
9) 에드워드 영, 정일오 외 역, 「이사야서 주석 I」(서울: CLC, 2007), 92쪽.
10) 위의 책, 92쪽.
11) 알렉 모티어, 「이사야 주석」, 92쪽.
12) 위의 책, 93쪽.

04 Chapter 4. Isaiah 1:21-31

신실함을 굳게 지키라

21신실하던 성읍이 어찌하여 창기가 되었는고. 정의가 거기에 충만하
였고 공의가 그 가운데에 거하였더니 이제는 살인자들뿐이로다. 22네
은은 찌꺼기가 되었고 네 포도주에는 물이 섞였도다. 23네 고관들은 패
역하여 도둑과 짝하며 다 뇌물을 사랑하며 예물을 구하며 고아를 위
하여 신원하지 아니하며 과부의 송사를 수리하지 아니하는도다. 24그
러므로 주 만군의 여호와 이스라엘의 전능자가 말씀하시되 슬프다.
내가 장차 내 대적에게 보응하여 내 마음을 편하게 하겠고 내 원수에
게 보복하리라. 25내가 또 내 손을 네게 돌려 네 찌꺼기를 잿물로 씻듯
이 녹여 청결하게 하며 네 혼잡물을 다 제하여 버리고 26내가 네 재판
관들을 처음과 같이, 네 모사들을 본래와 같이 회복할 것이라. 그리한

후에야 네가 의의 성읍이라, 신실한 고을이라 불리리라 하셨나니 [27]시온은 정의로 구속함을 받고 그 돌아온 자들은 공의로 구속함을 받으리라. [28]그러나 패역한 자와 죄인은 함께 패망하고 여호와를 버린 자도 멸망할 것이라. [29]너희가 기뻐하던 상수리나무로 말미암아 너희가 부끄러움을 당할 것이요 너희가 택한 동산으로 말미암아 수치를 당할 것이며 [30]너희는 잎사귀 마른 상수리나무 같을 것이요 물 없는 동산 같으리니 [31]강한 자는 삼오라기 같고 그의 행위는 불티 같아서 함께 탈 것이나 끌 사람이 없으리라.

얼마 전 국제투명성기구에서 2019년 국가별 부패지수를 발표했다. 이번 결과 우리나라는 세계 국가 청렴도 39위를 기록했다.[13)] OECD 36개국 중에서는 27위로 하위권에 속한다. 우리나라가 100점 만점에서 59점을 받았는데, 이 정도의 점수는 절대 부패를 겨우 벗어난 수준이다. 그래서 그런지 여기저기서 사회의 부정비리 소식이 나오면 참 마음이 답답하고 무겁다. 그럼에도 우리 사회가 지금까지 무너지지 않고 지탱하는 이유는 곳곳에서 이름 없이 빛도 없이 정직하고 신실하게 자기 삶의 자리를 지켜내며 살아가는 국민들이 있기 때문이다.

창세기 18장에 보면 하나님께서 소돔과 고모라가 부패하여 멸망시키려 할 때 의인 10명만 있으면 무너뜨리지 않겠다고 약속하셨다. 의인 열 명이 부패한 성읍을 지키는 큰 힘이 되는 것이다.

고대 근동의 도시와 국가에서는 폭력이 난무하였다. 힘의 논리가 지배하고 돈의 논리가 지배했다. 뇌물과 사기와 거짓이 횡행했다. 이런 거친 환경 가운데서도 안전한 성읍이 있었다. 이곳은 상식이 통하고 정직이 통하는 사회였다. 바로 거룩한 성읍 예루살렘이다. 이 예루살렘이 특별히 거룩한 이유는 이곳이 하나님께 특별한 성읍이었기 때문이다.

본문은 이 성읍을 '신실하던 성읍'(faithful city)이라고 지칭한다. 예루살렘이 하나님의 신실한 성읍이라 불린 것은 신실하신 하나님의 언약이 머무르는 도시였기 때문이다. 이곳에는 신실하신 하나님의 성전이 있었다. 성전은 하나님과 이스라엘 백성 사이가 언약으로 맺어진 특별한 관계임을 극명하게 드러내는 상징이었다. 성전에는 법궤가 있었고 말씀이 있었고 제사장과 말씀의 전문가인 서기관이 있었고 무엇보다 신실하신 하나님의 임재가 항상 머무르는 곳이었다. 하나님께서는 이 성읍에 성전이 세워진 이후부터 솔로몬에게 말씀하셨다.

> "여호와께서 그에게 이르시되 네 기도와 네가 내 앞에서 간구한 바를 내가 들었은즉 나는 네가 건축한 이 성전을 거룩하게 구별하여 내 이름을 영원히 그곳에 두며 내 눈길과 내 마음이 항상 거기에 있으리니"(왕상 9:3).

예루살렘은 하나님의 언약이 머무르고 하나님의 마음과 눈길이 늘 머무르는 성읍이었다. 이런 특별한 성읍이었기에 이 성읍은 거룩했고, 또 이스라엘 백성은 이 성읍에 매해 세 차례씩 와서 제사와 말씀을 통해 거룩함을 갱신하고 돌아갔다. 그래서 이 성읍에 붙은 별명이 바로 '신실한 성읍'(faithful city)이었다. 이들은 하나님의 신실함을 반영하여 하나님께 신실하고 이웃에게 신실해야 했다. 그러나 어느 순간 그 신실함이 변질되기 시작했고, 이것은 하나님의 마음을 무척이나 아프게 했다.

"신실하던 성읍이 어찌하여 창기가 되었는고. 정의가 거기에 충만하였고 공의가 그 가운데에 거하였더니 이제는 살인자들뿐이로다"(사 1:21).

'어찌하여'(히. 에이카)는 충격과 놀라움과 슬픔을 나타내는 감탄사다(렘 49:25, 애 1:1, 5:20 참조). 본문은 신실하던 성읍이 창기로 변질된 충격적이고도 슬픈 현실을 탄식한다. 창녀는 겉보기에는 아름답고 매혹적이다. 그러나 결정적으로 신실하지 않다. 돈만 주면 누구에게도 몸을 내주고 관계를 맺을 수 있는 여인이다. 여기서 우리는 아름다움의 중요한 요소가 바로 '신실함'임을 알 수 있다. 신실함 없이 아무리 화장하고 머리와 옷을 단장해도 창기일 뿐 진정 아름답지 않다. 도리어 추잡하다. 진정한 아름다움은 신실함을 포함해야 한다. 아내는 창기와 다르게 신실함을 지키는 사람이다. 돈을 준다고 아무 남자 곁에 가지 않는다.

이스라엘이 창기가 되었다는 것이 무슨 뜻인가? 돈에 따라 자기 이익과 유익에 따라 얼마든지 신실함을 저버리고 충성과 헌신의 대상을 바꾸는 성읍이 되었다는 것이다. 본문은 신실함을 상실한 예루살렘이 한때 정의와 공의가 충만하였으나 이제는 자기 탐욕을 따라 얼마든지 이웃의 생명을 앗아갈 수 있는 살인자들로 변질되었다고 탄식한다. 여기서 '정의' (히. 체데크)는 하나님이 만드신 사람에게 합당하게 대하는 올바른 행동의 원리와 기준을 의미한다(대하 19:6 참조). '공의' (히. 미슈파트)는 이런 정의를 구체적인 다스림의 행동으로 구현하는 것을 의미한다(사 5:16, 56:1 참조).[14]

하나님의 신실한 성읍이 신실함을 잃어버리니 어떻게 되는가?

"네 은은 찌꺼기가 되었고 네 포도주에는 물이 섞였도다"
(사 1:22).

은은 잘 보관하지 않으면 찌꺼기가 낄 수 있다. 그러나 찌꺼기만 제거하면 은은 여전히 귀한 금속이다. 그러나 은이 찌꺼기가 되면 이것은 완전히 다른 차원이다. 은이 변질되어 은이라고 할 수 없는 상태까지 이른 것이다.[15] 포도주 역시 마찬가지다. 포도주에 물을 섞으면 포도주 전체가 품질이 떨어져 형편없는 싸구려 포도주로 전락하고 만다. 이는 예루살렘이 죄에 오염되어 완전히 변질되었음을 나타낸다(롬 3:10-18, 시 14:1, 53:1 참조). 진실됨이 없고 거짓과 탐욕뿐이다.

이들의 변질된 모습은 다음 23절에 구체적으로 소개된다.

"네 고관들은 패역하여 도둑과 짝하며 다 뇌물을 사랑하며 예물을 구하며 고아를 위하여 신원하지 아니하며 과부의 송사를 수리하지 아니하는도다"(사 1:23).

백성의 지도자라는 이들이 부패하여 도둑과 짝한다. 도둑과 한통속이 되어 음으로 양으로 도둑질을 일삼는 자들이 되는 것이다. 이들은 뇌물을 사랑하고 선물받기를 추구한다. 이스라엘이 신실함을 잃어버린 상태로 권력과 힘이 주어지자 이에 취해 급속도로 타락하기 시작한다. 사람은 힘과 권력이 주어지면 누구도 부패의 유혹에서 자유롭지 않음을 기억해야 한다. 고관들은 도둑과 한통속이 되었다. 한통속이란 생각이 통하고 계획이 통하고 목표가 통함을 의미한다. 그것은 부정한 방법으로라도 부를 많이 쌓는 것이다. 여기 '사랑하며'는 현재분사 형태로 습관적인 행동이 반복됨을 의미한다.

이렇게 부패한 지도자들은 당시 사회에 가장 취약한 계층으로 여겼던 고아를 위한 송사를 변호하지 않고 과부의 송사를 수리하지 않는다. 왜 그럴까? 이들이 부모와 남편으로부터 받은 땅과 재산을 불법으로 차지하려는 탐욕 때문이다. 도둑이 송사하면 못 본 척 손을 들어주고 나중에 도둑이 차지한 고아와 과부의 가산을 몰래 함께 나눈다.

본래 이스라엘에게 땅이란 하나님의 선물이었다. 하나님은 노예였던 이들을 출애굽 시키시고 이들의 의로움이 아닌 하나님의 신실하심으로 말미암아 약속의 땅을 유업으로 주셨다. 땅이 하나님의 신실하심과 의로우심에 따라 은혜로 주신 선물이기에 그의 백성은 마땅히 그 땅에서 주신 분의 뜻대로 의롭게 살아야 했다. 그러나 주변 국가들의 정복전쟁과 약탈을 보면서 자꾸 미혹되기 시작했다. 하나님만으로, 그분이 주신 선물만으로는 만족할 수 없었다. 더 많이 가지고 더 빨리 커지고 더 부유한 부자가 되기를 원했다. 원래 이스라엘은 하나님이 주신 복으로 부유해야 했는데, 이제는 이웃의 것을 빼앗고 강탈하고 힘을 휘둘러 속히 압도적인 부자, 곧 슈퍼리치(super rich)가 되고자 했다. 그러다 보니 하나님이 사랑하라고 주신 이웃이 사랑의 대상, 섬김의 대상이 아니라 이용의 대상, 탈취의 대상으로 전락하고 말았다. 이는 공의롭고 신실하고 은혜로우신 하나님께 자신을 맡기기를 거부한 결과다. 이는 본질적으로 우상 숭배와 통한다.

우리는 세상 사람이 탐욕적으로 잘 되는 것, 잘 나가는 것을 부러워하지 말아야 한다. 도리어 우리가 하나님의 법 안에 하나님의 뜻 안에 있는 것을 감사해야 한다. 세상의 성공을 부러워하고 돈을 사랑하고 이웃을 착취하는 이런 고관들을 하나님은 자기 백성이 아닌 대적으로 여기신다.

> "그러므로 주 만군의 여호와 이스라엘의 전능자가 말씀하시되 슬프다. 내가 장차 내 대적에게 보응하여 내 마음을 편하게 하겠고 내 원수에게 보복하리라"(사 1:24).

'주 만군의 여호와' 는 이스라엘의 전능자 되신 하나님의 이름으로, 하나님은 대적의 위협 앞에 전쟁할 때 이런 이름을 계시한다. 하나님의 위협이 되는 대적자에게 하나님이 하시는 말씀의 첫마디는 '슬프다' 이다. 이는 예레미야 애가에서도 등장하는 단어이며, 대적자들의 임박한 패망을 암시한다. 동시에 하나님의 슬픔은 하나님의 보응이 자신의 타락한 언약 백성을 향하기 때문이기도 하다. 하나님의 백성으로 부름받았던 이스라엘이 이제는 하나님의 원수로 전락했다. 그렇다면 하나님의 보복은 어떻게 이루어지는가?

"내가 또 내 손을 네게 돌려 네 찌꺼기를 잿물로 씻듯이 녹여 청결하게 하며 네 혼잡물을 다 제하여 버리고 내가 네 재판관들을 처음과 같이, 네 모사들을 본래와 같이 회복할 것이라. 그리한 후에야 네가 의의 성읍이라, 신실한 고을이라 불리리라 하셨나니"(사 1:25-26).

첫째, 하나님의 보복은 이스라엘의 찌꺼기를 녹이고 혼잡물을 제거하는 것으로 이루어진다. 여기 '잿물'(히. 보르, 보리트, lye, NRSV, NIV)은 광물질에서 나오는 알칼리성 탄산칼륨으로 흰 천의 때를 제거하는 세제 또는 비누와 같은 역할을 했다.[16] 이는 부패하여 하나님과 원수 되었던 하나님 백성의 마음과 본성을 깨끗하고 새롭게 하는 것을 의미한다.

둘째, 하나님은 예루살렘의 지도자들을 처음과 같이 회복시킬 것이다.

셋째, 창기가 되었던 성읍을 회복시켜 '의의 성읍' '신실한 고을'이라 부르실 것이다.

생각해 보라. 이것이 과연 보복일까? 아니다. 이것은 심령의 갱신과 은혜의 회복이다. 이는 이스라엘의 불성실이 하나님의 신실하심을 이길 수 없음을 보여준다. 하나님은 이스라엘의 불의를 그분의 신실하심으로 갚아주신 것이다. 이런 예루살렘의 궁극적 회복은 마가의 다락방에 성령이 강림하며 하나님의 나라가 시작된 이후 장차 이 땅에 이루어질 새 하늘과 새 땅을 바라본다.

이때 "시온은 정의로 구속함을 받고 그 돌아온 자들은 공의로 구속함을 받을 것이다"(사 1:27). 여기 '구속'(히. 파다)은 실제로 속전을 지불했다는 뜻이다(출 13:13, 30:12, 레 27:27 참조). 돌아온(히. 슈브) 자들은 자기 죄를 자복하고 하나님께 돌이킨 회개한 자들을 말한다. 이들은 하나님의 공의, 즉 하나님이 이루신 언약적 정의로 구속함을 받고 돌아온 이들이다. 여기 공통적으로 '구속함을 받는다'는 표현에 주목하라. 이는 일종의 신적수동태다. 하나님의 손길이 수동형의 동작 안에 감추어져 있지만 그 배후에 이 모든 일을 주도적으로 은밀히 이루신 이가 하나님임을 드러내는 것이다. 구원은 시온의 힘으로 이루는 것이 아니라 하나님의 신실한 언약적 정의를 통해 이루어지는 것이다. 주목할 것은 여기에는 생명의 속전이 우리가 알지도 못했던 때에 지불되었다는 점이다. 이는 이사야 53장에 선명하게 드러나는 메시아의 대속사역을 통해 지불된다.

이런 큰 은혜의 회복을 맛보려면 회개하고 여호와께 돌아와야 한다. 그러나 이를 거부하는 자들(rebels), 여전히 죄 가운데 머무르는 자들, 그리고 여호와를 버린 자는 회복의 은혜를 맛보지 못하고 멸망할 것이다. 이들이 하나님의 은혜를 거부하는 이유는 무엇일까? 이어지는 29절은 이들이 누구인지를 좀 더 구체적으로 설명하는데, 이를 알면 이해가 간다.

“너희가 기뻐하던 상수리나무로 말미암아 너희가 부끄러움을 당할 것이요 너희가 택한 동산으로 말미암아 수치를 당할 것이며”(사 1:29).

이들은 우상 숭배하는 자들이다. 상수리나무(히. 엘림)는 우상 숭배하는 장소였다. 70인역 헬라어 성경은 이를 반영하여 상수리나무를 ‘우상들’로 번역하였다. 당시 많은 이스라엘 백성이 상수리나무 아래에서 바알과 아스다롯을 숭배하였다. 이들은 상수리나무 아래 우상들을 잘 섬기면 그곳이 에덴동산과 같은 곳이 될 것으로 헛된 확신을 가졌다. 에덴동산을 연상시키는 풍요로운 정원을 나타내는 표현으로 ‘물 댄 동산’이 있다(사 58:11, 렘 31:12, 참조 창 13:10, 2:10). 그러나 하나님은 이곳이 물 없는 수치의 동산으로 전락할 것이고, 잎사귀가 마른 나무가 될 것이라 선언한다. 물이 없는 것은 생명의 원천을 잃어버렸음을 의미한다. 우상에게는 생명을 공급해 줄 원천이 없다. 그래서 우상은 숭배할수록 핍절하고 메말라간다.

그래서 시편 1편은 복 있는 사람을 ‘오직 여호와의 율법을 즐거워하여 그 율법을 주야로 묵상하는 사람’이라고 정의하며, 그는 “시냇가에 심은 나무가 철을 따라 열매를 맺고 잎사귀가 마르지 않는 것과 같다”고 말씀한다(시 1:2-3).

회개를 거부하는 패역한 죄인들과 지도자들은 겉으로는 강한 자처럼 보이지만 사실 하찮은 삼오라기에 불과하다. ‘오라기’는 실, 헝겊 등의 가늘고 긴 조각을 말한다.[17] 즉 남아도는 삼베(아마)의 실오라기에 불과하다는 것이다. 이런 오라기는 불쏘시개 외에는 별 쓸모가 없는 아마의 겉껍질에 불과하다. 이들의 행위는 '불티' 같다고 한다. 불티는 작은 불똥으로 삼오라기에 붙으면 갑자기 요란하게 불을 일으키다 사그라들고 만다(사 1:31).

우리는 우리의 힘과 공로가 아닌 압도적인 하나님의 신실하신 사랑과 의를 힘입어 그의 아들 메시아 예수로 말미암아 대속함을 받은 사람이다. 내 의가 아니다. 하나님의 언약적 정의다. 내 공로가 아니다. 하나님의 신실하신 역사하심 덕분이다. 하나님의 크신 은혜와 신실하심이 있었기에 여기까지 왔다면 이제 우리는 하나님께 신실하게 뿌리내리는 연습을 해야 한다. 신실함이 있어야 아름답다. 신실함을 굳게 지키라!

[4장 각주]

13) 장우리, "한국 작년 국가청렴도 세계 39위… 2년 연속 6계단 상승", 연합뉴스, 2020. 1. 23.
14) 존 오스왈트, 「NICOT 이사야 I」, 126쪽.
15) 알렉 모티어, 「이사야 주석」, 95쪽.
16) 여기서는 BEB의 사전적 정의를 따랐다. 보르 혹은 보리트는 예레미야와 말라기에서는 주로 '비누'(soap)로 번역된다(렘 2:22, 말 3:2). 예레미야 2장 22절에서 잿물은 히브리어 '네테르'로 나트륨 화합물로 이루어진 광물질로 물에 넣으면 거품을 내며 때와 찌꺼기를 제거하는데, 종종 비누와 함께 사용하여 세탁을 하곤 하였다. 참조 류모세, 「열린다 성경: 생활풍습이야기(상)」(서울: 두란노, 2010), 42쪽.
17) "오라기", 다음사전. dic.daum.net

05 Chapter 5. Isaiah 2:1-4

시온산의 비전을 품으라

[1]아모스의 아들 이사야가 받은 바 유다와 예루살렘에 관한 말씀이
라. [2]말일에 여호와의 전의 산이 모든 산 꼭대기에 굳게 설 것이요 모
든 작은 산 위에 뛰어나리니 만방이 그리로 모여들 것이라. [3]많은 백
성이 가며 이르기를 오라. 우리가 여호와의 산에 오르며 야곱의 하
나님의 전에 이르자. 그가 그의 길을 우리에게 가르치실 것이라. 우
리가 그 길로 행하리라 하리니 이는 율법이 시온에서부터 나올 것이
요 여호와의 말씀이 예루살렘에서부터 나올 것임이니라. [4]그가 열방
사이에 판단하시며 많은 백성을 판결하시리니 무리가 그들의 칼을
쳐서 보습을 만들고 그들의 창을 쳐서 낫을 만들 것이며 이 나라와
저 나라가 다시는 칼을 들고 서로 치지 아니하며 다시는 전쟁을 연

습하지 아니하리라.

영화 〈서서평〉은 1912년 한국에 와서 헌신적으로 사역했던 미국 선교사 엘리자베스 요한나 쉐핑의 일대기를 그린 감동적인 영화다. 서서평 선교사는 14명의 아이를 입양해서 키웠고, 일제 강점기 기간 일제 총독부의 허락을 받아 소록도에 나병 환자를 위한 시설을 마련하여 이들을 돌보았다. 또 한국 간호협회의 모태가 되었던 조선 간호사협회를 결성하여 의료계에 많은 공헌을 하였다. 그녀는 우리나라 구석구석 사람의 눈길이 잘 닿지 않는 여러 곳에 아름다운 그리스도의 족적을 남긴 분이었다.

이 영화를 주연한 여배우 안나 엘리자베스 리흘만은 시종일관 차분하고도 감동적으로 쉐핑의 역할을 연기하며 좋은 인상을 남겼다. 알고 보니 그녀는 독일 청년으로 15세에 김기덕 감독의 영화를 본 이후 한국과 한류 문화에 관심을 갖게 되었다. 그러던 중 독일과 한국 교회가 교류하는 프로그램으로 한국에 2주간 머물렀고, 대학 졸업 후 한국예술종합학교 예술 전문 대학원 연기과로 유학을 오게 되었다.[18] 그녀를 한국으로 오게 한 데는 한류의 영향이 컸다.

요즘 갈수록 전 세계에 한류의 바람이 강하게 일고 있다. 케이팝이 전 세계를 휩쓰는 것은 물론이거니와 봉준호 감독의 영화 〈기생충〉이 아카데미 감독상, 각본상, 국제영화상, 작품상 등 4관왕에 오르는 기염을 토했다. 한국 음식이 전 세계의 관심을 불러일으키고, 코로나19로 한국의 방역이 세계의 주목을 받는가 하면 코로나로 미국 메이저리그 경기가 취소되자 한국 프로야구를 중계하기도 하였다. 거대한 흐름에 많은 이가 한국에 관심을 갖고 주목하는 현상이 전 세계적으로 일어나고 있다.

본문은 종말에 하나님의 산, 시온에 세워진 예루살렘에 열방의 수많은 사람이 몰려드는 거대한 '시(온)류' 또는 '예(루살렘)류' 가 일어날 것을 예고하고 있다. 이사야는 앞서 이스라엘이 만신창이가 된 병자요, 소돔의 관원, 고모라의 백성, 창기의 성읍으로 전락했음을 신랄하게 고발한 바 있다(사 1장). 이들은 심판받고 멸망당해 마땅하다. 하지만 하나님은 놀랍게도 이들이 심판으로 멸망당하지 않고 도리어 모든 더러운 것이 제거되고 본래와 같이 의의 성읍, 신실한 고을로 회복될 것을 예고하신다. 본문은 하나님의 예고가 어떻게 실현되는지를 구체적인 모습으로 생생하게 보여주고 있다. 이러한 장면은 2장부터 4장까지 커다란 단락을 이루는데, 첫 단락(사 2:1–4)과 끝 단락(사 4:2–6)이 장차 일어날 거대한 시류 또는 예류에 관한 예언을 보여주고, 그 안(사 2:5–4:1)에는 현재 예루살렘의 패역한 상태를 고발하는 내용으로 일종의 샌드위치 구조를 이루고 있다.

본문은 첫 시작을 "아모스의 아들 이사야가 받은 바 유다와 예루살렘에 관한 말씀이라"고 소개하며 시작한다. 이사야 1장 1절에 소개된 표제가 여기서 또 다른 형태로 다시 시작하는 것은 그만큼 본문에 등장하는 회복된 영광스러운 시온, 곧 예루살렘의 모습이 중요하기 때문이다.[19]

본문은 장차 회복이 일어날 때를 '말일에' 로 표현한다. 직역하면 '이날들 이후에' 다. 히브리적 사고에 따르면 과거는 앞에 있고 미래는 뒤에 있다. 그래서 '이날들 이후' 는 뒤에 다가오는 미래를 가리킨다. 이는 여호와의 심판이 행해지고, 예루살렘이 회복되어 평강의 왕이 임하고(사 9:7), 하나님 통치의 정점을 이룰 때(호 3:5 참조)를 가리킨다. 이때는 '여호와의 날' (사 2:12, 13:6,9)로도 알려져 있다.

한편 '말일에' 는 창세기 49장 야곱의 축복의 시작 구절에 등장하는 '후일에' (창 49:1)와 동일한 마지막 때를 가리킨다.[20] 야곱은 유다를 축복하며 마지막 때 유다가 모든 형제의 찬송이 될 것이고(창 49:8) 사자와 같이 용맹할 것이며(창 49:9) 통치의 규가 유다를 떠나지 않을 것이라고 말한다(창 49:10). 주목할 것은 '실로' 가 오실 때 모든 백성이 그 앞에 복종하는 역사가 일어날 것이다(롬 1:4-5, 16:25-26, 계 5:5, 15:4 참조). '실로' 는 샬롬과 같은 어근을 공유하는 단어로 평강의 왕을 지칭한다(사 9:6 참조).[21]

또 '실로' 를 문자적으로 직역하면 '이것(규)이 그에게 속한 분' 이란 뜻인데, 이는 온 세상의 통치권을 가진 메시아적 통치자를 가리킨다.[22] 구체적으로 이때는 장차 신약의 성도들에게 메시아를 통한 구원이 성취될 때요, 이와 함께 메시아의 재림을 통해 성취될 종말의 완성을 가리킨다(행 2:17, 히 1:2, 약 5:3, 벧전 1:5,20, 벧후 3:3, 요일 2:18 참조).

이때는 "여호와의 전의 산이 모든 산 꼭대기에 굳게 서고 모든 작은 산 위에 뛰어날" 것이다(사 2:2). '여호와의 전' 은 예루살렘 성전을 가리킨다. 이곳은 하나님의 임재가 함께하고, 하나님의 눈길과 마음이 항상 있는 곳이다(왕상 9:3). 성전이 있는 거룩한 산, 곧 성산을 흔히 성전산이라고도 하며, 이는 성전이 자리 잡은 해발 740m 시온산의 또 다른 이름이기도 하다. 이런 의미로 한국에는 '성산' '시온' '시온산' 또는 '시온성' 등의 이름이 붙은 교회들이 제법 있다.

고대 근동에서는 산들을 신들의 거처로 여겼다. 그래서 산 위에 신이 거할 수 있도록 신을 모시는 산당들이 자리 잡았다. '여호와가 거하는 산이 모든 산꼭대기에 설 것'(2절)이라는 것은 여호와가 모든 신들에 대해 압도적이고 초자연적인 승리를 거두게 될 것임을 의미한다.[23] '굳게 선다'는 것은 확실성과 지속성을 강조한다.

시온산이 '모든 작은 산' 위에 우뚝 솟아오르게 되면 만방(all the nations, NRSV)이 그리로 몰려들 것이다(사 2:2). 여기서 작은 산(히. 기브아)은 작은 언덕(hill) 또는 구릉 정도를 말한다. 히브리어는 높이에 따라 산은 '하르', 언덕은 '라마', 낮은 언더은 '기브아'로 부른다. 여기서 '작은 산'은 기브아로, 이는 다른 신들이 있던 언덕들을 상대적으로 하찮게, 낮게 보는 관점이 내포되어 있다.

그렇다면 우뚝 솟은 시온산에 사람들이 가는 이유는 무엇일까? 누가 강압적으로 끌고 가서일까? 아니다. 이들은 모두 자원하여 시온산으로 간다. 그렇다면 이들을 시온산으로 끄는 힘은 무엇일까? 열국의 백성이 하는 말을 들어보면 알 수 있다.

> "많은 백성이 가며 이르기를 오라. 우리가 여호와의 산에 오르며 야곱의 하나님의 전에 이르자. 그가 그의 길을 우리에게 가르치실 것이라. 우리가 그 길로 행하리라 하리니 이는 율법이 시온에서부터 나올 것이요 여호와의 말씀이 예루살렘에서부터 나올 것임이니라"(사 2:3).

모든 나라와 백성이 시온산으로 가는 것은 여호와의 말씀을 배우고 그 길로 행하기 위해서다. 그들은 하나님이 임재하신 시온산이 모든 산 위에 우뚝 솟은 것을 보고 하나님이 자신들을 직접 가르치시도록 하기 위해서 나아간다. 다른 낮은 언덕에서 나온 가르침은 이들을 막힌 길, 가시밭길로 인도했고 인생을 기근과 사망으로 인도했다. 낮은 산에서 나오는 가르침만으로 살 수 없음을 절감하고 있었다. 그런데 모든 낮은 산들 위에 시온산이 우뚝 솟아오르는 것을 보고 많은 열방이 참된 길을 배우고 그 길로 행하기 위해 나아오는 것이다. 이들은 이곳에서 흘러나오는 가르침, 즉 토라(율법)를 배우기 위해 몰려온다. 이를 이사야 60장에서는 다음과 같이 선언한다.

> "일어나라. 빛을 발하라. 이는 네 빛이 이르렀고 여호와의 영광이 네 위에 임하였음이니라. 보라. 어둠이 땅을 덮을 것이며 캄캄함이 만민을 가리려니와 오직 여호와께서 네 위에 임하실 것이며 그의 영광이 네 위에 나타나리니 나라들은 네 빛으로, 왕들은 비치는 네 광명으로 나아오리라(사 60:1-3).

주목할 점은 몰려오는 열방을 향해 하나님이 '친히' 토라를 가르치신다는 사실이다. 이를 본문은 "그가 그의 길을 우리에게 가르치실 것이라"(사 2:3)고 진술한다. 어떻게 이런 일이 가능할까? 거룩하신 하나님이 어떻게 이방의 부정한 백성을 친히 가르치실 수 있을까? 이사야 9장은 이런 일이 한 아기를 통하여 이루어질 것을 말씀한다. 흑암에 행하던 백성이 큰 빛을 보고 나아오게 되는 역사가 이 아기를 통해 일어날 것이다(사 9:1-7). 이 아기는 누구일까? 놀랍게도 이 아기는 다윗의 왕좌를 통해 오시는 전능하신 하나님, 영존하시는 아버지, 평강의 왕이라고 한다(사 9:6-7). 이는 흑암에 빛을 비추러 성육하여 오신 하나님의 아들 메시아 예수다. 그는 토라의 최종 성취자로 오셨고(눅 24:27), 토라의 일점일획까지 모두 완성하셨다(마 5:17-18).

이제 시류 혹은 예류의 정체를 밝힐 때가 되었다. 시온의 물결, 예루살렘의 물결은 다름 아닌 메시아 예수의 물결이다! 이는 장차 메시아 예수의 빛이 온 세상을 비추고 예수의 바람이 온 세상에 불어오며 메시아 예수의 이름이 모든 이름 위에 뛰어난 이름이 되어 우뚝 솟아오를 것임을 예고하는 것이다(빌 2:6-11). 이때 시온산에 세워진 성전은 십자가의 피로 다시 세운 그의 육체로 대체된다(요 2:21). 예수가 선포한 복음의 진리가 세상의 낮은 언덕에서 설파하는 모든 상대적인 진리와 이론과 가설을 격파하며 복종하게 한다(고후 10:4, 행 6:7).

한 아기로 오시는 메시아의 가르침이 선포될 때 인류가 서로 대적하고 반목하며 막혔던 담이 허물어지는 역사가 일어난다. 본문은 무리가 그들의 칼을 쳐서 보습을 만들고 창을 쳐서 낫을 만들며, 나라와 나라가 다시는 칼을 들고 서로 치지 않고 전쟁을 연습하지 않을 것이라 선언한다(사 2:4). '보습' 은 쟁기에 끼워 땅을 가는 데 사용하는 쇳조각을 말한다. 전쟁 무기가 쓸모없어 농기구로 바뀌는 경이로운 대평화, 샬롬의 시대가 오는 것이다. 이 선언의 성취는 메시아의 시대에 본격적으로 열리게 될 것이다. 에베소서는 "그는 우리의 화평이신지라. 둘로 하나를 만드사 원수 된 것 곧 중간에 막힌 담을 자기 육체로 허시고"(엡 2:14)라고 선언한다.

이런 이상적인 선언이 드디어 신약의 시대에 성취되었다. 그리고 모든 나라와 족속과 열방 가운데 메시아 예수의 진리의 빛을 보고 수많은 이가 몰려와 그의 도를 배우고 그의 길로 행하는 역사가 일어났다(요 7:38 참조). 또한 이는 오순절 성령강림사건으로 그 성취가 본격적으로 시작되었다(행 2:17, 참조 욜 2:28, 3:18). 또한 그 성취는 지금도 계속해서 이루어지고 있다. 하지만 아직 완성은 아니다. 이는 장차 새 하늘과 새 땅에 하늘로부터 임할 거룩한 성 새 예루살렘의 도래로 최종 완성될 것이다(계 21-22장). 그때까지 우리는 이 예수의 물결이 온 세상에 가득하도록 계속해서 나아가야 한다. 그의 가르침을 열심히 배우고 행하여 그의 빛을 온 세상에 밝게 비춰야 한다. 열방에 빛은 아직 계속 비추어야 하고 그 빛이 이제는 우리가 되어야 한다. 이런 시온산의 비전을 품으라! 그리고 담대히 전진하라!

[5장 각주]

18) 서진아, "서서평의 헌신적 삶 보여드리고 싶어요", 빛과 소금, 2020. 7.

19) 2장 1절은 일종의 표제로 이사야 1장 1절에 등장한 표제 외에도 다시 표제가 등장한다는 점에서 많은 학문적 논쟁을 일으켰다. 2~12장을 독립적인 예언전승으로 보기도 하고, 발언 모음집으로 보기도 한다. 특히 본문 2~4절이 미가 본문(4:1-3)과 상당부분 유사하다는 점은 이를 더 지지하는 듯하다. 하지만 본서에서는 본문이 우리에게 현재의 형태로 주어진 것을 존중하며, 이 표제가 하나님께서 이사야를 통해 주시는 또 다른 중요한 말씀의 전환국면을 소개하는 기능을 하는 것으로 다룬다. 참조 에드워드 영, 「이사야서 주석 I」, 143-146쪽; 게리 스미스, 「NAC 이사야 I」, 155-156쪽; 존 오스왈

트, 「이사야 I」, 136-138쪽.

20) 그레고리 빌, 김귀탁 역, 「신약성서신학」(서울: 부흥과개혁사, 2013), 119쪽.

21) 양형주, 「평신도를 위한 쉬운 창세기 3」(서울: 브니엘, 2018), 376쪽.

22) 위의 책, 376쪽.

23) 알렉 모티어, 「이사야 주석」, 106쪽.

06 Chapter 6. Isaiah 2:5-22

인생의 정점에서 무엇을 볼 것인가

*5야곱 족속아 오라. 우리가 여호와의 빛에 행하자. 6주께서 주의 백성
야곱 족속을 버리셨음은 그들에게 동방 풍속이 가득하며 그들이 블
레셋 사람들같이 점을 치며 이방인과 더불어 손을 잡아 언약하였음
이라. 7그 땅에는 은금이 가득하고 보화가 무한하며 그 땅에는 마필
이 가득하고 병거가 무수하며 8그 땅에는 우상도 가득하므로 그들이
자기 손으로 짓고 자기 손가락으로 만든 것을 경배하여 9천한 자도
절하며 귀한 자도 굴복하오니 그들을 용서하지 마옵소서. 10너희는
바위틈에 들어가며 진토에 숨어 여호와의 위엄과 그 광대하심의 영
광을 피하라. 11그날에 눈이 높은 자가 낮아지며 교만한 자가 굴복되
고 여호와께서 홀로 높임을 받으시리라. 12대저 만군의 여호와의 날*

이 모든 교만한 자와 거만한 자와 자고한 자에게 임하리니 그들이 낮
아지리라. 13또 레바논의 높고 높은 모든 백향목과 바산의 모든 상수
리나무와 14모든 높은 산과 모든 솟아 오른 작은 언덕과 15모든 높은
망대와 모든 견고한 성벽과 16다시스의 모든 배와 모든 아름다운 조
각물에 임하리니 17그날에 자고한 자는 굴복되며 교만한 자는 낮아지
고 여호와께서 홀로 높임을 받으실 것이요 18우상들은 온전히 없어질
것이며 19사람들이 암혈과 토굴로 들어가서 여호와께서 땅을 진동시
키려고 일어나실 때에 그의 위엄과 그 광대하심의 영광을 피할 것이
라. 20사람이 자기를 위하여 경배하려고 만들었던 은 우상과 금 우상
을 그날에 두더지와 박쥐에게 던지고 21암혈과 험악한 바위틈에 들어
가서 여호외께서 땅을 진동시키려고 일어나실 때에 그의 위엄과 그
광대하심의 영광을 피하리라. 22너희는 인생을 의지하지 말라. 그의
호흡은 코에 있나니 셈할 가치가 어디 있느냐.

선악과 이후 인류 최초의 범죄는 무엇일까? 형제 살인이다. 형 가인이 동생 아벨을 돌로 쳐 죽인 사건이다. 그렇다면 살인의 이유는 무엇인가? 바로 시기심이다. 가인은 자신이 장자임에도 하나님이 자기가 드리는 제사는 받지 않고 동생의 제사만 받으신 것을 견딜 수 없었다. 마땅히 장자의 제사를 받으셔야 할 하나님이 장자를 거부하고 차자의 제사만 받으신다. 이런 뒤집힌 형제간의 질서에 가인은 발끈했다. 그는 몹시 분하여 안색이 변하였고(창 4:6) 급기야 동생을 죽이기에 이른다.

가인과 아벨 이후, 하나님은 구속사를 이루어가면서 종종 기존의 질서를 역전시키는 분으로 등장한다. 동생 야곱이 형 에서를 제치고 장자권을 차지했고, 에브라임이 형 므낫세를 제치고 장자의 축복을 받았으며, 넷째 유다가 첫째 르우벤을 대신해서 영적 리더십을 계승했다. 이처럼 하나님은 높은 자를 낮추시고 낮은 자를 높이시는 분이다.

이처럼 기이한 하나님의 역사는 이스라엘 구원사의 전반적인 흐름에 나타난다. 하나님은 이스라엘을 먼저 택하시고 장자로 삼으셨지만 구원은 이방인에게로 흘러가게 하셨다. 사도 바울조차 이렇게 기이한 하나님의 구원역사 앞에 당황할 정도였다. 동족 이스라엘은 메시아를 거부하는데, 이방인은 그의 선교로 인해 메시아를 열렬히 환영하며 삽시간에 유럽 전역에 교회가 세워지고 수많은 이가 구원을 얻는 역사가 일어났다.

이런 신비하고도 기이한 역전의 역사 앞에 바울은 "하나님이 자기 백성을 버리셨느냐?"(롬 11:1)고 문제를 제기한다. 하지만 바울은 뒤에 가서 "그럴 수 없느니라. 그들이 넘어짐으로 구원이 이방인에게 이르러 이스라엘로 시기나게 함이니라"(롬 11:11)고 대답한다. 하나님께서 이스라엘을 버리신 것이 아니라 이방인의 구원받는 모습을 보고 도리어 시기를 일으켜 다시 구원의 역사로 초대받도록 하기 위함이라는 것이다. 하나님은 인류 최초 살인의 원인이었던 시기를 사용하여 복음을 끝가지 거부하는 이스라엘의 구원을 위해 역전시키실 것이다.

우리는 앞서 시온이 회복될 때 모든 열방이 주께 돌아와 하나님께로부터 직접 참된 토라를 배워 그 길로 행하는 역사가 일어날 것을 살펴보았다. 그런데 한 가지 궁금한 점이 있다. 이 놀라운 역사에 이스라엘은 포함되는 것일까? 안타깝게도 포함되지 않을 것 같다. 본문은 하나님께서 야곱 족속을 버리셨다고 말씀하기 때문이다(사 2:6). 아니, 하나님의 장자요 선민으로 부름받은 이들에게 도대체 어떤 일이 일어난 것일까? 본문은 이스라엘이 버림받은 이유를 구체적으로 설명한다.

먼저, 본문은 심각한 위기에 처한 이스라엘을 향한 초대의 말씀으로 시작한다.

"야곱 족속아 오라. 우리가 여호와의 빛에 행하자"(사 2:5).

"오라. 우리가 ~하자"는 것은 앞서 열방의 수많은 백성이 여호와의 산으로 몰려오며 했던 말이다(사 2:2). 동일한 초대를 이제 하나님의 선민인 야곱, 곧 이스라엘 백성에게 제안하는 것은 이방인의 초대를 본보기로 삼아 선민 이스라엘에게 시기와 질투를 불러일으키기 위함이다.[24] 하나님의 선민 백성들에게 장차 미래에 일어날 이방인들의 순종의 본을 따르라고 초대하는 것이다. 야곱 족속에게 초대하는 내용이 무엇인가? '여호와의 빛' 에 행하자는 것이다. 이는 앞서 이방인들이 나아가 가르침을 받고 행했던 여호와의 말씀, 곧 토라(율법)를 말한다. 아니, 여호와의 말씀이라고 하면 그 누구보다 잘 알고 행한다고 자부했던 이들이 이스라엘 백성 아닌가? 이 말을 들은 야곱 족속은 당황하며 질투로 분노했을지 모르겠다.

하지만 야곱 족속은 이미 이들에게 주어진 율법을 준행하는 데 있어서 영적으로 파산상태에 이르렀음을 선고받은 바 있다(사 1:4,11-15). 따라서 이스라엘은 자신들의 영적 파산을 직시하고, 이제 이방인까지 초대하는 온 세상을 새롭게 비추는 여호와의 말씀 앞에 겸손하게 귀 기울이며 돌아가야 한다.

이어지는 말씀은 이스라엘이 여호와의 빛으로 돌아가야 할 이유를 진술하고 있다. 먼저, 결론부터 말하면 하나님께서는 주의 백성이라 자부하는 야곱 족속을 버리셨다! 얼마나 큰 충격인가? 이들은 이제 선택받은 백성이 아니라 버림받은 백성이라는 것이다. 무엇이 그들로 버림받는 데까지 이르게 했을까?

이어지는 전반부(사 2:6-11)는 유다에게 가득 차 있는 것을 고발하는데, 결국 이것들이 유다가 하나님의 심판에 처하게 되는 결정적인 이유가 된다. 하나님은 이로 인해 기존의 질서를 뒤엎는 역전의 역사를 일으키실 것이다(사 2:11). 그렇다면 이들에게 가득한 것이 무엇인지 구체적으로 살펴보자.

먼저, 이스라엘에게 가득한 것은 동방풍속이다(사 2:6). 이스라엘에게 동방은 요단강을 끼고 이들과 연접한 모압, 암몬, 에돔 등이고, 좀 더 멀리는 앗수르와 같은 강력한 제국이다. 이들로부터 오는 풍속은 우상 숭배와 점, 요술, 복술 등이다. 모두 하나님이 가증히 여기시는 것들로 이런 것들이 유다 안에 가득했다. 그뿐만이 아니다. 이스라엘은 서쪽 해안가에 위치한 블레셋 사람의 점술에 매혹되었다. 블레셋 사람은 원래 그리스 에게해 쪽에서 넘어온 해양 민족으로, 배를 탈 때부터 선조들로부터 물려받은 점성술이 꽤 만연했다. 이스라엘은 이러한 풍속들을 단순히 도입만 한 것이 아니다. 이스라엘은 이들 민족과 언약을 맺고 통혼하여 이방풍속에 젖어 있는 여인과 가정을 이루었다. 자연스럽게 하나님을 저버리고 매일의 삶을 우상과 점술에 의지하며 살기 시작했다.

이들이 힘들어서 우상과 점술에 의지했을까? 아니다. 도리어 이들은 정치적으로 안정이 되었고 영토가 확장되었으며 경제적으로도 커다란 풍요를 누리고 있었다. 땅에는 은금이 가득했고 보화가 무한할 정도로 막대한 부를 쌓고 있었다(사 2:7). 이를 바탕으로 군사력도 탄탄했다. 마필이 가득하고 병거가 무수했다(사 2:7). 이때는 이사야 서문(사 1:1)에 소개하는 유다의 10대 웃시야왕이 통치하던 시대를 배경으로 한다. 52년간의 태평성대기간동안 웃시야는 하나님이 특별한 은혜로 허락하신 금은보화와 마병을 소유하고 평안과 안정의 시기를 구가했다.

하지만 겉보기와 달리 이때는 진정한 영적 위기의 시기였다. 내게 부와 힘이 축적되면 찾아오는 유혹이 있다. 그것은 축적한 힘으로 누리고 확장하고 싶은 다양한 선택지들이다. 부가 축적되면 이것으로 하나님께 영광 돌리기보다 이 부로 내 만족과 유익을 위해 무엇인가 하고 싶다. 과시하고도 싶다. 군사와 마병이 많아지면 이웃 나라와 전쟁을 해서 영토도 빼앗고 싶다. 내가 할 수 있을 것 같은 선택지가 많을 때 우리는 주의해야 한다. 이럴 때일수록 선택지를 줄이고 이 모든 것을 허락하신 하나님께 더욱더 집중해야 한다.

하나님은 일찍이 이스라엘 백성이 광야에서 가나안 땅으로 들어갈 때 왕에게 힘이 축적될 때 찾아오는 유혹에 대해 경고하신 바 있다.

"그는 병마를 많이 두지 말 것이요 병마를 많이 얻으려고 그 백성을 애굽으로 돌아가게 하지 말 것이니 이는 여호와께서 너희에게 이르시기를 너희가 이후에는 그 길로 다시 돌아가지 말 것이라 하셨음이며 그에게 아내를 많이 두어 그의 마음이 미혹되게 하지 말 것이며 자기를 위하여 은금을 많이 쌓지 말 것이니라"(신 17:16-17).

쌓아두면 그릇된 선택지에 대한 유혹이 많아진다. 병마가 많아지면 애굽으로 돌아가고 싶은 유혹이 생기고 아내가 많이 생기면 다양한 우상에 대한 미혹이 생긴다. 은금을 많이 쌓아두면 타락에 대한 유혹이 생긴다. 우리가 재물과 권력과 명예를 축적하면 많은 선택지가 생기는 것이 사실이지만 이는 역설적으로 하나님만을 선택할 수 있는 선택지를 축소시킨다.

웃시야시대, 부와 안정과 힘과 권력이 축적되자 왕과 그의 백성은 하나님 외에 다른 선택지를 찾기 시작했다. 어느 순간 그 땅에 우상이 가득하게 되었고, 자기 손과 손가락으로 만든 무가치한 신상에게 귀천을 불문하고 절하며 굴복했다(사 2:8-9). 이는 모든 것을 허락하신 하나님을 배신하는 가증한 일이었다. 통치 말년에 행했던 웃시야왕의 오만방자함은 이를 잘 보여준다. 그는 스스로 교만해져 하나님의 전에 제사장을 대신하여 분향하려는 불경스러운 죄까지 저질렀고, 이 일로 하나님의 심판을 받아 문둥병으로 평생 숨어 지냈다(대하 26:16-21).

이런 가증한 모습을 고발한 이사야는 "그들을 용서하지 마옵소서"(사 2:9)라는 절망적인 탄원을 올려드린다. 여호와는 공평과 정의의 하나님이시므로 하나님이 그들을 용서하신다면 하나님의 명예에 손상이 갈 수 있다.[25] 이는 선지자가 선포하기에도 이스라엘의 가증스러움이 극에 달했음을 알 수 있다.[26]

하나님은 이들의 타락을 결코 간과하지 않으신다. 하나님의 위엄과 광대하심의 영광이 드러날 때가 온다. 광대하심의 영광이란 하나님의 영광이 온 세상 구석구석에 미치지 않는 곳이 없음을 의미한다.[27] 이때가 되면 크게 두 가지 현상이 일어난다. 첫째, 하나님의 임재가 죄인들에게 어마어마한 공포로 찾아오게 된다. 교만한 우상 숭배자들이 할 수 있는 일은 바위틈에 숨어 들어가고 진토(dust, 땅 속)에 숨는 일 밖에 없다(사 2:10). 하나님의 임재 앞에 죄가 드러나며 심판이 두려워지기 때문이다(사 6장 참조).

참고로 유다 지역에는 바위틈과 진토에 숨을 곳이 많다. 유대 광야에는 수많은 바위와 굴이 있고, 또 평원(쉐펠라) 지역에는 석회 동굴이 땅 속으로 뻗어 난 경우도 많다(암혈, holes in the dust, 사 2:19 참조). 둘째, 하나님의 영광이 드러날 때 기존 질서의 역전 현상이 일어난다. 눈이 높은 자가 낮아지며 교만한 자가 굴복된다. 그리고 오직 여호와 하나님만이 홀로 높임을 받으신다(사 2:11).

본문 후반부(사 2:12-22)에는 기존 질서에서 높임을 받던 '모든' 것이 낮아짐을 선언한다. 본문은 이런 역전이 일어나는 날이 바로 '여호와의 날'이라 진술한다(사 13:6 참조). 선지서에서 '여호와의 날'은 크고 두려운 파괴와 심판의 날이며 하나님이 자기 백성을 지키시고 보호하시는 날이기도 하다. 주목할 것은 본문에서 이날은 하나님의 백성이 가진 모든 특권이 무너져 내리는 날로 등장한다는 사실이다. 전에는 단지 하나님의 선민이라는 이유만으로 하나님의 은총을 받기에 합당하다고 여겼을지 모르지만 이제는 이런 선민의 특권의식을 바로잡을 필요가 있다. 여호와의 날은 바로 이 유대인이라는 선민의식이 무너지고 장자의 질서가 역전되고 이들이 겸손하게 되는 날이기도 하다.

이날에는 웃시야의 나라에서 높임을 받던 것이면 무엇이든 낮아지고 제거될 것이다. 신전과 우상의 재료였던 레바논의 백향목과, 바알과 이스다롯을 숭배하는 우상 숭배의 중심역할을 했던 바산의 상수리나무, 모든 높은 산과 작은 언덕에 세워졌던 크고 작은 산당이 무너지고 제거되고 낮아질 것이다. 또한 모든 망대와 견고한 성벽이 무너질 것이다(사 2:15). 이는 사람이 하나님으로부터 독립해서 스스로의 힘으로 자기 안전을 지키기 위해 행하는 모든 것을 대표한다(창 11:1-9 참조).[28]

또 다시스의 모든 배와 아름다운 조각물이 무너져 내릴 것이다(사 2:16). 은, 금, 상아와 각종 보화가 풍부한 것으로 알려진 다시스(왕상 10:22, 겔 27:12,25)의 거대한 배는 유다를 부유하게 하고 사치하고 교만하게 하는 중요한 통로였다. 또 아름답게 새긴 각종 신상과 우상 또한 유다를 교만하게 하는 통로였다. 하나님은 이 모든 것을 무너뜨리고 온전히 없애실 것이다(사 2:18).

여호와의 날, 하나님의 위엄과 광대하심의 영광이 나타나자 그동안 유다가 붙들었던 모든 높은 것들이 아무것도 아닌 무가치한 것들로 드러난다. 이들은 자기를 위해 경배하려고 만들었던 금 우상, 은 우상을 하찮은 미물이자 부정한 짐승인 두더지와 박쥐에게 내던지고는 암혈과 바위틈에 숨어버린다(사 2:20).[29] 사람은 자기가 숭배하는 대상을 닮는다. 우상을 숭배하는 자는 우상을 닮는다. 우상이 무력한 것처럼 우상 숭배자도 무력하다. 하나님의 임재로 온 세상에 진정한 가치가 드러날 때 우상 숭배자는 그동안 우상을 의지하여 자신이 힘 있고 능력 있다고 착각했던 것이 거짓이었음을 깨닫게 된다. 우상이 생명 없는 무가치한 것임을 깨달은 우상 숭배자는 그동안 정성껏 모셨던 우상에 정나미가 떨어져 이것을 두더지와 박쥐에게 내던져 처분한다.

본문은 결론적으로 하나님의 백성에게 선포한다.

> "너희는 인생을 의지하지 말라. 그의 호흡은 코에 있나니 셈할 가치가 어디 있느냐"(사 2:22).

주목할 것은 '우상을 의지하지 말라'가 아니라 '인생을 의지하지 말라'는 것이다. 엄밀히 말해 우상 숭배는 인생을 의지할 때 일어나는 결과이지 원인이 아니다.[30] 인생을 의지하지 말라는 것은 인간을 만물의 중심으로 삼고 자신을 높이는 데 도움이 되는 모든 것을 의지하지 말라는 뜻이다. 우상을 숭배하는 것은 이를 통해 거대한 힘과 권세를 자기 것으로 전용하고 싶은 인간의 자기애와 탐심 때문이다. 하지만 인간은 코로 호흡하는 한 숨이 끊어지면 덧없이 사라지는 존재, 이 땅에 잠시 머물다 사라지는 덧없는 바람 같은 존재다. 입김같이 잠시 존재하다 사라지는, 죽을 수밖에 없는 임시적인 존재들이다.

웃시야왕은 인생의 정점에 이 모든 것을 허락하신 하나님을 잊었다. 그리고 자기 탐욕에 어두워 갑자기 주변에 생겨난 수많은 선택지 앞에 엉뚱한 우상들을 택했다. 우상들을 힘입어 자기 인생이 더욱 강성해지고 부강해지기를 꿈꿨다.

우리는 인생을 의지하지 말아야 한다. 내 인생이 하나님의 은혜 아니면 아무것도 아니요 죽을 수밖에 없는 죄인임을 늘 가슴에 새겨야 한다. 하나님이 내게 복을 주시고 많은 선택지를 주실 때 갑자기 주어지는 너무 많은 선택지 앞에 눈이 휘둥그레지지 말라. 선택지를 좁히라. 그리고 오직 한 분 하나님만 섬기며 그분을 높일 수 있는 좁은 선택을 하라.

내 인생의 정점에 나의 시선은 어디로 향하는가? 무엇을 바라보고 열망하는가? 기억하라. 우리는 좁은 길로 부름받은 사람들이다. 좁은 문으로 들어가라! 멸망으로 들어가는 문은 크고 그 길이 넓어 그리로 들어가는 자가 많지만 생명으로 인도하는 문은 좁고 길이 협착하여 찾는 자가 적다(마 7:13-14).

[6장 각주]

24) 존 오스왈트, 「NICOT 이사야 I」, 141쪽.
25) 송병현, 「이사야 I」 엑스포지멘터리(서울: 국제제자훈련원, 2012), 181쪽.
26) 이 진술에 대해 스미스는 "당신(하나님)은 그들을 들어올리지(높이지) 말아야 하리이다"로 해석한다. 이는 '용서하다'를 의미하는 히브리어 '나사'가 갖고 있는 '들어올리다'는 뜻을 적용한 해석인데, 그는 갑작스러운 이사야의 기도를 단순한 종결진술로 이해하여 전체적인 예언의 분위기의 통일성을 꾀하려 한다(게리 스미스, 「NAC 이사야 I」, 169쪽 각주 51을 참조). 여기서는 개역개정 번역에 충실하여 이사야의 절망적인 기도로 해석한다. 이러한 입장에는 오스왈트, 모티어, 영, 김회권 등이 있다.

27) 하나님의 광대하심, 영광에 대해서는 양형주, 「바이블 백신 1」(서울: 홍성사, 2019), 155-158쪽, 176쪽을 참조하라.

28) 알렉 모티어, 「이사야 주석」, 114쪽.

29) '두더지'의 의미는 모호한데, 모티어는 딱정벌레나 굴속에서 사는 곤충으로 보기도 한다. 위의 책, 116쪽.

30) 존 오스왈트, 「NICOT 이사야 I」, 153쪽.

07 Chapter 7. Isaiah 3:1-15

지도자의 자신감은 어디서 오는가

1보라. 주 만군의 여호와께서 예루살렘과 유다가 의뢰하며 의지하는
것을 제하여 버리시되 곧 그가 의지하는 모든 양식과 그가 의지하는
모든 물과 2용사와 전사와 재판관과 선지자와 복술자와 장로와 3오십
부장과 귀인과 모사와 정교한 장인과 능란한 요술자를 그리하실 것
이며 4그가 또 소년들을 그들의 고관으로 삼으시며 아이들이 그들을
다스리게 하시리니 5백성이 서로 학대하며 각기 이웃을 잔해하며 아
이가 노인에게, 비천한 자가 존귀한 자에게 교만할 것이며 6혹시 사
람이 자기 아버지 집에서 자기의 형제를 붙잡고 말하기를 네게는 겉
옷이 있으니 너는 우리의 통치자가 되어 이 폐허를 네 손 아래에 두
라 할 것이면 7그날에 그가 소리를 높여 이르기를 나는 고치는 자가

되지 아니하겠노라. 내 집에는 양식도 없고 의복도 없으니 너희는 나
를 백성의 통치자로 삼지 말라 하리라. 8예루살렘이 멸망하였고 유다
가 엎드러졌음은 그들의 언어와 행위가 여호와를 거역하여 그의 영
광의 눈을 범하였음이라. 9그들의 안색이 불리하게 증거하며 그들의
죄를 말해주고 숨기지 못함이 소돔과 같으니 그들의 영혼에 화가 있
을진저 그들이 재앙을 자취하였도다. 10너희는 의인에게 복이 있으리
라 말하라. 그들은 그들의 행위의 열매를 먹을 것임이요 11악인에게
는 화가 있으리니 이는 그의 손으로 행한 대로 그가 보응을 받을 것
임이니라. 12내 백성을 학대하는 자는 아이요 다스리는 자는 여자들
이라. 내 백성이여 네 인도자들이 너를 유혹하여 네가 다닐 길을 어
지럽히느니라. 13여호와께서 변론하러 일어나시며 백성을 심판하려
고 서시도다. 14여호와께서 자기 백성의 장로들과 고관들을 심문하러
오시리니 포도원을 삼킨 자는 너희이며 가난한 자에게서 탈취한 물
건이 너희의 집에 있도다. 15어찌하여 너희가 내 백성을 짓밟으며 가
난한 자의 얼굴에 맷돌질하느냐. 주 만군의 여호와 내가 말하였느니
라 하시도다.

지도자에게 꼭 필요한 자질은 무엇일까? 흔히 비전이 중요하다고 한다. 그러나 비전만 중요한 것이 아니다. 비전이 있으면 그 비전을 실행하고 동원할 수 있는 능력, 힘, 재력, 커뮤니케이션할 수 있는 능력 등이 필요하다. 그래서 대통령과 같은 한 나라의 지도자가 되면 단순히 비전 제시만이 아니라 비전을 실현할 수 있는 나라의 행정 조직, 재정 조직과 군대 등 여러 자원들을 동원할 수 있는 권한이 주어진다. 그뿐만이 아니다. 대통령의 비전을 실현할 수 있는 많은 유능한 참모진도 주어진다. 이처럼 지도자의 책무가 클수록 그에게는 국가나 단체의 자원을 사용할 수 있는 힘과 권한이 집중된다. 문제는 지도자가 이 모든 자원을 자기 개인의 것으로 착각할 때다. 지도자가 국가적 자원을 자기 유익을 위하여 사용하고 여기에 큰 가치를 두기 시작할 때 지도자는 급속도로 타락하기 시작한다.

영적 지도자는 자신에게 주어진 모든 자원이 하나님이 허락하신 것임을 분명하게 고백해야 한다. 참된 영적 지도자는 자신이 가진 자원이 절대적인 것이 아님을 깨닫고 이 모든 것을 허락하시는 하늘의 하나님께 의지하여 하늘 자원을 끌어올 수 있는 사람이다.

백악관을 기도실로 만든 대통령이 있다. 노예를 해방한 미국의 제16대 링컨 대통령이다. 그는 나라를 운영할 때 부딪치는 모든 문제를 기도와 간구로 하나님께 아뢰었다. 그런데 링컨 못지않게 수시로 기도했던 대통령이 있다. 바로 제40대 로널드 레이건 대통령이다. 그는 기도로 구소련과의 냉전시대를 종식했고 자유주의 정책을 통해 미국에 커다란 경제적 부흥기를 가져왔다. 그는 권세와 능력이 주어졌음에도 하나님이 허락하지 않으면 아무것도 안 된다는 것을 인정하고, 여호와를 두려워하는 마음으로 날마다 기도하였다. 이런 지도자는 자기 권세와 능력과 힘을 자신감으로 삼지 않는다. 하나님을 자신감의 원천으로 삼는다.

하나님께서 이스라엘에 왕을 세우시고 그 나라를 위한 각 영역의 지도자를 세우신 이유가 있다. 각자의 영역에서 하나님의 주권을 인정하고, 하나님이 주신 자원을 사용하여 하나님의 뜻을 이루며 하나님께 영광을 돌리게 하기 위해서다. 그러나 이스라엘의 지도자들은 그렇게 하지 않았다. 이들은 하나님이 주신 자원을 자기 것으로 착각하여 여기에 절대적인 가치를 부여하고 이런 자원을 의지하여 사리사욕을 채우며 부패하고 타락해 갔다. 하나님은 분명 "너희는 인생들을 의지하지 말라"(사 2:22)고 하셨지만 유다의 지도자들은 너무나도 절대적으로 인생을 의지하였다.

본문은 구체적인 예로 인생을 의지하는 지도자들은 결국 바람처럼 사라질 것이고, 이후에 유다가 더욱 비참한 상황에 이를 것을 경고하는 말씀이다. 하나님은 앞서 금은보화가 가득하고 마필과 병거가 무수하며 우상이 가득하더라도(사 2:7-8), 여호와의 날에 아무런 도움이 되지 않음을 말씀하신 바 있다. 이제는 이들이 의지하던 지도자들이 제거될 것이다. 그렇다면 구체적으로 어떤 영역의 지도자들일까?

> "보라. 주 만군의 여호와께서 예루살렘과 유다가 의뢰하며 의지하는 것을 제하여 버리시되 곧 그가 의지하는 모든 양식과 그가 의지하는 모든 물과 용사와 전사와 재판관과 선지자와 복술자와 장로와 오십부장과 귀인과 모사와 정교한 장인과 능란한 요술자를 그리하실 것이며"(사 3:1-3).

하나님께서 제거하시는 것은 예루살렘과 유다가 현재 절대적으로 의지하는 것들이다. 특히 지도자라면 절대적으로 확보해야 할 중요한 것이 바로 양식과 물이다. 대적이 침입하면 양식과 물이 있어야 성문을 걸어 잠그고 버틸 수 있다. 그래서 고대 성읍들은 땅을 수십 미터 아래로 깊이 파서 곡식 창고와 거대한 물 저장소(cistern)를 확보해 두곤 했다. 곡식 창고와 물 저장고에 양식과 물이 가득하면 지도자의 마음은 든든했다. 이를 얼마나 확보했느냐가 지도자의 역량으로 평가되기도 하였다(대하 32:1-4 참조). 오랜 태평성대를 누렸던 웃시야시대의 성읍들은 양식과 물이 넉넉하게 확보되었던 모양이다. 하지만 하나님께서는 이것을 제거하겠다고 하신다. 지도자들이 의지하던 것이 절대적인 것이 되지 않음을 깨닫게 하는 것이다.

더 나아가 하나님은 하나님을 의지하지 않는 각 영역의 지도자들을 제하여 버리신다. 유다 사회 각 영역에 포진한 군사지도자(용사, 전사, 오십부장), 정치지도자(재판관, 모사, 장로, 귀인), 종교 지도자(선지자, 복술자, 능란한 요술자), 그리고 정교한 장인(skilled craftsman, NIV) 등이다(왕하 24:14 참조).

지도자가 사라지니 그 자리를 차지한 것은 경험 없고 미숙한 소년들과 아이들이었다(사 3:4). 여기서 소년은 문자적으로 어린 10대 아이들 그룹과 더불어 그 땅에 남은 무능하고 비천한 자들을 포함한다. 역량이 되지 않는 상태에서의 다스림은 혼란과 무질서를 초래한다. 소년들의 통치 결과 백성이 서로 학대하고 이웃이 서로 싸우고 해치며 젊은이가 노인에게 대들고 천한 자가 존귀한 사람에게 교만하게 군림하는 일이 벌어진다(사 3:5).

혼돈과 무정부 상태에 이른 나라는 극심한 경제적 위기에 봉착한다. 이런 상태에서 지도자의 책무를 떠맡는 것은 부담이다. 누구라도 좀 지도자를 맡으라고 하지만 너도나도 고사하는 상태다(사 3:7). 심지어 지도자가 되어야 할 이유로 '겉옷'을 든다. 겉옷이 있으니 지도자가 되어 이 폐허에서 다시 공동체를 일으켜 달라는 것이다(사 3:6). 겉옷은 신분과 지위를 상징하는 외투인 동시에 야영할 때 이불과 같은 역할을 했다. 값도 꽤 나갔다. 좋은 외투를 걸치는 것은 뭇사람의 부러움을 샀다(수 7:21, 마 5:40 참조). 본문에서는 어떤 종류든 외투만 있으면 보통 사람보다 지위가 높아지고 권력을 갖게 되는 극도의 무질서의 시대가 도래함을 묘사한다.[31]

결국 유다와 예루살렘은 멸망으로 치닫는다. 자격 없는 지도자들의 거짓 언어와 압제와 약탈 행위가 지도력의 중심 요소가 되었다. 지도자가 되려면 거짓말도 잘해야 하고 교묘하게 압제하며 들키지 않게 약탈하는 기술이 있어야 한다(사 3:8). 결국 거짓말하는 능력이 리더십을 대체하고 약탈하는 능력이 지도력을 대체하는 어처구니없는 일이 벌어진다. 하지만 이러한 행위는 여호와를 거역하고, 모든 것을 살피시는 그의 영광의 눈을 범하는(사 3:8, 모독하는-새번역), 하나님의 진노를 촉발하는 일이었다. 이들이 아무리 거짓말하고 은밀히 약탈을 시행해도 하나님은 결국 이들이 행위의 열매를 먹게 하실 것이고, 이들이 행한 그대로 보응을 받게 하실 것이다(사 3:10-11).

하나님은 백성이 도탄에 빠지는 것은 소년과 같은 무능한 리더십뿐 아니라 여자들 때문이라 지적하신다.

> "내 백성을 학대하는 자는 아이요 다스리는 자는 여자들이라. 내 백성이여 네 인도자들이 너를 유혹하여 네가 다닐 길을 어지럽히느니라"(사 3:12).

여기서 여자들은 지도자의 부인들을 말한다. 당시 왕이나 고관들은 처첩을 여럿 두었고, 이들의 영향력에 휘둘려 백성을 더욱 어려움에 빠지게 하였다. 솔로몬왕이 대표적이다. 솔로몬은 말년에 후궁이 칠백 명, 첩이 삼백 명이나 되었는데, 이 여인들은 솔로몬의 마음을 하나님으로부터 돌아서게 하여, 하나님이 가증하게 여기시는 시돈의 여신 아스다롯과 암몬의 밀곰과 같은 우상 숭배에 빠지게 하였다(왕상 11:4-10). 이사야가 활동하던 시대에 이런 유사한 경우가 아하스왕에게서 나타난다. 아하스는 스무 살의 어린 나이에 왕이 되어 수많은 우상을 섬겼고, 심지어 자기 아들을 불 가운데 지나가게 하는 인신제사를 드리기까지 하였다(왕하 16:2-4). 이는 이를 부추기는 후궁 이방 여인들의 영향력일 가능성이 농후하다.

하나님은 이를 간과하지 않으실 것이다. 하나님은 이들의 행위를 살피고 계신다. 탈취하는 것도 일종의 능력이라고 우기며 이들이 교묘한 방법으로 빼앗은 물건들을 어디에 숨겨두었는지도 아신다(사 3:14). 하나님은 무능한 지도자를 심판하러 오실 것이고, 백성의 고통을 신원하기 위하여 반드시 찾아오실 것이다(사 3:15).

영적 리더는 리더십의 자원을 위로부터 공급받는 사람이다. 하나님을 절대적으로 의지하며 하나님께서 공급하는 자원을 사용하여 백성을 인도할 때 그는 정직한 청지기가 된다. 아무리 상황이 어렵고 힘들어도 위로부터 공급받기 시작하면 어려운 상황을 넉넉히 이겨나갈 수 있다. 이를 깨닫게 하기 위해 하나님은 일찍이 이스라엘 백성을 광야에서 40년이나 훈련하셨다.

"네 하나님 여호와께서 이 사십 년 동안에 네게 광야 길을 걷게 하신 것을 기억하라. 이는 너를 낮추시며 너를 시험하사 네 마음이 어떠한지 그 명령을 지키는지 지키지 않는지 알려 하심이라. 너를 낮추시며 너를 주리게 하시며 또 너도 알지 못하며 네 조상들도 알지 못하던 만나를 네게 먹이신 것은 사람이 떡으로만 사는 것이 아니요 여호와의 입에서 나오는 모든 말씀으로 사는 줄을 네가 알게 하려 하심이니라. 이 사십 년 동안에 네 의복이 해어지지 아니하였고 네 발이 부르트지 아니하였느니라"(신 8:2-4).

생존의 조건이 결여된 광야를 40년간이나 지나갔는데, 그들에게는 물과 양식이 끊어지지 않았다. 왜? 하늘에서 하나님이 친히 공급해주셨기 때문이다. 그뿐만이 아니다. 그들이 광야에서 40년을 지나며 의복과 신발이 해어지지 않았다. 어떻게 이런 일이 가능할 수 있는가? 하나님이 낮에는 구름기둥으로 밤에는 불기둥으로 보호하고 붙들어주셨기 때문이다. 리더는 자신감의 근거를 바로 이러한 하나님의 공급하심에 두어야 한다. 이제는 더 이상 인생들을 의지하지 말라. 그리고 눈을 들어 오직 주를 바라라!

[7장 각주]

31) 존 오스왈트, 「NICOT 이사야 I」, 159쪽.

08 Chapter 8. Isaiah 3:16-4:1

성도가 가져야 할 자신감

*[16]여호와께서 또 말씀하시되 시온의 딸들이 교만하여 늘인 목, 정을
통하는 눈으로 다니며 아기작거려 걸으며 발로는 쟁쟁한 소리를 낸
다 하시도다. [17]그러므로 주께서 시온의 딸들의 정수리에 딱지가 생
기게 하시며 여호와께서 그들의 하체가 드러나게 하시리라. [18]주께서
그날에 그들이 장식한 발목 고리와 머리의 망사와 반달 장식과 [19]귀
고리와 팔목 고리와 얼굴 가리개와 [20]화관과 발목 사슬과 띠와 향합
과 호신부와 [21]반지와 코 고리와 [22]예복과 겉옷과 목도리와 손 주머니
와 [23]손 거울과 세마포 옷과 머리 수건과 너울을 제하시리니 [24]그때에
썩은 냄새가 향기를 대신하고 노끈이 띠를 대신하고 대머리가 숱한
머리털을 대신하고 굵은 베 옷이 화려한 옷을 대신하고 수치스러운*

흔적이 아름다움을 대신할 것이며 [25]너희의 장정은 칼에, 너희의 용사는 전란에 망할 것이며 [26]그 성문은 슬퍼하며 곡할 것이요 시온은 황폐하여 땅에 앉으리라.
[1]그날에 일곱 여자가 한 남자를 붙잡고 말하기를 우리가 우리 떡을 먹으며 우리 옷을 입으리니 다만 당신의 이름으로 우리를 부르게 하여 우리가 수치를 면하게 하라 하리라.

역사상 어느 사회를 막론하고 한 사회의 건강도는 그 사회의 어머니들, 즉 여성이 얼마나 건강한가에 달려 있다. 내면의 건강이 특별히 중요하다. 내면에 어떤 가치관을 가졌느냐에 따라 여성이 속한 가정과 사회와 나라가 온전히 서기도 하고 무너지기도 한다. 건강한 여성의 자신감은 어디서 나오며 어떤 영향력을 발휘할까?

앞서 유다가 멸망하고 엎드러질 때 지도자의 무능함이 큰 요인으로 작용했음을 살펴보았다(사 3:1-7). 하지만 이와 더불어 유다 패망의 중요한 요소가 있었는데, 그것은 '다스리는 여인들', 즉 통치하는 왕과 고관 부인들의 영향력이었다(사 3:12).

본문은 앞서 패망의 원인으로 지목했던 다스리는 여인들, 즉 예루살렘 상류층 고관 부인들의 영향력을 하나님이 책망하는 말씀이다. 먼저, 하나님은 이들이 영향력을 행사하기 위해 동원했던 방법을 책망하신다.

"여호와께서 또 말씀하시되 시온의 딸들이 교만하여 늘인 목, 정을 통하는 눈으로 다니며 아기작거려 걸으며 발로는 쟁쟁한 소리를 낸다 하시도다"(사 3:16).

시온의 딸들은 예루살렘 장로와 고관의 아내와 딸들을 가리킨다(사 3:14 참조). 이들의 '교만하여 늘인 목'은 목을 빳빳하게 세우고 코를 치켜들어 주변을 교만하게 내려다보는 모습을 나타낸다. 여인들의 콧대가 하늘에 닿을 듯 높다. 외모에 대한 자신감과 교만이 배어 있는 태도다. '정을 통하는 눈'이란 공연히 눈웃음치고 묘한 미소를 흘리며 낯선 사람을 마치 아는 사람처럼 이상야릇하게 쳐다보는 것을 의미한다. 눈 화장도 진하게 할 것이다. 새번역은 이를 '호리는 눈짓'이라고 한다.

'호리다'는 동사는 '유혹하거나 꾀어 정신을 흐리게 하다'는 뜻이다.[32] '아기작거리며 걷는다'는 것은 종종걸음으로 리드미컬하게 몸을 좌우로 흐느적거리며 걷는 모습을 묘사한다. 이런 걸음을 영어성경(NIV)은 뽐내며 걷는 걸음(mincing step)이라고 표현했는데, 이는 마치 슈퍼모델이 옷을 뽐내며 스텝을 밟듯 다니는 것을 의미한다. 대낮에 화려하고 야한 옷을 입고 슈퍼모델이 걷듯 거리를 활보하는 여인이 있다면 순식간에 사람들의 시선이 주목되지 않겠는가? 이런 여인은 발로는 '쟁쟁한 소리'를 낸다. 쟁쟁한 소리란 금속이 부딪치며 나는 딸랑거리는 소리(jingle-NIV, tinkle-NRSV, ESV)를 말한다.

이런 모습을 한마디로 하면 여성의 성적 매력을 뽐내며 남자들에게 매혹적인 영향력을 행사하는 것이다. 여성들은 고관들에게 영적인 매력을 뽐어 영향력을 행사하지 않았다. 오직 육체적인 매력으로 유혹하여 자기 마음대로 주무르고 조종하려 했다. 마치 바알 신전의 여사제나 신전 창기와 같이 외모를 영향력의 도구로 사용하여 거리를 활보하고 있었다. 하나님이 보시기에 얼마나 안타깝고 마음 아프시겠는가? 원래 여인의 자신감은 이런 종류의 자신감이 아니다. 여인의 자신감은 오직 주님으로부터 온다. 그래서 하나님은 믿음의 명문 가문을 일으킬 때 항상 여인의 간절한 기도를 사용하셨다. 사무엘의 어머니 한나가 그랬고 사라, 리브가가 그랬다. 이와는 대조적으로 기도하는 거룩한 여인의 영적 영향력을 망각한 시온의 딸들에게 하나님은 심판을 선언하신다.

"그러므로 주께서 시온의 딸들의 정수리에 딱지가 생기게 하시며 여호와께서 그들의 하체가 드러나게 하시리라"(사 3:17).

정수리에 딱지가 생긴다는 것은 이마에 문둥병으로 일그러진 상처 딱지가 생긴다는 뜻이다. '하체가 드러난다' 는 것은 직역하면 은밀한 부분(secret parts, NRSV, ESV)이 드러난다는 말인데, 이는 문둥병이 도진 부분을 머리카락으로 가렸던 것이 대머리가 되어 다 드러난다는 뜻이다. 생각해 보라. 긴 머리카락으로 이마의 문둥병 상처를 절묘하게 가리고 다녔는데, 하나님이 상처 난 부분의 머리털을 아예 통째로 다 뽑히게 하셔서 없애신다. 어느 날, 자고 일어났더니 대량 탈모가 일어나 그 부분이 반들반들 대머리로 남게 되었다. 모르고 있던 사람들이 하루아침에 대머리에 나타난 문둥병을 보고 화들

짝 놀라자빠지지 않겠는가? 하나님은 여인들이 행사하던 잘못된 영향력이 무력화되도록 이마의 수치스러운 상처를 적나라하게 드러내신다. 그뿐만이 아니다. 여인들이 영향력을 강화하는 데 사용했던 여러 장신구와 의복을 제거하신다.

> "주께서 그날에 그들이 장식한 발목 고리와 머리의 망사와 반달 장식과 귀 고리와 팔목 고리와 얼굴 가리개와 화관과 발목 사슬과 띠와 향합과 호신부와 반지와 코 고리와 예복과 겉옷과 목도리와 손 주머니와 손 거울과 세마포 옷과 머리 수건과 너울을 제하시리니"(사 3:18-23).

이러한 장신구와 의복은 여인의 매력을 뽐내는 데 사용되었다. 이런 것들은 이방 종교의 제의와 풍습을 위해 사용하던 것이다. 여인들은 하나님을 경외하는 마음을 상실한 채 자신의 매력을 더 크게 발산할 수만 있으면 무엇이라도 치장하겠다는 기세다. '머리의 망사'는 장식용 끈으로 종종 이방 우상의 문양이나 형상이 새겨져 있곤 했다. '반달장식'은 동쪽 달신 숭배 사상의 영향을 그대로 받은 장신구다. 반달 혹은 초승달은 비옥한 초승달 지역으로 알려진 메소포타미아 지역의 달신 숭배 사상의 상징이었다.

아브라함이 거주했던 갈대아 우르 역시 달신 숭배가 만연했던 지역이었다. 사사기에도 동방에서 온 미디안 족속이 달신을 숭배했음을 보여준다(삿 8:21). 달신을 숭배하는 장신구는 당시 널리 유행했는데, 이런 초승달 장식을 유다의 귀부인들이 유행처럼 착용하고 있었다. 또한 이들은 '호신부'(amulets, NRSV)를 착용했는데 이는 일종의 부적으로 재액을 막아준다고 믿고 있었다. 이런 여인들의 겉모습으로만 보면 경건한 유대인인지 이방의 신전 창기인지 헷갈릴 정도다.

시온의 딸들은 하나님이 주신 아름다움을 빛나게 하기보다 세상적인 수단들로 자신의 미와 매력을 발산시켜 이스라엘의 고관과 지도자들을 조종하려 했다. 이들이 착용하던 각종 장신구가 이런 영향력을 증대시켜준다고 믿었고 이들에게 엉뚱한 자신감을 심어주었다. 그런데 하나님은 여인들에게 이런 엉뚱한 자신감을 주는 모든 것을 제거할 것이라 말씀한다. 이것들을 제거하니 이 여인들의 실체가 고스란히 드러났다. 이 여인들의 본 모습은 감내하기 어려운 추한 상태였다.

> "그때에 썩은 냄새가 향기를 대신하고 노끈이 띠를 대신하고 대머리가 숱한 머리털을 대신하고 굵은 베 옷이 화려한 옷을 대신하고 수치스러운 흔적이 아름다움을 대신할 것이며"(사 3:24).

이전에는 향합(the perfume boxes)에 있는 각종 향수로 매혹적이고 좋은 향취를 풍겼다. 하지만 이제 향합이 제거되자 본래 이 여인에게서 나던 체취가 나온다. 그 냄새는 썩은 냄새였다. 생명의 향이 아니라 사망의 썩는 냄새였다. 아름다운 고리와 허리띠가 제거되고 거친 노끈이 남았다. 화려했던 옷은 사라지고 애도하는 굵은 베옷을 입게 되었다. 이전에 치렁치렁했던 긴 머리가 다 빠지고 대머리가 되어 그동안 숨겨왔던 문둥병이 이제 온 천하에 다 드러나게 되었다. 아름다움은 사라지고 부끄러움만이 남게 되었다.

그뿐만이 아니다. 그들이 그렇게 영향을 주어 멋대로 조종하고 싶어 했던 고관, 장수, 지도자들은 모두 전란에 죽임을 당하고 망하게 된다(사 3:25). 그동안 누리던 부귀영화의 기반이었던 시온은 그만 황폐하게 되고 갑자기 밖으로 주저앉게 될 것이다(사 3:26). 이로써 시온의 여인들은 그동안 사치스러운 삶을 뒷받침했던 안정적인 소득원과 사회적 지위와 안전을 잃어버린다. 자녀를 가질 기회조차 갖지 못하게 된다. 교만하던 여인들은 하루아침에 밖으로 나앉아 성문에서 슬피 울며 곡할 것이다. 이렇게 되자 그동안 교만하여 늘인 목으로 다녔던 여인들은 일곱 명이 한 남자를 붙잡기 위해 결사적으로 매달린다.

> "그날에 일곱 여자가 한 남자를 붙잡고 말하기를 우리가 우리 떡을 먹으며 우리 옷을 입으리니 다만 당신의 이름으로 우리를 부르게 하여 우리가 수치를 면하게 하라 하리라"(사 4:1).

여기서 '붙잡는다' (히. 하자크)는 동사는 '무엇인가를 힘 있게 쥐는 것' 을 의미한다.[33] 일곱 여자가 한 남자를 붙잡는다는 것은 전란으로 많은 남자가 죽어 남자 대 여자의 비율이 1대 7이 될 만큼 절망적인 상황이 되었음을 의미한다. 전에는 화려한 장신구와 치장으로 남자들을 유혹했다면 이제 이런 시도는 더 이상 아무런 소용이 없게 된다. 이제 여자들은 아내로서 법적, 사회적 신분을 가질 수만 있다면 남자에게 자기를 부양해달라고 요구하지도 않는다.[34] 자기가 먹을 것은 알아서 챙길 것이다. 남편이나 자녀가 없다는 수치만 피할 수 있다면 무엇이라도 할 기세다. 목을 늘이며 아기작거리고 쟁쟁 소리를 내던 자신감 있던 여인들이 하루아침에 사정사정하는 비참한 상황에 처하게 될 것이다. 그동안 자랑했던 모든 것이 사라졌다.

여인의 진정한 자부심과 영향력은 하나님으로부터 와야 한다. 이런 영향력을 가진 여성의 특징이 있다. 바로 기도하는 것이다. 자기 삶의 자신감과 자원은 오직 위로부터 주어져야 온전함을 안다. 믿음의 명문 가문을 세웠던 여인들은 모두 진작부터 이 비밀을 알고 있었다. 이스라엘의 걸출한 지도자 사무엘을 낳은 한나는 사무엘을 낳기 진부터 하나님께 간절히 기도했다. 그렇게 하나님이 사무엘을 주시자 한나는 사무엘을 자기 자녀라 하지 않고 온전히 하나님께 드렸다. 기도하는 여인은 자기에게 주어진 영향력과 자원을 자기 것이라 주장하지 않는다. 여기에 허탄한 소망을 두지 않고 사람을 의지하지 않았다. 이런 모습은 자녀 출산을 위해 25년간 기도했던 아브라함의 아내 사라, 20년을 기도했던 이삭의 아내 리브가에게서도 나타났다. 그리고 예수님의 어머니 마리아에게서도 나타났다.

성도의 자신감은 자신에게 있는 것이 아니라 오직 위로부터 나온다. 여인의 자신감은 남편이 아니다. 아들이 아니다. 새로 한 옷, 화려한 장신구, 집안에 쌓아둔 향수, 부귀영화와 사치도 아니다. 그것은 하나님이 나의 하나님이 되실 때 생겨난다. 하나님을 진정한 나의 모든 것이요 자신감의 근원으로 삼으며 나아가자.

[8장 각주]

32) "호리다", 다음사전. dic.daum.net

33) 게리 스미스, 「NAC 이사야 I」, 188쪽. 각주 100 참조.

34) 존 오스왈트, 「NICOT 이사야 I」, 169쪽.

09 Chapter 9. Isaiah 4:2-6

절망 중에 희망을 노래하라

2그날에 여호와의 싹이 아름답고 영화로울 것이요 그 땅의 소산은 이
스라엘의 피난한 자를 위하여 영화롭고 아름다울 것이며 3시온에 남
아 있는 자, 예루살렘에 머물러 있는 자 곧 예루살렘 안에 생존한 자
중 기록된 모든 사람은 거룩하다 칭함을 얻으리니 4이는 주께서 심판
하는 영과 소멸하는 영으로 시온의 딸들의 더러움을 씻기시며 예루
살렘의 피를 그중에서 청결하게 하실 때가 됨이라. 5여호와께서 거하
시는 온 시온 산과 모든 집회 위에 낮이면 구름과 연기, 밤이면 화염
의 빛을 만드시고 그 모든 영광 위에 덮개를 두시며 6또 초막이 있어
서 낮에는 더위를 피하는 그늘을 지으며 또 풍우를 피하여 숨는 곳이
되리라.

남편이 교통사고로 세상을 떠나 혼자서 초등학생 두 아들을 키워야 하는 여인이 있었다.[35] 남편이 사고의 가해자로 몰려 거리로 나앉았고 지인의 배려로 헛간에 머물게 됐다. 그 여인은 새벽에는 빌딩 청소, 낮에는 급식 도우미로 일했고 밤에는 식당에서 접시를 닦았다. 시간이 지날수록 피로가 쌓였다. 생활은 좀처럼 나아지지 않았다.

지친 여인은 죽기로 결심했다. 마지막으로 냄비에 콩을 잔뜩 넣고 새벽같이 집을 나서면서 맏아들에게 메모를 써 놓았다.

"냄비에 콩을 넣어 놓았으니 이것을 저녁 반찬으로 먹거라. 콩을 삶다가 물러지면 간장을 넣어서 간을 맞추면 된다."

여인은 그날 저녁 수면제를 사가지고 돌아왔다. 잠들어 있는 맏아들의 머리맡에는 '어머님께' 라고 쓴 편지가 놓여 있었다.

"어머니가 말씀하신 대로 콩을 삶고 물렁해졌을 때 간장을 부었어요. 그런데 동생이 짜서 못 먹겠다며 맨밥만 먹었어요. 정말 죄송해요. 내일 저에게 콩 삶는 법을 가르쳐주세요."

여인은 눈물을 흘리며 짜디짠 콩자반을 집어 먹었다. 두 아들의 얼굴을 보니 삶을 포기할 수 없었다. 절망 중에서도 가만 보니 살아야 할 이유가 있었다. 정말 붙들어야 할 희망이 있었던 것이다.

그동안 묵상했던 이사야 본문(1장-4:1)의 내용을 보면 절망적이다. 하나님의 선민이라 자처하던 이스라엘은 머리끝에서 발끝까지 온몸이 상처투성이고(사 1:5-6) 몸에서는 썩은 냄새가 진동했고 심지어 문둥병으로 대머리가 되어 흉측한 몰골을 하고 있었다(사 3:24). 이 지경까지 이른 이스라엘에게 과연 희망이 있을까 싶다. 그러나 이사야서는 이런 절망적이고도 비통한 상태 가운데서도 희망을 노래한다.

하나님은 압도적인 죄의 무게로 질식할 것 같은 그의 백성에게 별안간 주홍 같고 진홍 같은 그들의 검붉은 죄를 양털같이 희게 해줄 테니 새로운 삶을 살아보는 것이 어떠냐고 제안하며 변론으로 초대한다(사 1:18). 이어지는 2~3장은 이스라엘의 심각하고도 절망적인 상황을 보고하지만 놀랍게도 이 절망은 희망의 문단(사 2:2-4, 4:2-6)으로 감싸져 있다. 본문(사 4:2-6)은 이 희망 문단의 종결 부분으로 종말에 있을 새 희망을 노래한다.

> "그날에 여호와의 싹이 아름답고 영화로울 것이요 그 땅의 소산은 이스라엘의 피난한 자를 위하여 영화롭고 아름다울 것이며"(사 4:2).

'그날에'는 '말일에'(사 2:2)에 대한 반향이다. 이는 종말에 일어날 앞 단락(사 2:2-4)의 묘사에 대한 또 다른 관점에서의 진술이다. 앞 단락(사 2:2-4)이 열방의 많은 백성이 하나님의 새 성전 예루살렘에 올라 하나님으로부터 직접 말씀을 배우며 큰 평화를 맛볼 것을 진술했다면, 본문(사 4:2-6)은 이러한 역사가 '여호와의 싹'을 통해 이루어지며, 예루살렘이 거룩하게 되어 하나님이 임마누엘로 함께하실 것을 진술한다. 함께하시는 하나님은 그의 백성들의 그늘과 피난처가 되어주신다.

그날, 곧 여호와의 날에 예루살렘을 회복하기 위하여 일어나는 '여호와의 싹'은 그 개념 자체가 모순적이다. 여호와는 전능하신 하나님이자 만군의 주가 되신다(사 1:9,24, 2:12, 3:1,15). 그런데 싹은 이와 어울리지 않게 부드럽고 연약하다. 뜯어버리면 곧바로 찢겨나갈 정도로 약하다. 그러나 이 싹은 장차 거대한 나무로 자라 공중의 새와 짐승이 그 아래 깃들일 것에 대한 확실한 희망이다(마 13:31-32 참조).

하나님은 종말의 때에 전능하신 하나님께서 연한 싹으로 우리에게 오신다고 약속한다. 그렇다면 이 싹은 어디서 난 싹일까? 본문은 이에 대해 침묵하지만 11장에 가면 이 싹이 바로 이새의 줄기에서 나는 싹임을 밝힌다(사 11:1). 이는 이새의 가계를 통해 난 싹을 말한다. 이새의 가계를 통해 누가 나는가? 메시아의 족보를 소개하는 마태복음은 이를 다음과 같이 소개한다.

> "살몬은 라합에게서 보아스를 낳고 보아스는 룻에게서 오벳을 낳고 오벳은 이새를 낳고 이새는 다윗왕을 낳으니라"(마 1:5-6).

이새는 다윗왕을 낳았다. 하지만 이사야 때 다윗은 이미 오래전의 왕이었다. 따라서 이새의 줄기에서 나오는 여호와의 싹은 다윗의 계보에서 나올 싹을 말한다. 하지만 다윗의 가계에서 났던 싹과 가지들은 남유다가 패망하면서 대부분 잘려 나갔다. 남유다의 마지막 왕이었던 시드기야는 두 눈이 뽑혀 놋 사슬로 결박당한 채 바벨론으로 끌려갔다(왕하 25:7). 우리가 생각할 때는 끝난 것 같다. 그러나 하나님은 이것이 끝이 아니라고 하신다. 극심한 고난과 불같은 환란 속에서도 하나님은 희망을 두시고 계속해서 역사하시며 새로운 싹을 준비하신다.

이 싹은 '이새의 뿌리에서 나오는 한 가지' 로도 불린다(사 11:1). 이러한 가지에 대해서는 예레미야에서도 예언한다.

"여호와의 말씀이니라. 보라. 때가 이르리니 내가 다윗에게 한 의로운 가지를 일으킬 것이라. 그가 왕이 되어 지혜롭게 다스리며 세상에서 정의와 공의를 행할 것이며"(렘 23:5).

"그날 그때에 내가 다윗에게서 한 공의로운 가지가 나게 하리니 그가 이 땅에 정의와 공의를 실행할 것이라"(렘 33:15).

이 싹은 바로 메시아를 가리킨다.[36] 메시아는 이새의 가지에서 나오는데, 이는 메시아가 태어난 마을 나사렛과 깊은 관련이 있다. '가지' (히. 네쩨르)는 나사렛과 어근이 같기 때문이다. 즉 메시아 예수는 가지 마을에서 태어나서 가지 사람, 곧 나사렛 사람이라 불렸다(마 2:23).

여호와의 싹이 일어나는 그 땅의 소산은 이스라엘의 피난한 자를 위하여 영화롭고 아름다울 것이다. 여기 '피난한 자' 는 이스라엘에서 생존한 자(survivors)를 가리킨다. 이들은 이스라엘이 하나님의 징계로 파괴될 때 살아남은 자를 가리킨다. 이들을 위하여 메시아는 그가 새롭게 세우는 나라의 영화롭고 아름다운 소산을 공급할 것이다.

이어지는 3절은 이들을 좀 더 자세히 설명한다. 이들은 '시온에 남아 있는 자, 예루살렘에 머물러 있는 자, 곧 예루살렘 안에서 생존한 자' 들이다. 남아 있는 자(히. 니스아르)는 예루살렘에 남겨진 자들을 가리킨다. 훗날 바벨론이 예루살렘을 침공하여 포로로 끌고 갈 때 가능한 한 예루살렘의 최고위 엘리트 관료들을 끌고 갔다. 이들이 남아 세력을 규합하여 제국에 항거하지 못하도록 지도자들을 모두 데리고 간 것이다. 이때 예루살렘에 남겨진 이들은 연약한 천민들이었다. 이와는 다르게 '머물러 있는 자'(히. 노타르)는 자기 의지로 남아 있는 자들을 가리킨다. 폐허가 된 예루살렘에 이들이 남아 있는 이유는 무엇일까? 이는 하나님의 회복을 갈망하며 소망 가운데 기다리기 위해서다.

본문은 이렇게 무너진 약속의 땅에 남겨졌거나 끝까지 소망 중에 남아 있는 이들 중 '기록된 모든 사람'은 거룩하다 칭함을 얻을 것이라 말씀한다(사 4:3). '기록된 모든 사람'이란 이들의 이름이 기록된 명부 혹은 책이 있음을 의미한다. 이스라엘 공동체는 여호와의 총회에 들어오는 일종의 호적 명부가 있었다.

> "그 선지자들이 허탄한 묵시를 보며 거짓 것을 점쳤으니 내 손이 그들을 쳐서 내 백성의 공회에 들어오지 못하게 하며 이스라엘 족속의 호적에도 기록되지 못하게 하며 이스라엘 땅에도 들어가지 못하게 하리니 너희가 나를 여호와인 줄 알리라"(겔 13:9).

그런데 예루살렘이 멸망하고 훼파되었다. 멸망한 성읍의 호적은 실재를 전혀 반영하지 못하는 종이 껍데기에 불과하다. 지난 과거의 유물일 뿐이다. 그렇다면 여기서 암시하는 호적 기록부, 또는 명단을 기록한 책은 무엇을 말하는 것일까? 이는 하나님 나라에 기록된 예루살렘에 남은 이들의 명부, 곧 생명책을 의미한다. 생명책에는 끝까지 믿음을 지키는, 거룩한 예루살렘에 남아 소망 중에 믿음을 지키는 이들의 이름이 기록되어 있다(출 32:32-33, 시 69:28, 말 3:16, 눅 10:20, 빌 4:3, 계 20:12-15 참조). 이 책에 기록된 사람은 하나님께 '거룩하다 칭함을 얻을 것' 이라 말씀한다(사 4:3). 이는 하나님께서 이스라엘을 출애굽 시키고 시내산으로 부르셔서 그들과 언약을 체결하셨을 때 선언하셨던 비전이기도 하다(출 19:5-6).

거룩함은 경건한 행위와 공로로 얻는 것이 아니다. 하나님께서 깨끗게 하시는 은혜를 통하여 얻는 것이다(사 4:4). 거룩함은 다른 것과 구별되어 정결하게 하나님께만 속한다는 뜻이고, 그렇기에 거룩한 백성이 되는 것은 그의 소중한 소유가 되는 것이다.[37] 거룩하다 칭함받는 것은 의롭다 칭함받는 것, 즉 칭의의 은총을 얻는 것과 같다. 하나님은 지금 비참한 예루살렘의 상황 중에서도 여전히 그 백성의 거룩함을 포기하지 않으셨다. 출애굽 때 이들을 향하여 선포하고 체결하셨던 언약을 포기하지 않으신 것이다. 그렇다면 하나님이 이들을 거룩하게 칭하시는 근거는 무엇인가?

이는 '그날에' 하나님이 조건부가 아닌 은혜로 베푸실 죄 사함의 은총에 근거한다.

> "이는 주께서 심판하는 영과 소멸하는 영으로 시온의 딸들의 더러움을 씻기시며 예루살렘의 피를 그중에서 청결하게 하실 때가 됨이라"(사 4:4).

그날에 하나님은 심판하는 영(spirit of judgement)과 소멸하는 영(spirit of consuming fire)으로 시온의 딸들의 더러움을 씻기시고 예루살렘에서 죄와 부정함으로 흘린 피를 깨끗하게 하실 것이다. 심판하는 영은 공의로우신 하나님이 요구하는 정의를 심판하고 회복한다. 소멸하는 영은 하나님의 거룩한 본성이 요구하는 정결함과 의로움의 요구를 충족시킨다. 소멸이란 강렬한 불로 남김없이 태워 없애는 것을 말한다. 그래서 메시지 성경은 이를 '불폭풍의 심판' 으로 번역한다. 이런 강력한 불폭풍의 심판으로 더러움과 불순물 찌꺼기가 모두 태워지고 그의 백성은 죄 사함과 의로움과 정결함을 얻는다(사 1:25, 6:6-7, 출 3:2-5, 19:10-25 참조).

공의로운 심판과 정결하게 하는 역사 이후 하나님은 그의 백성을 어떻게 하시는가?

"여호와께서 거하시는 온 시온 산과 모든 집회 위에 낮이면 구름과 연기, 밤이면 화염의 빛을 만드시고 그 모든 영광 위에 덮개를 두시며 또 초막이 있어서 낮에는 더위를 피하는 그늘을 지으며 또 풍우를 피하여 숨는 곳이 되리라"(사 4:5-6).

하나님은 새롭게 된 거룩한 성 예루살렘 위에 거하시기 위하여 낮에는 구름과 연기, 밤이면 화염의 빛을 만드신다. 여기 '만드셨다'(히. 바라)는 단어는 창세기에서 하나님이 천지를 '창조하셨다' 고 할 때 사용했던 단어다. 따라서 여기 만들어진 하나님의 임재의 통로는 이전의 것과 다른, 새롭게 만드신 것이다. 새 창조의 역사가 일어난 것이다. 이는 장차 하나님이 새롭게 창조하실 새 하늘과 새 땅을 바라보게 한다.

"보라. 내가 새 하늘과 새 땅을 창조하나니 이전 것은 기억되거나 마음에 생각나지 아니할 것이라"(사 65:17).

영광스러운 임재 가운데 하나님은 모든 영광 위에 덮개를 두신다. 여기 '덮개'(히. 숙카)는 히브리 문화에서 결혼식 때 신부가 쓰는 덮개 혹은 너울을 의미하는데, 이는 하나님께서 새 예루살렘을 신부처럼 새롭게 단장하실 것을 의미한다. 이런 모습이 장차 나타날 새 예루살렘에 특징적으로 묘사되어 있다.

"또 내가 새 하늘과 새 땅을 보니 처음 하늘과 처음 땅이 없어졌고 바다도 다시 있지 않더라. 또 내가 보매 거룩한 성 새 예루살렘이 하나님께로부터 하늘에서 내려오니 그 준비한 것이 신부가 남편을 위하여 단장한 것 같더라"(계 21:1-2).

이 놀라운 비전이 이새의 싹에서 난 메시아 예수 안에서 새롭게 성취될 것이다(고후 5:17). 6절은 이런 놀라운 하나님의 비전이 먼 미래만이 아니라 바로 이곳에서부터 시작됨을 말씀한다. 하나님은 초막을 준비하셔서 낮에는 더위를 피하는 그늘을 지으시고, 풍우를 피하여 숨는 곳이 되게 하신다(사 4:6). 지금 우리에게 그늘막은 어디이며 인생의 풍우를 피하여 숨는 곳이 어디인가? 바로 보혜사 성령의 능력으로 세워진 메시아의 몸된 교회다. 메시아는 그의 몸된 교회와 세상 끝날까지 함께하실 것을 약속하셨다(마 28:18-20). 하늘과 땅의 모든 권세를 가진 메시아가 우리의 그늘막이 되시고 피할 곳이 되어주셔서 우리를 성령으로 인도하실 것이다. 이처럼 이사야의 비전은 현재 위기 가운데 있던 이스라엘의 회복과 구원만이 아니라 장차 여호와의 싹으로 오실 메시아를 통해 새롭게 될 새 이스라엘, 새 예루살렘의 비전까지를 전망하고 있다.

요즘 나의 상황은 어떠한가? 앞이 보이지 않고 답답하고 깜깜한가? 어떤 상황에서도 절망하지 말고 최후승리를 바라보며 희망을 노래하라. 비바람은 반드시 지나갈 것이다. 폭풍우도 반드시 지나갈 것이다. 우리는 이미 거룩한 백성이자 그의 소유된 백성으로 메시아의 생명책에 기록되어 있다. 메시아가 우리를 새롭게 하실 것이다. 흑암과 절망 중에도 메시아 안에 감추인 희망의 빛과 영광을 노래하며 담대하게 나아가라!

[9장 각주]

35) 고경환, "[겨자씨] 다시 일어나십시오", 국민일보, 2015. 10. 27.

36) 탈굼역으로 시작해서 전통적으로 '여호와의 싹'은 메시아를 가리키는 것으로 해석되어 왔다.

37) 게리 스미스, 「NAC 이사야 I」, 194쪽.

10 Chapter 10. Isaiah 5:1-7

극상품 포도나무로 살아가려면

*1나는 내가 사랑하는 자를 위하여 노래하되 내가 사랑하는 자의 포도
원을 노래하리라. 내가 사랑하는 자에게 포도원이 있음이여 심히 기
름진 산에로다. 2땅을 파서 돌을 제하고 극상품 포도나무를 심었도
다. 그중에 망대를 세웠고 또 그 안에 술틀을 팠도다. 좋은 포도 맺기
를 바랐더니 들포도를 맺었도다. 3예루살렘 주민과 유다 사람들아 구
하노니 이제 나와 내 포도원 사이에서 사리를 판단하라. 4내가 내 포
도원을 위하여 행한 것 외에 무엇을 더할 것이 있으랴. 내가 좋은 포
도 맺기를 기다렸거늘 들포도를 맺음은 어찌 됨인고. 5이제 내가 내
포도원에 어떻게 행할지를 너희에게 이르리라. 내가 그 울타리를 걷
어 먹힘을 당하게 하며 그 담을 헐어 짓밟히게 할 것이요 6내가 그것*

을 황폐하게 하리니 다시는 가지를 자름이나 북을 돋우지 못하여 찔레와 가시가 날 것이며 내가 또 구름에게 명하여 그 위에 비를 내리지 못하게 하리라 하셨으니 7무릇 만군의 여호와의 포도원은 이스라엘 족속이요 그가 기뻐하시는 나무는 유다 사람이라. 그들에게 정의를 바라셨더니 도리어 포학이요 그들에게 공의를 바라셨더니 도리어 부르짖음이었도다.

유대 민담에 나오는 이야기다. 하나님께서 세상을 창조하셨을 때 한 천사에게 돌이 들어 있는 자루를 양팔로 옮겨가도록 명령하셨다. 그런데 천사가 가나안 땅을 지나갈 때 자루 하나가 터졌다. 전 세계 모든 돌의 절반이 가나안 땅에 떨어졌다. 그래서 가나안 땅은 골짜기마다 돌이 참 많다.

유대 지역은 석회암이 특히 많다. 석회암이 토양 군데군데 돌출해 있다. 이런 석회암 노두는 포도원에 비옥한 테라로사 토양을 만들어 내는 데 도움이 되지만 좋은 포도원을 만들기 위해서는 솎아내야 할 힘든 작업이 필요하기도 하다.[38] 그런데 하나님은 이런 수고를 마다하지 않으시고 토양을 잘 갈고 극상품 포도나무를 심어 좋은 포도원을 조성하셨다.

본문은 이사야의 가장 유명한 본문 중 하나인 포도원의 노래다. 포도원의 노래는 그동안 전개되어왔던 이사야서의 궁금증을 해소하는 매우 중요한 역할을 한다. 이사야서 1장은 만신창이가 된 유다의 모습을 고발하면서 하나님의 갑작스러운 파격적인 제안이 소개된다.

그것은 이들을 법정 변론의 자리로 초대하면서, 아무리 이들의 죄가 검붉다 하더라도 양털같이 눈과 같이 희게 해줄 테니 다시 시작해보면 어떻겠느냐는 제안이다(사 1:18). 이어지는 2~4장은 유다의 죄악상을 고발하며 이들에게 임할 저주를 선언하는데, 그 가운데서도 장차 회복될 영광스러운 시온에 대한 희망의 선언이 앞뒤를 감싸고 있다(사 2:2-4, 4:2-6). 이쯤 되면 도대체 유다가 하나님께 어떤 존재이기에 진작 멸망했어야 할 저들에게 하나님은 여전히 희망을 두시는가 하는 생각이 든다.

본문은 이런 유다가 하나님께 어떤 존재인지 선명하게 보여준다. 하나님은 이스라엘이 "내가 사랑하는 자의 포도원"이라 말씀한다(사 5:1). 하나님은 심히 기름진 산에 땅을 파서 돌을 제하고 극상품 포도나무를 심었다. 가나안 땅에서 심히 기름진 산지는 예루살렘 서편에 위치한 산지와 골짜기 지역에 분포하고 있다. 특히 극상품 포도나무가 나는 것으로 알려진 지역으로는 대표적으로 사사 삼손의 활동무대였던 소렉 골짜기가 있다.

하나님은 이런 기름진 산지와 골짜기에 땅을 파고 돌을 제거하고 토양을 갈아놓았다. 그뿐만이 아니다. 망대를 세우고 술틀을 팠다. 포도원에 임시적인 오두막이 아니라 견고한 반영구적 건축물인 망대를 세우셨다. 오랫동안 저장할 수 있는 큰 통, 곧 술틀을 만들어 놓는 수고도 더했다. 이 모든 수고는 기름진 포도원에 심긴 극상품 포도나무에서 나올 포도 열매에 대한 특별한 기대 때문이었다.[39] 하나님은 좋은 포도 맺기를 기대하며 이런 수고를 묵묵히 감당하셨다. 보통 포도나무를 심고 열매를 보려면 2~3년 이상은 기다려야 한다. 기다림의 기간 동안 하나님은 설렘과 기대 속에 이 모든 수고를 묵묵히 감당하셨다. 하나님이 좋은 포도 맺기를 '바랐다'(히. 카바, 사 5:2)는 뜻은 '기대하는 마음으로 소망 중에 기다리는 행위'를 의미한다.[40)]

하지만 하나님의 기대와는 정반대로 극상품 포도나무는 들포도를 맺었다. 들포도는 열매의 질이 현저하게 떨어진다. 이는 이스라엘이 내적으로 심히 타락하였음을 의미한다. 하나님은 이런 상황을 단순한 이야기로 들려주시며 예루살렘과 유다 주민들을 부르신다. 와서 이 이야기를 듣고 옳고 그름을 판단하라고 하신다(사 5:3). 이렇게 하시는 것은 마치 나단 선지자가 다윗왕을 책망하기 전 그에게 한 우화를 들려주는 것과 유사하다(삼하 12:1-6). 다윗은 가난한 사람의 작은 새끼 암양을 탈취한 부자의 이야기를 듣고 격노하며 이런 일을 행한 사람은 마땅히 죽어야 한다고 대답한다. 나단은 그 부자가 바로 다윗이라고 직격탄을 날리며 회개를 촉구한다. 다윗왕이 우화를 통하여 자신의 상황을 객관적으로 볼 수 있게 한 효과를 노린 것이다. 마찬가지로 하나님은 그의 백성에게 포도원 우화를 들려주심으로 이들의 상황과 하나님의 마음을 객관적으로 살피도록 초대하신다. 하나님은 이스라엘에게 묻는다.

> "내가 내 포도원을 위하여 행한 것 외에 무엇을 더할 것이 있으랴. 내가 좋은 포도 맺기를 기다렸거늘 들포도를 맺음은 어찌 됨인고"(사 5:4).

하나님은 좋은 포도 열매를 거두기 위해 할 수 있는 최선을 다하셨다. 그리고 오랜 시간을 묵묵히 기다리셨다. 그러나 결과는 비참했다. 들포도라는 도저히 이해할 수 없는, 먹을 수 없는 열매를 거두었다. 포도나무는 포도 열매를 맺어야 포도나무다. 다른 나무처럼 목재로 쓰기에는 비틀어지고 얇아 형편없다. 포도나무는 오직 열매 외에는 적합한 용도가 없다. 이를 설명한 에스겔 말씀을 보라.

> "인자야 포도나무가 모든 나무보다 나은 것이 무엇이랴. 숲속의 여러 나무 가운데에 있는 그 포도나무 가지가 나은 것이 무엇이랴. 그 나무를 가지고 무엇을 제조할 수 있겠느냐. 그것으로 무슨 그릇을 걸 못을 만들 수 있겠느냐. 불에 던질 땔감이 될 뿐이라. 불이 그 두 끝을 사르고 그 가운데도 태웠으면 제조에 무슨 소용이 있겠느냐. 그것이 온전할 때에도 아무 제조에 합당하지 아니하였거든 하물며 불에 살라지고 탄 후에 어찌 제조에 합당하겠느냐"(겔 15:2-5).

이처럼 포도나무는 포도 열매를 맺지 못하면 불 속에 타들어 가는 땔감 외에 다른 용도로 쓰임받지 못한다. 따라서 포도나무가 존귀하게 되려면 극상품의 좋은 포도 열매를 맺어야 한다.

들포도를 맺는 포도나무는 더 이상 보호할 필요가 없다. 하나님은 전에 극상품 포도나무를 보호하기 위해 포도원 주변에 울타리와 견고한 돌담의 이중 보호막을 설치하셨던 바 있다. 하지만 이제는 울타리를 거두고 포도나무가 먹힘을 당하게 하며 담을 헐어 짓밟히게 할 것이다(사 5:5). 야산에 맺히는 들포도와 다를 바 없는 포도 열매를 보호할 이유가 사라진 것이다. 하나님은 그동안 포도원 농부로 수고해 오셨던 작업을 중지할 것을 선언한다.

"내가 그것을 황폐하게 하리니 다시는 가지를 자름이나 북을 돋우지 못하여 찔레와 가시가 날 것이며"(사 5:6).

포도나무는 열매 맺기 전 가지치기를 해야 한다. 가지를 깨끗하게 해야 열매를 많이 맺을 수 있다(요 15:2-3). 그동안 하나님은 가지를 깨끗하게 치며 관리하셨다. 그러나 이제는 더 이상 가지치기하지 않을 것이다. 또 북을 돋우지도 않을 것이다. '북'은 식물 뿌리를 싸고 있는 흙을 말하는데, '북을 돋운다'는 것은 뿌리 부분을 흙으로 도톰하게 덮어주는 것을 말한다. 이렇게 하면 포도나무가 영양분을 충분히 받고 건강하게 자랄 수 있다. 하지만 더 이상 그렇게 할 필요가 없다.

그뿐만이 아니다. 하나님은 구름을 명하여 그 위에 비를 내리지 못하게 하실 것이다(사 5:6). 그동안 당연하게 내리는 줄 알았던 비도 알고 보니 비를 내리시는 하나님의 손길이 있었기에 가능한 것이었다. 그동안 주인이 극진히 돌보았던 모든 손길을 멈추면 포도원은 찔레와 가시나무, 엉겅퀴가 뒤덮을 것이고 들짐승이 드나들며 얼마 가지 않아 황폐하게 될 것이다. 주인이 포도원을 황폐하게 하는 것은 주인이 그동안 보호하고 붙들어주었던 손길을 철회하고 내버려 두면 자연스럽게 일어나는 결과다. 경작해야 들포도밖에 생산하지 못한다면 차라리 야생 상태로 돌아가는 것이 낫다.

포도원의 노래 끝에 하나님은 이 노래의 의도를 직접적으로 드러내신다.

"무릇 만군의 여호와의 포도원은 이스라엘 족속이요 그가 기뻐하시는 나무는 유다 사람이라. 그들에게 정의를 바라셨더니 도리어 포학이요 그들에게 공의를 바라셨더니 도리어 부르짖음이었도다"(사 5:7).

포도원은 이스라엘 족속이고, 극상품 포도나무는 유다 사람이다. 하나님이 이들에게 원하셨던 극상품 포도는 정의와 공의였지만 이들이 맺은 들포도는 포학과 압제받는 자들의 비명이었다.

여호와의 싹으로 오시는 메시아 예수는 "그들의 열매로 그들을 알지니… 아름다운 열매를 맺지 아니하는 나무마다 찍어 불에 던져지느니라"(마 7:16,19)고 말씀하신 후, "이러므로 그들의 열매로 그들을 알리라"(마 7:20)고 말씀하셨다. 또 하나님이 세우신 포도원에 좋은 열매를 기대하며 수많은 종을 보냈지만 아무런 열매를 거두지 못했음을 비유로 말씀하신 바 있다(마 21:33-46, 막 12:1-12, 눅 20:9-19).

그렇다면 우리가 극상품 포도 열매를 맺으려면 어떻게 해야 할까? 우리 힘만으로는 불가능하다. 만약 그렇게 했다가는 유다와 같이 우리 역시 들포도를 맺을 것이다. 메시아 예수는 참포도나무인 자신에게 붙어 있는 것만이 열매를 맺을 수 있는 길이라고 말씀한다(요 15:4-5). '참 포도나무' 라는 것은 그동안 들포도를 맺었던 다른 포도나무와 구별되는 진정한 극상품 포도나무가 메시아 예수임을 가리킨다.

이제 우리가 열매 맺는 방법은 이 예수께 접붙는 것이다. 그러면 원 포도나무의 생명력으로 열매를 맺을 수 있다. 포도나무는 넝쿨과 식물이라 계속해서 뻗어나가며 좋은 열매를 맺을 수 있다. 우리나라에도 전북 고창의 한 농장에 14년 된 포도나무 한 그루가 최대 4,500 송이의 열매를 맺어 화제가 된 적이 있다.[41] 주목할 점은 이렇게 많은 포도송이가 맺힌다고 해서 포도의 당도가 떨어지지 않는다는 것이다. 좋은 포도나무에 가지가 붙어 있으면 자연스럽게 좋은 열매를 맺는다.

내 삶을 돌아보자. 나는 얼마나 좋은 열매를 맺고 있는가? 얼마나 메시아 예수에게 잘 붙어 있는가? 날마다 더욱 든든하게 메시아 예수에게 붙어서 갈수록 풍성한 열매를 맺어가자!

[10장 각주]

38) 존 오스왈트, 「NICOT 이사야 I」, 181쪽.
39) 알렉 모티어, 「이사야 주석」, 139쪽.
40) 존 오스왈트, 「NICOT 이사야 I」, 181쪽.
41) 박연선, "나무 한 그루에서 4천5백 송이 포도가 '주렁주렁'", MBC뉴스, 2018. 9. 8. https://news.v.daum.net/v/20180908204113659

11 Chapter 11. Isaiah 5:8-30

들포도의 정체를 밝히라

*[8]가옥에 가옥을 이으며 전토에 전토를 더하여 빈틈이 없도록 하고 이
땅 가운데에서 홀로 거주하려 하는 자들은 화 있을진저. [9]만군의 여
호와께서 내 귀에 말씀하시되 정녕히 허다한 가옥이 황폐하리니 크
고 아름다울지라도 거주할 자가 없을 것이며 [10]열흘 갈이 포도원에
겨우 포도주 한 바트가 나겠고 한 호멜의 종자를 뿌려도 간신히 한
에바가 나리라 하시도다. [11]아침에 일찍이 일어나 독주를 마시며 밤
이 깊도록 포도주에 취하는 자들은 화 있을진저 [12]그들이 연회에는
수금과 비파와 소고와 피리와 포도주를 갖추었어도 여호와께서 행하
시는 일에 관심을 두지 아니하며 그의 손으로 하신 일을 보지 아니하
는도다. [13]그러므로 내 백성이 무지함으로 말미암아 사로잡힐 것이요*

그들의 귀한 자는 굶주릴 것이요 무리는 목마를 것이라. [14]그러므로
스올이 욕심을 크게 내어 한량없이 그 입을 벌린즉 그들의 호화로움
과 그들의 많은 무리와 그들의 떠드는 것과 그중에서 즐거워하는 자
가 거기에 빠질 것이라. [15]여느 사람은 구푸리고 존귀한 자는 낮아지
고 오만한 자의 눈도 낮아질 것이로되 [16]오직 만군의 여호와는 정의
로우시므로 높임을 받으시며 거룩하신 하나님은 공의로우시므로 거
룩하다 일컬음을 받으시리니 [17]그때에는 어린 양들이 자기 초장에 있
는 것같이 풀을 먹을 것이요 유리하는 자들이 부자의 버려진 밭에서
먹으리라. [18]거짓으로 끈을 삼아 죄악을 끌며 수레 줄로 함같이 죄악
을 끄는 자는 화 있을진저. [19]그들이 이르기를 그는 자기의 일을 속속
히 이루어 우리에게 보게 할 것이며 이스라엘의 거룩한 이는 자기의
계획을 속히 이루어 우리가 알게 할 것이라 하는도다. [20]악을 선하다
하며 선을 악하다 하며 흑암으로 광명을 삼으며 광명으로 흑암을 삼
으며 쓴 것으로 단 것을 삼으며 단 것으로 쓴 것을 삼는 자들은 화 있
을진저. [21]스스로 지혜롭다 하며 스스로 명철하다 하는 자들은 화 있
을진저. [22]포도주를 마시기에 용감하며 독주를 잘 빚는 자들은 화 있
을진저. [23]그들은 뇌물로 말미암아 악인을 의롭다 하고 의인에게서
그 공의를 빼앗는도다. [24]이로 말미암아 불꽃이 그루터기를 삼킴같
이, 마른 풀이 불 속에 떨어짐같이 그들의 뿌리가 썩겠고 꽃이 티끌
처럼 날리리니 그들이 만군의 여호와의 율법을 버리며 이스라엘의
거룩하신 이의 말씀을 멸시하였음이라. [25]그러므로 여호와께서 자기
백성에게 노를 발하시고 그들 위에 손을 들어 그들을 치신지라. 산들
은 진동하며 그들의 시체는 거리 가운데에 분토같이 되었도다. 그럴

지라도 그의 노가 돌아서지 아니하였고 그의 손이 여전히 펼쳐져 있느니라. [26]또 그가 기치를 세우시고 먼 나라들을 불러 땅끝에서부터 자기에게로 오게 하실 것이라. 보라. 그들이 빨리 달려올 것이로되 [27]그중에 곤핍하여 넘어지는 자도 없을 것이며 조는 자나 자는 자도 없을 것이며 그들의 허리띠는 풀리지 아니하며 그들의 들메끈은 끊어지지 아니하며 [28]그들의 화살은 날카롭고 모든 활은 당겨졌으며 그들의 말굽은 부싯돌 같고 병거 바퀴는 회오리바람 같을 것이며 [29]그들의 부르짖음은 암사자 같을 것이요 그들의 소리 지름은 어린 사자들과 같을 것이라. 그들이 부르짖으며 먹이를 움켜 가져가버려도 건질 자가 없으리로다. [30]그날에 그들이 바다 물결 소리같이 백성을 향하여 부르짖으리니 사람이 그 땅을 바라보면 흑암과 고난이 있고 빛은 구름에 가려서 어두우리라.

코로나가 이태원 클럽에서 발발했을 때 정부와 언론은 코로나가 발발한 클럽이 구체적으로 어떤 곳인지 밝히지 않았다. 애써 감추고 넘어가려 했다. 평소 확진자가 나타날 때마다 구체적인 동선과 장소를 공개하던 것과는 다른 태도였다. 하지만 얼마 지나지 않아 다른 언론보도를 통해 이 클럽이 동성애자들이 활발하게 드나드는 곳임이 드러나게 되었다. 상당수 국민이 충격을 받았다. 동성애자들이 모여 활발한 관계를 갖는 것이 코로나19 감염의 또 다른 진원지가 될 수 있음을 알게 된 것이다. 차별을 위한 공개가 아니라 국민 보건 안전을 위해 구체적인 것이 공개되어야 한다는 여론이 일었다. 하지만 정부와 대다수 언론은 인권을 침해한다며 해당 클럽이 성소수자 클럽이라는 점을 적시해서는 안 된다는 지침을 고수했다. 인권이 중요할까, 건강이 중요할까? 이에 대해 자신을 현직 기자라고 밝힌 한 네티즌이 청와대 청원 게시판에 글을 올려 "게이클럽을 게이클럽이라고 '진실'을 보도하게 해 주세요! 초대형 집단감염 사태가 발생할 수 있습니다!"라는 청원을 올리기에 이르렀다.[42)]

기름진 땅에 극상품 포도나무를 심었는데 포도나무에 들포도가 맺혔다는 사실은 큰 충격이다. 도대체 이떤 들포도가 맺힌 것일까? 이것은 단순히 "들포도가 맺혔나 보다" 하고 덮고 넘어갈 일이 아니다. 어떤 들포도인지 알아야 한다. 그래야 더 이상의 영적 타락을 멈추고, 올바로 회개할 수 있고 회복할 수 있다.

본문은 이스라엘이 맺은 들포도의 적나라한 실상을 여섯 개의 '화 있을진저' 구절로 제시한다(8,11,18,20,21,22). 여섯 화의 선포는 마치 예수께서 바리새인과 서기관들 같은 종교 지도자들을 향해 선포하신 일곱 화를 연상시킨다(마 23:13,15,16,23,25,27,29). 한편 이런 화는 팔복과 대조된다(마 5:3-12). '복'이 하나님이 기뻐하시는 진정한 삶의 방식을 제시한다면 '화'는 이와 반대로 하나님이 진노하시는 그릇된 삶의 방식을 보여준다.

그렇다면 유다가 맺은 들포도는 구체적으로 어떤 것들일까? 그 죄악상의 실체를 밝혀보자.

첫째 화는 "가옥에 가옥을 이으며 전토에 전토를 더하여 빈틈이 없도록 하고 이 땅 가운데에서 홀로 거주하려는 자들"(사 5:8)에게 임한다. 가옥에 가옥을 잇는 것은 가옥을 인수해서 자기 집으로 연결하여 확장하는 행위를 말한다. 전토에 전토를 더하는 것은 이웃의 땅을 줄줄이 사들여 다른 가난하고 연약한 자들이 땅 사이를 비집고 들어갈 틈이 없도록 밀어붙이는 불도저식 부동산 투기행위를 가리킨다.

지금도 이런 이들이 있다. 돈이 좀 될 것 같다 싶으면 한 지역의 아파트를 수십 채씩 깡그리 사버린다. '투자' 혹은 '개발'이라는 명목으로 적극적으로 나선다. 합법적인 불법을 자행하는 일이다. 하나님께서는 이렇게 여러 사람의 집과 땅을 투기하듯 싹쓸이하는 것을 결코 기뻐하지 않으신다. 이것은 탐심이고 탐심은 곧 우상 숭배다(골 3:5). 하나님은 탐심을 반드시 심판하신다(사 57:17). 게다가 땅은 여호와께서 이스라엘 각 집안에 대대로 주신 유업이다. 결코 힘 있다고 함부로 사들이고 팔 수도 없다. 어쩔 수 없는 경우 가까운 친족 내에서만 제한적으로 매매되어야 했다.

열왕기상 21장에 보면 북이스라엘 왕 아합은 이스르엘 평원에 있는 비옥한 나봇의 포도원을 탐내 돈 주고 사들이려 했다. 하지만 나봇은 조상의 유산을 함부로 양도하는 것은 여호와께서 금하신 것이라며 매매를 거절한다(왕상 21:3-4). 그러자 아합의 아내 이세벨이 거짓 증인을 세워 나봇이 하나님과 왕을 저주했다는 죄명을 씌우고 돌로 쳐 죽이고 그의 포도원을 취하였다. 하나님은 엘리야를 보내 아합과 이세벨의 죄악을 드러낸 후 저주를 선언한다.

이처럼 하나님은 선물로 주신 땅을 개인의 탐욕과 부를 위해 사들이고 확장하는 것을 기뻐하지 않으셨다. 만약 이런 식으로 이스라엘에 땅 투기가 기승을 부리면 이스라엘의 평범한 백성은 살 곳이 없어진다. 결국 동족의 땅에 붙어사는 종이 되어야 한다. 하나님은 이스라엘을 애굽의 종 된 신분에서 구원해주셨는데, 다시 동족의 땅을 빼앗고 종으로 삼는 것은 하나님이 기뻐하지 않으실 뿐만 아니라 허락하지도 않는 일이었다. 그런데 이스라엘 백성들은 이런 일을 부끄러워하지 않고 서슴없이 자행했다. '내 돈으로 땅 사고 집 사는데 뭐 어때서? 이것도 다 능력이야~' 이런 식으로 생각했다. 남보다 발 빠르게 움직이고 빨리 기회를 포착하고 빠르게 부를 축적했다. 하지만 이런 그들에게 공동체는 없었다. 오직 자기만 있었다. 이런 모습은 극상품 포도나무가 맺어야 할 열매가 결코 아니었다. 들포도였을 뿐이다. 하나님께서는 이런 이들에게 화를 선포하며 이들의 탐욕이 어떤 결과를 초래할지 선언하신다.

> "만군의 여호와께서 내 귀에 말씀하시되 정녕히 허다한 가옥이 황폐하리니 크고 아름다울지라도 거주할 자가 없을 것이며"(사 5:9).

그렇게 욕심을 내 수없이 사들인 집과 토지에 정작 주인이 거주하지 못한다. 거주할 자가 병과 사고 등 여러 가지 사유로 사라지기 때문이다. 하나님이 심판하시니 누릴 기회조차 사라진다. 그뿐만이 아니다. 그렇게 열심히 모았던 땅도 불모지로 변하고 골칫거리가 된다.

> "열흘 갈이 포도원에 겨우 포도주 한 바트가 나겠고 한 호멜의 종자를 뿌려도 간신히 한 에바가 나리라 하시도다"(사 5:10).

'열흘 갈이' 란 포도원 전체 밭 가는 데 열흘이나 걸리는 크기를 말한다. 이렇게 큰 토지를 확보해서 밭을 가는데 포도주 한 바트(22ℓ)밖에 생산하지 못한다. 그만큼 포도 소출이 적기 때문이다. 한 호멜(220ℓ)의 씨를 뿌려도 소출은 간신히 한 에바(22ℓ)가 난다. 따라서 첫째 화는 하나님께 속한 땅을 내 마음대로 처분할 수 있는 소유물처럼 다루다가 임하는 재앙이다. 이러한 행위는 필연적으로 그 땅이 내게 복이 될 수 있는 가능성을 제거하는 것이다(레 26:14,20, 신 28:15,24,30,33, 미 6:15 참조).[43)]

둘째 화는 이른 아침부터 늦은 저녁까지 술에 취하여 자신만의 쾌락을 온종일 추구하는 이들에 관한 것이다. 이들은 날마다 수금과 비파와 소고와 피리를 연주하며 술에 취해 연락을 즐기지만 여호와께서 행하시는 일에 관심을 두지 않는다(사 5:12). 신앙의 냉담자가 된 것이다. 이들에게는 하나님이 세상을 경영하는 손길이 보이지 않는다. 하나님의 역사에 열정이 없다. 도리어 술에 취해 쾌락을 즐기고자 하는 열정이 하나님의 역사에 동참하고자 하는 열정을 훨씬 압도한다.

이어지는 두 개의 '그러므로' (사 5:13,14)는 이러한 화가 초래하는 결과들을 보여준다. 먼저는 백성이 하나님을 아는 지식이 없으므로 포로로 사로잡힐 것이고 굶주림과 목마름에 고생할 것이다(사 5:13). 이때 가서야 이들은 비로소 그들에게 필요한 것이 포도주가 아니라 생수였다는 것을 절감하게 될 것이다. 둘째, 이들은 모두 죽은 자들의 영적 거처인 스올, 즉 사망의 무덤에 빨려 들어갈 것이다. 비천한 사람이나 존귀한 사람 할 것 없이 모두 마찬가지다. 기세등등하던 오만한 자들의 눈빛이 죽고 구멍 난 방광처럼 쪼그라들 것이다(사 5:15, 메시지 성경). 이때 오직 만군의 여호와께서 정의와 공의를 행하시며 거룩하심을 보여주고, 거룩하다 기림을 받을 것이다(사 5:16). 자신의 탐욕을 부인하고 하나님의 공의와 정의를 우선적으로 실천하는 것을 하나님은 기뻐하신다(미 6:8, 마 16:24 참조). 이렇게 하나님이 바로잡으시는 역사 이후 비로소 마치 어린 양들이 폐허가 된 초장에서 풀을 뜯어 먹듯, 비천하고 방황하던 이들이 망한 부자들의 버려진 밭에서 먹고사는 기이한 일이 일어날 것이다.

셋째 화는 "거짓으로 끈을 삼아 죄악을 끌며 수레 줄로 함같이 죄악을 끄는 자"에게 임한다(사 5:18). '거짓으로 끈을 삼아 죄악을 끈다' 는 것은 짐승이 밧줄로 수레를 끄는 모습을 빗댄 표현이다. 수레 '줄' (rope, NRSV)은 단순한 '끈' (cord, NRSV)보다 더 굵고 단단한 것인데, 이 줄로 죄악의 수레를 끌어가고 있음을 나타낸다. 이는 죄의 무거운 수레를 견고한 거짓 논리와 기만으로 포장하여 백성들이 이를 거부하지 않고 수용하도록 강력하게 옭아맨 후 힘겹게 멸망으로 끌고 가도록 하는 행위다. 이들은 앞서 여호와의 손길을 외면하는 냉담함을 보였는데(사 5:12), 여기서는 이스라엘의 거룩하신 하나님을 공공연히 비웃으며 하나님이 역사하시면 그 계획을 속히 시행하여 자신들을 구원하여 알 수 있게 해달라고, 그렇지 않으면 자신을 벌해 달라고 요구한다. 기껏 한다는 말이 "하나님더러 서두르시라고 하여라. 그분이 하고자 하시는 일을 빨리 하시라고 하여라. 그래야 우리가 볼 게 아니냐. 계획을 빨리 이루시라고 하여라. 이스라엘의 거룩하신 분께서 세우신 계획이 빨리 이루어져야 우리가 그것을 알게 아니냐!"라고 한다(사 5:19, 새번역). 이들은 하나님의 전능하심을 의식적으로 부정하고 순간적인 쾌락에 몰두하는 실천적 무신론자들이다(사 5:12 참조).

넷째 화는 선악의 기준을 자기 멋대로 바꾸는 이들에게 임한다. 이들은 '악을 선하다 하고 선을 악하다 하며, 어둠을 빛이라고 하고 빛을 어둠이라고 하며, 쓴 것을 달다 하고 단 것을 쓰다고 하는 자들' 이다(사 5:20, 새번역). 모든 것이 자기 유익을 위해 합법화되고 정당화된다.

다섯째 화는 스스로 지혜롭다 하며 스스로 명철하다 하는 자들에게 임한다(사 5:21). 지혜의 근본은 여호와를 경외하는 것이고 명철은 거룩하신 하나님을 아는 것이다(잠 9:10). 그러나 이들은 스스로를 지혜롭게 여기고 명철하게 여겼다. 이런 상태에서는 교만하고 이기적인 책략만이 나올 뿐이다.

여섯째 화는 포도주를 마시기에 용감하고 독주를 잘 빚는 자들에게 임한다(사 5:22). 진정한 용기는 죄와 거짓을 이기고 하나님의 거룩한 뜻을 담대히 행하는 데 있다. 그러나 이들은 누가 술을 많이 마시고도 잘 버티느냐, 누가 독한 술을 더 잘 만드느냐며 헛된 만용을 부리고 있었다. 이런 거짓 용기를 발휘하는 또 다른 동기는 뇌물 때문이다. 뇌물은 선악의 기준을 바꾸어 악인을 의롭다 추켜세우고, 의인의 정당한 권리를 용맹하게 빼앗았다(사 5:23). 이런 용기는 거짓 용기이다.

셋째부터 여섯째까지의 화 선포 이후, 이어지는 '이로 말미암아' 와 '그러므로' (사 5:24-25)는 이러한 화가 초래한 결과를 또다시 요약해 보여준다(사 5:13-14 참조).

이러한 화는 첫째, 포도원 포도나무의 뿌리를 썩게 만들고 꽃이 티끌처럼 날리게 할 것이다(사 5:24). 포도나무의 뿌리가 썩는다는 것은 포도나무가 죽음에 처할 정도로 심각한 상태에 와 있음을 의미한다. 또 꽃이 피면 수분이 일어나 열매를 맺어야 하는데, 꽃잎이 말라 티끌처럼 없어지면 더 이상 열매를 맺기가 힘들어진다. 뿌리가 썩고 꽃잎이 마르니 결국 들포도만 겨우 맺게 된다. 이렇게 된 원인은 이들이 여호와의 율법을 버리고, 이스라엘의 거룩하신 이의 말씀을 멸시하였기 때문이다(사 5:24). 시편 1편에서는 철따라 열매를 맺고 잎사귀가 마르지 않는, 시냇가에 깊이 뿌리내린 나무를 묘사한다. 그리고 이런 나무는 곧 여호와의 율법을 즐거워하여 그의 율법을 주야로 묵상하는 자를 의미한다(시 1:2).

둘째, 이러한 화의 결과 여호와께서 자기 백성에게 노를 발하시고 먼 나라에서 강력한 군대를 불러 이들을 무너뜨리실 것이다(사 5:25-26). 이때 산들은 진동하며, 시체는 분토같이 쌓일 것이다. 산들이 진동하는 것은 지진과 같은 자연재해일 수도 있지만(암 1:1, 6:12, 8:8 참조) 수많은 기병의 말발굽 소리와 전차 소리일 가능성도 크다. 하나님이 깃발을 세우시고 먼 나라들을 불러 땅끝에서부터 오게 하신다. 땅끝이라고 하면 유다의 서쪽은 지중해이므로 동방의 땅끝을 말하는데 이는 당시의 동방제국 앗수르를 의미한다. 이들을 '불러' 온다는 것은 이들을 '휘파람'(새번역)으로 부른다는 것인데, 이는 하나님께서는 당대의 강력한 제국도 쉽게 불러오고 물리칠 수 있는 전능하신 주가 되심을 나타낸다.

하나님의 부름을 받고 달려온 군대는 얼마나 강력한지 거의 1,600km나 되는 먼 거리를 달려와도 곤핍하지 않고 졸거나 자는 자도 없다. 보병 군사의 허리띠와 신들메는 단단하게 조여 있고 궁수의 화살은 날카롭고 모든 활은 팽팽하게 당겨졌으며, 기병대와 전차부대는 가공할 두려움을 불러일으키기에 충분하다(사 5:27-28). 본문은 이들의 포효소리가 암사자 같고 먹이를 움켜 가져가 버려도 건질 자가 없다고 한다(사 5:29). 암사자는 새끼를 위해 먹이를 사냥할 때 집요하게 움킨다. 모성애의 본능이 발휘되기에 한 번 움킨 것을 쉽게 가로막거나 빼앗을 수 없다. 결국 극상품 포도나무를 심었던 포도원에는 부르짖음과 흑암과 고난이 있고 빛은 구름에 가려 어두울 것이다(사 5:30).

이새의 줄기에서 난 한 싹이자 그 뿌리에서 난 가지인 메시아는 훗날 이 포도원에 비극이 있기 전에 있었던 생략된 이야기를 들려주신다(막 12:1-12). 그것은 극상품 포도나무를 심었던 포도원 주인이 좋은 열매를 얻기 위하여 그의 종을 수없이 보냈다는 사실이다. 그러나 포도원의 농부들은 주인이 보낸 종들을 잡아 때리고 능욕하고 심지어 죽이기까지 했다. 이런 강퍅하고 완악한 마음으로 농사를 지으니 어쩌면 들포도를 맺는 것이 당연할지 모르겠다. 그렇게 들포도 맺은 것을 주인이 알면 자신들은 어려움에 처할 것을 짐작하고 그가 보냈던 종들에게 그랬던 모양이다. 주인은 최후로 그 아들을 보내지만 완악한 농부들은 주인의 아들조차 죽이고 만다. 결국 주인은 농부들을 진멸하고 포도원을 다른 이들에게 주었다. 그리고 주인의 아들은 다시 살아나 생명의 참 포도나무가 되었다(요 15:1-5).

들포도를 맺는 이들에게 선포한 화는 사실 오늘 우리 사회의 타락한 자화상과 크게 다르지 않다. 이런 어둠 가운데 우리는 참 포도나무에 붙어 아름다운 열매를 맺어가야 한다. 날마다 우리 삶에 생명의 열매를 주렁주렁 맺도록 힘쓰자.

[11장 각주]

42) 김명일, "'게이클럽 적시해 보도하게 해달라' 현직 기자 국민 청원", 한국경제, 2020. 5. 11.

43) 존 오스왈트, 「NICOT 이사야 I」, 188쪽.

심판 중의 은혜

12 Chapter 12. Isaiah 6:1-7

이사야의 소명

1웃시야왕이 죽던 해에 내가 본즉 주께서 높이 들린 보좌에 앉으셨는
데 그의 옷자락은 성전에 가득하였고 2스랍들이 모시고 섰는데 각기
여섯 날개가 있어 그 둘로는 자기의 얼굴을 가리었고 그 둘로는 자기
의 발을 가리었고 그 둘로는 날며 3서로 불러 이르되 거룩하다. 거룩
하다. 거룩하다. 만군의 여호와여. 그의 영광이 온 땅에 충만하도다
하더라. 4이같이 화답하는 자의 소리로 말미암아 문지방의 터가 요동
하며 성전에 연기가 충만한지라. 5그때에 내가 말하되 화로다. 나여
망하게 되었도다. 나는 입술이 부정한 사람이요 나는 입술이 부정한
백성 중에 거주하면서 만군의 여호와이신 왕을 뵈었음이로다 하였더
라. 6그때에 그 스랍 중의 하나가 부젓가락으로 제단에서 집은 바 핀

숯을 손에 가지고 내게로 날아와서 [7]그것을 내 입술에 대며 이르되 보라. 이것이 네 입에 닿았으니 네 악이 제하여졌고 네 죄가 사하여 졌느니라 하더라.

어둠 가운데 홀로 남았다. 더 이상 나를 도와줄 내 편이 없다. 나를 죽이러 뒤쫓아오는 대적은 지금 어디쯤 오고 있을까? 두려움과 외로움, 그리고 서러움이 함께 몰려왔다. 형을 피해 달아난 야곱은 벧엘에 이르러 넓은 바위 위에 머리 둘 만한 돌 하나를 가져와 베개를 삼고 잠을 청했다. 얼마나 지났을까, 꿈인지 생시인지 거대한 사닥다리가 눈앞에 우뚝 서 있었다. 이 사닥다리는 땅에서부터 하늘까지 맞닿아 있었다.

하나님의 천사들이 그 사다리를 오르내리고 있었다. 너무나 생생한 가운데 하나님의 음성이 들린다. "내가 너와 함께 있어 네가 어디로 가든지 너를 지키며 너를 이끌어 네게 허락한 것을 다 이루기까지 너를 떠나지 아니하리라." 너무나도 감격스러운 말씀에 정신을 차리고 보니 꿈이었다. 그러나 꿈이라고 하기에 너무나도 생생했다. 이때 비로소 야곱은 이곳이 바로 하늘과 맞닿은 곳임을 깨닫는다. 그는 "여호와께서 과연 여기 계시거늘 내가 알지 못하였도다"(창 28:16)라고 고백한다.

이처럼 하나님께서는 절망적인 상황에 있는 그의 종에게 나타나 그가 결코 혼자가 아니며 하늘과 연결된 특별한 은혜 입은 자임을 확인시켜 주신다. 하나님께서는 떨기나무 가운데 모세를 부르실 때도 (출 3:5-12), 로뎀나무 아래 탈진하여 쓰러져 자신만 홀로 남았으니 차라리 죽여달라고 기도했던 엘리야에게도(왕상 19:4-18), 요단강에서 세례를 받는 예수님께도(마 3:16-17) 이런 확인을 주신다. 그리고 사명으로 부르신다.

본문은 이사야가 소명을 받는 특별한 체험을 다음과 같이 기록하고 있다.

"웃시야왕이 죽던 해에 내가 본즉"(사 6:1).

웃시야왕은 유다 제 10대 왕으로 무려 52년간(주전 794-742년) 반세기 이상을 통치했던 왕이다. 그는 당대에 강력했던 두 이웃 제국, 애굽과 앗수르가 약해졌던 틈을 타 유다의 대 번영시대를 이룩했다. 하지만 그의 말년, 두 가지 위기가 동시에 닥쳐오고 있었다.

하나는 웃시야왕의 영적 교만이었다. 그는 하나님이 주신 특별한 은혜의 번영기를 마치 자기 힘으로 이룬 것처럼 교만하였다. 급기야는 성전에서 제사장이 드려야 할 분향을 스스로 하려다 하나님의 타격을 받아 문둥병을 얻는다(대하 26:16-20). 그는 이후 여러 해 동안 하나님의 진노 아래 저주받아 소외되고 분리되어 살았다(왕하 15:5, 대하 26:21). 이는 유다에 영적 먹구름이 몰려오고 있음을 상징적으로 보여준다. 극상품 포도나무를 심었던 포도원에 들포도가 맺히기 시작했다. 하나님께서 "내가 내 포도원을 위하여 무엇을 더할 것이 있으랴"(사 5:4)고 말씀하실 때가 도래하고 있었다.

둘째는 국제정세의 지각변동이었다. 오랫동안 잠자던 앗수르가 깨어났다. 주전 745년 즉위한 디글랏빌레셀 3세는 다메섹과 북이스라엘을 비롯한 주변 국가들을 뒤흔들고 위협하며 포효하고 있었다. 이런 와중에 지난 반세기 동안 유다를 지키던 웃시야왕이 마침내 죽었다. 이제 유다의 앞날은 어떻게 될 것인가?

이때 이사야는 환상 중에 하나님의 천상 보좌를 바라본다. 이는 이제부터 시작될 이스라엘의 대격변을 하늘 보좌의 관점에서 바라보게 됨을 의미한다. 이사야의 사명은 암담한 이 땅을 하늘 소망으로 연결시켜주는 것이다.

"주께시 높이 들린 보좌에 앉으셨는데 그의 옷자락은 성전에 가득하였고"(사 6:1).

이사야는 환상 중에 "주께서 앉으신 높이 들린 보좌"를 바라본다. 본문에서 하나님을 '주'(히. 아도나이)로 부른 것은 하나님의 거룩한 이름 여호와를 의도적으로 피하기 위함인데, 이는 거룩하고 두려운 이름을 가능한 한 피하며 경외심을 표현하기 위함이다(사 6:8 참조).

환상 중에 하나님의 보좌가 높이 들려 있다. 그런데 하나님의 옷자락은 성전에 가득하다. 여기 성전에는 정관사가 붙어 있어 '그 성전'(the temple) 즉 예루살렘 성전을 가리킨다.[44] 이는 예루살렘 성전이 하늘 보좌와 맞닿아 있음을 나타낸다. 하늘 보좌에 앉으신 하나님의 옷자락이 성전에까지 늘어뜨려져 내려와 가득 찼다. 하나님의 시선과 마음은 여전히 예루살렘과 그의 백성을 향해 있었다(왕상

9:3 참조).

천상에서 하나님을 찬양하며 섬기는 존재인 스랍들이 보좌 위의(above, NIV, NRSV) 하나님을 모시고 서 있었다. 스랍이 발로 서 있는 것 같았는데 자세히 보니 날고 있었다. 스랍에게는 여섯 날개가 있었다. 두 날개로는 얼굴을 가리었다. 아무리 천사라 하더라도 하나님의 거룩한 영광의 얼굴을 직접 마주할 수 없었다. 천사도 한낱 피조물이기에 창조주 하나님과 질적으로 커다란 차이가 난다. 천사는 하나님의 영광의 얼굴 빛을 감히 감당할 수 없어 얼굴을 가린다. 또 다른 두 날개로는 발을 가린다. 고대 근동에서 발은 신체에서 가장 더럽고 부정한 것으로 여겼다(시 60:8, 막 1:7, 고전 12:15 참조). 아무리 천사라지만 하나님 앞에 천사의 발은 부끄러웠다. 스랍은 오직 남은 두 날개로만 날고 있었다.

하나님 앞에 이처럼 자신을 가린 천사의 모습은 언약궤 덮개인 시은좌(Mercy seat)를 연상시킨다. 시은좌 좌우에는 두 천사가 날개를 펴고 마주 앉아 있다. 유대인들은 이 두 천사 사이의 공간에 하나님이 임재하시는 것으로 여겼다. 이는 하늘 보좌의 모형을 따라 만든 것인데 본문에는 하늘 보좌의 본 모습이 그대로 나타난다.

천상의 스랍들은 서로 화답하며 하나님의 거룩하심을 "거룩하다. 거룩하다. 거룩하다" 세 번이나 반복하며 찬양한다. 이렇게 단어를 반복하는 것은 히브리어에서 최상급을 의미한다. 하나님의 지극히 거룩하심을 강조하는 것이다.[45]

이 소리에 성전 문지방의 터가 요동하며 성전에 연기가 가득하였다. 이 연기는 하나님의 강력한 임재와 동반되는 것으로 하나님의 위엄과 영광을 숨기는 기능을 한다.[46] 하늘 보좌에 계신 하나님의 옷자락이 성전에 가득했던 것처럼 그의 임재도 하늘 보좌에서 성전까지 충만하게 가득 채웠다. 하늘 보좌의 영광스럽고 거룩한 임재가 이사야가 서 있는 지상 성전의 문지방까지 뒤흔들며 죄 가운데 있던 부정한 이사야에게 돌파해 들어오자 이사야는 자신의 부정함과 더러움을 직시하며 영혼의 지진을 경험한다.

> "그때에 내가 말하되 화로다. 나여 망하게 되었도다. 나는 입술이 부정한 사람이요 나는 입술이 부정한 백성 중에 거주하면서 만군의 여호와이신 왕을 뵈었음이로다 하였더라"(사 6:5).

하나님의 거룩한 영광 앞에 자신은 망할 수밖에 없는 하루살이 같은 존재임을 생생하게 절감한다. 이사야가 가장 먼저 깨달은 것은 자신은 입술이 부정한 사람이라는 것이다. 하나님의 거룩한 말씀을 증거하는 거룩한 입술을 가진 줄 알았는데, 하나님 말씀을 증거하기에는 턱없이 부족한 함량 미달의 부정한 입술의 소유자임을 절감한 것이다. 선지자는 하나님을 원망하고 비난하며 그의 거룩한 말씀에 불순종하고 이웃에게 거짓 증거했던 부정한 백성에게 거룩한 하나님의 말씀을 선포하는 사람이다. 그런데 하나님의 임재 앞에 선 자신을 보니, 자신도 부정한 백성들 못지않게 부정한 입술을 갖고 있음을 소름 끼칠 만큼 강력하게 인식한다.[47] 입술은 마음에 가득한 것이 나오는 통로다. 예수께서도 "선한 사람은 마음에 쌓은 선에서 선을 내고 악한 자는 그 쌓은 악에서 악을 내나니 이는 마음에 가득한 것을 입으로 말함이니라"(눅 6:45)라고 말씀한 바 있다. 여기 '내다'(헬. 에크발로)는 '내던지다'는 뜻이다. 마음에 있는 것을 내던지는 것이 입술의 말이라는 뜻이다. 이렇게 볼 때 이사야의 입술이 부정하다는 것은 이사야의 마음에 부정하고 더러운 것이 가득함을 의미한다. 어떻게 이런 상태로 하나님의 거룩한 말씀을 받아 증거할 수 있겠는가? 거룩한 임재 앞에 이사야는 죄로 가득한 자신의 한없는 무가치함을 깨닫고 절망과 심판의 공포에 사로잡혔다.

이때 놀라운 일이 일어난다.

> "그때에 그 스랍 중의 하나가 부젓가락으로 제단에서 집은 바 핀 숯을 손에 가지고 내게로 날아와서 그것을 내 입술에 대며 이르되 보라. 이것이 네 입에 닿았으니 네 악이 제하여졌고 네 죄가 사하여졌느니라 하더라"(사 6:6-7).

스랍 중 하나가 제단의 불타는 숯(a live coal)을 가지고 이사야의 부정한 입술에 댄다. 제단에서 취한 불타는 숯은 무엇일까? 이 숯은 이사야의 부정한 입술을 정결하게 하는 효과를 가져오는데, 이 불이 무엇인가에 대해서 본문은 명확하게 밝히지 않는다. 이에 관해서는 크게 세 가지 가능성이 있다. 먼저는 제단에서 새까맣게 타 숯덩이가 된 제물이었을 가능성이다.[48] 이는 이 불이 '제단'에서 집은 불이라는 본문의 진술에 근거한다. 피 흘린 제물의 제사이기에 속죄함의 효력을 발휘할 수 있었다(레 16:14-19, 레 17:11, 마 26:28, 히 9:22 참조).

둘째, 이 불은 제단에서 대속제사를 위해 타오르는 불이다. 제단은 하나님이 요구하는 속죄와 진노의 제거와 공의의 만족이라는 개념과 함께 하나님의 백성이 필요로 하는 죄 사함과 정화와 화해라는 개념을 담고 있는 곳이다.[49] 이 불은 희생 제물을 태우고 대속의 역사를 이루는, 죄악을 소멸하는 불이다. 셋째, 이 숯은 지성소 바로 앞에 있는 분향단에서 취했을 가능성도 있다.[50] 향단의 향은 속죄와 정결의 효력을 발휘하기도 했기 때문이다(민 16:46-47, 겔 10:2). 천사는 불타는 숯(제물 또는 향)을 이사야의 부정한 입술에 댄다. 제물을 태우고, 향료를 태우시는 하나님은 소멸하는 불로 이사야의 부정과 죄악을 소멸시킨다. 스랍은 이사야에게 선언한다. "네 악이 제하여졌고 네 죄가 사하여졌느니라."

자신은 정결하고 아무 문제없는 줄 알았던 이사야는 하나님의 거룩한 보좌 앞에서 자기 죄를 직면하고는 커다란 충격에 전율한다. 자신은 그분의 영광에 다가가기에 자격이 없어도 한참 모자람을 강력하게 인식하였다. 이런 상태라면 하나님 앞에 서기는커녕 멸망당해야 마땅했다. 놀랍고도 기쁜 소식은 이사야가 알기도 전에 그를 위한 희생 제사가 준비되었다는 사실이다. 하나님은 그 숯불을 이사야의 입에 대고 그의 죄악을 씻어주시고 그를 정결하게 회복시켜주셨다. 하나님의 이러한 파격적인 은혜는 앞서 유다의 죄악상을 고발하며 임박한 심판을 경고하던 하나님께서 갑자기 "오라. 우리가 서로 변론하자. 너희의 죄가 주홍 같을 지라도 눈과 같이 희어질 것"이라 제안하셨던 것과 맥을 같이한다.

하나님은 자격 없는 죄인에게 그의 얼굴을 비추사 은혜 베풀기를 원하시는 분이다(민 6:25). 성도는 이런 큰 은혜를 이미 받은 왕 같은 제사장이다. 메시아 예수가 친히 대속제물이 되어주셨기 때문이다(막 10:45). 이제 우리는 세상 위에 우뚝 서서 암울하고 흔들리는 위기 가운데 하늘과 맞닿아 하늘의 임재와 복음의 능력을 증거하는 자로 부름받았다. 세상을 바라보아서는 소망이 없다. 하늘에 맞닿은 누군가가 새로운 하늘 비전으로 세상에 소망을 증거해야 한다. 그렇게 부름받은 자가 바로 우리다. 정결한 입술을 위해 기도하라. 그리고 부족한 입술을 통해 생명이 선포되도록 하라!

[12장 각주]

44) 김회권, 「이사야 I」, 174쪽.
45) 게리 스미스, 「NAC 이사야 I」 236쪽.
46) 위의 책, 238쪽.
47) 존 오스왈트, 「NICOT 이사야 I」, 215쪽.
48) 위의 책, 216쪽.
49) 알렉 모티어, 「이사야 주석」, 160쪽.
50) 게리 스미스, 「NAC 이사야 I」, 240쪽.

13 Chapter 13. Isaiah 6:8-13

거룩한 씨를 선포하라

*8내가 또 주의 목소리를 들으니 주께서 이르시되 내가 누구를 보내며
누가 우리를 위하여 갈꼬 하시니 그때에 내가 이르되 내가 여기 있나
이다. 나를 보내소서 하였더니 9여호와께서 이르시되 가서 이 백성에
게 이르기를 너희가 듣기는 들어도 깨닫지 못할 것이요 보기는 보아
도 알지 못하리라 하여 10이 백성의 마음을 둔하게 하며 그들의 귀가
막히고 그들의 눈이 감기게 하라. 염려하건대 그들이 눈으로 보고 귀
로 듣고 마음으로 깨닫고 다시 돌아와 고침을 받을까 하노라 하시기
로 11내가 이르되 주여 어느 때까지니이까 하였더니 주께서 대답하시
되 성읍들은 황폐하여 주민이 없으며 가옥들에는 사람이 없고 이 토
지는 황폐하게 되며 12여호와께서 사람들을 멀리 옮기셔서 이 땅 가*

운데에 황폐한 곳이 많을 때까지니라. [13]그중에 십분의 일이 아직 남아 있을지라도 이것도 황폐하게 될 것이나 밤나무와 상수리나무가 베임을 당하여도 그 그루터기는 남아 있는 것같이 거룩한 씨가 이 땅의 그루터기니라 하시더라.

멀리 동이 터 오르는 갈릴리호숫가의 이른 아침이었다. 거기에는 작은 숯불이 피워져 있었고, 두 사내의 심각한 대화가 오가고 있었다.

"네가 나를 사랑하느냐?"

벌써 세 번째 반복되는 부활하신 예수님의 질문이었다. 베드로는 근심했다. 그러나 다시 용기를 내 대답했다.

"주님 이 모든 것을 아시오매 내가 주님을 사랑하는 줄을 주님께서 아시나이다!"

그러자 예수께서는 이해하기 어려운 알쏭달쏭한 말씀을 하셨다.

"네가 젊어서는 스스로 띠 띠고 원하는 곳으로 다녔거니와 늙어서는 네 팔을 벌리리니 남이 네게 띠 띠우고 원하지 아니하는 곳으로 데려가리라"(요 21:18).

아니, 도대체 이게 무슨 말씀인가? 후에 베드로의 순교 소식을 들었던 사도 요한은 이 말씀에 대해 다음과 같이 기록한다. "이 말씀을 하심은 베드로가 어떠한 죽음으로 하나님께 영광을 돌릴 것을 가리키심이러라"(요 21:19). 요한이 훗날 깨달은 이 말씀의 의미는 베드로의 순교에 관한 말씀이었다. 예수께서는 베드로가 자신을 세 번 부인하고 저주할 것을 아셨지만 결국 장래 어떤 죽음으로 하나님께 영광 돌릴지도 아셨다.

이처럼 하나님은 우리의 과거와 현재뿐만 아니라 가까운 장래, 더 나아가 먼 미래까지 함께 보고 계시다. 그래서 하나님은 알파와 오메가가 되신다(계 1:8). 이런 하나님께서 본문에 주신 말씀은 유다의 가까운 장래에 관한 말씀인 동시에 먼 미래까지를 포괄하는 말씀이다. '거룩한 씨' 메시아를 통한 구속사의 렌즈로 본문을 해석하지 않으면 본문이 말하는 바를 명확하게 이해하기가 쉽지 않다.

예기치 못한 구속의 은혜로 죄 사함과 정결함을 입은 이사야는 주님의 목소리를 듣기 시작한다. 그가 들은 하나님의 소리에는 하나님의 안타까움이 묻어 있었다. "내가 누구를 보내며 누가 우리를 위하여 갈꼬." 아마도 삼위일체 하나님이 천상의 천군 천사들과 함께 어전회의를 갖고 무엇인가 중요한 결정을 내리신 모양이다.[51] 하나님은 이 결정을 알릴 메신저를 찾고 있었다. 하지만 이스라엘 백성은 모두 죄악 가운데 귀가 막히고 눈이 감겨 마음이 둔해진 상태였다(사 6:10 참조). 이런 상태로 누구도 하나님의 메신저로 나설 수 없었다. 이때 제단 숯불로 죄 사함과 정결함을 입은 이사야가 자원한다. "내가 여기 있나이다. 나를 보내소서"(사 6:8).

하나님은 이사야의 자원함을 들으시고 그에게 사명을 부여한다. 그러나 이 사명은 상당히 당혹스러운 사명이었다.

> "여호와께서 이르시되 가서 이 백성에게 이르기를 너희가 듣기는 들어도 깨닫지 못할 것이요 보기는 보아도 알지 못하리라 하여

이 백성의 마음을 둔하게 하며 그들의 귀가 막히고 그들의 눈이 감기게 하라. 염려하건대 그들이 눈으로 보고 귀로 듣고 마음으로 깨닫고 다시 돌아와 고침을 받을까 하노라"(사 6:9-10).

이것을 메시지 성경은 좀 더 생생하고 맛깔나게 번역했다.

"귀를 쫑긋하고 들어도, 알아먹지 못하리라. 뚫어져라 쳐다보아도, 알아보지 못하리라. 이 백성을, 손가락으로 귀를 틀어막고 눈가리개로 눈을 가린 바보천치로 만들어라. 아무것도 보지 못하고, 아무 말도 듣지 못하도록. 뭐가 뭔지 도무지 깨닫지 못하고, 그래서 돌이켜 고침받지 못하도록"(사 6:9-10, 메시지).

이사야가 가서 열심히 외치고 선포해도 사람들이 도무지 알아듣지 못하고 마음을 돌이키지 않을 것이다. 과연 이렇게 회개를 선포하는 것이 무슨 소용이 있을까? 그러나 하나님 말씀을 가만히 살펴보면 이런 사명은 백성들이 예언을 깨닫고 회개하도록 하기 위한 선포가 아니라 예언을 이해하지 못하고 회개하지 못하도록 하기 위한 선포다! 이사야는 반(反)계시, 반회개의 선지자로 부름받은 것이다![52]

이사야의 선포를 들어도 깨닫지 못하고 돌이키지 못하는 것은 이들이 하나님을 섬기는 것이 아니라 우상을 섬기고 닮아가는 존재임을 드러내 준다. 우상은 눈이 있어도 보지 못하고 입이 있어도 말하지 못하며 귀가 있어도 듣지 못하는 존재다. 우상의 이런 특성은 이사야서에 선명하게 부각되는 주제다.

"조각한 우상을 의지하며 부어 만든 우상을 향하여 너희는 우리의 신이라 하는 자는 물리침을 받아 크게 수치를 당하리라. 너희 못 듣는 자들아 들으라. 너희 맹인들아 밝히 보라. 맹인이 누구냐 내 종이 아니냐. 누가 내가 보내는 내 사자같이 못 듣는 자겠느냐. 누가 내게 충성된 자같이 맹인이겠느냐. 누가 여호와의 종같이 맹인이겠느냐. 네가 많은 것을 볼지라도 유의하지 아니하며 귀가 열려 있을지라도 듣지 아니하는도다"(사 42:17-20).

"우상을 만드는 자는 다 허망하도다. 그들이 원하는 것들은 무익한 것이거늘 그것들의 증인들은 보지도 못하며 알지도 못하니 그러므로 수치를 당하리라"(사 44:9).

"그 나머지로 신상 곧 자기의 우상을 만들고 그 앞에 엎드려 경배하며 그것에게 기도하여 이르기를 너는 나의 신이니 나를 구원하라 하는도다. 그들이 알지도 못하고 깨닫지도 못함은 그들의 눈이 가려서 보지 못하며 그들의 마음이 어두워져서 깨닫지 못함이니라"(사 44:17-18).

시편은 이런 우상을 섬기고 의지하는 자들은 다 우상과 같아질 것이라고 선언한다.

"그들의 우상들은 은과 금이요 사람이 손으로 만든 것이라. 입이 있어도 말하지 못하며 눈이 있어도 보지 못하며 귀가 있어도 들지 못하며 코가 있어도 냄새 맡지 못하며 손이 있어도 만지지 못하며 발이 있어도 걷지 못하며 목구멍이 있어도 작은 소리조차 내지 못하느니라. 우상들을 만드는 자들과 그것을 의지하는 자들이 다 그와 같으리로다"(시 115:4-8).

이사야의 간절한 외침을 거절할수록 이들은 하나님의 심판을 받아 마땅함이 더욱더 선명하게 드러난다. 따라서 이들은 하나님의 구속 계획 가운데 본격적인 심판 프로세스에 들어서게 된다. 이사야는 하나님의 심판과 회개의 메시지를 선포하지만 그럴수록 이스라엘은 더욱 완고하게 이사야의 메시지를 거부하여 자신들이야말로 정말 심판받기에 마땅한 자임을 더욱 또렷하게 드러낸다.

이런 이사야의 사명은 에스겔이 받은 것과도 비슷하다(겔 2:1-3:11). 하나님은 이스라엘이 마음이 굳어 에스겔의 말을 듣지 않겠지만(겔 3:7), 이들이 듣든지 아니 듣든지 담대하게 선포하라고 명하신다(겔 3:11). 문제는 이들의 굳은 마음이다(겔 36:26-27 참조). 이런 마음으로는 하나님이 아무리 경고하고 심판을 예고해도 그들은 더욱 화를 자초할 뿐이다. 선지자의 간절한 외침을 거부하는 이들은 마치 성령을 모독하여 회개의 기회조차 저버리는 이들과도 같다(마 12:31). 이들은 바깥 어두운 곳에 내쫓겨 슬피 울며 이를 갈아도 자신들이 무슨 잘못을 했다고 이런 곳에 내쫓겨야 하냐며 억울하다고만 생각할 뿐 회개하지 않는다.[53]

이 당황스러운 사명 앞에 이사야는 백성들이 들어도 듣지 못하고 보아도 알지 못하여 회개하지 않는 때가 언제까지인가 묻는다. 그러자 하나님은 다음과 같이 대답하신다.

"성읍들은 황폐하여 주민이 없으며 가옥들에는 사람이 없고 이 토지는 황폐하게 되며 여호와께서 사람들을 멀리 옮기셔서 이 땅 가운데에 황폐한 곳이 많을 때까지니라"(사 6:11-12).

예루살렘이 황폐하고 주민들이 멀리 이주하게 될 때까지다. 이는 가까운 미래에 예루살렘이 앗수르의 산헤립에 의해 유린되고(주전 701년), 좀 더 훗날 바벨론에 의해 파괴되어 상당수 거주민이 포로로 끌려가게 될 때를 말한다. 그때까지 이들의 마음은 굳어져서 깨닫지 못하고, 돌아와 온전히 회개하지 못할 것이다. 그런데 이게 끝이 아니다. 이어지는 하나님의 말씀에 주목하라.

"그중에 십분의 일이 아직 남아 있을지라도 이것도 황폐하게 될 것이나 밤나무와 상수리나무가 베임을 당하여도 그 그루터기는 남아 있는 것같이 거룩한 씨가 이 땅의 그루터기니라 하시더라" (사 6:13).

모두 포로로 끌려가 거주민 십분의 일이 남아 있게 되는데, 이것마저도 황폐하게 될 것이다. 거대한 대격변의 심판으로도 이들의 마음이 완전히 하나님을 향하여 돌이켜 회개하지 않는다는 것이다. 마치 이스라엘 땅에 심긴 거대한 밤나무와 상수리나무가 밑동까지 베여나간 것과 같다. 맺었던 열매를 더 이상 맛볼 수 없는 황량한 상태가 된 것이다. 그런데 베여나간 나무의 그루터기에서 다시 싹이 나듯이, 거룩한 씨가 이 땅의 그루터기가 되어 다시 살아나게 될 때가 오는데, 이때 비로소 이스라엘은 눈을 뜨고, 귀를 열어 돌이켜 전심으로 회개할 것이다. 여기 거룩한 씨(the holy seed)는 앞에 정관사가 붙어 특정한 한 씨를 지칭한다. 이사야에서 하나님을 지칭하는 특징적인 표현이 이스라엘의 '거룩하신 이'(the Holy One)로, 29회 등장한다.[54] 이 거룩한 씨가 이스라엘의 그루터기로 오실 때 본격적인 회개의 역사가 일어나게 될 것이다. 거룩한 씨는 곧 '여호와의 싹'(사 4:2)이며, 이새의 줄기에서 난 싹이요, 가지다(사 11:1).

주목할 것은 메시아 예수께서 갈릴리 가버나움에서 공생애 사역을 처음 시작하셨을 때 그의 정체를 알아본 사탄은 곧바로 이 예수가 거룩한 씨임을 알고 큰 소리로 부르짖으며 그 정체를 폭로한다는 사실이다.

> "마침 그들의 회당에 더러운 귀신 들린 사람이 있어 소리 질러 이르되 나사렛 예수여 우리가 당신과 무슨 상관이 있나이까. 우리를 멸하러 왔나이까. 나는 당신이 누구인 줄 아노니 하나님의 거룩한 자니이다"(막 1:23-24).

사탄이 폭로하려던 거룩한 자, 곧 하나님의 아들이라는 정체는 마가복음 내내 예수님의 침묵 명령으로 폭로되지 못한다. 예수께서는 사탄이 예수님의 정체를 폭로하려고 할 때마다 이를 허락지 아니하시고 귀신을 내쫓았다(막 1:25,34, 눅 4:41 참조). 하지만 예수의 정체가 비로소 폭로되는 때가 오는데, 바로 예수께서 십자가에 달려 돌아가실 때이다.

> "예수를 향하여 섰던 백부장이 그렇게 숨지심을 보고 이르되 이 사람은 진실로 하나님의 아들이었도다 하더라"(막 15:39).

예수의 십자가 아래에서 비로소 하나님의 아들 되심, 즉 예수께서 하나님의 거룩한 씨라는 사실이 드러난다. 하나님의 거룩한 씨는 세상의 통치 권세와 능력으로 제국을 무찌르고 정치적 자유와 해방을 가져오는 분이 아니라 십자가에서 우리의 죄를 대신 지고 죄와 사망의 권세를 무력화하는 분인을 드러내는 것이다. 하지만 거룩한 씨가 십자가에서 죽고 끝나면 생명력이 없다. 그런 씨라면 우리는 기념하고 기리기만 해야 한다. 그 씨가 거룩한 씨인 이유는 부활의 능력으로 죄와 사망의 권세를 이기고 다시 사셨기 때문이다. 이 부활의 능력으로 거룩한 씨를 틔우고 생명의 가지를 뻗고 자라게 하여 열매를 맺어간다. 거룩한 씨가 바로 부활하신 메시아 예수라는 사실은 장차 폭로되고 드러나야 할 천국 복음의 비밀이다.

여기서 우리는 본문 9~10절의 말씀을 인용한 마가복음 4장 11~12절 본문을 비교 검토할 필요가 있다.

마가복음은 이사야의 '고침받는 것'을 '죄 사함을 얻는 것'으로 풀어 진술한다. 여기서 하나님 나라의 비밀은 무엇일까? 바로 거룩한 씨, 십자가에 죽으시고 생명의 능력으로 부활한 메시아가 가져다 주는 기쁜 소식을 말한다.

사 6:9-10	막 4:11-12
여호와께서 이르시되 가서 이 백성에게 이르기를	이르시되 하나님 나라의 비밀을 너희에게는 주었으나 외인에게는 모든 것을 비유로 하나니
너희가 듣기는 들어도 깨닫지 못할 것이요 보기는 보아도 알지 못하리라 하여 이 백성의 마음을 둔하게 하며 그들의 귀가 막히고 그들의 눈이 감기게 하라 염려하건대 그들이 눈으로 보고 귀로 듣고 마음으로 깨닫고	이는 **그들로 보기는 보아도 알지 못하며 듣기는 들어도 깨닫지 못하게 하여**
다시 돌아와 고침을 받을까 하노라 하시기로	**돌이켜 죄 사함을 얻지 못하게 하려** 함이라 하시고

일부 이단은 마가복음 4장 12절을 곡해하여 비유를 모르면 죄 사함을 얻지 못한다고 해석하여, 비유를 알아야 구원받는다고 주장한다. 하지만 여기서 핵심은 하나님 나라의 비밀을 알고 깨닫는 것이다. 이 비밀은 앞서 살펴본 것처럼 십자가와 부활 이후 온전히 드러나고 폭로되기 시작했다. 그래서 예수께서는 제자들에게 '천국의 비밀을 아는 것이 너희에게는 허락되었다'고 말씀한다(마 13:11). 여기서 '허락'되었다는 것은 당장 깨달았다는 뜻이 아니다. 제자들에게도 이 천국 비밀은 메시아의 십자가와 부활 때까지 허락되지 않고 숨겨져 있었다.

"사람들이 다 하나님의 위엄에 놀라니라. 그들이 다 그 행하시는 모든 일을 놀랍게 여길새 예수께서 제자들에게 이르시되 이 말을 너희 귀에 담아 두라. 인자가 장차 사람들의 손에 넘겨지리라 하시되 그들이 이 말씀을 알지 못하니 이는 그들로 깨닫지 못하게 숨긴 바 되었음이라. 또 그들은 이 말씀을 묻기도 두려워하더라" (눅 9:43-45).

그러나 메시아가 성령의 능력으로 부활 승천하시고, 오순절에 성령이 강림하신 후 제자들은 비로소 이 비밀을 큰 확신과 감격으로 깨닫고 죽음을 두려워하지 않고 담대히 선포한다. 시편 118편 22절에서 말씀한 건축자의 버린 돌로 집 모퉁이의 머릿돌이 되신 이가 바로 십자가에 죽으시고 부활하신 나사렛 예수 그리스도이며, 이 이름 외에 천하 사람 중에 구원받을 만한 다른 이름을 주신 일이 없음을 이들은 담대히 선포한디(행 4:10 12, 참조 요 20:22).

"죽은 자 가운데서 살아나신 후에야 제자들이 이 말씀하신 것을 기억하고 성경과 예수께서 하신 말씀을 믿었더라"(요 2:22).

이사야는 회개하라 외쳐도 회개하지 않는 반(反)계시, 반회개의 반예언자적 사역으로 부름받았지만 이 사역은 장기적으로는 결국 메시아의 오실 길을 예비하는 사역이 된다(사 40:3 참조). 열심히 최선을 다해 복음을 외치지만 광야에서 외치는 자의 소리처럼 헛되이 나가는 느낌이 들 때가 있지 않는가? 최선을 다해 주의 뜻을 준행하며 순종하려고 몸부림치지만 주변에 아무도 알아주는 이 없고 열매도 보이지 않으면 점점 더 힘들어질 때가 오지 않는가?

거룩한 씨를 예비하신 하나님을 신뢰하라. 때로는 하나님 말씀에 순종할수록 오히려 더 환경이 어려워지고 주변의 반대가 심해지더라도, 이것이 설사 반회개, 반예언자적 사역으로의 부름이라 하더라도 끝까지 인내하며 순종하라. 하나님은 지금 당장이 아니라 더 먼 미래를 보고 우리를 부르셨다. 우리가 부르심에 순종하며 나아가되 낙심하지 않고 포기하지 않는다면 그의 때가 이를 때 반드시 거두게 될 것이다(갈 6:9).

[13장 각주]

51) 김회권, 「이사야 I」, 177쪽.
52) 위의 책, 182쪽.
53) 양형주, 「바이블 백신1」, 256-258쪽.
54) 사 1:4, 5:19,24, 10:20, 12:6, 17:7, 29:19,23, 30:11,12,15, 31:1, 37:23, 40:25, 41:14, 16,20, 43:3,14,15, 45:11, 47:4, 48:17, 49:7(2회), 54:5, 55:5, 60:9,14.

14 Chapter 14. Isaiah 7:1-9

굳게 믿지 아니하면 굳게 서지 못하리라

1웃시야의 손자요 요담의 아들인 유다의 아하스왕 때에 아람의 르신
왕과 르말리야의 아들 이스라엘의 베가왕이 올라와서 예루살렘을 쳤
으나 능히 이기지 못하니라. 2어떤 사람이 다윗의 집에 알려 이르되
아람이 에브라임과 동맹하였다 하였으므로 왕의 마음과 그의 백성의
마음이 숲이 바람에 흔들림같이 흔들렸더라. 3그때에 여호와께서 이
사야에게 이르시되 너와 네 아들 스알야숩은 윗못 수도 끝 세탁자의
밭 큰 길에 나가서 아하스를 만나 4그에게 이르기를 너는 삼가며 조
용하라. 르신과 아람과 르말리야의 아들이 심히 노할지라도 이들은
연기 나는 두 부지깽이 그루터기에 불과하니 두려워하지 말며 낙심
하지 말라. 5아람과 에브라임과 르말리야의 아들이 악한 꾀로 너를

대적하여 이르기를 [6]우리가 올라가 유다를 쳐서 그것을 쓰러뜨리고 우리를 위하여 그것을 무너뜨리고 다브엘의 아들을 그중에 세워 왕으로 삼자 하였으나 [7]주 여호와의 말씀이 그 일은 서지 못하며 이루어지지 못하리라. [8]대저 아람의 머리는 다메섹이요 다메섹의 머리는 르신이며 육십오년 내에 에브라임이 패망하여 다시는 나라를 이루지 못할 것이며 [9]에브라임의 머리는 사마리아요 사마리아의 머리는 르말리야의 아들이니라. 만일 너희가 굳게 믿지 아니하면 너희는 굳게 서지 못하리라 하시니라.

놀이공원의 청룡 열차가 갈수록 흥미진진해지고 있다. 360도를 도는 것은 기본이거니와 거의 90도 각도로 수직 낙하하기도 한다. 이런 열차를 타려면 청룡 열차에 대한 신뢰가 있어야 한다. 무시무시한 청룡 열차를 타도 떨어지지 않을 뿐 아니라 절대 안전하다는 믿음이 굳건해야 하는 것이다.

이사야가 소명을 받고 난 후 7장부터 12장까지 펼쳐지는 유다의 미래에는 아찔한 롤러코스터 같은 위기가 계속해서 펼쳐진다(참고로 이후 13~27장은 열방에 대한 심판을, 28~35장은 유다와 예루살렘의 심판과 구원을, 36~39장은 히스기야 왕조의 구원을, 40~66장은 새로운 회복에 대한 희망을 노래한다). 하나님이 이사야를 부르셔서 장차 이스라엘에 거룩한 씨가 새로운 희망으로 올 것을 선포하게 하셨지만, 지금부터 펼쳐지는 유다의 위기 상황에서는 장차 이스라엘을 구원하실 하나님을 굳건하게 신뢰하지 않고는 그의 구원을 맛볼 수 없다. 이제부터는 안전벨트를 단단히 매고 구원하실 하나님을 끝까지 신뢰해야 한다.

하나님을 '굳게' 신뢰해야 하는 이유 중 하나는 넘실대는 위기 가운데 하나님이 행하실 구원의 기이한 방식 때문이다. 하나님은 결정적인 구원 역사를 일으키실 때 세상에서 제일 연약하고 힘이 없는 어린아이를 들어 구원의 징조로 사용하실 것이다. 임마누엘이라 부를 아이(사 7:14, 8:8), 스알야숩(사 7:3), 마헬살랄하스바스(사 8:3)와 같은 이사야의 아이들, 평강의 왕으로 오시는 한 아기(사 9:6) 등이 구원의 징조로 나타날 것이다. 하나님의 능력이 강한 자가 아닌, 가장 약한 자를 통해 나타난다.

본문은 현기증 나는 혼돈의 소용돌이로 들어가는 배경을 다음과 같이 소개한다.

> "웃시야의 손자요 요담의 아들인 유다의 아하스왕 때에 아람의 르신왕과 르말리야의 아들 이스라엘의 베가왕이 올라와서 예루살렘을 쳤으나 능히 이기지 못하니라"(사 7:1).

남유다 왕조는 16세에 즉위하여 52년간 태평성대를 구가했던 10대 왕 웃시야시대를 끝내고, 25세에 즉위하여 16년간 통치했던 11대 왕 요담에 이어 20세에 등극하여 16년간 통치한 12대 아하스왕시대로 접어들었다. 그래도 11대 요담왕은 아버지의 문둥병으로 인한 충격(대하 26:16-23) 때문이었는지, 하나님을 경외하고 성전의 윗문을 건축하며 신앙에서 크게 벗어나지 않았다(대하 27:2-4, 왕하 15:34-35).

문제는 12대 아하스왕이다. 그는 선조의 신앙을 본받지 않았다. 하나님 앞에 정직하게 행하지 않았을 뿐 아니라 선왕들이 몰아냈던 우상을 다시 국가적으로 도입했다. 국가적으로 바알 신상을 부어 만들고, 예루살렘 남쪽 힌놈의 아들 골짜기에서 몰렉과 같은 가증한 이방 신에게 자기 아들을 인신 제사의 제물로 바쳤다(대하 28:1-4, 왕하 16:2-4). 유다의 크고 작은 산이 우상과 산당으로 뒤덮이기 시작했다.

이런 영적 위기 가운데 하나님은 남유다에 정치 군사적 위기를 허락하신다. 아하스를 아람 왕 르신과 북이스라엘에서 쿠데타에 성공하여 집권한 르말랴의 아들 베가(왕하 15:25)의 손에 넘기셨다(대하 28:5-6). 이들이 남유다로 침공했던 역사적인 이유는 무엇일까? 이는 그동안 잠자던 고대 근동의 거인 앗수르가 깨어났기 때문이다. 앗수르를 다시 강성하게 일으켰던 왕 디글랏 빌레셀 3세(주전 745-727)는 주전 740년경부터 주변 국가를 차례로 복속시켰다. 이때는 아하스가 즉위(약 주전 735년)한 지 얼마 되지 않은 때였고, 북왕국의 베가가 즉위한 지 약 5년 정도가 지났을 때(주전 740년경)였다. 가나안 북쪽 지역 수리아(다메섹 지역)와 가나안의 나라들은 상당수 항복하고 조공을 바쳤지만 다메섹의 르신을 중심으로 한 아람의 국가들과 북이스라엘은 앗수르에 맞서 연합전선을 구축하고 있었다.

이들은 남유다에게도 반 앗수르 연합에 동참하기를 제안했다. 만약 그렇게 된다면 남쪽의 애굽제국과 연합하여 애굽부터 가나안, 다메섹에 이르기까지 앗수르에 저항할 수 있는 견고한 저항 전선을 구축할 수 있다. 그러나 아하스는 주변 정세를 살피더니 이를 거절한다. 당시 고대 근동을 삽시간에 정복했던 앗수르 제국의 기세가 만만치 않은 것을 보고, 제국에 저항하기를 거부했던 것이다. 아하스의 거부는 곧장 반 앗수르 동맹국들의 실력행사를 재촉하였다.

마침내 주전 735년경, 아하스왕이 즉위한 지 얼마 지나지 않아 북이스라엘과 아람(수리아) 연합군이 유다에 파죽지세로 들이닥쳤다. 하나님은 이 전쟁에서 유다를 아람 왕의 손에 넘기셨다. 아람은 심히 많은 유다 군사를 쳐서 살육하였다(대하 28:5). 베가는 하루 동안 12만 명의 유다 병사를 죽이고, 부녀자 20만 명을 사로잡아 노략물과 함께 북이스라엘의 수도 사마리아로 끌고 갔다(대하 28:6-8). 동족이 동족을 살육하고 포로로 사로잡아가는 끔찍한 일이 벌어진 것이다. 이때 여호와의 선지자 오뎃이 사마리아로 돌아오는 군대를 영접하며 하나님의 메시지를 전한다.

> "너희 조상의 하나님 여호와께서 유다에게 진노하셨으므로 너희 손에 넘기셨거늘 너희의 노기가 충천하여 살육하고 이제 너희가 또 유다와 예루살렘 백성들을 압제하여 노예로 삼고자 생각하는도다. 그러나 너희는 너희의 하나님 여호와께 범죄함이 없느냐. 그런즉 너희는 내 말을 듣고 너희의 형제들 중에서 사로잡아 온 포로를 놓아 돌아가게 하라 여호와의 진노가 너희에게 임박하였느니라 한지라"(대하 28:9-11).

이 메시지에 북이스라엘의 군사들은 사로잡은 포로들을 놓아준다. 노략한 것 중에서 벗은 자들에게 옷을 입히고, 신을 신기고, 먹고

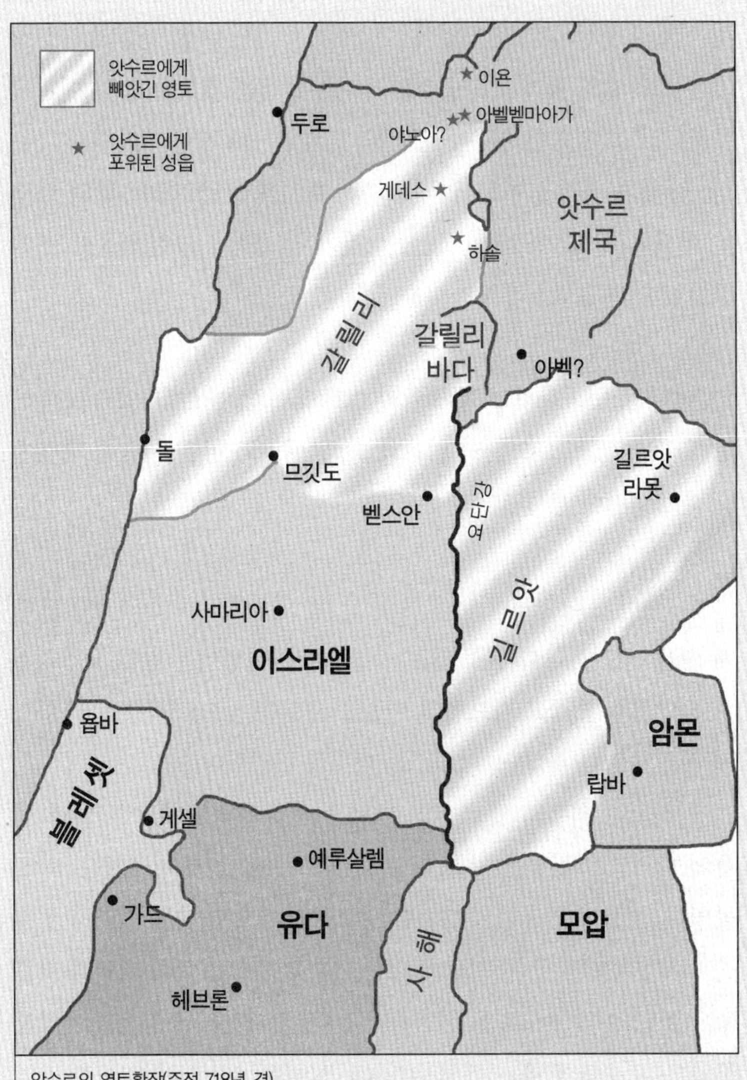

앗수르의 영토확장(주전 718년 경)

마시게 하고, 약한 자들을 모두 나귀에 태워 돌려보냈다. 결국 완전히 이기지 못한 상태가 되었다. 이것이 1절 후반부에 "아람의 르신왕과 이스라엘의 베가왕이 올라와서 예루살렘을 쳤으나 능히 이기지 못하니라"고 말씀한 이유다. 오뎃의 담대한 선포가 없었다면 유다는 역사에서 사라졌을지 모른다. 커다란 위기를 넘긴 아하스왕의 심정은 어땠을까? 많이 두렵고 떨렸을 것이다. 그런데 그런 와중에 어떤 사람이 더욱 공포스러운 소식을 전한다.

> "어떤 사람이 다윗의 집에 알려 이르되 아람이 에브라임과 동맹하였다 하였으므로 왕의 마음과 그의 백성의 마음이 숲이 바람에 흔들림같이 흔들렸더라"(사 7:2).

얼마 전 유다를 송두리째 빼앗으려던 아람과 북이스라엘이 또다시 손을 잡고 유다를 침공한다는 소식이다. 이번에는 왕을 제거하여 다윗의 혈통을 끊고 다브엘의 아들을 새로운 왕으로 옹립할 계획까지 세워 놓았다(사 7:6). 아하스는 더더욱 두려웠다.

아하스는 최후의 결사 항전 태세를 점검해야 했다. 예루살렘 성읍이 대적들과 전쟁을 치를 때 먼저 확보해야 할 것이 있었다. 바로 물이다. 성읍에 안전한 수원지를 확보하지 않으면 며칠 지나지 못해 곧바로 항복해야 한다. 그래서 그는 예루살렘 성읍 북쪽 지역의 윗못(upper pool)의 수도관을 점검하러 갔다. 장기간의 공성전을 예상한 모양이다. 수도 끝에는 세탁자(fuller-NRSV, washerman-NIV)의 밭을 따라 난 큰 길이 있었다(사 36:2 참조). 이사야는 하나님의 명을 받아 그의 아들 스알야숩을 데리고 이곳에 간다. '스알야숩'은 '남은 자가 돌아오리라'는 뜻이다. 하나님은 어린아이를 들어 하나님 메시지의 징조로 사용하신다. 하나님은 이사야를 통해 아하스에게 말씀하신다.

> "너는 삼가며 조용하라. 르신과 아람과 르말리야의 아들이 심히 노할지라도 이들은 연기 나는 두 부지깽이 그루터기에 불과하니 두려워하지 말며 낙심하지 말라. …우리가 올라가 유다를 쳐서 그것을 쓰러뜨리고 우리를 위하여 그것을 무너뜨리고 다브엘의 아들을 그중에 세워 왕으로 삼자 하였으나 주 여호와의 말씀이 그 일은 서지 못하며 이루어지지 못하리라"(사 7:4,6-7).

아무리 르신과 베가왕이 분노하고 집어삼킬 기세로 쳐들어와도 헛수고가 될 것이라고 말씀한다. 그들이 착각한 것이 있었다. 그들은 이전 전쟁에서 거두었던 승리가 자신들의 힘과 계획 덕분이라고 생각했다. 사실 이들이 승리할 수 있었던 것은 하나님이 아하스의 영적 타락을 징계하기 위해 잠시 사용하셨기 때문이다(대하 28:5). 열방을 통치하시고 주관하시는 하나님은 분명히 선언한다.

> "육십오년 내에 에브라임이 패망하여 다시는 나라를 이루지 못할 것이며"(사 7:8).

기세등등한 북이스라엘도 얼마 지나지 않아 멸망할, 다 타고 연기만 나는 부지깽이 그루터기로 전락할 것이다(사 7:4). 하나님의 선언이 있은 지 그리 오래 지나지 않아 북이스라엘의 베가는 내부 쿠데타로 몰락한다. 호세아가 반역하여 베가를 쳐 죽이고 왕이 된 것이다. 남유다를 침공하여 기세등등했을지 모르지만 이미 그에게는 멸망의 시간이 서서히 다가오고 있었다. 이런 대격변의 시기에 하나님은 아하스에게 말씀한다.

"만일 너희가 굳게 믿지 아니하면 굳게 서지 못하리라"(사 7:9).

하나님을 굳게 신뢰해야 롤러코스터와 같은 대격변의 시기를 안선하게 헤쳐 나갈 수 있다. 하지만 아하스는 이런 대격변의 시기에 의지해야 할 곳은 오직 하나님이 아니라 앗수르라고 착각하고 있었다(왕하 16:7). 하나님은 사람을 의지할 것이 아니라 오직 전능하신 하나님만을 바라보며 나아갈 것을 촉구하신다. 사람은 하나님이 잠시 사용하시는 도구에 불과하다. 도구를 과신하면 큰 어려움에 처한다. 도구보다 도구를 사용하시는 이를 신뢰하고 의지해야 한다.

거룩한 씨를 통한 구속사의 계획을 계시하신 하나님이 이제 위기 가운데 있는 유다를 붙들고 한 걸음씩 나아가려 한다. 이때 중요한 것은 유다가 하나님을 어디까지 신뢰할 수 있느냐 하는 것이다.

이것은 우리에게도 마찬가지다. 나는 하나님 말씀을 어디까지 신뢰하며 나갈 수 있는가? 제일 어려운 것은 사방이 기세등등하게 우리를 위협하며 엄습할 때 삼가며 조용히 하나님만 바라보는 것이다(사 7:4). 무엇이라도 해야 할 것 같다. 그러나 하나님이 행하실 일을 기대하며 나아가라. 하나님이 우리를 붙들고 계시는 한, 우리는 그렇게 호락호락하게 넘어지지 않는다. 주님 능력의 장중에 우리 걸음을 맡기며, 주여 내 걸음을 인도하여주옵소서! 믿음으로 굳게, 끝까지 신뢰하며 나아가는 성도로 서자!

15 Chapter 15 Isaiah 7:10-25

징조를 구하라

[10]여호와께서 또 아하스에게 말씀하여 이르시되 [11]너는 네 하나님 여
호와께 한 징조를 구하되 깊은 데에서든지 높은 데에서든지 구하라
하시니 [12]아하스가 이르되 나는 구하지 아니하겠나이다. 나는 여호와
를 시험하지 아니하겠나이다 한지라. [13]이사야가 이르되 다윗의 집이
여 원하건대 들을지어다. 너희가 사람을 괴롭히고서 그것을 작은 일
로 여겨 또 나의 하나님을 괴롭히려 하느냐. [14]그러므로 주께서 친히
징조를 너희에게 주실 것이라. 보라. 처녀가 잉태하여 아들을 낳을
것이요 그의 이름을 임마누엘이라 하리라. [15]그가 악을 버리며 선을
택할 줄 알 때가 되면 엉긴 젖과 꿀을 먹을 것이라. [16]대저 이 아이가
악을 버리며 선을 택할 줄 알기 전에 네가 미워하는 두 왕의 땅이 황

폐하게 되리라. [17]여호와께서 에브라임이 유다를 떠날 때부터 당하여 보지 못한 날을 너와 네 백성과 네 아버지 집에 임하게 하시리니 곧 앗수르 왕이 오는 날이니라. [18]그날에는 여호와께서 애굽 하수에서 먼 곳의 파리와 앗수르 땅의 벌을 부르시리니 [19]다 와서 거친 골짜기와 바위틈과 가시나무 울타리와 모든 초장에 앉으리라. [20]그날에는 주께서 하수 저쪽에서 세내어 온 삭도 곧 앗수르 왕으로 네 백성의 머리털과 발 털을 미실 것이요 수염도 깎으시리라. [21]그날에는 사람이 한 어린 암소와 두 양을 기르리니 [22]그것들이 내는 젖이 많으므로 엉긴 젖을 먹을 것이라. 그 땅 가운데에 남아 있는 자는 엉긴 젖과 꿀을 먹으리라. [23]그날에는 천 그루에 은 천 개의 가치가 있는 포도나무가 있던 곳마다 찔레와 가시가 날 것이라. [24]온 땅에 찔레와 가시가 있으므로 화살과 활을 가지고 그리로 갈 것이요 [25]보습으로 갈던 모든 산에도 찔레와 가시 때문에 두려워서 그리로 가지 못할 것이요 그 땅은 소를 풀어 놓으며 양이 밟는 곳이 되리라.

신앙생활을 하다 보면 하나님의 살아 역사하심을 생생하게 경험할 때가 있다. 이것을 기적이라고도 하고 표적이라고도 한다. 이런 것을 경험하면 우리의 신앙이 단순한 말뿐인 이론이 아니라 실재이고 능력임을 확신하게 된다. 이런 확신을 한 번 경험하면 우리는 위기 가운데 하나님의 능력을 구하고, 때로 하나님이 함께하심을 알 수 있도록 표징을 구한다.

하나님은 이스라엘이 광야생활을 할 때 그가 항상 함께하심을 생생하게 확신하도록 낮에는 구름기둥, 밤에는 불기둥으로 놀라운 표징을 나타내 보이셨다. 부활하신 예수께서는 믿는 자들에게 따르는 표적으로 귀신이 쫓겨나고 새 방언을 말하며 병든 사람에게 손을 얹으면 나을 것이라고 약속하셨다(막 16:17-18). 우리의 신앙생활에는 종종 하나님이 함께하시는 표징이 필요하다.

본문에서 하나님은 백척간두의 위기 가운데 흔들리며 크게 두려워하고 있는 아하스왕에게 표징을 구하라고 말씀하신다.

> "너는 네 하나님 여호와께 한 징조를 구하되 깊은 데에서든지 높은 데에서든지 구하라 하시니"(사 7:11).

하나님은 가장 높은 하늘에서부터 가장 낮고 깊은 땅 아래 스올에 이르기까지 어떤 것이든 원하는 징조를 구하라고 말씀한다. 이 징조는 하나님만이 참된 소망이요 구원임을 확증하는 징조가 될 것이다. 앞서 하나님은 아람과 북이스라엘의 침공을 두려워하여 앗수르를 의지하려는 아하스에게 아람의 르신과 북이스라엘의 베가는 연기 나는 두 부지깽이 그루터기에 불과하며, 이들이 도모하는 일은 결단코 이루어지지 못할 것이니 하나님만을 신뢰하라고 말씀하신 바 있다(사 7:4,7).

하나님은 아하스에게 굳게 믿지 아니하면 굳게 서지 못할 것이라 말씀하셨다(사 7:9). 그러고 나서 하나님은 이 말씀을 확증해주시기 위하여 아하스에게 천상천하에 원하는 것은 무엇이든 초자연적 징조를 구하라고 요청하신다. 이는 지금까지 선포하신 하나님의 말씀이 참됨을 확증하고, 아하스로 하여금 앗수르가 아닌 여호와 하나님만을 더욱 의지하게 하기 위함이다. 하지만 이런 요청에 대해 아하스는 의외의 대답을 한다.

> "아하스가 이르되 나는 구하지 아니하겠나이다. 나는 여호와를 시험하지 아니하겠나이다 한지라"(사 7:12).

하나님의 능력을 확신할 수 있는 이 절호의 기회를 아하스왕은 왜 거절했을까? 표면적인 이유는 지극히 신앙적이다. '여호와를 시험하지 않겠다' 는 것이다. 물론 신명기는 "너희가 맛사에서 시험한 것같이 너희의 하나님 여호와를 시험하지 말고"(신 6:16)라고 말씀하셨다. 그러나 지금 아하스왕은 광야의 이스라엘 백성처럼 하나님의 인내를 시험하기 위해 하나님을 향하여 불평불만을 쏟아내는 것이 아니다. 하나님께서 아하스에게 먼저 파격적인 제안을 하시는 것이다.

하나님을 더욱 신뢰하고 의지할 수 있는 징조는 하나님의 선물이요, 은혜다. 그럼에도 아하스가 이를 거절한 것은 그의 마음에 이미 결론 내린 바가 있기 때문이다. 그것은 하나님이 아닌 앗수르를 의지하는 것이다. 아하스는 그 마음에 하나님을 불신하기로 이미 결정했다! 믿음이 없으면 증거는 달갑지 않다. 증거를 주겠다고 해도 적당히 얼버무리고 넘어가려 한다. 이사야는 이런 아하스를 향하여 책망한다.

"이사야가 이르되 다윗의 집이여 원하건대 들을지어다. 너희가 사람을 괴롭히고서 그것을 작은 일로 여겨 또 나의 하나님을 괴롭히려 하느냐"(사 7:13).

이를 새번역으로 보면 다음과 같다.

"그때에 이사야가 말하였다. 다윗 왕실은 들으십시오. 다윗 왕실은 백성의 인내를 시험한 것만으로는 부족하여, 이제 하나님의 인내까지 시험해야 하겠습니까?"

하지만 하나님은 이런 책망으로 아하스를 포기하지 않으신다. 하나님은 초자연적인 징조를 거부한 아하스에게 그가 전혀 기대하지 않았던 새롭고 기이한 방식의 징조를 약속하신다. 그것은 바로 한 아기를 통한 징조다.

"그러므로 주께서 친히 징조를 너희에게 주실 것이라. 보라. 처녀가 잉태하여 아들을 낳을 것이요 그의 이름을 임마누엘이라 하리라"(사 7:14).

여기서 처녀(히. 알마)는 결혼 적령기의 젊은 여인(young woman, NRSV)을 가리키는 말이다. 결혼한 여인일 수도 있고, 결혼하지 않은 처녀(virgin, NIV)일 수도 있다. 하나님이 아하스에게 주시는 징조는 처녀가 잉태하여 아들을 낳을 것인데, 그 이름이 임마누엘이라 불린다는 것이다. 이는 '하나님이 우리와 함께 계시다'(God with us)는 의미를 갖는다. 하나님은 가장 낮고 연약한 아이를 통하여 그의 백성과 함께 할 것이고, 이 기이한 임재의 방식이 하나님이 아하스왕에게 주시는 새로운 징조가 된다.

이 아이가 누구일까, 정말 결혼하지 않은 처녀가 아이를 낳을 것인가에 대해서는 많은 신학적 논의가 있다.[55] 이 아이는 이사야가 낳을 아들 '마헬살랄하스바스'(사 8:3)일 가능성이 크다.[56] 7~8장의 문맥에서 아이를 낳을 수 있는 여성에 관한 가장 근접한 접근은 이사야의 아내이기 때문이다.[57] 분명한 것은 이 예언이 선포될 때 이사야와 아하스 모두가 알고 있는 한 처녀(혹은 젊은 여인)가 잉태하여 아들을 낳을 것이고, 그 이름을 임마누엘이라 할 것이라는 점이다. 이 아이가 선악을 분별할 지각이 생길 즈음(3-4세), 아이는 엉긴 젖(curd, 치즈 혹은 버터)과 꿀을 먹을 것이다. 이는 아이가 야생의 유목생활로 들어가 넉넉하지 않은, 가난하고 소박한 상태로 지낼 것을 암시한다. 이때쯤 아하스가 그토록 사라지기를 염원했던 두 왕이 다스리는 땅, 아람과 북이스라엘이 황폐하게 될 것이다(사 7:16).

여기까지는 임마누엘이 유다를 위한 구원의 징조가 된다. 그러나 아하스는 하나님의 징조를 거부하였고, 그의 불신앙은 임마누엘이 유다를 위한 징계로 돌변하도록 하는 계기가 된다. 이제 유다는 아하스가 끌어들이려 하는 앗수르 왕으로 인해 지금까지 경험해 보지 못했던 큰 어려움을 당할 것이다(사 7:17). 임마누엘은 하나님을 불신하고 이방 앗수르를 끌어들이려는 아하스에게 커다란 징계와 패망의 징조가 되는 것이다. 유다의 명운을 결정하는 징조는 겉으로 보이는 이웃 제국 앗수르의 군사력과 태도가 아니라 임마누엘이라 불리는 한 연약한 아기의 출생과 성장에 달려 있게 된다.

앗수르 왕이 오는 날, 앗수르의 재앙과 더불어 애굽의 재앙도 함께 온다.

> "그날에는 여호와께서 애굽 하수에서 먼 곳의 파리와 앗수르 땅의 벌을 부르시리니 다 와서 거친 골짜기와 바위틈과 가시나무 울타리와 모든 초장에 앉으리라"(사 7:18-19).

앗수르의 구릉지대는 벌떼가 많았고, 애굽의 나일강이 범람하면 파리떼가 생겨나곤 했다. 앗수르가 오고 난 후에는 애굽이 앗수르를 치러 유다를 지나 올라가는데, 이때 16대 요시야왕(640-609년)은 애굽을 저지하기 위하여 므깃도에서 전투를 벌인다. 결국 요시야는 이 전투로 전사한다(왕하 23:29). 이후 애굽은 잠시 동안 유다를 다스리게 된다(대하 36:3-4). 앗수르와 애굽의 세력이 유다 전역의 골짜기와 바위와 울타리와 초장을 유린하는 일이 일어나게 될 것이다. 따라서 하나님은 앗수르만이 아니라 애굽도 의지하지 말 것을 경고하신다(왕하 18:21, 사 31:1,6, 렘 46:25 참조).

그날에는 하수 저쪽, 곧 유브라데강 건너편에서 빌려온 면도칼 같은 앗수르 왕을 시켜 유다 백성의 머리털, 발 털, 수염을 다 밀어버릴 것이다. 온몸의 털을 미는 것은 전쟁 포로 취급을 하여 커다란 굴욕과 수치를 주는 행위를 말한다(삼하 10:4-5). 그날에는 유다에 사는 사람이 너무 적고 도시와 땅도 황폐하게 되어 초장으로 변할 것이고, 사람이 어린 암소 하나와 양 두 마리만 겨우 기를 것이다. 도시(성읍) 중심의 농경생활에서 목축생활로 후퇴하여 살며, 여기서 나오는 가축의 젖으로 연명해 갈 것이다(사 7:21).

이런 상태는 하나님이 처음 일구어 놓으신 포도원이 무너져버린 상태를 의미한다(사 5:1-7). 본문은 포도원의 붕괴를 다음과 같이 진술한다.

> "그날에는 천 그루에 은 천 개의 가치가 있는 포도나무가 있던 곳마다 찔레와 가시가 날 것이라"(사 7:23).

천 그루에 은 천개의 가치면 포도나무 한 그루에 은 한 개가 된다. 이는 극상품 포도나무를 뜻한다(사 5:2). 그런데 그 좋은 포도나무를 심었던 포도원에 찔레와 가시가 무성해졌다. 이곳은 더 이상 사람의 손길이 닿지 않는 야생 짐승이 출몰하는 위험천만한 곳이 되었다. 쟁기로 땅을 갈던 고운 밭이 찔레와 가시가 우거져 더 이상 다니기 어려워졌다. 소와 양을 풀어놓아 방목하여 짓밟고 돌아다니게 하지 않고는 그나마 사람이 다닐 수조차 없는 곳이 되고 말았을 정도다(사 7:25).

앗수르는 이스라엘에게 희망의 징조가 아니다. 임마누엘이 희망의 징조다. 임마누엘은 가장 연약한 한 아기로부터 나온다. 이러한 기이한 방식의 징조는 장차 오실 메시아의 징조를 예고한다(마 1:23). 연약해도 하나님을 신뢰하며 그분의 징조를 적극 구하라. 겉으로 보이는 것에 미혹되지 말라. 약해도 하나님이 사용하시는 여부가 중요하다. 돋보이지 않고 연약해도 하나님께 붙들린바 되라. 그런 우리가 하나님의 일하심을 드러내는 놀라운 징조가 될 것이다.

[15장 각주]

55) 이에 관한 다양한 논쟁은 존 오스왈트, 「NICOT 이사야 I」, 242-251쪽을 참조하라.
56) 존 오스왈트, 「NICOT 이사야 I」, 250쪽.
57) 김회권, 「이사야 I」, 200쪽.

16 Chapter 16. Isaiah 8:1-8

하나님의 현실에 눈을 뜨라

[1]여호와께서 내게 이르시되 너는 큰 서판을 가지고 그 위에 통용 문
자로 마헬살랄하스바스라 쓰라. [2]내가 진실한 증인 제사장 우리야와
여베레기야의 아들 스가랴를 불러 증언하게 하리라 하시더니 [3]내가
내 아내를 가까이 하매 그가 임신하여 아들을 낳은지라. 여호와께서
내게 이르시되 그의 이름을 마헬살랄하스바스라 하라. [4]이는 이 아이
가 내 아빠, 내 엄마라 부를 줄 알기 전에 다메섹의 재물과 사마리아
의 노략물이 앗수르 왕 앞에 옮겨질 것임이라 하시니라. [5]여호와께서
다시 내게 말씀하여 이르시되 [6]이 백성이 천천히 흐르는 실로아 물을
버리고 르신과 르말리야의 아들을 기뻐하느니라. [7]그러므로 주 내가
흉용하고 창일한 큰 하수 곧 앗수르 왕과 그의 모든 위력으로 그들을

뒤덮을 것이라. 그 모든 골짜기에 차고 모든 언덕에 넘쳐 [8]흘러 유다에 들어와서 가득하여 목에까지 미치리라. 임마누엘이여 그가 펴는 날개가 네 땅에 가득하리라 하셨느니라.

우리 속담에 "호랑이 굴에 들어가도 정신만 차리면 산다"고 했다. 문제는 호랑이 굴에 들어가서 정신 차리기가 결코 쉽지 않다는 것이다. 호랑이 굴에 들어가면 일단 공포감이 엄습한다. 신경이 온통 외부 환경에 곤두서 있다. 으르렁거리는 소리가 귀로 들려오고, 눈앞에 거대한 호랑이가 날카롭게 나를 노려보는데 어떻게 정신을 차릴 수 있을까? 정신을 차리려면 우리의 에너지를 외부가 아니라 내면에 집중해야 한다. 주변을 보고 겁먹고 두려워 떠는 것이 아니라 내면에 용기를 내 담대한 마음으로 외부를 보아야 한다. 즉 호랑이 굴에 들어가 정신을 차린다는 것은 외부 환경에 압도되어 현실을 두려움과 공포로 보는 것에서 벗어나 자신감과 확신을 갖고 용기와 소망의 관점으로 바라보는 것이다. 하지만 이것은 절대 쉽지 않다.

북한이 대륙간 탄도미사일 개발에 열을 올릴 때 미국에 미사일을 쏘겠다고 협박했다. 그러자 미국 국민들이 마트에 가서 사재기하느라고 난리가 난 적이 있다. 사실 미국의 막강한 군사력이면 북한이 미사일을 쏘기 전에 미리 북한을 초토화할 수 있다. 하지만 상당수 미국 국민들은 북한의 위협과 화려한 수사에 겁먹어서 두려움과 부정적인 상상력에 사로잡혀 사재기하느라 소동을 피웠다.

본문의 유다 왕 아하스가 이런 상황이다. 아하스는 마치 호랑이 굴에 들어간 느낌이었다. 아하스는 전에 아람과 북이스라엘의 협동 공격을 받아 군사 12만 명을 잃고, 20만 명의 백성을 포로로 빼앗겼던 적이 있다. 그런데 또다시 북이스라엘의 잔혹한 베가왕과 다메섹 지역의 강력한 맹주 아람 왕 르신이 협동으로 유다를 공격하려 한다. 생각만 해도 끔찍하다. 이렇게 놔두었다가는 유다는 이제 끝장날 것 같다. 그래서 그가 생각해 낸 것이 무엇인가? 이들보다 더 강력한 제국 앗수르를 끌어들이는 것이었다.

아하스가 부정적인 상상력에 사로잡혀 벌벌 떨고 있을 때 이사야는 본문을 통해 소망의 비전을 선포한다. 이사야는 하나님께서 주신 예언자적 비전을 통해 하나님의 시선으로 유다를 보고 있었다.

예언자적 비전을 통해 본 강대국 아람과 북이스라엘의 상태는 어떠했는가? 이들은 "연기 나는 두 부지깽이 그루터기"(사 7:4)에 불과했다! 아하스는 이 말씀이 믿어지지 않았다. 저렇게 기세등등하게 우리에게 쳐들어오고 있는데 연기 나는 부지깽이라 할 수 있는가? 하나님 말씀이 믿어지지 않았다. 이 말씀을 믿기에는 현실이 너무 압도적이었다.

하나님은 그런 아하스에게 징조를 구하라고 하셨지만 아하스는 여호와를 시험하지 않겠다는 핑계를 들어 거부한다. 이미 아하스왕은 이럴 때일수록 더 강한 앗수르 왕을 의지해야 위기를 탈출할 수 있다는 생각에 꽉 사로잡혀 있었다. 아하스의 거절에도 하나님은 아하스가 구하지 않은 임마누엘의 징조를 약속하신다. 이는 처녀가 잉태하여 낳을 아이를 통해 주실 기이한 징조였다. 가장 약한 아기가 하나님의 놀라운 역사의 징조가 된다는 것이다.

그럼에도 아하스의 마음은 좀처럼 움직이지 않았다. 하나님께서는 다시 한번 이사야에게 기이한 징조를 허락하신다.

"여호와께서 내게 이르시되 너는 큰 서판을 가지고 그 위에 통용 문자로 마헬살랄하스바스라 쓰라"(사 8:1).

큰 '서판'(히. 길라욘)은 당시에 큰 글씨를 쓸 수 있는 목재판 혹은 동판을 가리킨다. 하나님은 여기에 통용문자, 즉 당시에 누구나 읽고 이해할 수 있는 글자체(common characters, NRSV)로 '마헬살랄하스바스'라고 쓰라고 하신다. 아마도 많은 사람이 오가며 볼 수 있도록 성전이나 성문 주변의 공개적인 장소에 세워놓도록 하신 모양이다. '마헬'은 '빠르다' '살랄'은 '약탈품'이나 '전리품'을, '하스'는 '신속하다' '바스'는 '노획물'을 가리킨다. 이를 연결하면 '약탈에 빠르고 노획물에 신속하다'는 뜻이다.

많은 사람이 예루살렘을 오가며 이사야가 쓴 서판을 보면서 '마헬살랄하스바스'는 유다 전역에 상당히 유행했을 것이다. 흥미로운 점은 이 어구에는 앗수르가 압도적으로 유다를 공격하여 멸망시킨다는 표현이 없고, 단지 전리품과 노획물을 획득하는데 빠르다는 점만을 강조한다는 것이다. 다른 말로 하면 앗수르는 돈 밝히는 민족이라는 의미를 내포한다. 여기에 잘못 엮이면 돈 다 뜯기니 조심하라는 경고다. 그런데 아하스왕은 이것을 모르고 부탁했다가 나중에 성전의 금까지 싹싹 다 긁어모아 바친다(왕하 16:8).

하나님은 이사야가 쓴 서판의 신뢰도를 더하기 위해 '마헬살랄하스바스' 라는 문장을 주셨다. '전리품이 빠르다. 노획물이 신속하다'는 말을 늘 입에 붙이며 살라는 의미다. 누군가가 "야, 이거 무서운데 어떻게 하지, 앗수르라도 의지해야 하나?"

그러면 대답한다.

"어이, '마헬살랄하스바스' 몰라? 저들은 돈만 밝히는 날강도들이야! 순식간에 알거지가 돼."

"오 그래?"

"그래서 하나님이 우리에게 이사야 선지자를 통해 성전으로 가는 입구에 '마헬살랄하스바스' 라고 써주신 거야."

"아~ 그렇구나."

"그럼 같이 말해 볼까?"

"마헬살랄하스바스!"

하나님은 이 어구가 단순히 유행하는 것에 그치지 않고 이 말씀의 신뢰도를 더할 신실한 두 증인을 세운다. 바로 제사장 우리야와 여베레기야의 아들 스가랴이다(사 8:2). 제사장 우리야는 훗날 아하스가 보내준 대로 앗수르 양식의 제단을 지었던 자다. 아하스가 다메섹으로 앗수르 왕을 만나러 갔다가 본 앗수르의 제단 양식을 그림으로 그려 이를 제사장 우리야에게 보냈던 것이다(왕하 16:10-11). 그만큼 왕의 신임을 받고 왕과 가까웠던 제사장이다. 또한 스가랴는 아하스의 장인이다(왕하 18:2).

하나님이 이렇게까지 하는 이유가 무엇일까? 이는 아직까지 많은 유다 사람이 이사야의 예언을 터무니없는 이야기로 생각했기 때문이다. 이들은 이런 어려운 현실에서 유다의 힘으로 안 될 경우 주변 강대국인 애굽이나 앗수르라도 동원해야 한다고 생각하고 있었다. 이렇게 현실적인 대안만 생각하는 이들에게는 예언자의 비전이 비집고 들어갈 틈이 없었다. 비전이 없으니 믿음도 없고 이를 위해 하나님께 울부짖으며 기도할 여지도 없었다.

이들은 하나님의 징조를 믿고 기도하며 기다리는 것이 비현실적이라고 생각했다. 이것은 우리가 하나님을 떠나 세상에서 살아갈 때 우리 마음에 일어나는 현상이다. 세상에서는 남들이 하는 대로 공부하고, 남들이 하는 대로 결혼하고, 남들이 하는 대로 취직하고, 남들이 하는 대로 투자하고, 남들이 하는 대로 돈 벌어 모으고 성공하는데 이의를 제기하지 않는다. 오히려 이런 것에 재빠르고 뛰어난 사람을 부러워한다. 본문의 아하스왕이 그랬다. 지극히 현실적 관점으로 북이스라엘과 아람을 두려워하여 세상 통치자들이 하는 방식으로 더 강력한 제국 앗수르를 끌어들이려 하고 있었다.

그러나 하나님께서는 아하스가 두려워하는 것이 아무것도 아니라고 말씀한다. 이것을 깨닫게 하기 위해 가장 연약한 아기, '마헬살랄하스바스'를 통해 징조를 보여주시려 한다. 이사야가 하나님의 말씀대로 순종하고 아내를 가까이하자 아내가 임신하여 아들을 낳았고, 그 이름을 마헬살랄하스바스라 했다. 하나님은 이제 이 아이를 징조 삼아 역사하실 것을 선언하신다.

> "이는 이 아이가 내 아빠, 내 엄마라 부를 줄 알기 전에 다메섹의 재물과 사마리아의 노략물이 앗수르 왕 앞에 옮겨질 것임이라 하시니라"(사 8:4).

아이가 엄마, 아빠라 부를 줄 알기 전에 아하스왕이 그토록 무서워하던 다메섹과 사마리아의 노략물이 앗수르왕 앞에 옮겨질 것이다. 아기가 엄마 아빠를 부르는 것이 언제쯤인가? 보통 8~9개월은 지나야 한다. 따라서 적어도 1년 안에 아람과 북이스라엘은 멸망할 것이다. 그런데 주의할 것이 있다. 다메섹과 북이스라엘의 멸망을 설명할 때 이들의 '재물과 노략물이 옮겨진다' 고 한다. 이는 '마헬살랄하스바스' 라는 의미를 그대로 보여준다. 앗수르가 이들을 침공하는 핵심적인 이유가 바로 이것 때문이었다.

유다가 앗수르에게 먼저 재물을 주고 자신을 지켜달라고 부탁하면 앗수르는 아람과 북이스라엘의 재물뿐만 아니라 유다의 재물마저 노릴 것을 암시한다. 가만히 있어도 이사야의 아이 '마헬살랄하스바스' 로 인해 하나님께서 다메섹과 북이스라엘을 무너뜨리실 것인데, 이를 잠잠히 기다리지 못하고 인위적으로 서둘러 앗수르를 의지하여 재물을 주고 도와달라고 끌어들이면 더 위험해지는 것이다. 이럴 때는 '마헬살랄하스바스' 를 바라보며 잠잠히 하나님을 기다려야 한다.[58] 하지만 이스라엘은 이렇게 하지 않았다. 하나님은 이런 이스라엘을 안타까워하며 말씀하신다.

"이 백성이 천천히 흐르는 실로아 물을 버리고 르신과 르말리야의 아들을 기뻐하느니라. 그러므로 주 내가 흉용하고 창일한 큰 하수 곧 앗수르 왕과 그의 모든 위력으로 그들을 뒤덮을 것이라. 그 모든 골짜기에 차고 모든 언덕에 넘쳐 흘러 유다에 들어와서 가득하여 목에까지 미치리라. 임마누엘이여 그가 펴는 날개가 네 땅에 가득하리라 하셨느니라"(사 8:6-8).

유다 백성은 천천히 흐르는 실로아 물을 버렸다. 이는 기혼샘으로 예루살렘성 밖에서 예루살렘성 안으로 흐르는 실개천이다. 전쟁이 일어나면 이 샘을 지키는 것이 너무나도 중요했고, 그래서 나중에 예루살렘 성벽을 지을 때 기혼샘까지 외부 보호벽을 따로 만들어 수원지를 안정하게 확보하려고 했다. 히스기야왕 때는 기혼샘으로부터 지하로 수로를 파서 예루살렘 왕궁 안까지 물이 들어오도록 하기도 했다(대하 32:2-4,30). 기혼샘은 솔로몬이 왕위를 물려받은 곳이기도 했다(왕상 1:45). 이 개천의 물을 받아둔 연못이 실로암 못이다.

실로아 물은 그리 크지 않은 졸졸 흐르는 실개천이다. 답답하다. 그런데 이 개천의 물로 예루살렘 전체가 먹고산다. 이처럼 이스라엘은 당장에 답답한 실개천 같은 하나님의 말씀이지만 이 말씀을 신뢰하고 의지하면 놀랍게 살아나는 역사가 일어날 것이다. 그런데 이스라엘은 이 소중한 생수의 말씀을 버리고 아람 왕 르신과 북이스라엘 르말리야의 아들을 기뻐한다. 이는 몇 가지 가능성을 포함한다.

첫째, 앗수르가 와서 이들을 무너뜨리자 이들의 멸망을 기뻐한다는 뜻이다. 당시에 왕국이 무너져 주종관계가 성립하면 그 아들을 주군의 나라로 데려가 봉신의 나라가 쉽게 반란을 일으키지 못하도록 했다.

둘째, 남유다 중에 아하스가 의지하려는 앗수르보다 애굽과 친하게 지낼 것을 주장하는 무리가 있었는데, 이들의 경우 아하스와 반대로 아람과 북이스라엘과 연합하는 것을 더 기뻐했다.

중요한 것은 이들이 외적인 환경에 예민하게 반응하느라 가장 중요한 하나님의 말씀을 저버렸다는 점이다. 이에 하나님은 마헬살랄하스바스가 남유다에 구원을 가져다주지만 끝까지 하나님을 의지하지 않을 경우 이것이 남유다에 거대한 징계의 징조가 될 것임을 말씀한다. 그것은 앗수르 왕이 큰 하수, 곧 유프라테스강물처럼 유다에까지 가득 몰려와 이들의 목에까지 미치게 될 것이다(사 8:8). 이는 유다가 여호와를 끝까지 신뢰하지 않기에 일어날 징계다. 이때부터 이스라엘의 국력은 급속도로 약해지고 얼마 가지 않아 앗수르를 정복한 바벨론에 의해 멸망하게 될 것이다. 그러나 이것으로 끝이 아니다. 본문의 끝은 임마누엘을 외치며 마무리한다. "임마누엘이여 그가 펴는 날개가 네 땅에 가득하리라"(사 8:8). 새번역은 이를 "임마누엘!(하나님께서 우리와 함께하신다!) 하나님께서 날개를 펴서 이 땅을 보호하신다"라고 번역한다. 이러한 개역개정의 번역과 새번역은 크게 두 가지 이해의 가능성을 제시한다.

첫째는 남유다가 목이 차는 위기 가운데 점차 국력이 약해지고 결국 멸망해 포로로 끌려갈지라도 남은 자들이 하나님의 은혜로 70년 만에 돌아올 것이고, 여기서 메시아를 기다리며 거룩한 씨 메시아(사 6:13)가 임하실 것을 선포하는 것이다. 그래서 지금의 위기도 장차 임마누엘로 오실 이의 사역의 연장으로 보고 도래할 메시아 임마누엘을 향해 기원하는 것이다.

둘째는 지금의 위기 가운데서 단순히 하나님이 우리와 함께하시고 보호하심을 확신하며 격려와 위로의 메시지를 선포하는 것이다.

두 가지 해석은 모두 공통적으로 하나님의 신실하심을 드러낸다.

어떤 상황 가운데서도 끝까지 지키고 보호하시는 하나님의 언약적 신실하심(공의)을 드러낸다. 하나님의 인도하심은 세상의 권세자와 능력을 통해 나타나는 것이 아님을 기억하라. 가장 연약한 존재인 아기를 통해 나타남을 기억하라. 따라서 우리는 하나님 앞에 늘 연약한 자로, 주님의 크신 은혜가 필요한 자로 서야 한다. 눈을 들어 우리를 강하게 하시는 임마누엘의 하나님을 바라보라. 답답하고 조급해도 끝까지 생명의 말씀을 붙들고 나아가라!

> "너희는 인생을 의지하지 말라. 그의 호흡은 코에 있나니 셈할 가치가 어디 있느냐"(사 2:22).

[16장 각주]

58) '마헬살랄하스바스'는 '임마누엘'(사 7:14)의 예언과 유사한 점이 등장한다. 먼저 '잉태(임신)하여 아들을 낳을 것이라'는 표현(사 7:14, 8:3)이 동일하고, '이 아이가 ~줄 알기 전에'(사 7:16, 8:4)가 일치한다. 이는 '나와 및 여호와께서 내게 주신 자녀들이 이스라엘 중에 징표와 예표가 되었나니'(사 8:18)라는 말씀에 근거하여 임마누엘도 이사야의 아들일 가능성이 큰 것으로 본다. 하지만 여기에는 차이점도 있다. 임마누엘의 이름은 아이의 어머니가 지어주고, 마헬살랄하스바스의 이름은 여호와께서 지어주신다. 임마누엘과 달리 마헬살랄하스바스는 부정적인 뜻의 이름으로 부모로서는 지어주기가 어려운 이름이기에 여호와께서 직접 지어주셨을 것으로 보인다.

17 Chapter 17. Isaiah 8:9-22

음모론의 시대,
확고한 기준을 붙들라

9너희 민족들아 함성을 질러 보아라. 그러나 끝내 패망하리라. 너희
먼 나라 백성들아 들을지니라. 너희 허리를 동이라. 그러나 끝내 패망
하리라. 너희 허리에 띠를 띠라. 그러나 끝내 패망하리라. 10너희는 함
께 계획하라 그러나 끝내 이루지 못하리라. 말을 해 보아라. 끝내 시
행되지 못하리라. 이는 하나님이 우리와 함께 계심이니라. 11여호와께
서 강한 손으로 내게 알려주시며 이 백성의 길로 가지 말 것을 내게
깨우쳐 이르시되 12이 백성이 반역자가 있다고 말하여도 너희는 그 모
든 말을 따라 반역자가 있다고 하지 말며 그들이 두려워하는 것을 너
희는 두려워하지 말며 놀라지 말고 13만군의 여호와 그를 너희가 거룩
하다 하고 그를 너희가 두려워하며 무서워할 자로 삼으라. 14그가 성

소가 되시리라. 그러나 이스라엘의 두 집에는 걸림돌과 걸려 넘어지
는 반석이 되실 것이며 예루살렘 주민에게는 함정과 올무가 되시리
니 15많은 사람들이 그로 말미암아 걸려 넘어질 것이며 부러질 것이
며 덫에 걸려 잡힐 것이니라. 16너는 증거의 말씀을 싸매며 율법을 내
제자들 가운데에서 봉함하라. 17이제 야곱의 집에 대하여 얼굴을 가
리시는 여호와를 나는 기다리며 그를 바라보리라. 18보라. 나와 및 여
호와께서 내게 주신 자녀들이 이스라엘 중에 징조와 예표가 되었나
니 이는 시온 산에 계신 만군의 여호와께로 말미암은 것이니라. 19어
떤 사람이 너희에게 말하기를 주절거리며 속살거리는 신접한 자와
마술사에게 물으라 하거든 백성이 자기 하나님께 구할 것이 아니냐.
산 자를 위하여 죽은 자에게 구하겠느냐 하라. 20마땅히 율법과 증거
의 말씀을 따를지니 그들이 말하는 바가 이 말씀에 맞지 아니하면 그
들이 정녕 아침 빛을 보지 못하고 21이 땅으로 헤매며 곤고하며 굶주
릴 것이라. 그가 굶주릴 때에 격분하여 자기의 왕과 자기의 하나님을
저주할 것이며 위를 쳐다보거나 22땅을 굽어보아도 환난과 흑암과 고
통의 흑암뿐이리니 그들이 심한 흑암 가운데로 쫓겨 들어가리라.

'양털 깎기 이론' 에 대해 들어보았는가? 국제 유대 자본이 동유럽, 동아시아, 동남아시아, 남아메리카 등의 만만한 나라에 대규모 투자를 하여 그곳에 자금이 돌고 주가가 오르기 시작하면 갑자기 돈을 거두어들여 경제 위기를 일으킨다. 이때 마치 목동이 다 자란 양털을 깎듯 그 나라의 알짜배기 부동산과 기업을 헐값에 손에 넣는

다. 우리나라도 당했던 1997년의 외환위기가 전형적인 사례다. 이런 유대 자본으로 대표되는 이가 로스차일드 가문이다. 바로 쑹훙빙의 「화폐 전쟁」에 나오는 국제금융 음모론이다.[59] 이런 음모론은 도무지 이해하기 어려운 현실 뒤에 감추어졌던 비밀을 단순 명쾌하게 해결해주는 열쇠다. 이는 음모론적 세계관을 펼치는 세대주의 종말론과 결합하여 더 많은 두려움과 음모론을 양산하게 되었다.

요즘 우리 사회에 그 어느 때보다 많이 들리는 말이 '가짜 뉴스'다. 이와 함께 '팩트 체크'도 등장한다. 그만큼 이 복잡다단한 세상을 설명해주는 음모론이 그 어느 때보다 기승을 부리고 있음을 보여준다. 「누가 진실을 말하는가」의 저자인 미국 하버드대 로스쿨 캐스 선스타인 교수는 "사회가 이념적으로 양극화되면 음모론이 기승을 부리기 마련"이라고 주장한 바 있다.[60]

남유다 왕국 12대 왕 아하스시대는 불안과 대격변의 시대였다. 대제국 앗수르가 떠오르며 이 세력을 저지하려는 자들(아람, 북이스라엘, 애굽)과 지지하려는 자(남유다) 간의 치열한 힘겨루기가 벌어졌다. 이 와중에 남유다는 북이스라엘과 아람의 세력에 치명타를 받고 12만의 군사가 궤멸되고, 20만 백성이 포로로 끌려갔다가 하나님의 선지자 오뎃의 선포 사역으로 겨우 돌아오게 되었다. 그런데 또다시 이들이 남유다를 침공한다는 소식이 들린다. 이번에는 왕을 교체할 것이라는 뒤숭숭한 소문이 들린다(사 7:6 참조). 극도의 불안 속에 두려워 떠는 아하스왕을 향하여 하나님은 '임마누엘'과 '마헬살랄하스바스'를 징조로 주시며, 유다와 함께하시는 임마누엘의 하나님을 소망 중에 선포하셨다(사 8:8).

하나님은 유다를 압박하는 모든 열방의 제국들을 향하여 선포하신다.

"너희 민족들아 함성을 질러 보아라. 그러나 끝내 패망하리라. 너희 먼 나라 백성들아 들을지니라. 너희 허리를 동이라. 그러나 끝내 패망하리라 .너희 허리에 띠를 띠라. 그러나 끝내 패망하리라. 너희는 함께 계획하라. 그러나 끝내 이루지 못하리라. 말을 해 보아라. 끝내 시행되지 못하리라. 이는 하나님이 우리와 함께 계심이니라"(사 8:9-10).

아무리 주변의 강대국들이 함성을 질러 유다를 겁박해도 그들은 끝내 패망할 것이다. 아무리 허리를 동여도 패망할 것이다. '허리를 동인다' 는 것은 칼과 단검과 같은 전쟁 무기를 차는 허리띠를 매고 전투에 나서도 패할 것이라는 뜻이다. 또한 연합군을 만들어 더 효과적으로 대적에 맞서려는 계획을 세워도 그 뜻을 이루지 못할 것이다. 왜? 하나님이 유다와 함께 계시기 때문이다! 이 확신을 굳게 갖고 유다는 그 어떤 소문에도 기웃거리거나 흔들리지 말아야 한다.

하나님은 강한 손으로 이사야를 붙드시며 말씀하신다(사 8:11). '강한 손' 은 인간의 판단을 중지시키고 하나님의 뜻을 확고부동하고 의심의 여지없이 확실하게 전달하는 하나님의 계시 활동을 의미한다.[61]

"이 백성의 길로 가지 말 것을 내게 깨우쳐 이르시되 이 백성이 반역자가 있다고 말하여도 너희는 그 모든 말을 따라 반역자가 있다고 하지 말며 그들이 두려워하는 것을 너희는 두려워하지 말며 놀라지 말고"(사 8:11-12).

"이 백성이 반역자가 있다고 말하여도 그 모든 말을 따라 반역자가 있다고 하지 말라"는 표현은 이 백성이 모의하는 음모에 가담하지 말라'는 뜻이다(새번역). '반역자'(히. 케세르)는 직역하면 '음모' 혹은 '음모론'(conspiracy)을 의미한다. 백성들이 이 모든 일의 배후에 음모가 있다고 말할 때 선지자 이사야도 거기에 휩쓸려 음모론의 배후가 있는 것처럼 따라가서는 안 된다는 것이다. 불안정한 국제 정세 가운데 유다에는 이런저런 음모론이 난무했던 모양이다. 아하스 시대의 정황으로 볼 때 몇 가지를 추론해 볼 수 있다.

첫째, 유다를 치러 오는 아람과 북이스라엘 편에 붙는 것이 좋다고 하는 주장이다. 이들이 오는 것은 도리어 우리를 보호하기 위한 하나님의 뜻이라고 주장할 수 있다.

둘째, 앗수르에 도움을 구하는 것이 사는 길이라는 주장이다. 아하스왕이 제사장 우리야를 통해 앗수르 양식의 제단을 짓는 것을 보고 여러 가지 추측과 주장이 생겨났을 것이다.

셋째, 이사야가 반역자라는 음모론이다. 그가 '마헬살랄하스바스'라는 이름을 서판에 써서 사람들이 오가는 곳에 걸어놓았을 때 이사야가 나라를 전복시키려는 음모를 꾸미고 있다고 생각하는 사람들이 있었을 것이다.

넷째, 지금 아하스왕은 곧 폐위될 것이고 아람과 북이스라엘이 내정한 다브엘의 아들(사 7:6)이 두 나라의 후원을 받아 다윗의 혈통을 끊고 다시 새롭게 정권을 창출한다는 음모론이다.

이런 다양한 음모론은 나름의 근거를 자극적인 상상력으로 버무린 것들이다. 이런 모습은 음모론이 난무하는 우리 사회를 보는 것과 같다. 불안정한 국내외의 정세 가운데 극단적으로 양분된 우리 사회의 양 진영에서 다양한 음모론을 쏟아내고 있다. 그럴듯한 음모론을 서로 퍼 나르며 불안을 증폭시킨다. 확실하지도 않은 사실을 근거로 '~카더라' 는 말만 듣고 갑자기 죄인 취급하며 마녀사냥 하듯 한 사람의 일상을 초토화하며 몰아간다. 혼란의 시대에 하나님이 찾으시는 사람은 이렇게 말을 옮기는 사람이 아니다. 하나님을 신뢰하고 경외하며 오직 잠잠히 그분만을 의지하는 사람이다. 하나님은 다음과 같이 말씀하신다.

"만군의 여호와 그를 너희가 거룩하다 하고 그를 너희가 두려워하며 무서워할 자로 삼으라. 그가 성소가 되시리라"(사 8:13-14).

혼란스러운 음모론의 홍수 가운데 하나님의 백성이 집중해야 할 것은 만군의 여호와 거룩하신 하나님이다! 지금 당장 기세등등하고 난리 칠 것 같은 사람을 두려워 말라. 조금 지나면 하나님이 그를 그냥 두지 않으신다. 전능하고 거룩하신 하나님이 홀로 이 혼란스러운 세상을 주관하시는 진정한 주권자임을 우리는 확신해야 한다. 하나님은 세상과 구별되는 지극히 거룩한 성소가 되어 친히 임재하시고, 그의 백성을 보호하시고, 거룩하게 지키신다(사 4:4-5, 시 27:5 참조). 따라서 성도는 세상과 구별되어 하나님을 바라보아야 하고 세상의 음모론과 구별되는 하나님의 뜻과 통치를 바라보아야 한다.

> "그러나 이스라엘의 두 집에는 걸림돌과 걸려 넘어지는 반석이 되실 것이며 예루살렘 주민에게는 함정과 올무가 되시리니 많은 사람들이 그로 말미암아 걸려 넘어질 것이며 부러질 것이며 덫에 걸려 잡힐 것이니라"(사 8:14-15).

하나님이 그의 백성의 성소가 되시는데 왜 이스라엘의 두 집, 곧 유다와 북이스라엘에게는 걸림돌과 걸려 넘어지는 반석이 되시는가? 하나님을 두려워하지 않기 때문이다. 눈에 보이는 강대국들을 훨씬 더 두려워하기 때문이다. 이처럼 하나님을 온전히 경외하지 못할 때 하나님의 백성은 치명적인 어려움을 겪게 된다. 우리에게는 하나님을 경외하는 거룩한 세계관이 있어야 하는데, 그렇지 못할 경우 세속적 가치로 무장한 거룩하지 못한 바벨론의 세계관이 탑재되어 있다. 이런 세계관을 가진 이들에게 하나님은 거추장스러운 존재일 뿐이다. 세상적으로 알아주는 강자와 연합해야 안전을 보장받을 수 있다고 확신하며 이를 추구한다. 오직 여호와만 두려워하라고 하면 너무 비현실적인 생각이라고 우습게 생각한다.

아무리 세상 사람의 지지를 받고 존경을 받아도 하나님을 두려워하는 거룩한 세계관을 갖지 않고 세상을 변화시키려고 하면 내 죄성을 통제하지 못하고 무너진다. 열심과 열정으로 살길을 추구하지만 하나님을 제외시킨 세속적인 세계관에서의 열정은 자칫 탐욕과 치정으로 변질한다. 하나님을 제외한 채 세상의 공의와 정의를 열정적으로 추구한 이들 중에 오히려 자신의 부적절한 치정이 발각되어 하루아침에 무너지는 이가 얼마나 많은가? 몰래 쌓아놓은 부정한 재산이 발각되어 수치를 당하고 자리에서 내려오는 이가 얼마나 많은가! 결국 자신이 신뢰하고 올바른 길이라고 붙들었던 하나님 없는 세계관은 아무리 열심히 달려가도 언젠가는 그를 걸려 넘어뜨리며 부러뜨리고 덫에 걸려 잡히게 만들 것이다(사 8:15). 예기치 못했던 걸려 넘어짐을 감당하기 어려울 때는 가차 없이 자기 생명을 끊기도 한다.

음모론이 난무할 때 우리는 여기저기 기웃거릴 것이 아니라 하나님의 주권을 신뢰하며 하나님의 긍휼과 구원의 손길을 겸손한 마음으로 구하여야 한다. 살아 역사하시는 하나님의 징조를 믿음으로 구해야 한다(사 7:11).

하지만 하나님께서는 이사야에게 증거의 말씀을 싸매고 율법을 제자들 가운데 봉함하라고 하신다(사 8:16). 왜 그러셨을까? 아하스와 그의 백성이 이사야의 증언을 듣지 않았기 때문이다. 하나님은 앗수르의 도움을 구하지 말라고, 그들을 끌어들이면 그들이 밀어닥쳐 목에까지 미칠 것이라고 선포하며 그 증표로 '마헬살랄하스바스'까지 허락하셨다(사 8:3-4). 하지만 아하스는 끝내 앗수르 디글랏 빌레셋 3세를 찾아가서 도움을 구했다. 더 나아가 그가 섬기는 제단까지 건축하기에 이르렀다(왕하 16:10-16). 앗수르의 제단을 왕궁이 있는 예루살렘에 짓는다는 것은 앗수르와 주종관계를 맺는 언약을 체결했음을 시사한다. 참되신 주군이 만군의 여호와여야 하건만 끝끝내 이사야의 메시지를 저버리고 앗수르를 붙들었던 것이다. 하나님의 말씀을 멸시하는 이들에게 하나님은 당분간 말씀을 봉함하도록 하신다. 이에 대해 이사야는 더 이상 말하지 않고 잠잠히 하나님을 기다리겠노라 선언한다.

"이제 야곱의 집에 대하여 얼굴을 가리시는 여호와를 나는 기다리며 그를 바라보리라"(사 8:17).

이사야가 잠잠히 하나님만 기다릴 수 있는 이유 중 하나는 하나님이 주신 징조 때문이다. 임마누엘, 마헬살랄하스바스는 잠잠히 주목하고 있다 보면 하나님의 때에 성취됨을 보여주는 부인할 수 없는 하나님의 선명한 징조다. 아이가 엄마, 아빠를 말하기 전에 앗수르가 와서 북이스라엘과 아람을 멸망시킬 것이고 남유다를 향하여 그 목에 칼을 겨눌 것이다. 이제는 잠잠히 하나님께서 주신 징조가 성취될 때를 기다린다. 이사야의 잠잠함은 그 자체로 하나님의 역사하심을 유다 백성에게 알리는 커다란 확성기와 같은 울림을 전달한다.

이사야의 잠잠함은 많은 백성에게 답답함과 불안함을 불러일으켰을 것이다. 하나님의 말씀하심을 더 이상 듣지 못하자 이제 이들은 신접한 자들과 마술사에게 물으러 찾아간다. 이들이 주절거리며 속살거리는 소리는 답답해하는 유다 백성에게 일말의 희망을 주는 것 같다. 저들에게 물으면 무엇인가 초자연적인 존재에 접촉함으로 오는 신령한 힘을 빌어 명확한 답을 얻을 수 있지 않을까 하는 기대를 갖게 만든다. '주절거리다' 는 말은 "분명하지 않은 낮은 목소리로 계속 말하다"는 뜻이고, '속살거리다' 는 동사는 "남이 알아듣지 못하도록 작은 목소리로 조금 수다스럽게 자꾸 가만가만 이야기하는 행동"을 뜻한다. 이러한 시도에 대해 이사야는 단호하게 책망한다. 하나님의 백성이면 하나님께 구하는 것이 마땅하건만 어떻게 신접한 자를 찾아 산 자를 위하여 거짓 영들에게 엉뚱한 대답을 구하느냐는 것이다. 우리도 보면 산 자들 문제의 답을 죽은 자에게 구하는 경우가 종종 있다. '관우 장군' '맥아더 장군' '제갈공명' 등의 귀신과 접신해서 답을 준다는 이들이 있다. 하나님의 백성이라면 단호하게 배격해야 할 일이다.

하나님의 백성이라면 엉뚱한 음모론이나 귀신의 소리에 기웃거릴 것이 아니라 마땅히 하나님의 토라(율법)와 증거의 말씀을 따라야 한다(사 8:20). 엉뚱한 소리에 귀 기울이는 이들은 희망의 동이 터오는 아침햇살을 맞이하지 못할 것이다. 이런 이들은 하나님의 소리를 외면하고 찾아오는 혼돈과 공허, 곤고와 굶주림으로 고통당할 것이고, 회개하기는커녕 도리어 이렇게 된 것을 모두 왕과 하나님 탓으로 돌릴 것이다(사 8:21-22).

불안과 혼란이 가중되는 시대일수록 더욱 하나님을 바라보며 그를 경외해야 한다. '~카더라'는 음모론이 난무하고, 엉뚱한 소리가 귓가에 맴돌수록 더욱 무릎 꿇고 기도하라. 하나님이 잠잠히 계시는 것 같더라도 그의 약속한 말씀이 성취되는 증거를 구하며 경험하라! 아무리 세상에 강한 자들이 큰소리치고 위협을 가해도 그들은 거룩하신 주 하나님의 강한 손 아래 있다. 하나님은 여전히 그의 언약 백성을 위해 일하시고 역사하시며 이 혼란스러운 세상 속에서도 우리의 주권자가 되신다! 여호와를 평생토록 신뢰하는 것이 성도의 힘이다.

"이 하나님은 영원히 우리 하나님이시니 그가 우리를 죽을 때까지 인도하시리로다"(시 48:14).

[17장 각주]

59) 쑹훙빙, 차혜정 역 「화폐전쟁」(서울: 랜덤하우스, 2008).

60) 캐스 선스타인, 이시은 역 「누가 진실을 말하는가: '미국에서 가장 위험한 사람'이 쓴 음모론과 위험한 생각들」(서울: 21세기북스, 2015); 이현상, "[이현상의 시시각각] 음모론은 힘이 세다", 중앙일보, 2020. 5. 8.

61) 김회권, 「이사야 I」, 221쪽.

18 Chapter 18. Isaiah 9:1-7

갈릴리에 비추는 영광의 빛

*1전에 고통받던 자들에게는 흑암이 없으리로다. 옛적에는 여호와께
서 스불론 땅과 납달리 땅이 멸시를 당하게 하셨더니 후에는 해변 길
과 요단 저쪽 이방의 갈릴리를 영화롭게 하셨느니라. 2흑암에 행하던
백성이 큰 빛을 보고 사망의 그늘진 땅에 거주하던 자에게 빛이 비치
도다. 3주께서 이 나라를 창성하게 하시며 그 즐거움을 더하게 하셨
으므로 추수하는 즐거움과 탈취물을 나눌 때의 즐거움같이 그들이
주 앞에서 즐거워하오니 4이는 그들이 무겁게 멘 멍에와 그들의 어깨
의 채찍과 그 압제자의 막대기를 주께서 꺾으시되 미디안의 날과 같
이 하셨음이니이다. 5어지러이 싸우는 군인들의 신과 피 묻은 겉옷이
불에 섶같이 살라지리니 6이는 한 아기가 우리에게 났고 한 아들을*

우리에게 주신 바 되었는데 그의 어깨에는 정사를 메었고 그의 이름은 기묘자라, 모사라, 전능하신 하나님이라, 영존하시는 아버지라, 평강의 왕이라 할 것임이라. 7그 정사와 평강의 더함이 무궁하며 또 다윗의 왕좌와 그의 나라에 군림하여 그 나라를 굳게 세우고 지금 이후로 영원히 정의와 공의로 그것을 보존하실 것이라. 만군의 여호와의 열심이 이를 이루시리라.

성지순례를 가면 가장 가보고 싶은 곳이 갈릴리 호수다. 오래전 두 대륙의 거대한 지층판인 아프리카 판과 아라비아 판이 충돌하여 함몰된 요르단 리프트 계곡에 위치한 갈릴리 호수는 그저 바라보는 것만으로도 신비롭다.[62] 하지만 이토록 아름다운 갈릴리 지역은 오랫동안 하나님의 구속사 가운데 소외되어왔다.

이스라엘이 가나안 땅에 들어가 정복전쟁을 할 때 스불론과 납달리는 좀처럼 정복되지 않던 지역이었다(삿 1:30,33). 이 지역은 다윗과 솔로몬시대에 이르러서야 온전히 이스라엘의 통치영역에 들어오게 되었다. 하지만 솔로몬왕 때 이 지역의 20개 성읍은 성전 건축을 위한 백향목과 잣나무와 금을 받은 대가로 두로 왕 히람에게 넘겨졌다. 예로부터 이곳은 이방의 통치를 자주 경험했던 지역이었다. 그랬던 것이 솔로몬 이후 이스라엘이 남왕국과 북왕국으로 나뉘면서 북왕국 이스라엘의 통치 아래 일부 편입되었다가 앗수르의 디글랏 빌레셀이 아람과 북이스라엘을 침공하면서 이 지역 전체가 앗수르 제국에 편입되었다.

"이스라엘 왕 베가 때에 앗수르 왕 디글랏 빌레셀이 와서 이욘과 아벨벳 마아가와 야노아와 게데스와 하솔과 길르앗과 갈릴리와 납달리 온 땅을 점령하고 그 백성을 사로잡아 앗수르로 옮겼더라"(왕하 15:29).

디글랏 빌레셀이 정복한 지역이 스불론과 납달리를 포함한 요단 동편의 길르앗 전역이었다. 이 지역은 예수님 당시의 사마리아에 해당한다. 앗수르는 여기에 사는 백성을 앗수르로 끌고 가 혼혈정책을 시행하였다. 또 앗수르 제국의 사람들을 이 지역으로 이주시켜 이 지역 사람들과 결혼하여 살게 하였다. 이렇게 하다 보면 이 지역에 사는 사람은 하나님의 선민인 이스라엘로서의 민족적 정체성을 잃어버리게 된다.

이것은 신약시대에 유대인이 사마리아인을 심하게 차별하는 계기가 된다. 이곳에 사는 이들은 얼마나 많은 고통 가운데 살았을까? 본문은 앗수르의 침공으로 조만간 무너질 북이스라엘과 고통당할 유다를 바라보며 하나님이 이사야를 통해 새로운 희망을 노래하는 내용을 담는다.

"전에 고통받던 자들에게는 흑암이 없으리로다. 옛적에는 여호와께서 스불론 땅과 납달리 땅이 멸시를 당하게 하셨더니 후에는 해변 길과 요단 저쪽 이방의 갈릴리를 영화롭게 하셨느니라"(사 9:1).

하나님의 때가 이르면 오랫동안 멸시를 당하고 어둠과 고통 가운데 있던 스불론과 납달리 지역을 다시 영광스럽게 하실 것이다. 해변 길과 요단 저쪽 동편인 이방의 갈릴리도 함께 영화롭게 될 것이다. 해변 길(via maris)은 애굽에서 지중해를 따라 올라가다 이스르엘 평원을 거쳐 북이스라엘 땅과 다메섹을 지나 앗수르 제국의 메소포타미아 지역으로 연결되는 길이다.

요단 동편은 바산의 암소들을 키웠던 길르앗 지역으로 예수님 때에 10개의 헬라식 도시가 세워졌던 데가볼리 지역을 가리킨다. 이처럼 이 지역은 이방인이 많이 섞여 살 뿐만 아니라 혼혈정책으로 이방 풍습과 문물이 많이 유입되었던 지역이었다. 그런데 하나님께서는 이방과 섞이며 거룩함을 잃어버린 이 지역을 잊지 않으셨다. 이들도 여전히 하나님의 언약 백성으로 여기셨다.

> "흑암에 행하던 백성이 큰 빛을 보고 사망의 그늘진 땅에 거주하던 자에게 빛이 비치도다"(사 9:2).

때가 이르면 흑암에 행하던 백성이 큰 빛을 볼 것이다. 아직까지는 백성들이 흑암 가운데 있다. 앗수르가 북이스라엘을 침공하고 이 지역을 접수할 것이기 때문이다(사 8:7). 하지만 보다 근본적인 이유는 하나님이 그의 백성에게 얼굴을 가리셨기 때문이다(사 8:17). 백성들에게 사망이 엄습하고 그들은 어둠 가운데 고통당한다. 그러나 하나님께서는 이들을 잊지 않으셨다. 어둠 가운데 있는 이들에게 천지창조 때처럼 빛을 비추시고 이들을 온전히 살아나게 하실 것이다.

"주께서 이 나라를 창성하게 하시며 그 즐거움을 더하게 하셨으므로 추수하는 즐거움과 탈취물을 나눌 때의 즐거움같이 그들이 주 앞에서 즐거워하오니"(사 9:3).

주목할 것은 하나님이 "이 나라"를 창성하게 하실 것이라는 표현이다. "이 나라"는 북이스라엘인가 남유다인가? 여기서 이 나라는 "다윗의 왕좌와 그의 나라"(사 9:7)다. 사실 스불론과 납달리 지역을 통치했던 나라는 통일왕국시대의 다윗과 솔로몬왕 때까지였다. 엄밀히 말하면 다윗의 통치기간만이었다. 솔로몬 때는 중간에 두로 왕에게 갈릴리 성읍 20곳을 주었기에 이 지역이 두로로 편입되었다.

따라서 흑암이 임했던 스불론과 납달리 땅에 빛을 비추고 다시 다스릴 왕은 다윗 이후 이스라엘 왕가에 아직 한 번도 나타나지 않은 왕으로, 장래에 나타날 왕이다. 이 지역을 온전히 다스린 왕으로는 신약시대에 헤롯대왕이 있었다. 그는 이 지역까지 통일하여 다스렸다. 그러나 그는 이두매, 곧 에돔 출신이었기에 다윗 왕가의 정통성을 제대로 인정받지 못하였다. 그렇다면 '이 나라'는 아직 나타나지 않은 나라로, 장차 다윗의 왕좌를 이어갈 진정한 후계자가 나타나 새롭게 세워질 하나님의 나라임에 틀림없다.

하나님이 '이 나라'를 창성하게 하시고 즐거움을 더하게 하실 때 추수의 즐거움과 탈취물을 나누는 즐거움이 가득할 것이다. 추수의 즐거움은 열매를 수확하는 즐거움이다. 탈취물은 전쟁에서 승리하고 얻은 전리품을 말한다. 따라서 탈취물을 나누는 기쁨은 전쟁에서의 승리의 기쁨을 말한다. 그런데 이런 즐거움은 이들이 열심히 노력해서 얻은 기쁨과 결실이 아니다. 이들이 아직 어둠 가운데 있을 때에 하나님이 먼저 빛을 비추시고 창성하게 하시고 수확하게 하시고 승리를 거두셨기 때문에 맛볼 수 있는 열매다. 백성들은 싸우지도 않고 맛본 승리다.

> "이는 그들이 무겁게 멘 멍에와 그들의 어깨의 채찍과 그 압제자의 막대기를 주께서 꺾으시되 미디안의 날과 같이 하셨음이니이다"(사 9:4).

'무겁게 멘 멍에'는 애굽의 압제와 노역을 연상시킨다. '어깨의 채찍'과 '압제자의 막대기' 또한 애굽에서의 고된 종살이를 연상시킨다. 이 무거운 멍에와 막대기를 꺾는다는 것은 백성들이 못 견뎌서 쿠데타를 일으킨 것이 아니다. 하나님이 친히 꺾으셨다. 마치 '미디안의 날'과 같이 하셨다. '미디안의 날'이란 기드온의 300용사가 미디안 군사 13만 5천을 상대로 기적적인 승리를 거둔 사건을 말한다(삿 7:20). 적군이 어지럽게 밟고 다녔던 신과 피 묻은 겉옷은 모두 헝겊조각처럼 불에 살라질 것이다(사 9:5). 기억할 것은 기드온이 구원한 백성이 아셀, 스불론, 납달리 지역 사람들이었다는 사실이다(삿 6:35).

이는 장차 오실 다윗 왕좌의 메시아가 흑암 가운데 하나님 백성이 맨 무거운 멍에와 막대기를 꺾고 생명의 빛과 쉼을 주실 것임을 예고한다. 이런 면에서 우리는 훗날 이곳에 오신 메시아의 초청에 귀를 기울일 필요가 있다.

"수고하고 무거운 짐 진 자들아 다 내게로 오라. 내가 너희를 쉬게 하리라. 나는 마음이 온유하고 겸손하니 나의 멍에를 메고 내게 배우라. 그리하면 너희 마음이 쉼을 얻으리니 이는 내 멍에는 쉽고 내 짐은 가벼움이라 하시니라"(마 11:28-30).

놀라운 것은 이 메시아가 그의 백성에게 장차 '한 아기'로 오실 것이라는 사실이다. 이제 7장부터 하나님께서 계속해서 주셨던 아기의 징조가 여기서 절정에 이른다. 앞에서 임마누엘이나 마헬살랄하스바스를 통하여 나타날 징조들이 주로 하나님의 사역 행위에 집중되었다면 특이하게도 여기서 이 아기는 하나님의 성품을 극명하게 드러내며 소망의 절정에 도달한다.

"이는 한 아기가 우리에게 났고 한 아들을 우리에게 주신 바 되었는데 그의 어깨에는 정사를 메었고 그의 이름은 기묘자라, 모사라, 전능하신 하나님이라, 영존하시는 아버지라, 평강의 왕이라 할 것임이라"(사 9:6).

다윗의 왕좌로 오는 아기는 '한 아들'로도 진술한다. 이는 현재 남유다의 아하스왕이 앗수르에게 도움을 청하며 자신을 "왕의 신복이요 왕의 아들"이라고 했던 말과 극명한 대조를 이룬다. 현재 유다 왕 아하스는 앗수르의 아들로 자처하고 있다. 이는 그가 앗수르와 부자간의 관계와 같이 긴밀한 언약 관계로 맺어짐을 의미한다. 하나님은 앗수르의 아들 말고 진정한 다윗의 후손으로 오실 아들을 예고한다.

그의 어깨에는 정사(authority, NRSV)를 메었다. 이는 통치의 권위를 양 어깨에 짊어졌음을 상징한다(사 22:22 참조). 메시아는 그의 어깨에 멘 권세로 우리를 통치하고, 그의 권세를 우리도 메고 배우도록 초대하셨다.

그 아들의 이름이 네 가지로 소개된다. 먼저는 기묘한 모사(Wonderful Counselor)다. '신묘막측한 전략가'(놀라우신 조언자, 새번역)정도로 번역할 수 있겠다. 성경의 대표적인 모사(謀士)로 아히도벨을 들 수 있다. 성경은 그의 전략을 '하나님께 물어서 받은 것 같았다'고 묘사한다(삼하 16:23). 이런 뛰어난 지혜를 받은 또 다른 사람으로 솔로몬이 있다(왕상 3:28). 성경이 말하는 참 지혜의 극치는 약함을 통해 강함이 되는 지혜다. 이는 메시아의 고난과 십자가로 극명하게 드러난다(사 53장, 고전 1:18-31 참조). 기묘한 모사에게는 이런 지혜가 충만할 것이다.

둘째, 전능하신 하나님이다. 전능하신 하나님은 이스라엘의 남은 자를 능히 구원하시는 하나님이지만(사 10:21), 여기서는 역설적으로 가장 힘없고 무력한 아기가 곧 전능하신 하나님으로 제시된다. 그래서 유대인들은 이 말씀을 읽을 때 혼란에 부딪쳤다. 예수께서 바리새인들과 토론했던 주제도 바로 이 부분이었다. 다윗이 어떻게 다윗의 후손으로 오실 메시아를 내 주 곧 나의 여호와 하나님이라고 고백했느냐는 것이다(마 22:41-46, 참조 시 110:1).

셋째, 영존하시는 아버지(Everlasting Father)다. 이 아기는 영원히 존재하는, 어제도 계셨고 지금도 계시며 장차 계실 영원한 하나님이다.

넷째, 이 아기는 평화의 왕(Prince of Peace)이다. 이는 이 아기의 기이한 통치를 통해 가져올 결과가 진정한 샬롬, 즉 평화가 될 것을 의미한다.

이 아기가 다스리는 나라와 그 통치의 결과가 가져다주는 평화는 갈수록 더해갈 것이며, 다윗의 왕좌가 그 나라를 굳게 세우고 영원토록 정의와 공의로 이를 보존할 것이다(사 9:7). 이것은 이스라엘 편에서의 노력과 공로를 철저히 배제한다. 이들의 능력으로 이룰 수 없는 어마어마한 일이기 때문이다. 본문은 그 말미에 분명히 선언한다. 만군의 여호와의 열심이 이를 이루리라! '열심'은 히브리어 '키나'로 질투를 의미한다. 하나님의 성품 중 하나인 질투는 하나님께 속한 것을 지키시려는 하나님의 열정을 가리킨다(아 8:6-7 참조).[63] 하나님의 질투는 그 어떤 경쟁자도 허용하지 않고 배신에 대해서는 격노한다(민 25:11, 시 79:5). 그러나 동시에 하나님께 속한 이들을 향한 하나님의 뜻과 계획을 이루기 위해서는 자신의 모든 것을 열정적으로 헌신한다.[64]

이 놀라운 역사가 마침내 아브라함과 다윗의 자손 메시아 예수에게서 이루어졌다. 그는 가장 연약한 아기로 가장 누추한 마구간에 태어나셨다. 그 아기가 공생애를 처음 시작하면서 바로 이 갈릴리 지역으로 왔고 갈릴리 가버나움 회당에서 그의 사명을 선포하신다.

> "나사렛을 떠나 스불론과 납달리 지경 해변에 있는 가버나움에 가서 사시니 이는 선지자 이사야를 통하여 하신 말씀을 이루려 하심이라 일렀으되 스불론 땅과 납달리 땅과 요단강 저편 해변 길

과 이방의 갈릴리여 흑암에 앉은 백성이 큰 빛을 보았고 사망의 땅과 그늘에 앉은 자들에게 빛이 비치었도다 하였느니라. 이때부터 예수께서 비로소 전파하여 이르시되 회개하라 천국이 가까이 왔느니라 하시더라"(마 4:13-17).

메시아 예수는 이제부터 하나님의 약속하신 한 아기의 기이한 사역이 바로 스불론과 납달리 땅에서 시작됨을 선언하셨다. 이는 이사야 9장의 약속이 본격적으로 성취됨을 선언하신 것이다. 한 아기의 통치가 이때부터 시작하여 하나님의 지혜인 십자가를 통하여 우리에게 생명으로 계시되었고, 지금도 우리와 임마누엘로 함께하며 모든 지각에 뛰어난 하나님의 평화를 선물로 주신다. 하나님의 계획은 결코 쇠하지 않는다. 포기하지 않는다. 우리를 향한 하나님의 열심이 이를 이루시고 반드시 영광스럽게 하실 것이다. 그 나라에 동참하는 우리도 하나님의 언약 백성이기에 그분의 놀라운 약속이 성취됨을 맛보게 될 것이다. 내게 있는 이 생명의 밝은 빛을 주변에 환하게 비추도록 하자!

[18장 각주]

62) 마르크 반 드 미에룹, 김구원 역, 「고대근동역사」(서울: CLC, 2010), 34쪽.
63) 양형주, 「바이블 백신 1」, 167쪽.
64) 알렉 모티어, 「이사야 주석」, 220쪽.

19 Chapter 19. Isaiah 9:8-10:4

하나님이 여전히 손을 들고 계시는 이유

[8]주께서 야곱에게 말씀을 보내시며 그것을 이스라엘에게 임하게 하셨은즉 [9]모든 백성 곧 에브라임과 사마리아 주민이 알 것이어늘 그들이 교만하고 완악한 마음으로 말하기를 [10]벽돌이 무너졌으나 우리는 다듬은 돌로 쌓고 뽕나무들이 찍혔으나 우리는 백향목으로 그것을 대신하리라 하는도다. [11]그러므로 여호와께서 르신의 대적들을 일으켜 그를 치게 하시며 그의 원수들을 격동시키시리니 [12]앞에는 아람 사람이요 뒤에는 블레셋 사람이라. 그들이 모두 입을 벌려 이스라엘을 삼키리라. 그럴지라도 여호와의 진노가 돌아서지 아니하며 그의 손이 여전히 펴져 있으리라. [13]그리하여도 그 백성이 자기들을 치시는 이에게로 돌아오지 아니하며 만군의 여호와를 찾지 아니하도다.

[14]그러므로 여호와께서 하루 사이에 이스라엘 중에서 머리와 꼬리와
종려나무 가지와 갈대를 끊으시리니 [15]그 머리는 곧 장로와 존귀한
자요 그 꼬리는 곧 거짓말을 가르치는 선지자라. [16]백성을 인도하는
자가 그들을 미혹하니 인도를 받는 자들이 멸망을 당하는도다. [17]이
백성이 모두 경건하지 아니하며 악을 행하며 모든 입으로 망령되이
말하니 그러므로 주께서 그들의 장정들을 기뻐하지 아니하시며 그들
의 고아와 과부를 긍휼히 여기지 아니하시리라. 그럴지라도 여호와
의 진노가 돌아서지 아니하며 그의 손이 여전히 펴져 있으리라. [18]대
저 악행은 불 타오르는 것 같으니 곧 찔레와 가시를 삼키며 빽빽한
수풀을 살라 연기가 위로 올라가게 함과 같은 것이라. [19]만군의 여호
와의 진노로 말미암아 이 땅이 불타리니 백성은 불에 섶과 같을 것이
라. 사람이 자기의 형제를 아끼지 아니하며 [20]오른쪽으로 움킬지라도
주리고 왼쪽으로 먹을지라도 배부르지 못하여 각각 자기 팔의 고기
를 먹을 것이며 [21]므낫세는 에브라임을, 에브라임은 므낫세를 먹을
것이요 또 그들이 합하여 유다를 치리라. 그럴지라도 여호와의 진노
가 돌아서지 아니하며 그의 손이 여전히 펴져 있으리라.
[1]불의한 법령을 만들며 불의한 말을 기록하며 [2]가난한 자를 불공평하
게 판결하여 가난한 내 백성의 권리를 박탈하며 과부에게 토색하고
고아의 것을 약탈하는 자는 화 있을진저 [3]벌하시는 날과 멀리서 오는
환난 때에 너희가 어떻게 하려느냐. 누구에게로 도망하여 도움을 구
하겠으며 너희의 영화를 어느 곳에 두려느냐. [4]포로 된 자 아래에 구
푸리며 죽임을 당한 자 아래에 엎드러질 따름이니라. 그럴지라도 여
호와의 진노가 돌아서지 아니하며 그의 손이 여전히 펴져 있으리라.

요즘이야 집에서 회초리를 맞는 자녀가 많지 않지만 예전에는 어릴 때 집이나 학교에서 회초리를 맞는 경우가 종종 있었다. 큰 잘못을 저질러 부모님이 회초리를 들고 나타나면 빨리 잘못을 인정하고 회개해야 한다. 만약 '난 잘못한 것이 없는데 왜 그러냐?' 고 항변하면 회초리가 날아온다. 부모님 손에 회초리가 들려 있으면 자기 잘못을 빨리 인정하고 회개해야 한다. 부모님 손에 들린 회초리가 손에서 놓일 때까지 자녀는 잘못을 인정하고 다시는 그런 잘못을 저지르지 않겠다고 용서를 구해야 한다. 이런 우리의 모습을 부모님이 보면 마음이 누그러지고 비로소 손에 들었던 회초리를 내려놓는다. 그 손의 회초리를 내려놓았다는 것은 부모님의 화가 풀리고 용서할 준비가 되었다는 뜻이다.

본문에는 하나님이 에브라임을 향하여 징계의 손을 들고 계시는 장면을 무려 네 번이나 반복해서 보여주고 있다.

> "그럴지라도 여호와의 진노가 돌아서지 아니하며 그의 손이 여전히 펴져 있으리라"(사 9:12,17,21, 10:4).

"그의 손이 여전히 펴져 있으리라"는 '그(여호와)의 손이 여전히 올라가 있다' (His hand is still upraised, NIV)는 뜻이다. 하나님의 손이 여전히 올라가 있다는 것은 하나님의 징계가 계속됨을 의미한다. 에브라임을 무려 네 번이나 징계하실 때까지 하나님은 그의 손을 거두지 않으신다. 왜 하나님은 손을 내려놓지 않으실까? 이는 그의 자녀가 회개하지 않고 여전히 하나님의 진노를 촉발했기 때문이다.

여기서 하나님이 진노하는 대상이 누구인가를 명확하게 할 필요가 있다. 이들은 에브라임으로 대표되는 북이스라엘이다(사 9:8-9). 북이스라엘은 사마리아를 수도로 삼고 있었다. 따라서 '에브라임과 사마리아' (사 9:9)라고 하면 마치 '유다와 예루살렘' (사 1:1, 2:1, 3:1)이 남왕국 유다를 가리키는 것처럼 북이스라엘을 지칭한다. 아니, 지금까지 계속해서 유다에 관한 말씀을 하다 왜 갑자기 에브라임과 사마리아인가?

이를 위해서는 7~12장의 전체 흐름을 이해할 필요가 있다. 지금까지 북이스라엘은 남유다에게 위협적인 세력으로 등장했다. 남유다는 아람과 연합한 북이스라엘과의 전쟁으로 12만 명의 군사를 잃었고, 20만 명의 백성이 사마리아로 끌려갔다가 하나님의 극적인 개입으로 다시 풀려 내려온 바 있다(대하 28:5-15). 이 일은 아하스왕의 통치기간 중 잊을 수 없는 트라우마였을 것이다. 그런데 이랬던 북이스라엘이 다시 아람과 연합하여 쳐들어온다고 하니 아하스는 이전의 충격을 떠올리고는 하나님이 친히 징조를 주신다고 해도 이를 거부하고 당대의 초강대국 앗수르만 의지하려고 한다.

이에 하나님은 세상에서 가장 연약한 어린 아기를 통해 전능하신 하나님의 징조를 약속하신 후, 이제부터는 아하스가 그토록 두려워하는 강대국들의 속살을 드러내 보여주신다. 유다가 그토록 두려워하는 강대국들의 실체가 무엇인지를 알려주시는 것이다.

먼저 본문(사 9:8-10:4)에서는 북이스라엘의 영적 현실을 보여주고, 이어지는 다음 단락(사 10:5-19)에서는 하나님의 손에 들린 막대기에 불과한 앗수르의 실체를 알려주신다.[65)]

본문에 드러난 북이스라엘은 겉으로는 유다를 위협할 만큼 강성해 보였지만 이들의 실체는 하나님의 진노의 손 아래 놓여 파멸이 가까운 중환자였다. 하나님은 북이스라엘이 교만하고 완악하다고 지적하신다. 그도 그럴 것이 이들은 178년간의 짧은 기간 동안 왕이 마음에 들지 않으면 수시로 반란을 일으켜 왕을 살해하고 새로운 왕을 세웠다. 그렇게 살해된 왕만 해도 나답(2대), 엘라(4대), 시므리(5대, 자살), 요람(여호람, 9대), 스가랴(14대), 살룸(15대), 브가히야(16대), 베가(17대) 총 8명에 이른다. 이렇게 새로운 왕이 등극할 때마다 이들이 내건 슬로건이 있었다.

> "벽돌이 무너졌으나 우리는 다듬은 돌로 쌓고 뽕나무들이 찍혔으나 우리는 백향목으로 그것을 대신하리라…"(사 9:10).

반란이 일어날 때마다 마을은 폐허가 되곤 했다. 벽돌이 무너지고 뽕나무들이 베어졌다. 이런 식으로 왕궁이 부서지기도 했다. 그러나 새로운 왕이 등극하면 장밋빛 미래를 내세운다. 너희의 흙벽돌이 무너졌지만 이제 우리는 더 견고하고 멋진 잘 다듬어진 돌로 무너진 집과 왕궁을 다시 세울 것이다. 집 앞에 키우던 뽕나무가 베어졌다면 이제는 더 좋은 레바논의 백향목을 심을 것이고, 뽕나무로 만든 건물이 무너졌다면 이제는 백향목으로 집과 궁을 재건할 것이다. 북이스라엘은 정권이 수시로 교체될 때마다 무모한 자신감으로 무장하고는 더 나은 이상을 제시하였다. 그러나 얼마 지나지 않아 큰소리쳤던 왕은 이슬로 사라지고 또 다른 정권으로 대체되었다. 이들은 지금 하나님의 진노의 손 아래 처해 있는 상태였다. 지금은 그럴듯한 장밋빛 청사진으로 백성의 마음을 미혹할 때가 아니라 겸손히 회개해야 할 때다.

무모한 자신감으로 교만하여 계속해서 완악하게 무리하여 밀어붙이면 하나님께서 손을 드신다. 하나님은 이들과 동맹관계였던 아람, 그리고 한동안 잠잠하던 남서쪽의 먼 이웃 블레셋이 입을 벌려 이들을 삼킬 것이라 경고하신다(사 9:12). 이스라엘이 멸망하기 전 마지막 10년간(주전 732-722년), 북이스라엘은 이들 세력에 시달리게 된다(암 1:3-8).

하나님의 징계의 회초리를 맞으면 정신을 번쩍 차리고 하나님께 돌아와야 한다. 그러나 북이스라엘은 회개하지 않았다. 한때 연합군을 결성해 북이스라엘을 함께 공격할 정도로 믿었던 파트너 아람에게 호되게 당해도 하나님의 도움을 구하지 않았다. 이런 국가적인 회개를 위해서는 정치 지도자가 중요하다. 또 회개를 촉구하는 영적 지도자의 역할도 중요하다. 하나님의 징계의 손이 올라가 있음에도 회개하지 않는 에브라임을 향하여 하나님은 더욱 엄중한 두 번째 징계를 선언하신다.

"그러므로 여호와께서 하루 사이에 이스라엘 중에서 머리와 꼬리와 종려나무 가지와 갈대를 끊으시리니 그 머리는 곧 장로와 존귀한 자요 그 꼬리는 곧 거짓말을 가르치는 선지자라. 백성을 인도하는 자가 그들을 미혹하니 인도를 받는 자들이 멸망을 당하는도다"(사 9:14-16).

하나님께서 이스라엘의 우두머리, 즉 원로그룹인 장로들과 존귀한 귀족들의 머리를 끊으실 것이다. 그뿐만이 아니다. 꼬리에 해당하는 거짓말을 가르치는 거짓 선지자도 끊으실 것이다. 왜 선지자가 꼬리인가? 거짓 선지자가 정치, 경제 지도자의 거짓말을 종교적으로 포장해 줌으로써 정치, 경제 권력의 하수인 역할을 하기 때문이다.[66] 머리와 꼬리가 앞뒤에서 거짓으로 백성을 미혹하니 그 인도를 받는 백성은 바람에 흔들리는 종려나무 가지나 갈대같이 흔들리다 결국 멸망당한다. 백성이 지도자의 거짓 논리에 설득되어 결국 같이 멸망하는 것이다. 따라서 백성들은 지도자를 위하여 기도하여야 함은 물론이거니와 지도자의 거짓 논리를 분별하고 거짓 지도자를 따르지 않을 자유와 권리를 발휘해야 한다. 지도자를 잘못 선출하면 백성은 잘못된 지도자로 인하여 심판받는다.

오늘날 우리도 마찬가지다. 우리는 나라의 정치 지도자를 위하여 기도해야 하고, 특별히 지도자를 선출할 때 선한 지도자, 바른 지도자가 세워지기를 위하여 기도해야 한다. 선한 목자는 양을 위하여 목숨을 내던지지만 거짓 목자는 삯꾼이요 도둑이다. 이리가 오면 나 몰라라 하고 도망간다. 그러면서 할 수 있는 대로 양들을 이용하고 탈취하여 자기 사리사욕을 챙기려 한다. 겉으로는 그럴듯하게 말한다. 나라를 위한 것처럼, 사회 정의를 바로 세우기 위한 것처럼 말한다. 그러나 결국 이를 통해 자기 뱃속만 챙긴다. 정권이 바뀌고 고위직에 오르는 사람이 이걸 기회로 한탕 크게 돈을 벌어 재산을 증식한다면 이들은 도적일 뿐이다. 이런 사람일수록 재산 형성과정을 떳떳하게 밝히지 못한다. 결국 이런 거짓 지도자와 선지자로 인하여 이스라엘에는 양극화가 벌어진다. 연약한 고아와 과부는 더욱더 힘들어지고 하나님의 자비의 손길을 경험하지 못하는 반면, 지도자들은 탐욕의 극치를 달리게 된다(사 9:17). 회개하지 않고 더욱 양극단으로 달리는 이들의 모습은 하나님의 손을 계속해서 들어 올리게 만든다.

하나님의 진노의 심판은 북이스라엘을 세 번째 심판의 불로 더욱 활활 타오르게 한다. 심판의 불이 타오르게 하는 원천은 크게 두 가지다. 먼저는 백성의 악행이다(사 9:18). 이들의 악행은 찔레와 가시가 되어 빽빽하게 자라 서로를 찌르지만 결국 이런 악행은 불쏘시개 재료가 되어 연기가 치솟도록 활활 타버린다.

둘째는 여호와의 진노다(사 9:19). 하나님의 진노가 이 땅을 불태운다. 이때 백성들은 하나님의 불에 댄 섶(잎이 붙어 있는 땔나무 잡목의 잔가지 혹은 이를 말린 것)과 같이 극한의 고통을 경험한다. 이는 북이스라엘이 앗수르의 살만에셀 5세와 사르곤 2세의 사마리아 포위 작전으로 극한의 궁핍을 경험했을 때를 가리킨다. 이때 사람들은 너무나 굶주려서 심지어 자기 팔을 잘라 먹고, 자녀를 삶아 먹을 정도였다. 므낫세와 에브라임이 서로가 서로를 쳐서 약탈할 정도였다(사 9:21). 결국 이들은 뜻을 이루지 못하고 하나님의 진노 아래 있게 된다.

네 번째 진노는 불의한 법령을 만들고 이를 공식적인 문서로 남기며 이를 기초로 법령을 시행하고 재판하는 지도자들을 향한 것이다(사 10:1-2). 불의한 통치자가 자기 뜻을 이루기 위해 하는 중요한 통치 활동 중 하나는 악법을 제정하는 것이다. 통치자의 임기 제한을 없애고 마음먹은 만큼 할 수 있도록 고치고, 백성들이 가진 것을 합법적으로 강탈할 수 있는 수단을 강구한다. 백성의 권리를 박탈하고 힘없는 과부의 재산을 합법적인 불법으로 강제로 빼앗는다. 또한 의지할 곳 없는 고아와 같은 이의 가산을 합법적으로 약탈한다. 대외적으로는 정의를 세우고 불평등을 줄여야 한다고 외치며 강력한 규제와 세금 폭탄을 때리지만 자신들은 교묘하게 다 빠져나가 배를 불리고 서민의 등골이 휘어지도록 만든다. 하지만 이렇게 교묘하고도 담대하게 불법적인 재산축적을 감행했던 이들을 향해 하나님은 멸망의 날이 속히 올 것임을 선언하신다.

> "주님께서 징벌하시는 날에, 먼 곳으로부터 재앙을 끌어들이시는 날에, 너희는 어찌하려느냐? 누구에게로 도망하여 도움을 청할 것이며, 너희의 재산을 어디에 감추어 두려느냐? 너희는 포로들 밑에 깔려 밟혀 죽거나, 시체 더미 밑에 깔려 질식할 것이다"(사 10:3-4, 새번역).

하나님은 이렇게 경고하시는 가운데 여전히 진노를 풀지 않으시고 심판을 계속하기 위해 그 손을 들고 계신다.

좋은 지도자는 한 공동체에 커다란 축복이지만 그렇지 못한 지도자는 공동체에 하나님의 심판을 초래한다. 따라서 우리는 공동체의 지도자를 선출하거나 추대하기 전, 바른 지도자, 선한 지도자를 세우기 위해 기도하고 분별해야 한다. 또한 지도자가 세워졌으면 지도자가 바른길을 갈 수 있도록 깨어 기도하고 또한 그의 길을 분별해야 한다. 지도자가 새로운 법을 세우려 할 때 깨어 있으라. 그 법이 정말 모든 백성을 든든하게 세우기 위한 법인지, 지도자의 사리사욕과 현실성 떨어지는 이상적인 이데올로기를 위한 것인지를 분별하라. 지도자가 법령을 통해 성도의 신앙생활을 점점 옥죄고 압박할 때 바르게 분별하고 깨어 있으라. 그리고 법령이 제정되기 전 할 수 있는 한 총력을 다하여 이를 저지하라! 그리고 공동체와 공동체의 지도자를 위하여 하나님의 긍휼과 자비를 간구하라!

[19장 각주]

65) 본문은 하나님의 미래적 경고를 과거완료형, "임하게 하셨은즉"으로 진술한다(8). 예언서에서 이러한 과거완료형을 "예언적 완료"라 한다. 이는 하나님이 반드시 이루실 미래를 확고하게 선언하는 예언서의 독특한 표현 방식이다. 참조 존 오스왈트, 「NICOT 이사야 I」, 294쪽.

66) 김회권, 「이사야 I」, 256쪽.

20 Chapter 20. Isaiah 10:5-19

쓰임받는 자가 알아야 할 중요한 세 가지

5앗수르 사람은 화 있을진저 그는 내 진노의 막대기요 그 손의 몽둥
이는 내 분노라. 6내가 그를 보내어 경건하지 아니한 나라를 치게 하
며 내가 그에게 명령하여 나를 노하게 한 백성을 쳐서 탈취하며 노략
하게 하며 또 그들을 길거리의 진흙같이 짓밟게 하려 하거니와 7그의
뜻은 이같지 아니하며 그의 마음의 생각도 이같지 아니하고 다만 그
의 마음은 허다한 나라를 파괴하며 멸절하려 하는도다. 8그가 이르기
를 내 고관들은 다 왕들이 아니냐. 9갈로는 갈그미스와 같지 아니하
며 하맛은 아르밧과 같지 아니하며 사마리아는 다메섹과 같지 아니
하냐. 10내 손이 이미 우상을 섬기는 나라들에 미쳤나니 그들이 조각
한 신상들이 예루살렘과 사마리아의 신상들보다 뛰어났느니라. 11내

가 사마리아와 그의 우상들에게 행함같이 예루살렘과 그의 우상들에
게 행하지 못하겠느냐 하는도다. [12]그러므로 주께서 주의 일을 시온
산과 예루살렘에 다 행하신 후에 앗수르 왕의 완악한 마음의 열매와
높은 눈의 자랑을 벌하시리라. [13]그의 말에 나는 내 손의 힘과 내 지혜
로 이 일을 행하였나니 나는 총명한 자라 열국의 경계선을 걷어치웠
고 그들의 재물을 약탈하였으며 또 용감한 자처럼 위에 거주한 자들
을 낮추었으며 [14]내 손으로 열국의 재물을 얻은 것은 새의 보금자리를
얻음 같고 온 세계를 얻은 것은 내버린 알을 주움 같았으나 날개를 치
거나 입을 벌리거나 지저귀는 것이 하나도 없었다 하는도다. [15]도끼가
어찌 찍는 자에게 스스로 자랑하겠으며 톱이 어찌 켜는 자에게 스스
로 큰 체하겠느냐. 이는 막대기가 자기를 드는 자를 움직이려 하며
몽둥이가 나무 아닌 사람을 들려 함과 같음이로다. [16]그러므로 주 만
군의 여호와께서 살진 자를 파리하게 하시며 그의 영화 아래에 불이
붙는 것같이 맹렬히 타게 하실 것이라. [17]이스라엘의 빛은 불이 되고
그의 거룩하신 이는 불꽃이 되실 것이니라. 하루 사이에 그의 가시와
찔레가 소멸되며 [18]그의 숲과 기름진 밭의 영광이 전부 소멸되리니
병자가 점점 쇠약하여 감 같을 것이라. [19]그의 숲에 남은 나무의 수가
희소하여 아이라도 능히 계수할 수 있으리라.

인생의 보람과 의미는 자신의 이기적인 울타리를 넘어 다른 이를 위하여 쓰임받는 데 있다. 성숙한 사람은 쓰임받는 기쁨을 아는 사람이다. 그런데 이왕 쓰임받을 것이라면 잘 쓰임받아야 한다.

사람에게 큰 인기를 끌고 최고라고 인정받는 것이 다가 아니다. 삼손을 보라. 하나님이 사용하려고 주신 사사의 권한과 힘을 하나님이 쓰시려는 목적과 반대로 사유화하려다가 끝까지 쓰임받지 못하고 버림받았다. 사울왕은 어떠한가? 하나님께 쓰임받기 위해 왕으로 세움받았지만 하나님의 뜻을 저버리고 사리사욕을 위해 왕권을 함부로 휘두르다가 결국 버림받고 말았다.

우리는 쓰임받을 때 세 가지를 깊이 명심해야 한다. 먼저는 누구에게 쓰임받느냐 하는 것이다. 이것은 부르심의 문제다. 나는 누구에게 부름받아 쓰임받는가? 둘째, 무엇을 위해 쓰임받느냐 하는 것이다. 나의 사사로운 목적인가, 아니면 부르신 이의 목적을 위해서인가? 셋째로 이왕 쓰임받는 것 끝까지 쓰임받아야 한다는 것이다. 쓰임받다가 필요 없다고 버림받으면 이것처럼 안타까운 일이 없다.

본문은 하나님께서 쓰려고 부르셨던 앗수르가 하나님께 끝까지 쓰임받지 못함을 선언한다. 이유가 무엇인가? 교만하였기 때문이다. 자신이 부름받고 쓰임받는 이유를 잊고 마치 모든 것이 자기 힘과 능력 덕택에 존재하고 자신을 위해 활동하는 것인 양 착각했다. 하나님이 앗수르를 부르신 이유가 무엇인가? 그것은 열방의 빛으로 부름받은 이스라엘이 그 사명을 제대로 감당하지 못하기에 앗수르를 통하여 정신을 차리고 다시 이스라엘 본연의 사명을 온전히 감당하도록 하기 위함이다. 앗수르는 주연이 아니라 하나님의 손에 들린 조연이었던 것이다.

"앗수르 사람은 화 있을진저. 그는 내 진노의 막대기요 그 손의 몽

둥이는 내 분노라"(사 10:5)

하나님께서는 그의 강력한 진노를 드러내기 위해 앗수르를 들어 사용하셨다. 하나님의 진노를 드러내려면 이들에게 강력한 힘과 무기가 있어야 한다. 또 막강한 군사력이 있어야 한다. 하나님은 오랫동안 정치적 불안정으로 국력이 약화되어 잠들어 있던 앗수르를 깨워 강력한 리더십과 군사력을 허락하셨다. 그리고 이것으로 이스라엘을 향해 하나님의 진노의 막대기와 분노의 몽둥이가 되게 하셨다. 하나님이 이렇게 앗수르를 부르신 것은 사용하고자 하는 분명한 목적이 있기 때문이다.

"내가 그를 보내어 경건하지 아니한 나라를 치게 하며 내가 그에게 명하여 나를 노하게 한 백성을 쳐서 탈취하며 노략하게 하며 또 그들을 길거리의 진흙같이 짓밟게 하려 하거니와"(사 10:6).

여기 보면 '내가 그를 보내어' 라고 되어 있다. 하나님께서 앗수르를 보내셨다. 앗수르를 보내신 분이 하나님이다. 그냥 보내지 않으셨다. 힘과 권세를 주어 보내셨다. 그래서 그 힘으로 이스라엘을 치고 탈취하고 노략하고 짓밟게 하셨다. 이렇게 하신 것은 이스라엘이 깨닫고 돌아오도록 하기 위함이다. 하나님이 앗수르를 사용하신 것은 이스라엘에게 고난을 주어 이들이 거룩해지도록 하기 위해, 즉 이들의 성화를 위해서였다. 앗수르는 초창기에 이 사명을 어느 정도 감당했다. 그런데 하나님은 이런 앗수르를 향하여 "화 있을진저"(사 10:5)

라고 경고를 발하신다. 처음의 부르심에서 경로를 심각하게 이탈했기 때문이다. 왜 이런 상태에 이르게 되었을까?

앗수르는 하나님이 주신 강력한 힘으로 이스라엘을 무찌르다 보니, 이것이 마치 자기 힘인 양 착각했다. 이 힘으로 자기 유익과 이기적 동기를 충족시키고 싶었다. 그래서 하나님이 앗수르를 부르셨던 처음의 목적과 의도를 저버렸다. 그 결과 하나님의 뜻에서 이탈하여 자신에게 허락하신 힘으로 주변 나라들을 모두 파괴하고 하나님의 선민 이스라엘을 파괴하고 더 나아가 멸절시키려 했다. 하나님의 부르심에서 많이 이탈했던 것이다. 우리는 이 지점을 주의해야 한다. 쓰임받다 보면 쓰임받기 위해 허락하신 자원들을 사적으로 전용하고 싶은 유혹이 찾아온다.

전에 은행에서 근무하는 지체와 이야기를 나눌 기회가 있었다. 은행에서 종종 일어나는 일 중 하나가 현금 도난사건이다. 어느 날, 직원 하나가 갑자기 나타나지 않는다. 늘 많은 액수의 현금을 다루는 직원이었다. 알고 보니 현금을 돈이 아닌 은행의 상품으로 여겨야 함에도 늘 돈을 접하다 보니 이것을 자기 것으로 사유화하고 싶은 생각을 품었던 것이다. 결국 은밀하게 수십억 원을 해외로 밀반출하여 추적이 불가능하도록 은닉하고 어느 순간 직장에 나가지 않고 사라진 것이다. 우리는 쓰임받을 때 정말 조심해야 한다.

우리는 연약하여 쓰임받다 보면 자신에게 허락된 자원으로 얼마든지 딴생각을 품을 수 있다. 생각해 보라. 심지어 예수님의 제자였던 가룟 유다도 자신에게 허락된 특권으로 예수님을 팔아버리지 않았는가?

우리가 쓰임받으면서 승승장구할 때 경계할 것은 우리에게 있는 자원이 하나님의 은혜의 선물이 아니라 내 것이라는 착각이다. 여기서부터 교만이 찾아온다. 우리는 쓰임받는 것이 나의 만족과 유익이 아니라 하나님의 목적과 계획을 위한 것이고, 따라서 하나님이 쓰시는 곳까지, 허락하신 부분까지만 쓰임받아야 한다는 점을 늘 마음에 새겨야 한다. 더 이상을 넘어가면 교만이다. 사실 지금까지 내가 이렇게 승승장구할 수 있었던 이유는 하나님이 은혜로 나를 붙드셨기 때문이다. 하나님의 은혜로 인한 감사를 자꾸만 발견하고 고백해야 한다.

우리가 하나님의 은혜로 승승장구할 때 거기에는 항상 자기 교만을 정당화할 수 있는 이유와 구실들이 생긴다.

"그가 이르기를 내 고관들은 다 왕들이 아니냐"(사 10:8).

앗수르의 장수들은 일개 작은 나라의 왕들보다 더 큰 권세와 책임이 있었다. 마치 오늘날 강대국의 외교부 장관 혹은 국방부 장관이 약소국의 대통령이나 지도자들을 무시하고 안하무인격으로 대하는 것과 같다. 그래서 앗수르의 왕은 자신을 '왕들 중의 왕'이라 여겼다(겔 26:7). 여러 나라가 그 앞에 속절없이 무너졌고, 그의 장수들이 앞장서 수많은 왕을 무릎 꿇게 했다. 9절에는 피정복국가들의 목록이 등장한다.

"갈로는 갈그미스와 같지 아니하며 하맛은 아르밧과 같지 아니하며 사마리아는 다메섹과 같지 아니하냐"(사 10:9).

갈로는 앗수르가 빼앗은 북 수리아로 주전 738년에 함락되었다, 갈그미스는 유브라데강 중류지방에 위치한, 하란의 서쪽에 있는 군사 요충지인데 주전 717년에 앗수르에 의해 함락되었다. 오론테스 강가에 위치한 하맛은 720년에 함락되었다. 아르밧은 하맛이 주도한 봉기에 참여하였다가 주전 720년에 같이 무너졌다. 반(反)앗수르 연합의 주도세력이었던 다메섹은 주전 732년 디글랏 빌레셀에 의해 정복당하고 폐허가 되었다. 주전 733년 영토의 상당 부분을 잃어버렸던 북이스라엘은 주전 722년 앗수르 왕 살만에셀 5세가 사마리아를 침공하여 무너뜨림으로 완전히 멸망했다. 앗수르가 유다를 향해 하는 말을 들어보라.

"내 손이 이미 우상을 섬기는 나라들에 미쳤나니 그들이 조각한 신상들이 예루살렘과 사마리아의 신상들보다 뛰어났느니라. 내가 사마리아와 그의 우상들에게 행함같이 예루살렘과 그의 우상들에게 행하지 못하겠느냐"(사 10:10-11).

고대 근동에서 전쟁의 승리는 곧 그 나라가 섬기는 신의 승리였다. 그동안 앗수르가 섬기는 신 마르둑과 하닷은 여러 나라가 섬기던 아무짝에도 쓸모없는 여러 무가치한 신을 무너뜨렸다. 북이스라엘과의 전쟁에서 여호와도 이미 패했다. 앗수르는 같은 여호와를 섬기는 유다가 앗수르와 맞붙으면 그 결과는 분명 뻔하다고 생각했다.

지금 앗수르의 눈에는 모든 것이 하찮게 보인다. 우리가 참 조심해야 할 지점이 이 부분이다. 우리는 처음에는 주님 주신 힘으로 감당하지만 갈수록 착각이 찾아온다. 내 힘으로 하는 것 같은 착각과 교만이 하늘을 찌른다. 나중에 예루살렘에 침공한 앗수르 장수 랍사게가 전하는 앗수르 왕의 말을 들어보라.

"민족의 신들 중에 어느 한 신이 그의 땅을 앗수르 왕의 손에서 건진 자가 있느냐. 하맛과 아르밧의 신들이 어디 있으며 스발와임과 헤나와 아와의 신들이 어디 있느냐. 그들이 사마리아를 내 손에서 건졌느냐. 민족의 모든 신들 중에 누가 그의 땅을 내 손에서 건졌기에 여호와가 예루살렘을 내 손에서 건지겠느냐"(왕하 18:33-35).

한마디로 '하나님도 앗수르 왕의 손에서 꼼짝 못한다!'는 것이다. 앗수르는 자신이 그렇게 능력 있는 줄 착각했다.

"그의 말에 나는 내 손의 힘과 내 지혜로 이 일을 행하였나니 나는 총명한 자라. 열국의 경계선을 걷어치웠고 그들의 재물을 약탈하였으며 또 용감한 자처럼 위에 거주한 자들을 낮추었으며 내 손으로 열국의 재물을 얻은 것은 새의 보금자리를 얻음 같고 온 세계를 얻은 것은 내버린 알을 주움 같았으나 날개를 치거나 입을 벌리거나 지저귀는 것이 하나도 없었다 하는도다"(사 10:13-14).

앗수르는 이 모든 것이 '내 힘, 내 지혜, 내 총명함' 덕이라고 자화자찬한다. 하지만 그는 그 자랑 가운데 자신도 모르게 하나님의 신비로운 손길을 드러낸다. 그가 열국의 재물을 얻은 것이 새의 보금자리를 얻음 같았고 내버린 알을 주움 같았다. 알을 주울 때 날개를 치거나 입을 벌리거나 지저귀며 저항하는 것이 하나도 없었다. 자리를 차지하고 있는 새의 보금자리를 빼앗는 것은 어려운 일이다. 사실 보금자리가 비고, 알을 지키는 이가 없기에 보금자리를 차지하고 알을 주울 수 있었다. 이것은 앗수르가 열국을 차지하는 데 저항이 없도록 하나님께서 모든 여건을 허락하셨기에 가능했던 것이다.

앗수르 왕은 이 모든 것이 오직 자신의 힘과 지혜와 총명함으로 가능했다고 착각했다. 하지만 하나님께서는 이 모든 상황을 보고 듣고 아신다. 이제 앗수르 왕의 교만이 하늘에 상달되었다. 우리의 기도도 하늘에 상달되지만 교만도 상달됨을 기억하라.

> "네 거처와 네 출입과 네가 나를 거슬러 분노함을 내가 아노라. 네가 나를 거슬러 분노함과 네 오만함이 내 귀에 들렸으므로 내가 갈고리로 네 코를 꿰며 재갈을 네 입에 물려 너를 오던 길로 돌아가게 하리라 하셨나이다"(사 37:28-29).

하나님께서 보실 때 이것은 마치 쓰임받는 몽둥이가, 내가 얼마나 훌륭한지 힘이 얼마나 센지 아느냐고 자랑하는 것과 같다. 사실 몽둥이의 힘이 아니라 몽둥이를 휘두르는 주인의 힘인데, 이를 모르고 있다.

"도끼가 어찌 찍는 자에게 스스로 자랑하겠으며 톱이 어찌 켜는 자에게 스스로 큰 체하겠느냐. 이는 막대기가 자기를 드는 자를 움직이려 하며 몽둥이가 나무 아닌 사람을 들려 함과 같음이로다"(사 10:15).

도끼가 자랑한다. 주인 자랑이 아니라 자기 자랑을 한다. 도끼는 쉽게 날이 녹슬고 닳아 뭉툭해진다. 주인이 끊임없이 관리하고 갈아 주어 날카롭게 해 주어야 제 기능을 발휘할 수 있다. 그런데 처음부터 끝까지 자기가 잘난 줄 안다. 막대기면 겸손하게 주인이 흔드는 대로 가야지, 도리어 자기를 드는 주인을 움직이려 한다. 하지만 하나님이 분노하시면 한순간에 아무것도 아닌 것으로 전락한다.

"그러므로 주 만군의 여호와께서 살진 자를 파리하게 하시며 그의 영화 아래에 불이 붙는 것같이 맹렬히 타게 하실 것이라. 이스라엘의 빛은 불이 되고 그의 거룩하신 이는 불꽃이 되실 것이니라. 하루 사이에 그의 가시와 찔레가 소멸되며 그의 숲과 기름진 밭의 영광이 전부 소멸되리니 병자가 점점 쇠약하여 감 같을 것이라"(사 10:16-18).

이스라엘에게 비추었던 하나님의 빛이 앗수르에게는 불이 되고, 그의 거룩한 분은 불꽃이 되실 것이다. 하루 사이에 그가 그토록 자랑하던 몽둥이에 난 가시와 찔레가 불타 없어질 것이다. 일찍이 칼빈은 "인간이 스스로에게 적정 이상의 영광을 돌릴 때마다 하나님에 대항하여 일어서는 것"이라고 말한 바 있다. 우리는 평생 끝까지 하나님의 손에 겸손히 쓰임받고 모든 영광을 하나님께만 올려드려야 한다.

사실 이스라엘이 그동안 무기도 변변찮고 힘도 없고 군사도 적은데 수많은 열강의 포위 속에서도 끄떡하지 않고 오랜 세월 예루살렘에서 버틸 수 있었던 것은 하나님이 예루살렘을 붙드시고 이들을 통하여 영광받으셨기 때문이다.

우리는 다 질그릇과 같은 존재다(사 45:9 참조). 보잘것없는 우리를 하나님이 사용하실 때 사용하시는 분이 누구인지 무엇을 위해 사용하시는지 겸손히 인정하고 끝까지 사용하실 수 있도록 자신을 내드려야 한다.

> "우리가 이 보배를 질그릇에 가졌으니 이는 심히 큰 능력은 하나님께 있고 우리에게 있지 아니함을 알게 하려 함이라. 우리가 사방으로 우겨쌈을 당하여도 싸이지 아니하며 답답한 일을 당하여도 낙심하지 아니하며 박해를 받아도 버린 바 되지 아니하며 거꾸러뜨림을 당하여도 망하지 아니하고 우리가 항상 예수의 죽음을 몸에 짊어짐은 예수의 생명이 또한 우리 몸에 나타나게 하려 함이라"(고후 4:7-10).

나를 부르신 분이 누구인가? 나를 쓰시는 분이 누구인가? 나를 무엇을 위해 쓰시는가? 그 쓰임에 맞게 나 자신을 끝까지 겸손히 내드리는가? 쓰임받는 은혜와 기쁨을 맛보라. 그리고 이를 통해 끝까지 오직 주님께만 영광 돌리라!

21 Chapter 21. Isaiah 10:20-34

끝까지 진실하게 의지하라

[20]그날에 이스라엘의 남은 자와 야곱 족속의 피난한 자들이 다시는
자기를 친 자를 의지하지 아니하고 이스라엘의 거룩하신 이 여호와
를 진실하게 의지하리니 [21]남은 자 곧 야곱의 남은 자가 능하신 하나
님께로 돌아올 것이라. [22]이스라엘이여 네 백성이 바다의 모래 같을
지라도 남은 자만 돌아오리니 넘치는 공의로 파멸이 작정되었음이
라. [23]이미 작정된 파멸을 주 만군의 여호와께서 온 세계 중에 끝까지
행하시리라. [24]그러므로 주 만군의 여호와께서 이르시되 시온에 거주
하는 내 백성들아 앗수르가 애굽이 한 것처럼 막대기로 너를 때리며
몽둥이를 들어 너를 칠지라도 그를 두려워하지 말라. [25]내가 오래지
아니하여 네게는 분을 그치고 그들은 내 진노로 멸하리라 하시도다.

[26]만군의 여호와께서 채찍을 들어 그를 치시되 오렙 바위에서 미디안
을 쳐죽이신 것같이 하실 것이며 막대기를 드시되 바다를 향하여 애
굽에서 하신 것같이 하실 것이라. [27]그날에 그의 무거운 짐이 네 어깨
에서 떠나고 그의 멍에가 네 목에서 벗어지되 기름진 까닭에 멍에가
부러지리라. [28]그가 아얏에 이르러 미그론을 지나 믹마스에 그의 장
비를 두고 [29]산을 넘어 게바에서 유숙하매 라마는 떨고 사울의 기브
아는 도망하도다. [30]딸 갈림아 큰 소리로 외칠지어다 라이사야 자세
히 들을지어다 가련하다 너 아나돗이여 [31]맛메나는 피난하며 게빔 주
민은 도망하도다. [32]아직 이날에 그가 놉에서 쉬고 딸 시온 산 곧 예루
살렘 산을 향하여 그 손을 흔들리로다. [33]보라. 주 만군의 여호와께서
혁혁한 위력으로 그 가지를 꺾으시리니 그 장대한 자가 찍힐 것이요
그 높은 자가 낮아질 것이며 [34]쇠로 그 빽빽한 숲을 베시리니 레바논
이 권능 있는 자에게 베임을 당하리라.

1938년 9월, 제2차 세계대전의 전운이 고조될 때 영국 총리 네빌 체임벌린은 독일의 히틀러를 만나 평화조약을 체결했다. 체코슬로바키아의 주데텐을 독일에 넘겨주는 대가로 유럽평화조약을 약속받은 것이다. 그는 영국 각료들에게 히틀러에게서 광기의 신호는 전혀 보지 못했다며, 그를 믿을만한 좋은 사람으로 평가했다.[67] 영국으로 돌아온 그는 시민들에게 히틀러와 함께 서명한 선언서를 의기양양하게 흔들어대며 '이것이 우리시대의 평화!'라고 외쳤고 군중들은 열광했다. 그러나 그가 확신했던 평화조약은 1년 후 휴지 조각이 되었다. 이듬해 9월 1일 히틀러가 조약을 깨고 폴란드를 침공함으로 제2차 세계대전이 발발했기 때문이다. 결국 체임벌린 총리는 히틀러의 첫인상에 속았던 것이다. 사람은 첫인상에 많은 영향을 받는다. 그래서 첫인상에 속기 쉽다.

이스라엘은 앗수르의 첫인상에 속았다. 자신들을 보호해줄 것 같았고, 그래서 든든한 의지가 될 만하다고 생각했다. 그러나 그들이 북이스라엘을 완전히 파멸시키고, 더 나아가 남유다까지 쓸어버리겠다고 위협하자 이스라엘은 비로소 이들의 참모습을 알게 되었다. 그동안 하나님이 그토록 "인생을 의지하지 말라"(사 2:22)고 하셨건만 된통 당하고 나서야 비로소 앗수르는 의지할 것이 못 된다는 것을 절실하게 깨닫게 되었다.

하나님은 지금 앗수르를 신뢰하고 따르려는 이스라엘을 향하여 경고한다.

> "그날에 이스라엘의 남은 자와 야곱 족속의 피난한 자들이 다시는 자기를 친 자를 의지하지 아니하고 이스라엘의 거룩하신 이 여호와를 진실하게 의지하리니 남은 자 곧 야곱의 남은 자가 능하신 하나님께로 돌아올 것이라"(사 10:20-21).

'그날'은 하나님이 앗수르를 진노의 몽둥이로 사용하시는 날이요, 이스라엘의 죄악을 심판하시는 날이다. 앗수르는 하나님께 쓰임받을 때 단순히 징계의 몽둥이 정도로 그치지 않고, 북이스라엘을 완전히 쑥대밭을 만들고 궤멸시켰다. 이때 그 땅에 앗수르의 공격을 피해 생존한 남은 자들이 있었다. 또 북이스라엘의 사마리아가 함락되기 전, 마지막 10년(주전 732-722년) 동안 남유다로 피난해 온 이도 많았다. 이들은 주변의 강대국을 의지해서는 안 된다는 것을 뼈저리게 느꼈다. 이웃 강국 아람도 속절없이 무너지고, 앗수르가 이렇게까지 잔인하게 북이스라엘을 궤멸시킬 줄 미처 몰랐다.

사람은 미리 경고할 때 잘 듣지 않는다. 설마 이런 일이 닥칠까 하는 근거 없는 안도감과 자신감이 있다. 그러다 된통 당하고 나서야 비로소 뼈저리게 깨닫는다. 본문은 이때서야 이스라엘이 "자기를 친 자를 의지하지 아니하고 이스라엘의 거룩하신 이 여호와를 진실하게 의지할 것"이라고 말씀한다. 여기 '진실하게'는 끝까지 일관되게 하나님을 신뢰하는 것을 의미한다.[68]

하나님은 이때가 돼서야 비로소 '남은 자가 하나님께 돌아오리라'고 말씀한다. "남은 자가 돌아오리라." 어디서 들어보지 않았는가? 바로 이사야의 아들 이름이다(사 7:3). 이사야는 스알야숩을 데리고 아하스왕을 만나 임마누엘의 징조를 예고한 바 있다(사 7:14). 하나님은 연약한 남은 자를 통하여, 또 가장 연약한 아기를 통하여 하나님의 언약을 계속해서 끝까지 이어가시며 그의 구원역사를 새롭게 일으키실 것이다. 이전에 아브라함에게 하신 약속처럼 이스라엘 백성이 바다의 모래같이 많았지만(창 22:17), 하나님께서는 하나님을 저버린 이스라엘의 죄악을 하나님의 공의로 끝까지 진실하게 심판하시고 이제 신실하게 남은 자를 통하여 새롭게 그의 구속사를 완성하실 것이다(사 10:23).

아직 하나님의 공의의 심판은 끝나지 않았다. 아직 하나님의 손에 진노의 몽둥이 앗수르가 들려 있고(사 10:5), 그 손이 여전히 들린 채 내려가지 않았다(사 9:12,17,21, 10:4). 그리고 그 몽둥이는 조만간 타락한 유다를 향해 세차게 내리칠 것이다(사 1:4-31 참조). 이때 중요한 것이 있다. 그것은 하나님의 몽둥이 앗수르에 집중하는 것이 아니라 하나님께 집중하는 것이다. 앗수르를 두려워하는 것이 아니라 하나님을 두려워하는 것이다.

> "…시온에 거주하는 내 백성들아 앗수르가 애굽이 한 것처럼 막대기로 너를 때리며 몽둥이를 들어 너를 칠지라도 그를 두려워하지 말라. 내가 오래지 아니하여 네게는 분을 그치고 그들은 내 진노로 멸하리라 하시도다"(사 10:24-25).

하나님은 예전의 애굽 시절을 떠올린다. 이스라엘이 애굽 왕 바로의 압제에 고생했던 것처럼, 앗수르가 시온을 칠지라도 두려워하지 말라고 하신다. 더 나아가 하나님은 유다의 죄악을 앗수르를 통해 징계하신 후, 교만하여 자고해진 앗수르를 향해서도 진노의 심판을 예고하신다. 시온은 참된 주가 누구인지를 제대로 분별해야 한다. 하나님께서 앗수르를 심판하실 때 사람이 예기치 못했던 방법으로 역사하실 것이다.

> "만군의 여호와께서 채찍을 들어 그를 치시되 오렙 바위에서 미디안을 쳐 죽이신 것같이 하실 것이며 막대기를 드시되 바다를 향하여 애굽에서 하신 것같이 하실 것이라"(사 10:26).

하나님은 먼저 기드온과 3백 용사가 13만 5천의 미디안 대군을 이기고 미디안의 두 방백 중 하나인 오렙을 오렙 바위에서 죽인 것처럼 하실 것이라 말씀한다(삿 7:25). 겨우 3백 명으로 그보다 450배나 많은 미디안 대군을 극적으로 이긴 것은 하나님 능력의 손길 때문이었다. 또 하나님은 모세의 지팡이를 통해 홍해를 가르고 바다에서 애굽 군대를 수장시킨 사건을 언급하신다(출 14:27-28). 이처럼 하나님은 사람의 상식을 뒤엎는 예기치 못한 놀라운 손길로 앗수르를 심판하실 것이다.

"그날에 그의 무거운 짐이 네 어깨에서 떠나고 그의 멍에가 네 목에서 벗어지되 기름진 까닭에 멍에가 부러지리라"(사 10:27).

하나님이 심판하실 때 그동안 시온을 짓눌렀던 무거운 짐이 벗겨질 것이고, 멍에가 목에서 부러질 것이다. 이는 하나님께서 유다에 풍성함과 강성함을 주심으로 목에 살이 쪄 멍에가 부러지는 것이다.[69]

이러한 역사가 어떻게 일어나는지, 이어지는 28절 이하에 구체적으로 묘사되고 있다. 앗수르 대군이 유다 영토의 경계 지점인 아얏에 들어왔다. 아얏은 예루살렘에서 북으로 약 24km 떨어진 아이성을 가리키는 것으로 보인다(수 7:2 참조). 그리고 미그론을 지나 예루살렘에서 북동쪽으로 약 14km정도 떨어져 있는 믹마스에 병참기지를 설치한다(삼상 13:1-14:31 참조). 이후 일종의 협곡(산, 개역개정)을 넘어 게바에 진을 쳤다.[70]

라마와 기브아는 예루살렘에서 약 10km 떨어져 있는데, 수도로 향하는 직선도로 곁에 위치한 성읍들이었다. 이 지역은 수도 예루살렘을 방어하기 위해 방어병력이 주둔하던 성읍들이다. 믹마스는 사울의 별동대 2천 명의 주둔지였고, 기브아는 그의 아들 요나단의 별동대 천 명이 주둔하던 곳이었다.[71] 앗수르가 이 지역을 지나가자 라마의 백성은 공황 상태에 빠졌고, 기브아는 백성들이 성을 버리고 도망가 텅 빈 성읍이 되었다. 예루살렘 북서쪽으로 약 8km 정도 떨어진 아나돗은 앗수르 군대가 진군하는 길목에 위치하지는 않았지만 이웃 성읍들인 갈림과 라이사, 맛베나, 게빔과 함께 앗수르의 수중에 떨어져 유린당했다. 놉은 예루살렘에서 불과 북서쪽으로 1.6km 떨어진 성읍으로, 시온의 코앞까지 진격한 앗수르는 여기서 잠시 숨을 고를 것이다.[72]

이 절체절명의 위기 가운데 본문 33절은 '보라'(히. 힌네, behold)라고 하며 우리 모두를 초대한다.

> "보라. 주 만군의 여호와께서 혁혁한 위력으로 그 가지를 꺾으시리니 그 장대한 자가 찍힐 것이요 그 높은 자가 낮아질 것이며 쇠로 그 빽빽한 숲을 베시리니 레바논이 권능 있는 자에게 베임을 당하리라"(사 10:33-34).

연전연승을 거듭하며 패배를 몰랐던 앗수르를 하나님께서 '혁혁한 위력', 즉 가공할 위력(terrifying power, NRSV)으로 찍어내실 것이다. 레바논의 거대한 향나무와 같이 건장한 가지를 사방으로 뻗었던 거목 앗수르가 한순간에 베임을 당한다. 앗수르는 온 세상을 그

나무 그늘 아래 깃들게 하는, 그 꼭대기가 구름까지 닿아 온 대지 위에 우뚝 솟은 우주적 거목이었다(겔 31:3-6 참조).

이는 유다의 13대 왕 히스기야 14년(주전 701년)에 침공했던 앗수르의 18만 5천 대군을 연상시킨다. 이때 앗수르의 산헤립은 장수 랍사게를 예루살렘으로 보내 성을 포위하고 협박을 가한다. 랍사게는 유다 백성들에게 여호와의 이름을 모욕하며 "여호와께서 우리를 건지시리라 할지라도 속지 말라"고 한다(사 36:18). 그동안 열국의 그 어떤 신들도 앗수르 왕의 손에서 건져 준 적이 없었기 때문이다. 랍사게는 자신 있게 말한다.

> "이 열방의 신들 중에 어떤 신이 자기의 나라를 내 손에서 건져냈기에 여호와가 능히 예루살렘을 내 손에서 건지겠느냐"(사 36:20).

이 모욕을 듣고 히스기야는 하나님 앞에 눈물로 기도하며 이사야 선지자에게 중보기도를 부탁한다. 하나님은 이 기도를 들으시고 한 밤중에 여호와의 사자를 앗수르 진중에 보내 하룻밤 사이 18만 5천을 치게 하신다. 다음 날 아침, 산헤립은 사방이 시체뿐인 광경을 망연자실하게 바라보고는, 홀로 니느웨로 돌아간다. 그리고 고국에서 그는 두 아들 아드람멜렉과 사레셀에 의해 암살된다(사 37:36-38).

끝까지 일관되고 진실하게 하나님을 신뢰하는 자는 반드시 하나님의 구원을 맛볼 것이다. 모두가 우리를 구원할 대안이라고 외치는 소리에 동요하지 말라. 우리의 구원은 오직 하나님만을 바라보는 것이다. 세상 풍조에 요동하지 말라. 만군의 주 여호와를 의지하는 것이 유일한 대안이다! 하나님은 이렇게 하나님을 끝까지 의지할 신실한 사람을 찾고 계신다. 바로 내가 그런 하나님의 백성으로 서도록 하자.

[21장 각주]

67) 말콤 글래드웰, 유강은 역 「타인의 해석」(서울: 김영사, 2020) ebook, 29/209
68) 존 오스왈트, 「NICOT 이사야 I」, 317쪽.
69) 게리 스미스, 「NAC 이사야 I」, 337쪽.
70) 알렉 모티어, 「이사야 주석」, 256쪽.
71) 김회권, 「이사야 1」, 290쪽.
72) 이러한 앗수르의 진격 경로에 대해 칼빈은 주후 701년 산헤립의 공격(사 36-37장)으로 보았으나 현대의 주석가들은 이것이 역사적으로 일치하지 않는다고 본다. 본서에서는 칼빈의 견해를 따라 이사야서 안에서 하나님의 극적인 개입을 가장 잘 설명할 수 있는 산헤립의 침공사건을 배경으로 해석한다.

22 Chapter 22. Isaiah 11:1-16

이새의 줄기에서 나올 한 싹

1이새의 줄기에서 한 싹이 나며 그 뿌리에서 한 가지가 나서 결실할
것이요 2그의 위에 여호와의 영 곧 지혜와 총명의 영이요 모략과 재
능의 영이요 지식과 여호와를 경외하는 영이 강림하시리니 3그가 여
호와를 경외함으로 즐거움을 삼을 것이며 그의 눈에 보이는 대로 심
판하지 아니하며 그의 귀에 들리는 대로 판단하지 아니하며 4공의로
가난한 자를 심판하며 정직으로 세상의 겸손한 자를 판단할 것이며
그의 입의 막대기로 세상을 치며 그의 입술의 기운으로 악인을 죽일
것이며 5공의로 그의 허리띠를 삼으며 성실로 그의 몸의 띠를 삼으리
라. 6그때에 이리가 어린 양과 함께 살며 표범이 어린 염소와 함께 누
우며 송아지와 어린 사자와 살진 짐승이 함께 있어 어린 아이에게 끌

리며 7암소와 곰이 함께 먹으며 그것들의 새끼가 함께 엎드리며 사자
가 소처럼 풀을 먹을 것이며 8젖 먹는 아이가 독사의 구멍에서 장난하
며 젖 뗀 어린 아이가 독사의 굴에 손을 넣을 것이라. 9내 거룩한 산 모
든 곳에서 해 됨도 없고 상함도 없을 것이니 이는 물이 바다를 덮음같
이 여호와를 아는 지식이 세상에 충만할 것임이니라. 10그날에 이새의
뿌리에서 한 싹이 나서 만민의 기치로 설 것이요 열방이 그에게로 돌
아오리니 그가 거한 곳이 영화로우리라. 11그날에 주께서 다시 그의
손을 펴사 그의 남은 백성을 앗수르와 애굽과 바드로스와 구스와 엘
람과 시날과 하맛과 바다 섬들에서 돌아오게 하실 것이라. 12여호와께
서 열방을 향하여 기치를 세우시고 이스라엘의 쫓긴 자들을 모으시
며 땅 사방에서 유다의 흩어진 자들을 모으시리니 13에브라임의 질투
는 없어지고 유다를 괴롭게 하던 자들은 끊어지며 에브라임은 유다
를 질투하지 아니하며 유다는 에브라임을 괴롭게 하지 아니할 것이
요 14그들이 서쪽으로 블레셋 사람들의 어깨에 날아 앉고 함께 동방
백성을 노략하며 에돔과 모압에 손을 대며 암몬 자손을 자기에게 복
종시키리라. 15여호와께서 애굽 해만을 말리시고 그의 손을 유브라데
하수 위에 흔들어 뜨거운 바람을 일으켜 그 하수를 쳐 일곱 갈래로
나누어 신을 신고 건너가게 하실 것이라. 16그의 남아 있는 백성 곧 앗
수르에서 남은 자들을 위하여 큰 길이 있게 하시되 이스라엘이 애굽
땅에서 나오던 날과 같게 하시리라.

아마존의 열대 우림 지역은 지구 생물 종의 3분의 1이 존

재하는 '지구의 허파' 다.[73] 이는 지구에 산소를 공급하는 중요한 역할을 하기에 붙여진 별칭이다. 그런데 최근 들어 아마존 밀림이 불법 벌목 등으로 한 달 새 축구장 7천 개 면적이 사라지고 있다. 벌목으로 황폐하게 된 지역엔 나무의 밑동 그루터기들만 휑하니 남는다. 이렇게 되면 이 지역은 다시 살아나기가 쉽지 않다. 그리고 이어지는 결과는 지구 온난화와 결합한 급속한 사막화의 진행이다. 유엔 기후변화 보고서에 따르면 이번 세기 안에 아마존 숲의 70%가량이 사라질 수 있다.[74]

그루터기만 덩그러니 남는 빽빽했던 숲의 황폐화가 고대 제국 앗수르에 일어났다. 불법 벌목으로 인한 것이 아니다. 이는 앗수르가 하나님의 진노의 몽둥이로 겸손하게 쓰임받기를 거부하고 마치 자기 능력으로 온 세계를 호령하는 듯 착각하고 교만했기에 하나님이 이들의 빽빽한 숲을 베어버리셨기 때문이다. 앗수르의 교만의 극치는 하나님이 주신 힘과 권세로 유다의 나뭇가지를 꺾어버리고, 그 밑동을 베어버린 데 있다. 하나님은 앗수르를 유다를 향한 진노의 몽둥이로만 들어 쓰시려고 했으나 그들은 아예 유다의 가지를 꺾고 가능성마저 잘라버렸던 것이다. 주전 609년, 하나님은 마침내 이런 앗수르를 바벨론, 메대, 바사 연합군을 통해 베어버리셨다.[75] 그리고 이 그루터기에서 다시는 아무 싹도 나오지 않았다. 그렇다면 이스라엘은 어떨까?

본문은 인간적인 눈으로 볼 때는 모든 가능성이 사라져 버린 이스라엘을 향하여 하나님이 새롭게 행하실 기이한 역사를 말씀한다. 그것은 바로 꺾인 것 같은 가지에서 나오는 한 싹의 역사이고, 그루터기만 남은 나무 밑동에서 새롭게 나오는 한 가지가 장차 일으킬 역사에 관한 것이다(사 6:13 참조).

"이새의 줄기에서 한 싹이 나며 그 뿌리에서 한 가지가 나서 결실할 것이요"(사 11:1).

하나님이 장차 일으키실 새로운 구원의 역사는 이새의 줄기에서 나올 한 싹을 통한 것이다. 이는 앞서 선포한 '여호와의 싹'(사 4:2)으로, 이스라엘의 그루터기에서 돋아날 '거룩한 씨'(사 6:13)를 가리킨다. 이는 다윗의 가계를 통해 나올 메시아를 의미한다(창 49:10 참조). 그런데 왜 다윗의 줄기가 아닌 이새의 줄기라고 했을까? 이는 다윗 왕가의 화려함을 가리고, 도리어 다윗의 집을 낮추어 말하려는 의도 때문이다(렘 23:5, 33:15 참조).[76)]

구원은 다윗 왕가의 인간적인 가능성에서 오지 않는다. 도리어 인간적인 가능성이 끊어진 그루터기와 같은 곳에서 일어난다. 놀라운 것은 이 예언이 바로 메시아 나사렛 예수에게 적용되었다는 사실이다.

"나사렛이란 동네에 가서 사니 이는 선지자로 하신 말씀에 나사렛 사람이라 칭하리라 하심을 이루려 함이러라"(마 2:23).

개역개정 성경에는 '나사렛 사람' 앞에 난하주가 붙어 있고, 이것이 곧 본문 이사야 11장 1절을 인용한 것이라고 밝히고 있다. 마태복음 2장 23절의 '선지자'는 바로 이사야 선지자를 가리킨다. 그런데 이상하다. 왜 예수께서 나사렛에서 사시는 것이 '나사렛 사람'이라 칭하리라 하심을 이룬다고 했을까? 이것은 '나사렛'이란 단어 때문이다. '나사렛'은 히브리어 '네쩨르'에서 온 것으로 '가지'라는 뜻이다. 나사렛이란 동네는 '가지'(네쩨르)라는 명칭을 가진 동네였고, 예수께서 이곳에서 사신 것은 예수님을 성경에서 예언한 '가지 사람'이라 칭하기 위해서라는 것이다. 이는 곧 이사야 11장 1절의 한 '가지'(네쩨르)에 해당한다. 예수께서 사신 나사렛(히. 네쩨르) 동네가 메시아라는 새 가지가 나올 것을 예견했던 구속사적 호칭이었던 것이다.[77]

본문은 다윗의 줄기에서 난 여호와의 싹, 곧 다윗의 뿌리에서 난 가지 메시아가 나올 때 그의 위에 하나님의 영이 충만하게 임하실 것을 예고한다.

> "그의 위에 여호와의 영 곧 지혜와 총명의 영이요 모략과 재능의 영이요 지식과 여호와를 경외하는 영이 강림하시리니"(사 11:2).

'모략'(히. 에차)은 정책과 전쟁을 기획하는 능력을 의미하고, '재능'(히. 그부라)은 전쟁 수행 능력을 포함한 총체적인 지도력을 의미한다.[78] 이는 고대의 왕에게 필수적인 덕목이다. 다윗의 가계에서 새로 난 가지(싹) 사람에게 하나님의 영이 충만하게 부어지자 그는 지혜와 총명과 여호와를 경외함으로 가득하여 이 땅에서 영적전쟁을 압도적 우위에서 수행하게 된다(눅 4:14,18, 요 1:14 참조). 물론 그가 수

행하는 왕권은 세상과는 근본적으로 다른 왕권이다(요 18:36-38 참조). 사도행전은 이런 예언이 가지 사람, 즉 나사렛 예수에게 어떻게 성취되었는지를 다음과 같이 진술한다.

> "하나님이 나사렛 예수에게 성령과 능력을 기름 붓듯 하셨으매 그가 두루 다니시며 선한 일을 행하시고 마귀에게 눌린 모든 사람을 고치셨으니 이는 하나님이 함께하셨음이라"(행 10:38).

하나님이 '가지'(히. 네쩨르) 예수에게 성령과 능력을 기름 붓듯 하셨다. 그 결과 그가 수행한 영적전쟁은 마귀에게 눌린 모든 사람을 고치고 해방시키는 일이었다(사 61:1-4 참조). 그는 여호와를 경외함으로 즐거움을 삼을 것이다. '즐거움을 삼는다'(히. 르흐)는 '향기를 맡는다'는 뜻에서 왔다. 이는 하나님이 제사의 향기를 기뻐하시는 것처럼 메시아도 여호와를 경외하는 태도를 기쁘게 흠향한다는 것이다.[79)]

하나님의 영으로 충만한 메시아는 장차 공의로운 심판자가 될 것이다. 눈에 보이는 대로 귀에 들리는 대로 심판하지 않고(사 11:3), 소외되고 연약하고 가난한 자들을 공의와 정직으로 판단할 것이며, 그의 입의 막대기로 세상을 치고 입술의 기운으로 악인을 심판할 것이다(사 11:4). '입의 막대기'와 '입술의 기운'은 판결을 선고하는 것을 가리키는 표현이다.[80)] 특히 '기운'(히. 루아흐)이란 눈에 보이지 않는 하나님의 영으로 말미암는 힘을 의미한다. 이런 강력한 심판자의 모습은 요한계시록에서 부활하신 그리스도의 모습을 묘사할 때 그대로 나타난다.

> "그의 오른손에 일곱 별이 있고 그의 입에서 좌우에 날선 검이 나오고 그 얼굴은 해가 힘있게 비치는 것 같더라"(계 1:16).

여기서 그리스도의 입에서 나오는 좌우에 날 선 검은 그리스도의 입으로 심판하는 사법적 권세를 상징한다.[81] 좌우에 날 선 검(헬. 롬파이아)은 로마 기병대가 사용하던 양날 장검으로 공의로운 심판을 상징하며, 그리스도는 이 검으로 교회의 불순종과 세상의 불순종을 심판하실 것이다.[82]

또한 메시아는 공의로 그의 허리띠를 삼고 성실로 몸의 띠를 삼을 것이다. '허리띠'는 겉옷을 동여매는 데 사용되고 힘든 일을 할 준비를 하기 위해 옷의 아랫단을 안으로 밀어 넣을 수 있는 일종의 벨트다. 이는 어떤 행동을 적극적으로 하기 위한 준비가 되어 있음을 의미하며, 이는 다른 의복에 함께 입었던 다른 띠도 마찬가지다. 메시아는 하나님의 신실함으로 사역할 것이고, 하나님의 신실함으로 가지 사람의 사역을 감당할 것이다(롬 1:17-18, 합 2:4 참조). 메시아는 하나님의 신실함이 인간의 불성실함을 압도하는 하나님의 의를 드러내는 사역을 감당할 것이다.[83]

메시아의 사역은 죄악으로 망가졌던 세상을 에덴동산의 원형으로 회복시킬 것이다. 그 이상적인 모습이 6~9절에 생생하게 묘사되어 있다. 그때가 되면 이리가 어린 양과 함께 살며 송아지와 어린 사자와 어린이가 함께 어울리고 사자가 소처럼 풀을 먹을 것이며 젖 먹는 아이가 독사의 구멍에서 장난해도 상함이 없을 것이다. 이때가 되면 하나님의 거룩한 동산에는 물이 바다를 덮음같이 여호와를 아는 지식으로 충만할 것이다. 이러한 이상적인 모습은 요한계시록 21~22장에 생생하게 묘사되고 있다. 이는 장차 새 하늘 새 땅이 이 땅에 임할 때 새로운 세상에서 이루어질 이상적인 에덴의 회복된 모습이다.

이러한 회복의 역사가 시작될 때 이새의 뿌리에서 한 싹이 나서 만민의 깃발로 우뚝 설 것이다(사 11:10). 이때에는 놀라운 회복의 역사가 크게 세 가지 방향으로 일어날 것이다.

첫째, 하나님의 남은 백성이 열방에서 돌아오는 역사가 일어나게 될 것이다. 11절은 그 나라들이 앗수르, 애굽, 바드로스, 구스, 엘람, 시날, 하맛과 바다 섬들이라고 진술한다.

둘째, 이때가 되면 에브라임의 질투와 유다의 괴롭힘이 끝날 것이다(사 11:13).

셋째, 그때에는 앗수르 제국에 남은 자들을 위하여 시온을 향한 큰 길이 있게 될 것이다(사 11:16).

이러한 회복의 역사는 가지 사람 나사렛 예수 안에서 어떻게 성취되는가?

첫째, 하나님의 백성이 열방에서 돌아오는 역사다. 이는 사도행전에서 오순절 성령이 강림하며 성취되었다. 마가의 다락방에 성령이 임하자 모인 성도들이 성령이 충만하여 각기 다른 언어로 말하기 시작한다. 이때 온 세상에 흩어져 있다 유월절을 지키러 예루살렘으로 돌아온 디아스포라 유대인들이 깜짝 놀라며, 이 사람들이 우리가 온 지역의 언어로 말하는 것이 어떻게 된 일이냐고 한다. 사도행전은 이들이 바대(파르디아), 메대, 엘람, 메소포타미아, 유대, 갑바도기아, 본도(폰투스), 아시아, 브루기아, 밤빌리아, 애굽, 리비야, 그레타 섬들, 아라비아 지역에서 온 이들이라고 진술한다(행 2:9–11).

둘째, 메시아 예수는 에브라임(사마리아)의 질투와 유다의 괴롭힘을 끝내기 위해 사마리아로 가셨다. 이 사역은 요한복음 4장에 등장하는데, 예수께서는 이 사역을 위하여 사마리아를 '통과하여야' (헬. 데이) 했다. 여기서 사용된 헬라어 '데이'는 하나님의 구속사에서 요구되는 신적 필연을 표현하는 조동사로 영어의 'have to'나 'must'와 같이 의무, 필연을 강조하는 의미를 갖는다. 그는 사마리아 수가성의 한 여인을 만나 참된 생수를 약속한다. 그동안 사마리아 사람은 유대인들의 차별과 괴롭힘으로 많은 설움을 겪었다. 이들이 앗수르에 의해 포로로 끌려가서 제국의 혼혈정책으로 인해 이방인들과 섞였기 때문이다.

유대인들은 사마리아 사람을 더 이상 동족으로 여기지 않았다. 하나님의 선민에서 나가떨어진 이방인과 같이 취급하였고, 그래서 이 지역은 가능한 한 지나가지 않았다. 예루살렘 성전에 가서 예배하는 것도 유대인의 냉대와 멸시로 많은 제약이 있었다. 그래서 이들은 그리심산에 성전을 세우고, 유다 왕가의 정통성을 인정하는 역사서를 거부하고, 오직 사마리아 오경만 믿는 편협한 신앙생활을 고수하기 시작했다. 예수께서는 사마리아에 오셔서 이 문제도 바로잡아주신다. 예수께서는 이 산(그리심산)에서도 말고 저 산(시온산)에서도 말고 이제는 성령과 진리로 예배하는 시대가 메시아 예수의 오심과 함께 시작되었는데, 그때가 바로 지금이라고 선포하셨다(요 4:21,23–26).

셋째, 시온을 향한 대로가 열리는 역사다. 이 역사는 제2의 출애굽이 될 것인데, 이는 메시아 안에서 일어나는 죄와 사망의 권세로부터의 출애굽이다. 하나님께서는 이때가 있기 전 광야에서 외치는 자의 소리를 통하여 길을 예비하도록 하시는데(사 40:3), 이것이 바로 세례 요한을 통하여 성취되었다(마 3:3). 이는 시온을 향한 대로는 길이요, 진리요, 생명되신 메시아께로 모든 열방이 돌아오는 회복의 역사를 의미한다.

우리가 살아가면서 주목할 것은 가능성 없는 황폐한 그루터기와 같은 우리 자신이 아니다. 도리어 이런 그루터기에서라도 가지를 내고 싹을 내시는 하나님께 주목해야 한다. 가지 메시아의 사역은 지금도 계속된다. 나는 지금 메시아의 사역에 기쁨으로 동참하고 있는가? 아니면 주변 환경을 보고 낙담하여 가능성 없는 것처럼 보이는 그루터기와 같이 주저앉아 있는가? 그루터기를 통하여 싹을 내시는 하나님을 믿음의 눈으로 바라보자. 그리고 그의 역사에 동참하며 하나님의 기이한 역사를 함께 맛보며 나아가는 황홀한 메시아 왕국의 백성으로 서자.

[22장 각주]

73) 이지영, "아마존 열대우림 파괴 급속도… 5월에만 축구장 7000개 면적 사라졌다", 중앙일보, 2019. 5. 23.

74) 김재순, "아마존 삼림, 사막화로 금세기 70% 사라질 수 있어", 연합뉴스, 2013. 10. 2.

75) 존 오스왈트, 「NICOT 이사야 I」, 326쪽.

76) 위의 책, 326쪽.

77) 양형주, 「바이블 백신 2」(서울: 홍성사, 2019), 24쪽.

78) 김회권, 「이사야 1」, 303쪽.

79) 존 오스왈트, 「NICOT 이사야 I」, 328쪽; 참조 알렉 모티어, 「이사야 주석」, 264쪽.

80) 알렉 모티어, 「이사야 주석」, 265쪽.

81) 양형주, 「평신도를 위한 쉬운 요한계시록 1」(서울: 브니엘, 2020), 104쪽.

82) 위의 책, 104쪽.

83) 인간의 불성실함을 압도하는 하나님의 신실함에 대해서는 양형주, 「평신도를 위한 쉬운 로마서」, 24-25, 49-52쪽을 참조하라.

23 Chapter 23. Isaiah 12:1-6

보라. 하나님은 나의 구원이시라

*[1]그날에 네가 말하기를 여호와여 주께서 전에는 내게 노하셨사오나
이제는 주의 진노가 돌아섰고 또 주께서 나를 안위하시오니 내가 주
께 감사하겠나이다 할 것이니라. [2]보라. 하나님은 나의 구원이시라.
내가 신뢰하고 두려움이 없으리니 주 여호와는 나의 힘이시며 나의
노래시며 나의 구원이심이라. [3]그러므로 너희가 기쁨으로 구원의 우
물들에서 물을 길으리로다. [4]그날에 너희가 또 말하기를 여호와께 감
사하라. 그의 이름을 부르며 그의 행하심을 만국 중에 선포하며 그의
이름이 높다 하라. [5]여호와를 찬송할 것은 극히 아름다운 일을 하셨
음이니 이를 온 땅에 알게 할지어다. [6]시온의 주민아 소리 높여 부르
라. 이스라엘의 거룩하신 이가 너희 중에서 크심이니라 할 것이니라.*

감동적인 영화가 끝나면 항상 엔딩 크레딧과 함께 주제곡이 흘러나온다. 신기하게도 주제곡을 듣다 보면 영화에 대한 여운과 함께 영화의 핵심 메시지가 정리되는 것을 경험한다. 이런 극적 효과가 성경에도 등장한다. 대표적인 예로 이스라엘 백성이 출애굽의 역사를 경험할 때 애굽이 추격해 오는 위기 가운데 하나님은 극적으로 홍해를 가르셨고, 이스라엘 백성은 기적적으로 바다 한가운데를 가로질러 무사히 건너간다.

반면 이들을 추격하던 애굽 군대는 갈라졌던 홍해 물이 덮쳐 모두 물에 빠져 죽고 말았다. 이 감격적인 구원의 역사 후 출애굽기는 이야기의 진행을 멈추고 찬양의 노래를 선포한다. 먼저는 모세의 노래(출 15:1-18)가 나오고, 이어서 미리암의 노래(출 15:19-21)가 나온다. 이 노래를 음미하다 보면 출애굽기의 역사가 함축적으로 요약되며 커다란 감흥이 남는다.

본문은 이사야가 환상 가운데 하나님의 보좌에서 소명을 받은 이후(사 6장), 그가 11장까지 선포했던 메시지를 함축적으로 요약하며 하나님이 행하실 일을 감격으로 찬양하는 구원의 노래다. 마치 영화 끝에 나오는 주제곡같이 하나님의 백성에게 커다란 여운을 남겨준다.

먼저 본문은 '그날에'로 시작한다. 이날은 앞 단락과 연결하면 "이새의 뿌리에서 한 싹이 나서 만민의 깃발로 서고, 열방이 그 싹(또는 가지)에게로 돌아오는 날"(사 11:10)을 말한다. 이사야서에는 상반되는 두 종류의 '그날'이 등장한다. 첫째는 여호와의 심판이 다가오는 두려워해야 할 날이다(사 2:20, 3:18, 4:1, 7:18,20,21,23). 둘째는 이와 반대로 하나님의 구원과 회복이 일어나는 소망의 날이다(사

4:2, 10:20, 11:10).

구원과 소망의 '그날' 이 오기 위해서는 필요한 선결 조건이 있다. 그것은 이스라엘이 죄로부터 돌이켜 죄 사함을 받아야 한다는 것이다. 이는 이사야 개인의 소명사건에서도 잘 나타난다. 이사야가 소명을 받기 전 죄 사함을 받았던 것처럼(사 6:6-7), 이스라엘도 죄 사함을 받아야 회복과 구원의 날을 맞이할 수 있다(레 17:11, 히 9:22).

그렇다면 이스라엘은 어떻게 죄 사함을 받고 회복의 날을 맞이할 수 있을까? 이는 구원의 징조가 되는 한 아기의 기이한 구속 사역을 통해서다. 이 아기는 7장에는 임마누엘로, 8장에는 마헬살랄하스바스로, 9장에는 기묘자, 모사, 전능하신 하나님, 영존하시는 아버지, 평강의 왕이라 불리는 한 아기로, 그리고 11장에는 이새의 줄기에서 난 한 싹(가지)으로 등장한다. 이 가지는 53장에 이르러 마른 땅에서 나온 뿌리 같은 여호와의 종의 사역을 통해 구체적으로 나타난다(사 53:1-2). 그는 우리의 허물과 죄악을 담당하여 우리 때문에 찔림과 상함을 당하고 징계를 받게 되었고, 그 덕에 우리는 죄 사함을 받고 평화를 누리게 되었다(사 53:5-6).

본문은 이새의 뿌리에서 난 한 싹의 구속 사역을 통해 이스라엘이 돌아오는 날을 전망하며 구원의 노래를 예언적으로 선포하고 있다.

> "그날에 네가 말하기를 여호와여 주께서 전에는 내게 노하셨사오나 이제는 주의 진노가 돌아섰고 또 주께서 나를 안위하시오니 내가 주께 감사하겠나이다 할 것이니라"(사 12:1).

이 구절은 과거를 표현하는 '전에는'과 현재를 의미하는 '이제는'이 뚜렷하게 대조되고 있다. 과거에는 자신의 죄악으로 하나님의 진노의 손 아래 고통당했다면 이제는 죄악을 용서받고 하나님의 구원과 위로를 경험한다. 이런 면에서 12장의 노래는 이사야 40장 이하에 장엄하게 선포되는 하나님의 위로를 미리 보여준다. 하나님의 진노로부터 사함받고 위로받은 하나님의 백성은 감격 가운데 선언한다.

"보라. 하나님은 나의 구원이시라"(사 12:2).

'보라'(히. 힌네)는 듣는 자들의 주의를 집중시키는 것과 동시에 하나님의 백성이 갖는 새로운 경험의 경이를 표현한다. 여기에는 "보라. 너희가 이것을 믿을 수 있겠는가"하는 의미가 담겨 있다.[84] 이는 진노하시던 하나님이 구주가 되시는 기이한 진리를 환기시킨다.[85]

"하나님은 나의 구원이시라"는 하나님이 나를 구원하신다는 말이 아니라 하나님이 곧 구원(히. 예수아)이라는 선언이다. 이는 하나님의 구원 행위를 경험하기 이전 하나님의 성품을 깊이 경험함을 암시한다. 그래서 하나님이 나의 구원(예수아)이다.

'예수아'는 임마누엘의 또 다른 이름이기도 하다. 이 이름은 마태복음에서 하나님의 천사가 마리아에게 찾아와 장차 낳을 아들에 대해 이야기할 때 등장한다. "아들을 낳으리니 이름을 예수(헬. 예수스, 히. 예수아)라 하라. 이는 그가 자기 백성을 그들의 죄에서 구원할 자이심이라 하니라"(마 1:21). 이어지는 마태복음은 이러한 일은 하나님께서 이사야 선지자에게 "처녀가 잉태하여 아들을 낳을것이요 그의 이름은 임마누엘이라 하리라"(마 1:23)고 하신 말씀을 이루기 위함이라고 선언한다. '하나님은 나의 예수아'(구원)가 되신다. 이는 이 노래가 당시의 이스라엘에게 임할 회복의 은혜를 넘어 하나님의 구속사의 흐름 가운데 메시아 예수를 통해 궁극적으로 성취될 것을 예고한다.

여기서 '나'는 구원받은 이스라엘 개개인을 의미한다. 구원은 집단적으로 얻는 것이 아닌 회개하는 개개인이 인격적으로 경험하는 사건이요, 하나님을 아는 지식을 얻게 되는 사건이다. 이렇게 구원 얻은 개개인이 3~5절에서는 이인칭 복수형으로 바뀌어 공동체의 지체가 된다. 그래서 하나님은 다른 이의 구원이 아닌 바로 나의 구원, 나의 예수아가 되는 것이다.

나의 예수아가 되는 하나님을 직접 경험하고 알게 되었으니, 이제는 그를 신뢰하고 두려움이 없다. 이는 두려움에 떨며 하나님의 징조를 거부했던 아하스와 대조된다(사 7:11-12). '구원 얻은 나' '두려움 없는 나'의 깊은 속에는 주 여호와가 어떤 곤경에서도 끝까지 감내할 수 있게 하는 '힘'이 되어주신다. 이것을 경험하는 나의 내면에는 샘솟는 듯한 기쁨이 노래로 터져 나온다(습 3:17 참조).

이제 이사야 선지자는 개인의 구원 경험을 공동체에 확장하여 선언한다.

"그러므로 너희가 기쁨으로 구원의 우물들에서 물을 길으리로다"(사 12:3).

예루살렘에서 동편이나 남편으로 내려가면 곧이어 마주하는 것이 광야다. 강렬한 땡볕 가운데 살아남으려면 광야에서 솟아나는 샘물을 발견해야 한다. 광야에서의 물은 구원의 물이다. 이스라엘은 출애굽 이후 광야를 지나며 이 물이 얼마나 소중한지 곳곳에서 경험했다(출 15:22-27, 17:1-7, 민 21:16-18 참조). 아브라함, 이삭이 새로운 정착지로 이동할 때마다 가장 먼저 사활을 걸고 확보하려고 했던 것이 우물이었다. 파는 곳마다 우물이 나오기는 쉽지 않았으나 믿음의 선조들은 파는 곳마다 우물이 나왔다. 이는 하나님이 함께하시는 능력과 구원의 손길이 아니고는 불가능했다. 이를 보던 블레셋 지역의 그랄 왕 아비멜렉은 마침내 아브라함을 찾아와서 언약을 맺었고(창 21:22-34), 이곳이 바로 맹세의 우물이란 뜻의 브엘세바가 되었다.

그의 아들 이삭도 가는 곳마다 에섹, 싯나, 르호봇 등의 우물을 팠고, 이를 본 그랄 왕 아비멜렉과 맹세하였다(창 26:16-34). 이후 이삭은 다시 브엘세바로 올라와 우물을 팠다. 당시 우물을 파는 것은 상당히 고된 작업이었다. 아브라함과 이삭이 팠던 우물 중심으로 브엘세바에는 고대 성읍이 형성되었다. 지금도 브엘세바의 고대 성읍에 가면 성문 입구에 우물이 하나 있다. 이 우물은 그 깊이가 자그마치 70m나 된다. 그 정도로 깊이 파들어 가야 물을 길어 낼 수 있는 것이다.

이처럼 우물은 파기도 힘들고 얻기도 힘들기에 이스라엘은 역사 속에서 자꾸만 다른 우물을 기웃거렸다.

"내 백성이 두 가지 악을 행하였나니 곧 그들이 생수의 근원되는 나를 버린 것과 스스로 웅덩이를 판 것인데 그것은 그 물을 가두지 못할 터진 웅덩이들이니라"(렘 2:13).

이스라엘은 참된 생수의 근원 되는 하나님을 버렸고 스스로 다른 우물 웅덩이를 팠다. 문제는 이런 웅덩이는 다 터진 웅덩이어서 물을 가두지 못하고 다 새어 나간다는 점이다. 결국 결정적인 기근의 때에 마실 물을 얻지 못하고 갈함으로 쓰러져 신음한다. 죽을 고생을 해서 우물을 팠는데, 우물 밑이 터져서 물이 고이지 않고 바닥이 드러나 마실 물이 없는 것이다. 결국 이스라엘이 살 길은 참된 생수의 근원이 되시는 하나님께로 돌아오는 것이다.

이사야는 하나님을 구원의 우물에 빗대어 노래한다. 심판의 '그날'에 파괴적이고 부정적이었던 물(사 1:30, 8:6-7, 참조 렘 2:13)이, 구원의 '그날'에 생명과 구원의 상징이 된다(사 35:6-7, 41:17-18, 43:20, 44:3-4, 49:10, 55:1). 이사야는 목마른 자가 누구나 우물에 와서 물을 마시듯, 목마른 자는 누구나 나아가 구원의 물을 기쁨으로 마실 날이 올 것을 약속한다(사 55:1, 요 4:14,28-30 참조). 물과 바싹 마른 땅의 관계는 하나님의 구원의 임재와 죄와 속박으로 눌려 있는 자와의 관계와 같다.[86]

하나님의 구원과 위로를 경험하는 그날, 구원 얻은 공동체의 기쁨과 감사가 열방으로 확장된다.

"그날에 너희가 또 말하기를 여호와께 감사하라. 그의 이름을 부르며 그의 행하심을 만국 중에 선포하며 그의 이름이 높다 하라" (사 12:4).

여호와의 이름을 부르는 것은 그의 행하심에서 나타난 신실함과 구원을 베푸시는 성품을 기초로 그에게 경배하는 것이다(창 12:8, 왕상 18:24 참조).[87] 특별히 여기서 나타나는 행하심은 하나님께서 이새의 뿌리에서 난 가지, 곧 나사렛 사람을 통해 이루실 기이한 구원 역사와 관계가 깊다. 보잘것없는 가지 사람이 만민의 기치로 서게 될 때 열방이 그에게로 돌아올 것이기 때문이다(사 11:10). 가지 사람은 막혔던 구원의 우물을 솟아오르게 하는 마중물과 같은 역할을 할 것이다. 이 놀랍고 기이한 가지 사람을 통한 구원의 역사를 5절은 '극히 아름다운 일' 로 칭송하며, 이를 온 땅에 알게 해야 한다고 선언한다. 이새의 뿌리에서 나오는 이 싹을 통한 기이한 구원 역사는 온 열방 가운데 선포될 기쁜 소식, 곧 복음이다.

본문은 끝으로 시온의 주민을 향하여 소리를 높여 찬송할 것을 요청한다(사 12:6). 그 이유는 '이스라엘의 거룩하신 이가 너희 중에서 크심' 이기 때문이다. 이사야의 소명부터 시작한 하나님의 기이한 선포가 이스라엘의 '거룩하신 이' 로 마무리되는 것은 의미심장하다. 이사야의 소명의 큰 그림의 핵심에 '그 거룩한 씨' 가 그 땅의 그루터기가 될 것이라는 선언이 있기 때문이다(사 6:13). '그 거룩한 씨' 를 통해 기이하고 놀라운 구원역사를 이루신 하나님은 열방과 피조세계와는 전적으로 구별되는 '거룩하신 이' 이며 찬송받기에 합당하신 크신 하나님이다.

참된 구원의 감격을 회복하라! 나에게 하나님의 구원 역사가 날이 갈수록 크고 놀랍게 보이는가, 아니면 갈수록 세상의 다른 것이 더 좋은 생수 웅덩이처럼 보이는가? "보라!"(사 12:2)는 초대는 세상에서 살아가며 점점 하나님의 구원역사에서 초점이 흐려지는 성도를 향한 초청이다! 눈을 들어 복음의 감격을 새롭게 발견하라. 하나님의 기이한 역사의 놀라움을 노래하며 소리 높여 찬송하라!

[23장 각주]

84) 게리 스미스, 「NAC 이사야 I」, 360쪽.
85) 알렉 모티어, 「이사야 주석」, 278쪽.
86) 존 오스왈트, 「NICOT 이사야 I」, 344쪽.
87) 위의 책, 344쪽.

[P·A·R·T·3]

열방에 대한 심판[88)]

바벨론에 대한 경고 | 하나님의 일하심을 신뢰하라
계명성은 누구인가 | 하나님의 경영을 신뢰하라
가까운 기회를 붙들 수 있는가
이웃에게 있는 믿음의 보화를 찾으라
자기 힘으로 문제를 해결하려던 이들
민첩한 구스, 조용하신 하나님
가까이하고 싶은 애굽, 가까이해서는 안 되는 애굽
애굽은 의지할 대상이 아니라 사랑할 대상이다
맨몸으로 시작하라 | 해변 광야에 주눅 들지 말라
환상 골짜기에 관한 경고 | 위기의 시대, 중심을 지키라
하나님의 손에 붙들려야 한다
혼돈과 공허의 땅에서 언약을 굳게 잡으라
하나님의 구원은 어떻게 임하는가
심지가 견고한 자가 누리는 평강 | 거룩한 신본주의자로 살라

24 Chapter 24. Isaiah 13:1-22

바벨론에 대한 경고

1아모스의 아들 이사야가 바벨론에 대하여 받은 경고라. 2너희는 민둥
산 위에 기치를 세우고 소리를 높여 그들을 부르며 손을 흔들어 그들
을 존귀한 자의 문에 들어가게 하라. 3내가 거룩하게 구별한 자들에게
명령하고 나의 위엄을 기뻐하는 용사들을 불러 나의 노여움을 전하
게 하였느니라. 4산에서 무리의 소리가 남이여 많은 백성의 소리 같으
니 곧 열국 민족이 함께 모여 떠드는 소리라. 만군의 여호와께서 싸움
을 위하여 군대를 검열하심이로다. 5무리가 먼 나라에서, 하늘 끝에서
왔음이여 곧 여호와와 그의 진노의 병기라 온 땅을 멸하려 함이로다.
6너희는 애곡할지어다. 여호와의 날이 가까웠으니 전능자에게서 멸
망이 임할 것임이로다. 7그러므로 모든 손의 힘이 풀리고 각 사람의

마음이 녹을 것이라. [8]그들이 놀라며 괴로움과 슬픔에 사로잡혀 해산
이 임박한 여자같이 고통하며 서로 보고 놀라며 얼굴이 불꽃 같으리
로다. [9]보라. 여호와의 날 곧 잔혹히 분냄과 맹렬히 노하는 날이 이르
러 땅을 황폐하게 하며 그중에서 죄인들을 멸하리니 [10]하늘의 별들과
별 무리가 그 빛을 내지 아니하며 해가 돋아도 어두우며 달이 그 빛
을 비추지 아니할 것이로다. [11]내가 세상의 악과 악인의 죄를 벌하며
교만한 자의 오만을 끊으며 강포한 자의 거만을 낮출 것이며 [12]내가
사람을 순금보다 희소하게 하며 인생을 오빌의 금보다 희귀하게 하
리로다. [13]그러므로 나 만군의 여호와가 분하여 맹렬히 노하는 날에
하늘을 진동시키며 땅을 흔들어 그 자리에서 떠나게 하리니 [14]그들이
쫓긴 노루나 모으는 자 없는 양같이 각기 자기 동족에게로 돌아가며
각기 본향으로 도망할 것이나 [15]만나는 자마다 창에 찔리겠고 잡히는
자마다 칼에 엎드러지겠고 [16]그들의 어린 아이들은 그들의 목전에서
메어침을 당하겠고 그들의 집은 노략을 당하겠고 그들의 아내는 욕
을 당하리라. [17]보라. 은을 돌아보지 아니하며 금을 기뻐하지 아니하
는 메대 사람을 내가 충동하여 그들을 치게 하리니 [18]메대 사람이 활
로 청년을 쏘아 죽이며 태의 열매를 긍휼히 여기지 아니하며 아이를
애석하게 보지 아니하리라. [19]열국의 영광이요 갈대아 사람의 자랑하
는 노리개가 된 바벨론이 하나님께 멸망당한 소돔과 고모라같이 되
리니 [20]그곳에 거주할 자가 없겠고 거처할 사람이 대대에 없을 것이
며 아라비아 사람도 거기에 장막을 치지 아니하며 목자들도 그곳에
그들의 양 떼를 쉬게 하지 아니할 것이요 [21]오직 들짐승들이 거기에
엎드리고 부르짖는 짐승이 그들의 가옥에 가득하며 타조가 거기에

깃들이며 들양이 거기에서 뛸 것이요 [22]그의 궁성에는 승냥이가 부르짖을 것이요 화려하던 궁전에는 들개가 울 것이라. 그의 때가 가까우며 그의 날이 오래지 아니하리라.

하나님은 시간 안에서 역사하시지만 동시에 시간을 초월하여 존재하신다. 하나님의 비공유적 속성인 무한성 중 영원성이 갖는 특징이다.[89] 하나님은 과거, 현재, 미래를 동시에 바라볼 수 있다. 이사야의 소명사건(사 6장)은 하나님의 이런 속성을 잘 보여준다. 하나님은 이사야의 과거 죄악의 행적을 아셨다. 그리고 현재 그의 죄 많은 상태를 보시고 제단의 숯불로 그를 깨끗하게 하셨다. 또한 장차 그가 감당할 사역에 대한 소명을 주신다.

하나님은 이사야에게 죄악 된 이스라엘이 장차 보기는 보아도 알지 못하고 듣기는 들어도 깨닫지 못할 것이며, 성읍과 토지가 황폐하게 되고 많은 이가 포로로 끌려가 남은 자 십분의 일마저 황폐하게 되지만 장차 하나님이 보내실 '그 거룩한 씨' 를 통하여 회복될 것을 말씀하신다. 이 예언의 신탁은 이사야의 짧은 인생을 뛰어넘는 과거, 현재, 미래를 총체적이고도 장기적 관점에서 바라보는 말씀이다. 이는 과거, 현재, 미래를 모두 함께 보시는 하나님의 시선이 아니고는 불가능하다.

본문에서 하나님은 우리가 언뜻 듣기에 당황스러운 기이한 경고의 말씀을 하신다. 그것은 '바벨론' 에 관한 말씀이다. 지금(사 7-12장)까지 이스라엘을 괴롭히고 멸망시키려 했던 주인공은 당시의 제국 앗수르였다. 그렇다면 13~23장까지 펼쳐지는 열방에 대한 심판의 경고에서 첫 번째는 마땅히 앗수르가 등장해야 한다. 그런데 왜 바벨론이 등장할까? 바벨론은 당시에 떠오르던 신흥국(rising country)에 불과했다. 하지만 하나님의 시선에서 유다를 무너뜨릴 나라는 앗수르가 아니라 결국 바벨론이었다. 이사야의 '거룩한 씨'에 대한 말씀(사 6:11-13)이 성취될 때 그 배후에는 앗수르가 아닌 바벨론의 정복과 포로 정책이 중요하게 작용한다. 이는 하나님이 시간 안에 역사하지만 시간을 초월하여 시간 밖에서 모든 것을 보시기에 주실 수 있는 말씀이다.

본문에서 하나님은 한 군대를 소집한다.

> "너희는 민둥산 위에 기치를 세우고 소리를 높여 그들을 부르며 손을 흔들어 그들을 존귀한 자의 문에 들어가게 하라"(사 13:2).

이 군대는 하나님의 진노의 대상인 바벨론을 무너뜨리기 위해 먼 나라에서, 하늘 끝에서 소집된 일종의 연합군이다(사 13:5). 이 군대는 존귀한 자의 문에 들어가도록 명령받는다. 소집된 이들은 누구나 잘 볼 수 있도록 민둥산에 깃발을 세운다.[90] 이는 일종의 군대 소집령에 따라 등록하기 위해 관청으로 모여드는 것일 수도 있고,[91] 이미 소집된 군대의 정결을 위해 모이는 것일 수도 있다(삼상 21:5-6 참조).[92] 중요한 것은 이들이 하나님의 거룩한 목적을 위해 부름받은 군대라는 사실이다. 이들은 하나님의 뜻을 이루며 교만한 자들을 향한 하나님의 진노를 전하기 위해 거룩하게 구별된 군대이다(사 13:3). 하나님께서 지정한 산으로 모여든 군대는 하나님의 검열을 받는다. 이 '산'(mountains)은 복수형으로 시온산이 아니라 티그리스강과 나란히 뻗어 메소포타미아의 동쪽 방어선 역할을 하는 자그로스산맥을 이루는 산들을 의미한다. 따라서 여기서 일어날 전쟁도 유다에서 일어날 국지전이 아니라 제국 간에 일어날 거대한 국제전이다.

바벨론이 애곡할 시간이 가까웠다. 왜냐하면 전능하신 하나님에게서 멸망의 심판이 임할 것이기 때문이다(사 13:6). 본문은 이때를 '여호와의 날'로 칭한다. 이는 수년 전 아모스 선지자가 예언한 '여호와의 날'과 같다(암 5:18-20). 아모스의 예언은 주전 721년 앗수르의 왕 사르곤 2세가 사마리아를 파괴했을 때 성취되었고(왕하 17장),[93] 이때도 큰 애곡의 시간이었다(암 5:16). 하지만 본문은 더 먼 미래를 바라본다. 이때가 되면 천하를 호령했던 바벨론이 완전한 무력함, 놀람, 괴로움과 슬픔에 사로잡히게 될 것이다(사 13:7). 바벨론에는 해와 달과 별이 빛을 잃고 어둠이 임할 것이다. 이러한 일월성신들은 바벨론이 우상 숭배 했던 대상들로, 길흉화복을 통제하고 자신을 운명의 주인으로 만들기 위해 의존하려 했던 것들이다.[94]

그러나 빛은 하나님이 자신의 영광을 드러내도록 창조하신 피조물에 불과하다. 창조주 하나님이 빛을 소멸하심으로 바벨론의 이러한 시도를 무력화시킨다. 이는 태양신 '라'(Ra)를 섬기던 애굽에게 흑암 재앙을 내리시던 모습을 연상시킨다(출 10:21-29).

하나님이 먼 미래의 바벨론을 심판하여 초토화시키는 이유는 무엇인가? 그것은 이들의 죄악과 교만 때문이다. 하나님은 이러한 심판을 통하여 분명히 목적하는 바를 다음과 같이 밝히신다.

"내가 세상의 악과 악인의 죄를 벌하며 교만한 자의 오만을 끊으며 강포한 자의 거만을 낮출 것이며"(사 13:11).

결국 교만이 문제다. 바벨론도 앗수르처럼 하나님의 손에 들린 도구로 쓰임받을 때 겸손하지 못하고 마치 자신의 특별한 능력으로 된 것인 양 스스로를 극도로 높이려다 결국은 하나님의 심판 아래 처하게 된 것이다(사 14:13-14 참조).

바벨론은 지금까지 막강한 제국으로 등장하지 않았지만 이사야서에서 히스기야왕의 통치기간에 유다 왕국과 교류한다. 히스기야왕이 통치할 때 앗수르의 산헤립이 대군을 이끌고 유다 영토 립나 부근까지 와서 히스기야에게 협박 편지를 보내며 여호와가 과연 앗수르 왕의 손에서 유다를 구해낼 수 있겠냐며 조롱한다. 이때 히스기야는 이 편지를 여호와의 전에 가지고 올라가 간절히 기도하고, 하나님은 이에 대한 응답으로 한밤중에 앗수르 진중에 천사를 보내 앗수르 대군 18만 5천을 일시에 몰살시킨다(사 37:36). 이 일을 계기로 산헤립왕은 니느웨로 돌아가고 그곳 니스록 신전에서 경배할 때 자신의 두 아들에게 암살당한다(사 37:38).

이후 히스기야는 병들어 죽게 되었으나 또다시 여호와의 얼굴을 전심으로 구한다.[95] 하나님은 히스기야의 기도에 응답하셔서 그의 수명을 15년간 연장해주시고 앗수르 왕의 위협으로부터 온전히 보호해 주겠다고 약속하신다. 히스기야가 하나님을 전심으로 구했던 태도는 여호와의 징조를 거부했던 아하스와 극명하게 대조된다(사 7:11-12).

그런데 문제는 그 다음이었다. 당시 새롭게 떠오르던 신흥강국 바벨론의 므로닥발라단왕이 히스기야에게 예물과 함께 사절단을 보냈다. 이때 히스기야는 자신이 얼마나 강성하고 부유한지를 사절단에게 자랑했는데, 자신의 보물창고뿐 아니라 무기고의 전력을 다 공개하였다. 이는 바벨론의 사절단을 감동시켜 므로닥발라단의 환심을 사서 동맹관계를 맺기 위해 안간힘을 썼던 것을 보여준다.[96]

하나님은 히스기야의 불신앙에 대해 그의 보물창고의 모든 보화가 바벨론으로 옮긴 바 되어 남을 것이 없게 될 것이고, 그의 자손이 사로잡혀 바벨론 궁의 환관이 될 것이라는 징계를 내리신다(사 39:6-7). 하나님만 의지했던 히스기야가 순식간에 돌아섰던 것처럼 우상과 같은 절대적 영향력을 발휘했던 국가가 바벨론이었다. 하나님은 미리 이 바벨론에 대한 하나님의 심판을 예고하심으로 유다로 하여금 엉뚱하게 세상 나라를 의지하지 말 것을 경고하신다.

하나님의 심판이 임하자 바벨론은 초토화된다. 사람을 찾기가 어려울 정도다. 하나님은 사람을 순금보다 희소하게 할 것이고, 그 귀하다고 하는 오빌 지역의 금보다 적게 할 것이다(사 13:12). 결국 하늘과 땅의 주권자는 하나님임이 분명하게 드러날 것이다(사 13:13).

그렇다면 이런 바벨론을 무너뜨리기 위해 사용하는 군대의 병사들은 어떤 이들인가? 본문은 그 핵심에 메대 사람이 있음을 진술한다.

> "보라. 은을 돌아보지 아니하며 금을 기뻐하지 아니하는 메대 사람을 내가 충동하여 그들을 치게 하리니"(사 13:17).

메대 사람은 메소포타미아 동쪽인 오늘날의 이란 중부, 자그로스

산맥과 산맥 동부의 고원에 주로 살던 민족이다. 이들은 주전 7세기경 왕국의 기초를 세웠다. 메대인은 활의 사람이었고[97] 강력한 군사력을 바탕으로 바벨론과 함께 주전 609년에 앗수르 제국을 멸망시키는 데 혁혁한 공을 세웠다. 이후 독자적으로 바벨론을 공격하여 커다란 타격을 입히기도 하였으며 주전 539년에는 바사(페르시아)와 연합하여 바벨론을 무너뜨렸다.

고대 세계에서 금이나 은과 같은 전리품으로 획득하는 경제적 이익은 전쟁의 주요한 목적 가운데 하나였다. 전력이 약한 나라에서 뇌물이나 선물을 보내면 군사작전을 중단하고 본국으로 되돌아가는 일도 많았다(왕하 16:7-8 참조). 만약 메대가 경제적 약탈과 이익을 목적으로 공격했다면 바벨론이 수많은 금은보화를 전쟁 무마용 전리품으로 상납하면 물러갈 수 있다. 그러나 이들은 금은을 획득하는 것에 별 관심이 없다. 이들은 여호와의 충동으로 바벨론을 무너뜨리는 사명만을 유일한 목표로 생각했고, 이들이 무너지기까지 집요하고 잔혹하게 공격한다(사 13:17). 이때가 되면 세상을 정복하며 쌓았던 바벨론의 금은보화가 아무 소용이 없게 될 것이다. 마치 히스기야의 금은보화가 바벨론의 침공에 속수무책이 되어 모두 바벨론으로 옮겨간 것처럼 말이다.

나라들 가운데서 가장 찬란했던 나라로 칭송받았던 바벨론, 곧 갈대아 사람의 영예요 자랑거리였던 바벨론은 결국 하나님의 심판으로 소돔과 고모라같이 될 것이다.

"열국의 영광이요 갈대아 사람의 자랑하는 노리개가 된 바벨론이 하나님께 멸망당한 소돔과 고모라같이 되리니"(사 13:19).

개역개정의 '자랑하는 노리개' 라는 표현은 어색하다. 이는 '갈대아의 화려함(훌륭함)과 자부심' (splendor and pride of Chaldeans, NRSV)으로 번역하는 것이 더 자연스럽다(새번역 참조). 예전에 불과 유황으로 심판받았던 소돔과 고모라에는 아무것도 남지 않았다. 재와 유황 냄새만이 가득하여 지옥을 방불하게 할 정도였다.

마찬가지로 바벨론도 폐허가 되어 소돔과 고모라와 같이 황폐하게 될 것이다. 이런 곳에는 아라비아 유목민도 목동들도 심지어 이들이 기르는 양 떼도 머물지 않고 지나간다(사 13:20). 오직 들짐승만 그곳에서 살 것이다. 밤이면 수풀 속을 어슬렁거리며 돌아다니는 야행성 짐승들과, 밤에 울부짖는 부엉이나 늑대와 같은 들짐승이 사람이 살았던 가옥을 가득 차지하고 있을 것이다(사 13:21, 참조 사 34:10-15). 화려하던 바벨론 궁전에서는 승냥이가 울부짖고 화려하던 신전에는 들개가 울고 있을 것이다(사 13:22).

사람은 절대 의지할 것이 못 된다. 성도는 한 사람의 공적, 한 사람의 화려함 뒤에 무엇이 있는가를 볼 수 있어야 한다. 우리는 보이지 않는 하나님의 능하신 손을 신뢰하고 의지하는 이들이다. 우리 인생의 처음과 지금과 나중을 동시에 보시는 전능하신 하나님을 전심으로 의지하라. 그에게서 살길을 구하라!

[24장 각주]

88) 본 단락(Part 3)은 크게 두 부분, 즉 열방에 대한 심판 경고(13-23장)와 하나님만이 모든 것을 다스리는 분임을 신뢰하라는 요청(24-27장)으로 나뉜다. 하나님의 징조를 거부하고 주변국을 의지하려는 왕에게, 그가 의지하려는 주변의 모든 나라는 결국 하나님의 심판 아래 처할 아무것도 아닌 것임을 경고한다(13-23장). 결국 열방의 주인은 하나님이시다(24-27장). 더 나아가 왕이신 하나님 대신 열방을 신뢰하는 것은 어리석은 일이다(28-33장). 열방을 신뢰하면 황량한 사막이 펼쳐지는 반면, 하나님을 신뢰하면 동산이 펼쳐진다(34-35장). 하나님의 징조를 거부한 아하스 왕과는 달리 이 사실을 전폭적으로 믿고 받아들인 히스기야 왕의 생(36-39장)은 대조적인 모범사례로 등장한다.

89) 양형주, 「바이블 백신 1」, 154-155쪽.

90) 사 5:26, 11:10,12, 18:3, 49:22 참조.

91) 알렉 모티어, 「이사야 주석」, 295쪽.

92) 존 오트왈트, 「NICOT 이사야 I」, 353쪽.

93) 게리 스미스, 「NAC 이사야 I」, 384쪽.

94) 존 오스왈트, 「NICOT 이사야 I」, 357쪽.

95) 역사적으로 38~39장의 사건이 36~37장의 사건보다 앞선 것으로 보기도 하지만 여기서는 독자가 성경을 읽으며 경험하는 시간순으로 본다.

96) 김회권, 「이사야 I」, 712쪽.

97) 에드워드 영, 「이사야 주석 I」, 501쪽.

25 Chapter 25. Isaiah 14:1-11

하나님의 일하심을 신뢰하라

*[1]여호와께서 야곱을 긍휼히 여기시며 이스라엘을 다시 택하여 그들
의 땅에 두시리니 나그네 된 자가 야곱 족속과 연합하여 그들에게 예
속될 것이며 [2]민족들이 그들을 데리고 그들의 본토에 돌아오리니 이
스라엘 족속이 여호와의 땅에서 그들을 얻어 노비로 삼겠고 전에 자
기를 사로잡던 자들을 사로잡고 자기를 압제하던 자들을 주관하리
라. [3]여호와께서 너를 슬픔과 곤고와 및 네가 수고하는 고역에서 놓
으시고 안식을 주시는 날에 [4]너는 바벨론 왕에 대하여 이 노래를 지
어 이르기를 압제하던 자가 어찌 그리 그쳤으며 강포한 성이 어찌 그
리 폐하였는고 [5]여호와께서 악인의 몽둥이와 통치자의 규를 꺾으셨
도다. [6]그들이 분내어 여러 민족을 치되 치기를 마지아니하였고 노하*

여 열방을 억압하여도 그 억압을 막을 자 없었더니 [7]이제는 온 땅이 조용하고 평온하니 무리가 소리 높여 노래하는도다. [8]향나무와 레바논의 백향목도 너로 말미암아 기뻐하여 이르기를 네가 넘어져 있은즉 올라와서 우리를 베어 버릴 자 없다 하는도다. [9]아래의 스올이 너로 말미암아 소동하여 네가 오는 것을 영접하되 그것이 세상의 모든 영웅을 너로 말미암아 움직이게 하며 열방의 모든 왕을 그들의 왕좌에서 일어서게 하므로 [10]그들은 다 네게 말하여 이르기를 너도 우리같이 연약하게 되었느냐. 너도 우리같이 되었느냐 하리로다. [11]네 영화가 스올에 떨어졌음이여 네 비파 소리까지로다. 구더기가 네 아래에 깔림이여 지렁이가 너를 덮었도다.

성경은 우리가 이 땅에서 살아가며 사람에게 받았던 인정과 평가가 죽음 이후 놀랍게 뒤집힐 것을 종종 말하고 있다. 누가복음 16장에 등장하는 부자와 나사로가 대표적인 예다. 부자는 이 땅에서 값비싼 옷을 입고 날마다 호화롭게 즐기며 살았다. 부자는 그것이 세상에서 인정받는 성공적인 인생이라 생각했다.

반면 부자의 눈으로 볼 때 자기 집 앞에 날마다 찾아오는 거지 나사로는 기생충 같은, 무가치한 인생으로 여겨졌다. 하지만 죽음 이후 세계에서 이들의 운명은 극적으로 뒤집힌다. 부자는 음부의 불 가운데 떨어져 날마다 고통스럽게 살아가게 된다. 반면 이 땅에서 기생충 취급받던 나사로는 천국에서 아브라함의 품에서 평안히 안식을 누린다. 부자는 세상에서 돈과 권력으로 단단하게 무장한 자신이 천국에서도 주인공인 줄 알았다. 그러나 죽고 나니 자신은 주인공이 아니라는 사실을 비로소 깨닫는다. 자신은 나사로와 같이 하나님이 소중하게 여기는 영혼들을 위해 쓰임받아야 할 조연 인생에 불과함을 깨닫게 된다.

이런 극적 반전이 본문에 등장한다. 그것은 온 세상을 호령하며 스스로를 계명성으로 여겨, 하나님의 뭇별 위에 자기 자리를 높이려 했던 바벨론 왕의 추락이다(사 14:3-23).

먼저 본문에 짧게 소개되는 이스라엘 백성을 살펴보자. 이들은 세상 통치자의 눈으로 볼 때 비천하고 연약한 포로이자 노비에 불과했다. 결코 역사의 주인공이 아니었다. 이들은 당대 최고의 권력자이자 통치자였던 바벨론 왕의 영광을 위한 엑스트라, 즉 조연에 불과했다. 하지만 바벨론 왕이 간과했던 중요한 점이 있다. 그것은 바로 하나님의 긍휼이 바벨론이 아닌 이스라엘에게 머물러 있다는 사실이다.

> "여호와께서 야곱을 긍휼히 여기시며 이스라엘을 다시 택하여 그들의 땅에 두시리니"(사 14:1).

한때 하나님은 이스라엘에게서 긍휼을 거두어 가셨다. 더 이상 기도해도 듣지 않겠다고 선언하셨고(사 1:15, 렘 11:14), 제사도 더 이상 효과가 없었다(사 1:11-13). 더 나아가 하나님은 이들을 뽑아 멸하리라는 사형 언도까지 내리셨던 바 있다(렘 11:14). 그랬던 하나님께서 마침내 돌이키신다. 이제는 그의 백성을 긍휼히 여기시고, 이들을 다시 택하실 것이다. '하나님의 긍휼' 이란 죄의 결과로 인하여 곤궁과 비탄한 상태에 빠진 그의 백성에게 보여주시는 하나님의 선하심을 뜻한다.[98] '긍휼' (히. 라함)은 어머니의 자궁을 의미하는 히브리어 '레헴' 에서 온 단어다. 집 나간 탕자를 다시 품으로 맞아주는 어머니의 따스함과 자비를 느끼게 하는 표현이다.

하나님이 그의 백성을 긍휼히 여기셔서 다시 그들을 택하시는 행위는 오직 그분의 신실함과 의에 기초한 행위다. 이러한 신실하심은 하나님이 아브라함, 이삭, 야곱과 맺었던 언약에 기초한다. 그래서 하나님은 이스라엘을 돌이키실 때 그들만이 아니라 이방 민족이 연합하여 약속의 땅에 함께 돌아올 것이라 선언하신다(사 14:1-2). 하나님의 은사와 부르심에는 결코 후회가 없다(롬 11:29)! 이들은 이방 땅에서 눈물로 씨를 뿌렸지만 기쁨으로 단을 거두게 될 때를 맞이할 것이다(시 126:5-6). 이때 하나님의 백성은 자신들을 사로잡던 자들을 사로잡고, 자기를 압제하던 자들을 주관하는 하나님의 놀라운 역전을 경험하게 될 것이다. 이들이 하나님의 구속사의 주인공임이 궁극적으로 드러나게 되는 것이다!

하나님의 긍휼이 이스라엘에 임할 때 짓밟혀 주목받지 못한 채 비탄 속에 있던 이스라엘은 모든 고역에서 자유롭게 해방되어 참된 안식을 맛볼 것이다(사 14:3). 이와 반대로 역사 무대에서 주인공임을 자처했던 바벨론은 자신의 권력이 그치고 꼬꾸라지는 급속한 추락을 맞이할 것이다(사 14:4). 바벨론 왕이 추락하는 것은 순식간이다. 두 번의 연속적인 '어찌' 라는 표현은 패망의 신속함을 선명하게 부각한다.

"압제하던 자가 어찌 그리 그쳤으며 강포한 성이 어찌 그리 폐하였는고"(사 14:4).

그토록 기세등등하던 바벨론이 속절없이 무너진다는 것은 상상할 수 없는 일이었다. 그동안 주변 나라를 위협하며 막강한 권세를 과시했는데, 그보다 더욱 위대하고 막강하신 하나님께서 바벨론 왕의 권력의 상징인 규(scepter), 곧 통치자의 막대기를 순식간에 이쑤시개 부러뜨리듯 꺾으셨다(사 14:5).

그동안 그 누구도 감히 바벨론 왕의 앞을 가로막지 못했는데, 이제는 바벨론 왕의 규가 꺾였고 온 땅이 조용하고 평온해졌다. 바벨론 왕이 꺾이니 피조세계에 샬롬이 임한다. 그동안 바벨론 제국의 화려한 왕궁과 도시 건설을 위해 향나무와 레바논 백향목은 수없이 베어졌다. 메소포타미아와 레바논 산악은 바벨론 왕의 무차별적 벌목으로 인해 삼림이 거의 초토화 되었다.[99] 그러나 이제 더 이상의 무차별적인 산림파괴는 일어나지 않을 것이다. 벌목될 것으로 예상했던 향나무와 레바논 백향목은 바벨론 왕의 꺾임을 보고 너무나도 기뻐하며 탄성을 지를 정도다.

"향나무와 레바논의 백향목도 너로 말미암아 기뻐하여 이르기를 네가 넘어져 있은즉 올라와서 우리를 베어 버릴 자 없다 하는도다"(사 14:8).

바벨론 왕은 이제 세상에서 더 이상 볼 수 없게 된다. 하나님이 그의 생명을 취하심으로 그의 규를 꺾으실 것이기 때문이다. 이제 그를 기다리는 곳은 사후세계다. 바벨론 왕이 죽자 죽은 자의 사후세계인 스올, 곧 음부에서는 난리가 났다. 온 세상을 호령하던 그 유명한 바벨론 왕이 음부에 떨어졌기 때문이다. 그동안 세상에서 내로라하던 왕과 영웅들이 모두 자리에서 일어나 음부로 떨어진 바벨론 왕을 보려고 모여든다. 그런데 그들이 하는 말이 가관이다.

> "너도 우리같이 연약하게 되었느냐 너도 우리같이 되었느냐 하리로다. 네 영화가 스올에 떨어졌음이여. 네 비파 소리까지로다. 구더기가 네 아래에 깔림이여 지렁이가 너를 덮었도다"(사 14:10-11).

이를 좀 쉽게 풀어보면 다음과 같을 것이다.

"바벨론 왕, 너도 죽으니까 별수 없지? 세상을 호령하던 너의 권세가 여기서는 아무것도 아니다. 우리랑 똑같이 심판 아래 처한 연약하고 흠 많고 죄 많은 인간일 뿐이다. 너의 영광이 스올 바닥까지 떨어졌구나! 이전에 비파와 잔치 소리에 파묻혀 살던 네 육신은 이제 세상에서 가장 연약한 미물인 구더기에 깔리고 지렁이에 덮일 것이다. 구더기와 지렁이가 이제 너의 몸을 파먹을 거야!"

스올에 떨어진 왕들이 쏟아내는 조롱은 세상에서 가장 강력했다고 여겨지던 바벨론 왕도 결국 죽음 앞에서는 한없이 무력한 인생에 불과함을 보여준다.

그동안 바벨론 왕은 착각했다. 막강한 권세와 힘을 자신의 것으로 생각했다. 그러나 자신의 규가 부러지고 열방을 징벌했던 몽둥이가 꺾인 후 스올에 떨어지고 보니, 이것은 자신의 것이 아니라 하나님이 잠시 동안 세상에서 기대하는 역할을 위해 맡기셨던 것이다. 은혜의 선물이었는데 당연한 것처럼 여겼다. 큰 부와 권세를 주셨는데 겸손하게 쓰임받지 못하고 교만하게 사용하다 결국 육신뿐 아니라 그 영혼도 멸망에 이르게 되었다. 반면 이스라엘은 이 땅에서 인생이 바닥을 치고 고난 속에 하나님의 긍휼을 구하자 다시 그곳에서 하나님의 자비로운 손길을 경험한다. 우리가 겸비하여 전심으로 주의 얼굴을 구할 때 바로 그런 우리에게서 하나님의 능력과 지혜가 충만하게 드러난다(고후 12:9-10 참조).

이 땅을 살면서 중요한 것은 우리가 얼마만큼 하나님의 긍휼과 자비의 손에 붙들린 바 되느냐 하는 것이다. 때로 하나님이 우리에게 복을 주셔서 세상의 힘과 권력을 주실 때 우리는 이것을 제멋대로 사용해서는 안 된다. 그렇게 해서 큰일을 하는 것이 아니다. 큰일은 하나님의 손이 함께 할 때 나타난다.

따라서 성도는 큰일을 도모하기 전에 먼저 하나님의 은혜 안에 살기 위해 몸부림쳐야 한다(시 1:1-2 참조). 그렇지 않고 자기 하고 싶은 대로 다 하다가는 결국 교만하여 버림받기 쉽다. 우리 인생의 최종 평가는 세상 사람이 아니라 하나님의 보좌 앞에서 이루어진다. 이때 모든 것이 역전될 것이다. 세상이 가치 있게 여겼던 것이 아무것도 아닌 것이 되고, 가장 하찮아 보였던 것이 존귀하게 된다.

작고 연약해도 괜찮다. 하나님이 쓰시기에 깨끗하면 된다. 아무리 좋은 그릇이라 하더라도 더럽고 음식물 찌꺼기가 있으면 사용할 수 없다. 깨끗한 그릇이 되어 하나님의 긍휼을 구할 때 우리 인생의 그릇에 어느덧 하나님의 귀한 보화가 가득 담기게 될 것이다.

모든 것이 내 뜻대로 되지 않음에 감사하길 바란다. 모든 일이 내가 원하는 때에 되지 않음에 감사하길 바란다. 그 과정을 통하여 우리의 그릇을 깨끗하게 하시고 아름다운 보화를 담으시려는 주의 인도하심을 신뢰하며 나아가라.

[25장 각주]

98) 양형주, 「바이블 백신 1」, 164쪽.
99) 존 오스왈트, 「NICOT 이사야 I」, 369쪽.

26 Chapter 26. Isaiah 14:12-23

계명성은 누구인가?

*[12]너 아침의 아들 계명성이여 어찌 그리 하늘에서 떨어졌으며 너 열국
을 엎은 자여 어찌 그리 땅에 찍혔는고. [13]네가 네 마음에 이르기를 내
가 하늘에 올라 하나님의 뭇 별 위에 내 자리를 높이리라. 내가 북극
집회의 산 위에 앉으리라. [14]가장 높은 구름에 올라가 지극히 높은 이
와 같아지리라 하는도다. [15]그러나 이제 네가 스올 곧 구덩이 맨 밑에
떨어짐을 당하리로다. [16]너를 보는 이가 주목하여 너를 자세히 살펴보
며 말하기를 이 사람이 땅을 진동시키며 열국을 놀라게 하며 [17]세계를
황무하게 하며 성읍을 파괴하며 그에게 사로잡힌 자들을 집으로 놓
아 보내지 아니하던 자가 아니냐 하리로다. [18]열방의 모든 왕들은 모
두 각각 자기 집에서 영광 중에 자건마는 [19]오직 너는 자기 무덤에서*

내쫓겼으니 가증한 나무 가지 같고 칼에 찔려 돌구덩이에 떨어진 주검들에 둘러싸였으니 밟힌 시체와 같도다. [20]네가 네 땅을 망하게 하였고 네 백성을 죽였으므로 그들과 함께 안장되지 못하나니 악을 행하는 자들의 후손은 영원히 이름이 불려지지 아니하리로다 할지니라. [21]너희는 그들의 조상들의 죄악으로 말미암아 그의 자손 도륙하기를 준비하여 그들이 일어나 땅을 차지하여 성읍들로 세상을 가득하게 하지 못하게 하라. [22]만군의 여호와께서 말씀하시되 내가 일어나 그들을 쳐서 이름과 남은 자와 아들과 후손을 바벨론에서 끊으리라 나 여호와의 말이니라. [23]내가 또 그것이 고슴도치의 굴혈과 물 웅덩이가 되게 하고 또 멸망의 빗자루로 청소하리라. 나 만군의 여호와의 말이니리 하시니라.

본문에 등장하는 '계명성' 구절(사 14:12-14)은 이사야에서 등장하는 유명한 구절 중에 하나다. '계명성' 은 난하주에 '새벽별' 로 되어 있다. 이는 한밤중부터 이른 새벽 동틀 녘까지 가장 밝게 빛나는 별로, 금성(Venus)을 가리킨다. 지구에서 볼 때 금성은 다른 별에 비해 상당히 빛이 강렬하다. 태양, 달 다음으로 가장 밝은 별이다. 그래서 번쩍번쩍 황금처럼 비춘다고 금성(金星) 아닌가? 계명성을 줄여 '명성' 이라고도 하고, '샛별' 이라고도 한다.

'계명성' 은 많은 이단에 의해 종종 오용되는 표현이다. 이단들은 긍정적인 의미로 자기네 교주가 요한계시록 22장 16절이 말씀하는 바, 광명한 새벽별(the bright morning star)이라 주장한다. 자기 네 교주가 예수님 같은 계명성이라는 것이다. 그래서 교주를 'Jesus Morning Star'의 이니셜을 가져와 J.M.S.라고도 한다.

하지만 본문의 '계명성'은 긍정적 의미의 계명성이 아니다. 하늘에서 떨어져 땅에 처참하게 찍혔기 때문이다(사 14:12). 어떤 이단은 여기서 '계명성'을 광명의 천사로 가장한 타락한 천사를 가리키는 것으로 보고, 또 어떤 이단 단체는 하늘에서 떨어진 계명성을 사탄과 같은 역할을 하는 실제의 인물로 해석하기도 한다. 이단 단체는 이를 성경에도 없는 표현인 '누시엘'이라고도 부른다.[100] 신천지의 경우에는 이 구절을 인용하여 계명성을 요한계시록 8장에 나오는 세 번째 나팔 재앙으로 하늘에서 떨어진 '쓴 쑥'이라 이름하는 큰 별로 보기도 한다.[101] 그리고 이 별의 실상은 멸망자라 불리는 '오' 씨 성을 가진 실재 사람이라고 해석한다.[102]

이 정도의 구체적인 해석은 아니라 하더라도, 많은 단체나 교회에서 이 본문을 흔히 사탄의 기원을 설명하는 구절로 인용한다. 한글판 킹제임스(KJV) 한글역에는 계명성을 '루시퍼'로 번역했고, 그 앞에 나오는 '아침의 아들'에는 관주를 달아 '사탄'으로 제안했다. 즉 '아침의 아들 계명성'을 '사탄 루시퍼'로 본 것이다. 하지만 이러한 해석은 본문의 원뜻을 이해하는 데 도리어 걸림이 된다. 본문을 14장 3절부터 이어져 오는 전체의 흐름 가운데 살피면 여기서 계명성은 사탄을 가리키는 것이 아니라 바벨론 왕에 대한 묘사이기 때문이다. 그렇다면 언제부터 이 본문이 사탄의 기원을 설명하는 구절로 과용(過用)되었을까?

이는 5세기 로마 가톨릭이 번역한 라틴어성경 불가타에서 계명성을 라틴어 '루시퍼' 로 번역하면서부터다. 계명성은 히브리어로는 '헬렐' 이다. '헬렐' 앞에는 아들을 의미하는 '벤' 이라는 단어가 쓰였다. '아침의 아들 헬렐' 인 것이다. 이를 좀 더 풀어 설명하면 '아침에 빛을 가져와 나르는 아들 헬렐' 이란 뜻이 된다. 이 표현을 라틴어로 직역하면서 '빛' 을 의미하는 '루시' 와 사람을 의미하는 접미어 '퍼' 가 결합하여 '루시퍼' 라 명명하였다. 그래서 '루시퍼' 라고 하면 '빛을 나르는 자' 가 된다. 루시퍼는 후에 빛으로 가장한 '광명의 천사' 개념과 결합하여 사탄으로 여기게 되었다(고후 11:14 참조). 이런 과정을 거치며 많은 사람이 본문의 계명성을 사탄으로 여기고, 본문이 사탄의 기원을 설명하는 것으로 오독(誤讀)한다.

언뜻 보면 본문의 표현은 사탄을 말하는 것 같기도 하다.

> "내가 하늘에 올라 하나님의 뭇별 위에 내 자리를 높이리라. …가장 높은 구름에 올라가 지극히 높은 이와 같아지리라 하는도다" (사 14:13-14).

언뜻 보면 사탄이 하늘에서 반역을 일으키는 장면과도 같다. 다음 구절은 어떠한가?

> "그러나 이제 네가 스올 곧 구덩이 맨 밑에 떨어짐을 당하리로다" (사 14:15).

사탄이 반역을 일으켰다가 하늘에서 추방당하는 장면을 묘사한 것 같다. 신약성경에는 사탄의 기원을 이해하는 데 도움이 되는 설명이 두 곳 정도 나온다. 유다서와 베드로후서다.

"또 자기 지위를 지키지 아니하고 자기 처소를 떠난 천사들을 큰 날의 심판까지 영원한 결박으로 흑암에 가두셨으며"(유 1:6).

"하나님이 범죄한 천사들을 용서하지 아니하시고 지옥에 던져 어두운 구덩이에 두어 심판 때까지 지키게 하셨으며"(벧후 2:4).

여기서 우리는 천사들이 하나님께 범죄하고 자기 자리를 지키지 않아 심판받게 되었다는 사실을 알 수 있다. 이렇게 볼 때 이 본문은 더더욱 루시퍼, 즉 사탄을 가리키는 것 같은 생각이 든다. 그래서 이 구절은 극단적인 이원론이나 귀신론을 강조하는 단체에서 단골로 인용하는 구절이다.

그러나 엄밀하게 보면 이것은 한때 교만했다가 지하 사후세계 스올에 떨어진 바벨론 왕을 가리키는 말씀이다. 이것을 확인하려면 우리는 전후의 문맥을 잘 살펴야 한다. 그렇지 않으면 자칫 오해할 수 있다.

본문은 14장 3절부터 11절까지 교만했던 바벨론 왕의 패망에 대한 선언이 계속해서 이어지는 단락이다. 바벨론 왕은 이 땅에서 하나님이 주셨던 모든 권세와 힘을 교만하게 함부로 사용하다가 그 통치의 규와 몽둥이가 꺾이고 하루아침에 패망한다(사 14:5). 이어지는 본문은 그 무대가 지상에서 지하세계로 바뀌며 지상에서 기세등등했던 바벨론 왕이 사후세계에서 얼마나 하찮게 취급받는지 그 적나라한 실체를 까발린다. 다시 본문을 처음부터 살펴보자.

> "너 아침의 아들 계명성이여. 어찌 그리 하늘에서 떨어졌으며 너 열국을 엎은 자여 어찌 그리 땅에 찍혔는고. 네가 네 마음에 이르기를 내가 하늘에 올라 하나님의 뭇별 위에 내 자리를 높이리라. 내가 북극 집회의 산 위에 앉으리라. 가장 높은 구름에 올라가 지극히 높은 이와 같아지리라 하는도다"(사 14:12-14).

바벨론 왕을 아침의 아들 계명성으로 빗대어 부른다. 그는 결코 빛을 잃지 않는다고 믿었던 바벨론 제국의 나아갈 방향을 알려주던 인물이었다. 그래서 어두운 밤에도 가장 밝은 빛으로 제국의 앞길을 인도했던 왕이었다. 그런데 그랬던 그가 하나님의 능하신 손에 그 통치의 규가 꺾이고 추락했다. 민족들을 짓밟아 맥도 못 추게 하던 그가, 통나무처럼 찍혀 땅바닥에 나뒹굴게 되었다(사 14:12, 새번역). 바벨론 왕이 평소에 자신 있게 하던 말이 있었다. 자신이 "가장 높은 하늘에 올라가 하나님의 별들보다 더 높은 곳에 보좌를 두고, 북극에서 신들이 집회를 갖는다고 알려진 북극 집회의 산, 자폰(Mt. Zaphon)에 보좌를 두고 좌정하겠다"는 것이다!

성지에 가면 거룩한 산으로 여겨지는 성산(聖山)들이 있다. 먼저는 예수께서 영광스러운 몸으로 변형되신 변화산이다. 이 산은 오늘날 나사렛 남쪽의 이스르엘 평원 북동쪽에 있는 해발 588m의 다볼산이다. 또 갈릴리 호수 북쪽으로 약 104km 정도 떨어져 있는 해발

자폰산 전경 (출처 : 구글이미지)

약 2,814m의 헬몬산도 거룩한 산이다. 논란의 여지는 있지만 이집트에 있는 해발 2,291m의 시내산(게벨 무샤)도 성산이다. 이런 성산들에는 하나님의 임재가 머물렀던 스토리가 담겨 있다. 그런데 바벨론제국에서 신성하게 여기는 산이 있는데 그것이 바로 시리아 북쪽과 터키의 경계선에 위치한 북극 집회의 산, 곧 자폰산이다. 자폰산은 카시우스산(Mt. Casius)으로도 알려져 있다. 자폰산 정상 부근에는 거대한 제의 언덕이 발견되었는데, 너비가 55m, 높이가 약 8m에 이른다.[103] 여기에는 제물을 태우고 남은 재와 뼈의 잔해가 아직 남아 있다.

자폰산은 바알과 같은 뭇 신들이 모여 회의하는 신성한 산으로 여겨졌다. 신들의 집회를 주관하는 이는 엘(El) 신, 즉 하나님이었다.[104] 마치 그리스 신화에 여러 신들이 올림포스산에 모여 회의하고, 전체 집회의 주관자가 제우스인 것과 같다. 바벨론 왕은 자신이 이 높은 북극 집회의 산 정상에 올라 다른 신들 가운데 자신의 자리를 높여 신들의 회의를 주관하는 좌장이 될 것이라 선언하고 있다. 그뿐만이 아니다. '가장 높은 구름'에 올라 지극히 높은 이와 같아질 것이라 공언한다. '가장 높은 구름'은 신들에게 제사를 드리던 산꼭대기를 의미하는 동시에 엘이 주관하고 통치하는 주요 활동 영역이다. 여호와는 구름을 타고 세계를 종횡무진하는 최고의 주권자인데 그 영역을 넘보겠다는 것이다(사 19:1 참조).[105)]

그러나 하나님은 이렇게 기세등등하고 오만했던 바벨론 왕이 갑작스럽게 패망하여 죽은 자의 세계인 스올 구덩이 가장 밑바닥에 떨어질 것을 예고한다(사 14:15). 그뿐만이 아니다. 바벨론 왕은 세상에서 제대로 추앙받지도 못한다. 그는 전장에서 비참하게 발견되어 뭇 사람의 조롱거리가 될 것이다.

"너를 보는 이가 주목하여 너를 자세히 살펴보며 말하기를 이 사람이 땅을 진동시키며 열국을 놀라게 하며 세계를 황무하게 하며 성읍을 파괴하며 그에게 사로잡힌 자들을 집으로 놓아 보내지 아니하던 자가 아니냐 하리로다"(사 14:16-17).

여기 바벨론 왕을 주목하여 보는 이는 누구일까? '주목하다'(히. 샤가흐)는 의도적으로 자세히 살피는 행위를 말한다. '자세히 살핀다'(히. 히트보난) 역시 비슷한 행위다. 이는 전쟁이 끝난 후 적군이 시신을 수습하는 과정을 연상시킨다. 적군은 처참하게 일그러져 언뜻 형체를 알아볼 수 없이 찢기고 상하고 피와 땀과 진흙으로 뒤범벅이 되어 버려진 바벨론 왕의 시신을 자세히 주목하여 한참을 살핀 후에야, 지금 전쟁터에 버려진 이 사내가 한때 바벨론 제국의 통치자였음을 알아차렸다. 한때 세상을 주름잡고 좌지우지하던 제왕의 주검

이라고 보기에 너무나도 처참하고 초라하기에 관찰자들은 경악을 금치 못하고 있는 것이다.[106)]

"열방의 모든 왕들은 모두 각각 자기 집에서 영광 중에 자건마는 오직 너는 자기 무덤에서 내쫓겼으니 가증한 나무 가지 같고 칼에 찔려 돌구덩이에 떨어진 주검들에 둘러싸였으니 밟힌 시체와 같도다"(사 14:18-19).

바벨론 왕의 최후는 다른 나라 왕과 비교하면 비참할 것이다. 백성들이 와서 그를 추모할 무덤조차 없을 것이기 때문이다. 그는 전쟁 중 죽은 병사들의 시체를 매장하기 위해 파 놓은 돌 구덩이에 같이 떨어질 것이다. 본문은 이런 그의 모습을 '가증한 나무 가지' 같다고 진술한다. 여기 가증하고 앙상한 '가지'(히. 네쩨르)는 장차 열방을 소성하게 할 이새의 줄기에서 날 '가지'와 대조된다(사 11:1,10 참조).

바벨론 왕의 교만은 자기 땅을 망하게 하고, 자기 백성의 생명을 함부로 빼앗는 데까지 나아갔다(사 14:20). 이런 바벨론 왕의 죄악은 그가 평안히 안장되지 못하고 스올에서도 제일 낮은 바닥으로 추락하게 되는 또 다른 이유가 된다. 하나님은 이런 바벨론 왕과 그의 가문이 더 이상 바벨론에서 영향력을 발휘하지 못하도록 그의 이름을 잊혀지게 하시고 그의 후손도 끊어지게 하실 것이다(사 14:22). 그뿐만이 아니다. 하나님은 바벨론의 흔적을 역사 가운데 지우실 것이다. 하나님의 멸망의 빗자루로 바벨론을 쓸어버려 바벨론은 고슴도치가 사는 은신처가 되고 들짐승이나 와서 물을 마시는 물웅덩이 폐허로 전락할 것이다(사 14:23).

바벨론 왕은 자신의 혁혁한 공적과 찬란한 유산을 후세에 남기고 싶어 했지만 결국 아무것도 남기지 못하는 헛된 인생으로 끝날 것이다. 이는 우리에게 중요한 점을 시사한다. 우리의 인생 걸음이 의미 있는 족적이 되려면 겸손히 하나님을 나의 왕으로 모시고 걸어야 한다는 점이다.

> "사람아 주께서 선한 것이 무엇임을 네게 보이셨나니 여호와께서 네게 구하시는 것은 오직 정의를 행하며 인자를 사랑하며 겸손하게 네 하나님과 함께 행하는 것이 아니냐"(미 6:8).

바벨론 왕의 이런 모습은 사탄의 교만한 모습과 장차 맞이할 최후의 심판과 유사한 부분이 있다. 바벨론 왕은 자신의 혁혁한 공적으로 세상에 빛을 가져다주고자 했다. 그러나 그는 진정한 루시퍼, 빛을 가져오는 새벽별은 아니다. 참된 빛을 가져오는 분은 광명한 새벽별 되신 예수 그리스도 한 분뿐이다(요 1:4-5, 계 22:16). 겸손히 그리스도를 의지하며 그가 가진 생명의 빛을 품고 세상에 비추도록 하자!

[26장 각주]

100) 누시엘 이름의 기원과 이단적 영향에 대해서는 양형주, 「신천지 백신 2」(서울: 두란노, 2020), 83-84쪽을 참조하라.

101) 이만희, 「요한계시록의 실상」 개정판 (과천: 도서출판신천지, 2014), 157-158쪽.

102) 양형주, 「신천지 백신 1」, 277-279쪽.

103) "Jebel Aqra", *Wikipedia*, en.wikipedia.org

104) 존 오스왈트, 「NICOT 이사야 I」, 374쪽.

105) 김회권, 「이사야 I」, 347쪽.

106) 위의 책, 349쪽.

27 Chapter 27. Isaiah 14:24-32

하나님의 경영을 신뢰하라

[24]만군의 여호와께서 맹세하여 이르시되 내가 생각한 것이 반드시 되
며 내가 경영한 것을 반드시 이루리라. [25]내가 앗수르를 나의 땅에서
파하며 나의 산에서 그것을 짓밟으리니 그때에 그의 멍에가 이스라
엘에게서 떠나고 그의 짐이 그들의 어깨에서 벗어질 것이라. [26]이것
이 온 세계를 향하여 정한 경영이며 이것이 열방을 향하여 편 손이라
하셨나니 [27]만군의 여호와께서 경영하셨은즉 누가 능히 그것을 폐하
며 그의 손을 펴셨은즉 누가 능히 그것을 돌이키랴. [28]아하스왕이 죽
던 해에 이 경고가 임하니라. [29]블레셋 온 땅이여 너를 치던 막대기가
부러졌다고 기뻐하지 말라. 뱀의 뿌리에서는 독사가 나겠고 그의 열
매는 날아다니는 불뱀이 되리라. [30]가난한 자의 장자는 먹겠고 궁핍

한 자는 평안히 누우려니와 내가 네 뿌리를 기근으로 죽일 것이요 네게 남은 자는 살륙을 당하리라. [31]성문이여 슬피 울지어다. 성읍이여 부르짖을지어다. 너 블레셋이여 다 소멸되리로다. 대저 연기가 북방에서 오는데 그 대열에서 벗어난 자가 없느니라. [32]그 나라 사신들에게 어떻게 대답하겠느냐. 여호와께서 시온을 세우셨으니 그의 백성의 곤고한 자들이 그 안에서 피난하리라 할 것이니라.

우리가 신앙생활 하면서 종종 하는 질문 중 하나는 "하나님의 뜻은 어디 있을까?"이다. 하나님의 인도를 구하며 나아가다 보면 하나님이 생생하게 우리의 걸음을 인도하실 때가 있다. 잠깐 기도만 해도, 심지어 마음에 소원만 품고 있어도 하나님이 적절한 때에 적절한 사람을 만나게 하시고, 닫혔던 환경도 신비롭게 열어주신다. 그런데 이렇게 생생했던 인도하심이 어느 순간부터 갑자기 사라질 때가 있다. 간절히 기도해도 하나님은 침묵하시는 것 같다. 여기까지는 분명히 하나님이 인도하신 것을 알겠는데, 갑자기 앞이 보이지 않아 길을 잃고 헤매기 시작한다. 잠깐이면 모르겠지만 이런 답답함이 생각보다 꽤 오래 지속될 때가 있다. 이럴 때면 우리는 점점 혼란에 빠지고 위축된다. 지금 내가 가는 이 길이 하나님의 인도하심이 맞는지, 이렇게 결단하고 선택하는 것이 과연 하나님의 뜻인지 갈피를 잡지 못한다.

요셉의 생을 보면 그렇다. 처음에는 하나님께서 생생한 꿈으로 두 번이나 요셉의 삶에 찾아오셨다. 한 번은 형제들의 볏단이 그에게

절하고, 두 번째는 하늘의 해, 달, 별들이 요셉에게 절하는 꿈이었다. 하지만 이런 초월적이고 생생한 하나님의 계시는 이것으로 끝난다. 이후로는 도저히 이해할 수 없고 갈피를 잡을 수 없는 인생의 내리막길이 계속해서 펼쳐진다. 노예로 팔려 먼 애굽 땅에 가고, 그곳에서 집주인의 아내를 겁탈하려 했다는 누명으로 하루아침에 노예에서 죄수의 신분으로 떨어져 감옥에 갇힌다. 요셉은 분명 하나님께 기도했을 것이다. 그러나 뚜렷한 응답이 없었다. 그런데 그가 이 어둠의 터널을 지나 마침내 애굽의 총리가 되어 형제들이 자신에게 찾아와 절했을 때 비로소 요셉은 하나님이 지금까지 자신을 한 번도 저버린 적이 없었고, 자신의 삶을 붙들고 인도하셨다는 것을 깨닫는다. 요셉의 고백을 들어보자.

> "그런즉 나를 이리로 보낸 이는 당신들이 아니요 하나님이시라. 하나님이 나를 바로에게 아버지로 삼으시고 그 온 집의 주로 삼으시며 애굽 온 땅의 통치자로 삼으셨나이다"(창 45:8).

우리의 생도 그렇다. 한동안 생생하게 느껴지고 경험되던 하나님의 인도하심이 어느 순간 숨겨질 때가 있다. 이때 우리는 절대 하나님의 인도하심이 끝났다고 생각해서는 안 된다. 비록 눈에 띄지는 않지만 여전히 하나님의 인도와 경륜은 계속되고 있다.

이스라엘을 향한 하나님의 인도하심도 마찬가지다. 하나님은 이스라엘을 향한 장기적이고도 원대한 계획을 갖고 있다. 그 계획 속에 아직은 아득하게만 느껴지는 바벨론의 심판이 들어 있고, 이후 '가지 사람' 을 통한 하나님의 열방 구원 계획이 들어 있다. 이런 장기적인 계획 속에 하나님은 앗수르를 향한 계획을 갖고 계시다. 하나님께는 돋보기 렌즈 하나만이 아니라 두 개가 입체적으로 함께 작동하여 온 세상의 경영을 멀리도 보고 또 가까이도 살피신다. 이스라엘의 구원과 온 세상의 경영에 대한 하나님의 선언에 귀 기울여 보라.

> "만군의 여호와께서 맹세하여 이르시되 내가 생각한 것이 반드시 되며 내가 경영한 것을 반드시 이루리라"(사 14:24).

하나님이 생각하고 계획하신 것을 '하나님의 작정'(decree)이라 한다. 하나님의 작정에는 특징이 몇 가지 있다.[107]

첫째, 하나님의 작정은 즉흥적인 것이 아니라 그의 완전하신 지혜에 기초한다. 둘째, 하나님의 작정은 그때그때 바뀌는 것이 아니라 영원 전부터 계획되었다. 셋째, 하나님의 계획은 알파와 오메가, 즉 처음부터 끝까지를 포괄하며 사람과 피조물 전체를 포괄한다. 넷째, 하나님의 계획은 하나님의 선하신 뜻을 이루기 위해 가장 효과적인 계획이다. 다섯째, 하나님의 계획은 변함이 없고 실수가 없으며 반드시 그 뜻을 이루시고야 만다. 그래서 하나님은 "내가 경영한 것을 반드시 이루겠다"고 선언하신다.

하나님의 경영을 '경륜'(헬. 오이코노미아)이라고도 한다. 이는 '집'(헬. 오이코스)과 '경영'(헬. 이코노미아)이 결합된 단어다. 하나님은 단기적인 관점과 장기적인 관점 모두를 포괄하며 모든 피조세계를 포괄하여 가장 효과적인 길로 그의 경륜을 반드시 이루신다!

이 선언 후에 본문은 그동안 말씀했던 바벨론에 대한 논의를 멈추고 갑자기 앗수르에 대한 이슈를 말씀한다.

> "내가 앗수르를 나의 땅에서 파하며 나의 산에서 그것을 짓밟으리니 그때에 그의 멍에가 이스라엘에게서 떠나고 그의 짐이 그들의 어깨에서 벗어질 것이라. 이것이 온 세계를 향하여 정한 경영이며 이것이 열방을 향하여 편 손이라 하셨나니"(사 14:25-26).

이 말씀이 선포되었을 때는 아직 아하스왕이 통치하던 시대였다(사 14:28 참조). 아하스왕은 북이스라엘과 아람에 대한 두려움으로 앗수르를 의지하는 것에 온통 마음이 빼앗겼던 왕이다. 심지어 앗수르의 신전 제단 모양을 예루살렘 성전에 그대로 복제하여 설치할 정도였다. 하나님은 이런 아하스에게 하나님의 세계 경영의 큰 그림을 보여주시며, 정말 두려워할 대상은 앗수르가 아니라 장차 오게 될 바벨론이며, 앗수르는 하나님의 거룩한 성산에서 파괴되고 짓밟힐 것이라 말씀한다. 아하스는 하나님의 말씀에 대한 자신감을 가질 필요가 있었다. 말씀에 대한 자신감과 확신이 생기면 사람에 대한 두려움을 극복할 수 있다. 하나님은 앗수르에 대한 두려움에 사로잡혀 있는 아하스와 유다 백성에게 다시 한번 확신을 더해 말씀하신다.

> "만군의 여호와께서 경영하셨은즉 누가 능히 그것을 폐하며 그의 손을 펴셨은즉 누가 능히 그것을 돌이키랴"(사 14:27).

그렇다. 하나님의 경륜을 폐하며 가로막거나 돌이킬 자가 이 세상에 아무도 없다. 하나님의 경영은 반드시 이루어지고 그분의 뜻은 성취되고야 만다. 우리는 좀 더 자신감을 가질 필요가 있다.

아하스왕은 평생 하나님을 신뢰하지 못하고 두려움으로 지냈다. 그리고 하나님이 정하신 통치기간을 다하고 생명이 끝났다. 이어지는 문단(사 14:28-32)은 아하스왕이 죽던 해에 하나님이 주셨던 블레셋에 대한 예언의 말씀이다.

> "블레셋 온 땅이여 너를 치던 막대기가 부러졌다고 기뻐하지 말라. 뱀의 뿌리에서는 독사가 나겠고 그의 열매는 날아다니는 불뱀이 되리라"(사 14:29).

아하스왕이 죽던 해 블레셋은 자신을 치던 막대기가 부러졌다고 기뻐했다. 블레셋을 치던 막대기는 누구일까? 이는 앗수르의 통치자 디글랏 빌레셀 3세를 가리킨다. 그가 죽은 때는 주전 727년으로, 아하스왕이 죽은 해와 일치한다.[108] 블레셋은 애굽과 국경을 맞대고 있었고, 북이스라엘과 아람과 더불어 반(反)앗수르 동맹 전선을 형성하고 있었다. 당시 앗수르는 유다를 제외하고 팔레스타인 전역의 국가들과 교전하고 있었다. 북이스라엘과 아람은 물론이거니와 모압, 암몬, 블레셋까지 모두 앗수르에 대항하는 연합전선을 펼치고 있었다. 그런데 아하스왕 말년에 앗수르는 아람과 북이스라엘을 침공하려 했고, 그 아래 있던 블레셋은 더불어 긴장했다. 그런데 아하스왕이 죽던 해, 앗수르의 디글랏 빌레셀 3세가 죽었으니 얼마나 기뻤겠는가?

그러나 하나님은 블레셋에게 기뻐하지 말라고 경고하신다. 뱀이 죽은 뿌리에서 독사가 나오고, 뱀의 열매, 즉 뱀이 낳은 알에서 날아다니는 불뱀이 나온다는 것이다. 새번역은 이를 다음과 같이 번역했다. "뱀이 죽은 자리에서 독사가 나오기도 하고, 그것이 낳은 알이, 날아다니는 불뱀이 되기도 한다." 이는 앗수르의 통치자가 죽었다고 기뻐할 일이 아니라 이후에 나올 통치자는 더욱 강력하게 주변 국가들을 복속시키고, 블레셋에게도 치명적인 해를 가할 것이라고 경고하는 말씀이다.

실제 앗수르는 이후에 왕위에 오른 산헤립과 에살핫돈에 이르러 북이스라엘과 아람을 침몰시키고, 블레셋을 더욱 압박했다. 앗수르는 후에 애굽과 진쟁을 치르는데, 이를 위해서 앗수르 군대는 블레셋 지역을 통과해야 했다. 블레셋에게는 두 가지 선택만이 있었다. 앗수르에 항복하여 앗수르 편이 되든지, 애굽 편이 되어 저항하든지 결정해야만 했다. 애굽과 국경을 맞대고 있던 블레셋은 전통적으로 애굽에 우호적이었기에 반복되는 앗수르의 위협과 침략에 시달렸다. 블레셋의 아무리 힘 있는 용사라 하더라도 하나님의 긍휼이 머무는 유다의 가난한 자와 궁핍한 자만도 못할 것이다.

> "가난한 자의 장자는 먹겠고 궁핍한 자는 평안히 누우려니와 내가 네 뿌리를 기근으로 죽일 것이요 네게 남은 자는 살륙을 당하리라"(사 14:30).

전반부의 먹고 평안히 눕는 이들은 유다의 연약한 백성들이다.

반면 뒤에 죽임을 당하는 이들은 블레셋이다. 이 둘의 선명한 대조는 새번역에 더 생생하게 나타나 있다.

"나의 땅에서는 가난한 사람들이 배불리 먹고, 불쌍한 사람들이 평안히 누워 쉴 것이다. 그러나 내가 너희 블레셋 사람을 모조리 굶어 죽게 하고, 너희 가운데서 남은 자는 내가 칼에 죽게 하겠다"(사 14:30, 새번역).

이제 장차 올 북방 앗수르의 침공으로 블레셋은 완전히 소멸될 것이다. 이러한 재앙에 대하여 하나님은 블레셋 성읍의 성문들에게 슬피 울고 부르짖으라고 하신다. 블레셋 사람 중 누구도 앗수르의 침공을 피하여 벗어날 자가 없을 것이기 때문이다(사 14:31).

하나님이 이렇게 블레셋에 대한 임박한 심판을 말씀하시는 이유가 무엇인가? 그것은 아하스왕이 죽은 다음 즉위한 히스기야왕이 직면한 중요한 선택 때문이다. 블레셋은 친(親)앗수르적이던 아하스 왕과 달리 반(反)앗수르적 성향을 가진 히스기야가 왕위에 오르자 앗수르에 대항할 반앗수르 연합에 동참할 것을 설득하기 위해 사신을 보냈다. 이들은 아마도 선조 아하스가 앗수르에 의존했다가 얼마나 힘들었는지를 이야기하며, 함께 앗수르에 대항하자고 예물과 함께 손을 내밀었던 모양이다.

그러나 이러한 제안에 대해 하나님은 본문의 신탁을 통해 유다에게 의지할 유일한 피난처는 만군의 주 여호와 하나님 한 분뿐임을 분명히 선언하신다.

"블레셋 특사들에게는 무엇이라고 답변할 것인가? '주님께서 시온을 세우셨으니, 고통당하던 그의 백성이 그리로 피한다' 하고 답변하여라"(사 14:32, 새번역).

지금 제안하고 있는 블레셋도 결국 북방에서 내려올 앗수르의 침공으로 처참하게 무너질 것임을 경고하신다. 블레셋을 의지할 것이 아니다. 애굽을 의지할 것도 아니다. 주변의 모압, 암몬도 마찬가지다. 주변의 모든 나라는 하나님의 백성 유다를 구원하는 데 아무런 역할을 할 수 없는 무력한 이웃들이며, 결국 하나님의 심판 아래 있는 존재들에 불과하다. 유다가 의지할 유일한 피난처는 시온을 회복하실 여호와 하나님 한 분뿐이다! 주변 정세가 어지러울수록 더욱더 하나님의 경영을 의지해야 한다.

나는 어떠한가? 혼란하고 어지러운 이 시대에 여전히 하나님께서 나의 생을 작정하시고, 인도하시고, 경영하고 계심을 확신하는가? 하나님의 경륜이 반드시 성취될 것이다. 오직 내 삶을 인도하는 유일하신 하나님만 의뢰하며 나아가자!

[27장 각주]

107) 양형주, 「바이블 백신 1」, 189쪽.
108) 존 오스왈트, 「NICOT 이사야 I」, 384쪽.

28 Chapter 28. Isaiah 15:1-9

가까운 기회를 붙들 수 있는가

[1]모압에 관한 경고라. 하룻밤에 모압 알이 망하여 황폐할 것이며 하
룻밤에 모압 기르가 망하여 황폐할 것이라. [2]그들은 바잇과 디본 산
당에 올라가서 울며 모압은 느보와 메드바를 위하여 통곡하는도다.
그들이 각각 머리카락을 밀고 각각 수염을 깎았으며 [3]거리에서는 굵
은 베로 몸을 동였으며 지붕과 넓은 곳에서는 각기 애통하여 심히 울
며 [4]헤스본과 엘르알레는 부르짖으며 그들의 소리는 야하스까지 들
리니 그러므로 모압의 군사들이 크게 부르짖으며 그들의 혼이 속에
서 떠는도다. [5]내 마음이 모압을 위하여 부르짖는도다. 그 피난민들
은 소알과 에글랏 슬리시야까지 이르고 울며 루힛 비탈길로 올라가
며 호로나임 길에서 패망을 울부짖으니 [6]니므림 물이 마르고 풀이 시

들었으며 연한 풀이 말라 청청한 것이 없음이로다. [7]그러므로 그들이 얻은 재물과 쌓았던 것을 가지고 버드나무 시내를 건너리니 [8]이는 곡성이 모압 사방에 둘렸고 슬피 부르짖음이 에글라임에 이르며 부르짖음이 브엘엘림에 미치며 [9]디몬 물에는 피가 가득함이로다. 그럴지라도 내가 디몬에 재앙을 더 내리되 모압에 도피한 자와 그 땅에 남은 자에게 사자를 보내리라.

사람은 무지개를 찾으려 먼 곳을 여행하지만 소중한 것은 의외로 가까운 데 있다. 가장 가까운 가족, 가까운 믿음의 공동체에 아름다움과 신령한 복이 감추어져 있다. 그럼에도 우리는 종종 이를 찾지 못하고 이것이 마치 저 멀리 어느 곳에 감추어져 있는 것인 양 열심히 달려가곤 한다.

유다의 이웃 나라 모압이 그랬다. 모압은 그 나라가 처음 시작될 때부터 하나님의 은혜에 가까이 있었다. 하지만 모압은 가까이 있는 하나님의 은혜를 붙들지 못하고 자꾸만 빙빙 멀리 돌았다. 이렇게 멀리 돌던 모압도 이제 서서히 그 기회와 하나님이 정하신 때가 다 차 가고 있었다. 본문은 이런 모압을 향한 하나님의 경고의 말씀이다.

"모압에 관한 경고라"(사 15:1).

모압은 처음에 어떻게 시작되었는가? 아브라함의 조카 롯에게서 시작되었다. 모압의 아버지가 바로 아브라함의 조카 롯이다. 아브라함이 하나님의 부르심을 받아 본토, 친척, 고향, 아버지의 집을 떠나 하나님이 부르시는 약속의 땅을 향하여 떠났을 때 롯은 삼촌 아브라함을 따라나섰다. 함께 나서서 생소한 땅에 간다는 것은 상당한 모험이다. 그러나 그 모험을 감수하고 갔더니 하나님은 그곳에서 아브라함과 롯에게 감당할 수 없는 많은 복을 주셨다. 소유도 많아졌다. 그런데 여기서 문제가 발생했다. 소유가 너무 많아지자 아브라함과 롯의 집안 사이에 다툼이 일어났다(창 13:6-7). 결국 아브라함과 롯은 갈라서게 되었고, 이때 롯이 선택한 땅이 바로 소돔 땅이었다. 언뜻 볼 때 소돔 땅은 윤택하고 기름졌다. 마치 에덴동산 같았다(창 13:10).

그러나 좋은 여건의 땅일수록 그런 땅은 이미 차지하고 있는 탐욕스러운 사람이 있기 마련이다. 창세기는 소돔 사람을 향해 이들은 "여호와 앞에 악하며 큰 죄인이었더라"고 말씀한다(창 13:13). 결국 롯은 그곳에 들어갔다가 가진 재산을 다 빼앗기고 쫄딱 망했다. 하나님께서 소돔의 죄악이 너무 커서 이 성을 불로 멸망시키기로 결단하셨을 때 아브라함의 중보기도로 롯은 두 딸과 함께 가까스로 소돔성을 탈출하여 '소알'이라는 작은 성읍으로 도망갔다(창 19:20-22). 아내는 탈출하던 중 하나님의 경고를 무시하고 뒤를 돌아보다가 한 순간에 소금 기둥으로 변하고 말았다(창 19:26).

그 무시무시한 심판 이후 롯은 소알 성읍으로 감히 내려오지 못하고 두 딸과 함께 산에 있는 굴에 거하였다. 그러는 와중에 롯은 어느 밤 술을 잔뜩 마시고 취해서 그만 자기의 큰딸과 동침을 하였고, 이 일로 큰딸이 임신했는데 그렇게 난 아들이 바로 모압이었다. 그 다음 날 롯은 또다시 술에 취해 작은딸과 동침했고, 그렇게 낳은 아들이 벤암미로 암몬 자손의 조상이었다.

아니, 이 어려운 와중에 술은 어디서 났을까? 그것도 크게 취할 정도의 술을 어디서 구해 굴까지 가지고 들어왔을까? 롯의 가정은 그만큼 타락했다. 몸은 소돔을 벗어났지만 정서는 여전히 소돔의 방탕한 분위기에 찌들어 있었다. 만약 롯이 아브라함의 중보기도 덕분에 살아났다는 것을 인정했다면 다시 겸손한 마음으로 삼촌 아브라함에게 돌아가는 것이 옳다. 사실 전에 소돔성에 있을 때 북방의 그돌라오멜 왕이 다섯 왕을 규합하고 연합군을 구성하여 소돔과 고모라 지역을 정복한 일이 있었다. 이때 아브라함은 홀로 사병 318명을 데리고 목숨을 걸고 가서 자기 조카 롯을 구해왔다(창 14:14-16). 롯은 결정적인 위기의 순간에 아브라함 덕에 생명을 구했다. 그러나 그는 하나님께 돌아가려 하지 않았다. 오히려 소돔의 풍요로운 현실에 영혼은 질식당하고 있었다.

결국 롯은 불 심판을 피해 도망갔던 소알과 주변 지역을 중심으로 정착하였다. 그의 큰아들 모압은 이 지역을 중심으로 모압 족속을 형성하였고, 둘째 벤암미는 모압 위쪽 지역에서 암몬 족속을 형성하였다. 하나님은 이들에게도 은혜를 베푸셔서 크고 강성한 민족을 형성하게 하셨다. 하지만 이들은 훗날 하나님의 은혜를 잊고, 이스라엘 백성의 가나안 진입을 가로막고 심술을 부렸다. 이스라엘이 출애굽하여 40년 광야생활을 마치고 요단 동편을 돌아 에돔과 모압 땅을 거쳐 가나안 땅으로 들어가려 할 때였다. 모압 왕 발락은 이스라엘을 못 들어가게 막을 뿐 아니라 아예 저주를 퍼부어 멸망시키려 했다(민 22:2-6). 하지만 이런 시도는 하나님의 적극적인 개입으로 실패한다

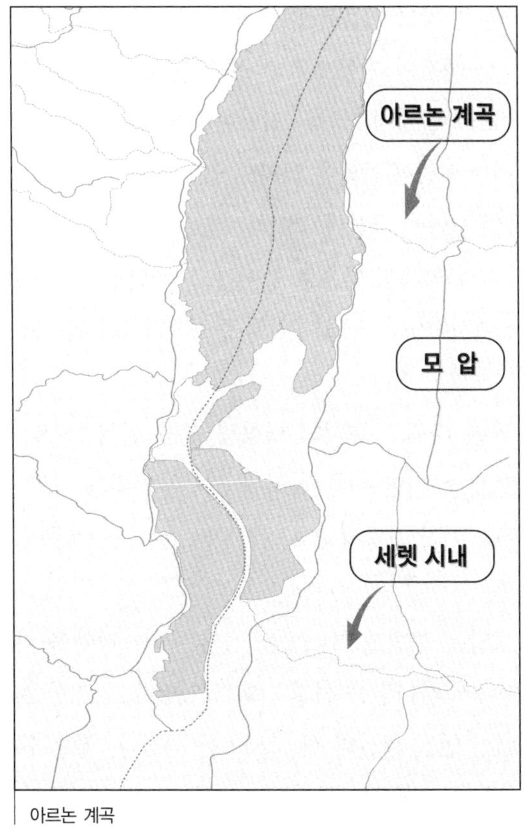

아르논 계곡

(민 24:10-11). 그러자 이번에는 미인계를 사용하여 이스라엘 진영을 음란과 우상 숭배에 빠뜨렸다(민 25장). 이스라엘은 이렇게 가나안 입성을 앞두고 모압에게 커다란 타격을 입는다. 모압은 이스라엘이 잘 되는 것을 싫어했다.

이후 사사시대에 모압 왕 에글론은 암몬과 아말렉 자손들을 대동하여 이스라엘을 치고 이들을 18년간 지배하였다(삿 3:12-13). 이때 왼손잡이 사사 에훗의 활동으로 이스라엘은 다시 평화를 찾았다(삿 3:21-22). 이스라엘에게 모압은 정말이지 얄미운 친척이었다.

하지만 이런 와중에 놀라운 역사도 있었다. 얄미운 모압 사람 중에 놀라운 믿음의 사람이 나왔던 것이다. 바로 모압 여인 룻이었다. 룻은 시어머니를 따라 약속의 땅으로 들어갔고, 하나님께 소망을 두고 결단하여 결국 메시아의 선조인 다윗의 증조할머니가 된다(룻 4:21-22, 마 1:5).

이후 모압은 다윗의 통치와 영향력 아래 선취적으로 머문 적이 있다(삼하 8:2). 하지만 이후 남북왕국이 분열되자 모압 왕 메사는 나라의 주권을 되찾고(왕하 3:4-27) 아르논 계곡 북쪽으로 세력을 확대했다.

이처럼 모압은 주변에 하나님을 섬기는 이스라엘을 이웃으로 두어 늘 가까이에서 하나님을 섬길 기회가 있었다. 하지만 이들은 여호와 하나님 대신 인신 제사의 신 그모스를 섬겼다. 열왕기하 3장에는 모압이 위기에 몰리자 모압 왕이 자기 아들을 잡아 가증한 인신 제사를 드리는 장면이 나온다(왕하 3:26-27).

이사야의 활동 약 100년 전(주전 840년) 활약했던 모압왕 메사의 비문이 고고학자들에 의해 발견된 적이 있다. 여기에는 이스라엘의 왕 오므리가, 시므리 다음에 쿠데타로 왕이 되었고, 오므리는 왕국의 성전기명들을 취하여 그것을 그모스 신 앞에 두었다고 기록하고 있다.

모압은 이스라엘과 가까웠다. 그러나 거룩한 영향력을 받지 못한

(위)아르논(알-무집) 계곡 서쪽 사해 방향, (아래)동쪽 모압내륙 방향-멀리 2004년 완공한 무집 댐.

채, 도리어 우상 그모스의 영향력을 받아들였다. 이들은 자기 선조 모압의 부끄러운 기원이 있어서 그랬는지, 늘 이스라엘을 시기하고 탐내고 뒷다리를 잡고 끌어내리려 했다. 하나님은 이렇게 살아왔던 모압에게 경고를 내린다.

본문의 경고를 이해하려면 모압의 지리적 경계를 나누는 두 개의 큰 계곡을 알아 두면 도움이 된다. 하나는 북쪽 경계를 이루는 아르논 계곡(와디 알-무집)이고, 다른 하나는 남쪽 경계를 이루는 세렛(Zered) 시내(와디 엘-헤사)다.

두 계곡은 모두 웅장하고 아름답다. 이 둘 사이의 남북 거리는 약 48km 정도가 된다. 본문에 나오는 지명은 이 둘 사이에 있는 크고 작은 성읍들이다. 원래 모압의 경계는 이 두 계곡 사이였다.

하지만 이사야의 활동 이전 백 년에 걸쳐 모압은 그 영토를 르우벤과 갓 지파에 속했던 아르논 북쪽 지역으로 확장했다. 이로 인해 모압은 교만해졌고 하나님은 이런 모압의 교만을 책망하신다.

> "하룻밤에 모압 알이 망하여 황폐할 것이며 하룻밤에 모압 기르가 망하여 황폐할 것이라"(사 15:1).

모압 알은 아르논 계곡 부근의 성읍이고(민 21:28 참조), 모압 기르는 사해에서 동쪽으로 약 19km 지점인 중부 지역에 위치한 모압의 중심 성읍이다. '기르'는 '성읍' 또는 '도성'을 의미하기에 '모압 기르'는 모압의 도성, 곧 모압의 중심도시(수도)를 말한다. 모압 알과 모압 기르가 하룻밤에 망한다는 것은, 모압 변경에서 수도에 이르기

세렛(제레드) 시내 내부로 펼쳐진 협곡

까지 모압 전역이 순식간에 초토화 됨을 의미한다.[109)]

하나님의 이런 경고는 모압의 예상을 완전히 뒤집는 것이었다. 모압은 북이스라엘이 앗수르에 의해 멸망당하기를 은근히 바라고 있었다. 북이스라엘을 무너뜨리면 다음 목표는 유다와 블레셋일 것이고, 결국 앗수르는 애굽을 향해 내려갈 것이라 예상했다. 게다가 역사적으로 별로 마음에 들지 않는 북이스라엘과 남유다가 망한다면 이것처럼 좋은 일이 없다. 안 그래도 하나님이 이스라엘만 복주시는 것이 역사적으로 배 아팠는데 앗수르의 침공은 이 모든 것을 뒤엎는 좋은 기회라 생각했다. 따라서 모압은 앗수르의 남진전쟁에 대해 그렇게 크게 걱정하지 않았다. 전쟁의 불똥이 남유다와 애굽으로 튈 줄 알았다. 하지만 하나님은 이웃의 위기를 보고도 자기의 위기처럼 여기기는커녕 도리어 쾌재를 부르는 모압에게 순식간에 멸망이 이를 것을 경고하신다.

"그들은 바잇과 디본 산당에 올라가서 울며 모압은 느보와 메드바를 위하여 통곡하는도다. 그들이 각각 머리카락을 밀고 각각 수염을 깎았으며 거리에서는 굵은 베로 몸을 동였으며 지붕과 넓은 곳에서는 각기 애통하여 심히 울며 헤스본과 엘르알레는 부르짖으며 그들의 소리는 야하스까지 들리니 그러므로 모압의 군사들이 크게 부르짖으며 그들의 혼이 속에서 떠는도다"(사 15:2-4).

'바잇'은 '집'을 의미하는 히브리어 '바이트'에서 온 것으로 이방신을 섬기던 '성전'을 의미한다. '디본'은 아르논에서 북쪽으로 약 5km 떨어진 곳에 위치한 성읍으로, 원래는 르우벤 혹은 갓 지파에 속했던 것이었으나(민 21:30, 32:3, 32:34, 33:45, 수 13:9,17) 훗날 모압에게 빼앗겼다. 이후 이곳은 모압 왕 메사의 고향이 되었고, 모압의 신 그모스를 섬기던 산당이 자리 잡았다(렘 48:18 참조).[110] 본문은 바잇과 디본 사람들이 갑작스럽게 모압에 임한 멸망의 심판으로 충격을 받아 그모스 신전이 위치해 있던 높은 산당(high place)에 올라가 통곡함을 묘사한다(2절, NRSV 참조).

이들이 통곡했던 '느보'는 모세가 약속의 땅을 바라보았던 사해 북단에 있는 산을 가리키지만(신 34:1 참조), 여기서는 느보 산지에 자리 잡은 마을을 가리킨다, '메드바'는 느보에서 남동쪽으로 약 8km 떨어진 곳에 위치한 성읍이었다. 이렇게 높은 곳에 위치한 성읍은 그만큼 점령하기가 쉽지 않다. 하지만 한날에 멸망당했다. 너무나도 충격적인 사건 앞에 모압 사람들은 머리카락을 밀고 수염을 깎고 굵은 베로 몸을 동여 애통하였다. 이는 큰 애통의 표현이었다(렘 48:37 참

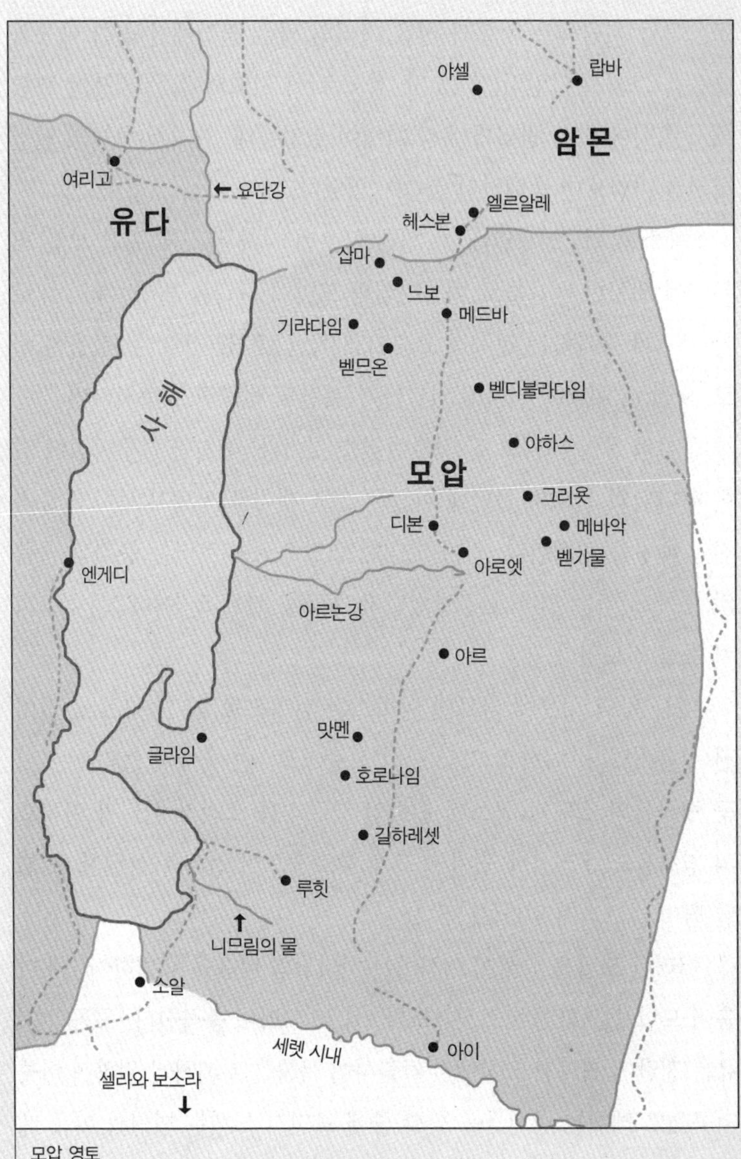
야셀
랍바
암 몬
여리고
요단강
유 다
엘르알레
헤스본
삽마
느보
메드바
기랴다임
벧므온
사해
벧디블라다임
야하스
모 압
그리욧
디본
메바악
아로엣
벧가물
엔게디
아르논강
아르
맛멘
글라임
호로나임
길하레셋
루힛
니므림의 물
소알
세렛 시내
아이
셀라와 보스라

모압 영토

조). 모압 사람들은 지붕과 성읍 거리의 넓은 광장에서 심한 애통과 울음을 그치지 않았다(사 15:3). 참고로 이 지역의 집은 지붕이 평평해서 옥상에 작은 침실과 옥상 마당이 있었는데, 거기서 하늘의 일월성신을 바라보며 숭배하던 풍습이 있었다.

'헤스본'과 '엘르알레'는 원래 르우벤 지파 분깃에 속한 모압 최북단에 위치한 성읍들로 이스라엘과 모압이 각축을 벌인, 왕의 대로가 가까이 통과하는 전략적 요충지였다(민 32:37-38). 두 성읍은 서로 약 3km 이내에 위치해 있었다.[111] 북단의 전략적 요충지라면 그만큼 군사적 무장 태세도 잘 갖추어졌을 것이다. 하지만 하루아침에 임한 하나님의 진노의 심판에 이들은 손도 제대로 써보지 못하고 충격적인 패망을 경험한다. 갑자기 임한 멸망으로 부르짖는 충격과 슬픔의 통곡 소리는 얼마나 강렬했던지 허공을 가르고 '야하스' 성읍까지 들릴 정도였다.

메사 왕의 비문에 따르면 야하스는 남쪽으로 약 16~19km 떨어진 성읍이었다. 야하스 역시 군사 요충지로, 먼 곳에서 들려오는 아군 병사들의 절망과 공포에 휩싸인 부르짖음 소리가 들리자 야하스의 병사들도 두려움에 휩싸여 크게 부르짖으며 전의를 상실한 채 벌벌 떨며 널브러져 있다(사 15:4).

이러한 모압을 향하여 이사야는 하나님의 마음을 대변하여 "내 마음이 모압을 위하여 부르짖는도다"(사 15:5)라며 통곡한다. 통곡의 이유는 전란에 휩싸인 고향에서 탈출하여 목숨을 부지하기 위하여 이곳저곳으로 헤매는 난민들을 환상 중에 보면서 느끼는 연민과 아픔 때문이다. 모압에 임한 파멸은 하나님의 공의로운 심판이지만 그럼에도

모압 사람들의 절망적인 상황이 예언자의 가슴을 아프게 했다.[112)]

피난민들은 살길을 찾기 위해 에돔이 있는 남쪽으로 이동한다.

> "그 피난민들은 소알과 에글랏 슬리시야까지 이르고 울며 루힛 비탈길로 올라가며 호로나임 길에서 패망을 울부짖으니"(사 15:5).

이들은 소알과 에글랏 슬리시야로 떠난다. 소알은 롯과 그의 두 딸이 소돔과 고모라의 재앙을 피해 도망갔던 성읍으로, 이곳의 한 동굴에서 선조 모압이 태어났다. 이곳은 사해 남단에 위치했는데 그 당시 에돔 영토에 속했다. '에글랏 슬리시야'는 '3년 된 암소'라는 뜻인데, 이는 모압이 아직 어린 송아지임을 나타낸다.[113)] 예레미야 48장 34절에 따르면 소알에서 에글랏 슬리시야로 가는 길에 호로나임이 있다. 피난민들은 전쟁과 패망의 소식에 서둘러 소알과 에글랏 슬리시야로 갔지만 이 두 성읍은 이미 무너졌고, 울면서 다시 루힛 비탈길로 올라 호로나임으로 향했지만 이미 적이 호로나임을 쳐서 패망시켰다는 말을 듣고 길바닥에 주저앉아 울부짖었다(사 15:5).

이들은 겨우 정신을 차리고 마실 물이 있는 작은 오아시스 '니므림'으로 향한다. '니므림'은 사해 남동쪽으로 대략 13~16km 떨어진 오아시스 와디 '누메이라'를 뜻한다.[114)] 하지만 니므림은 물이 마르고 풀이 시들어 황폐해져 있었고 생존을 위해 의지할 곳이 전혀 되지 못했다(사 15:7). 마침내 이들은 의지가 될만한 재물과 쌓아둔 것들을 가지고 모압의 남쪽 경계 '버드나무 시내'라 불렸던 제레드 시내(와이 엘 헤사)를 건넌다(사 15:7).

모압에게 하룻밤에 임한 패망은 북쪽에서 남쪽까지 모압 전역을 공포와 절망의 곡성으로 뒤덮을 것이다.

"이는 곡성이 모압 사방에 둘렸고 슬피 부르짖음이 에글라임에 이르며 부르짖음이 브엘엘림에 미치며 디몬 물에는 피가 가득함이로다. 그럴지라도 내가 디몬에 재앙을 더 내리되 모압에 도피한 자와 그 땅에 남은 자에게 사자를 보내리라"(사 15:8-9).

세렛 시내에서 피난민들의 곡성이 모압의 중심 성읍 기르 근처의 에글라임에 이르고, 여기서 더 나아가 아르논 북쪽의 브엘엘림까지 미친다. 디몬의 물에는 피가 가득할 것이다. 적의 칼에 수많은 주민이 살육당하게 될 것이다. 그 와중에 도피하여 남은 자들에게는 맹수 '사자'를 보내 결국은 망하게 하실 것이다. 결국 모압은 역사적으로 늘 가까운 곳에 머물던 구원과 긍휼의 기회를 영영 거부하고 멸망하고 말 것이다. 롯이 아브라함과 헤어진 이후 하나님이 롯과 그의 자손들에게 베푸신 자비의 역사는 길다. 하나님은 수시로 이들에게 하나님의 손길을 경험할 수 있는 기회를 주셨지만 모압은 끊임없이 하나님의 긍휼을 거부해 왔다. 결국 모압은 하루아침에 임한 파멸로 돌이킬 기회조차 제대로 갖지 못하게 될 것이다.

나는 하나님께서 내 주변에 주신 기회를 얼마나 예민하게 잘 살피는가? 혹시 다른 이들이 믿음으로 든든히 서가는 모습을 보면 시기하고 질투하며 힘들어하지는 않는가? 마땅히 주의 긍휼과 자비를 구해야 함에도 열등감으로 하나님께 나아가기를 주저하지는 않는가? 이제는 용기 있게 결단하고 그것마저 내려놓으라. 그리고 겸손히 하나님께 나아가라!

[28장 각주]

109) 알렉 모티어, 「이사야 주석」, 325쪽.
110) 존 오스왈트, 「NICOT 이사야 I」, 391쪽.
111) 위의 책, 391쪽.
112) 김필회, "이사야 1-39장", 「묵상과 설교」, 2020. 7-8 (서울: 한국성서유니온, 2020), 168쪽.
113) 에드워드 J. 영, 「이사야 주석 I」, 538쪽의 각주 1번 참조.
114) 존 오스왈트, 「NICOT 이사야 I」, 392쪽.

29 Chapter 29. Isaiah 16:1-14

이웃에게 있는 믿음의 보화를 찾으라

*[1]너희는 이 땅 통치자에게 어린 양들을 드리되 셀라에서부터 광야를
지나 딸 시온 산으로 보낼지니라. [2]모압의 딸들은 아르논 나루에서
떠다니는 새 같고 보금자리에서 흩어진 새 새끼 같을 것이라. [3]너는
방도를 베풀며 공의로 판결하며 대낮에 밤같이 그늘을 지으며 쫓겨
난 자들을 숨기며 도망한 자들을 발각되게 하지 말며 [4]나의 쫓겨난
자들이 너와 함께 있게 하되 너 모압은 멸절하는 자 앞에서 그들에게
피할 곳이 되라. 대저 토색하는 자가 망하였고 멸절하는 자가 그쳤고
압제하는 자가 이 땅에서 멸절하였으며 [5]다윗의 장막에 인자함으로
왕위가 굳게 설 것이요. 그 위에 앉을 자는 충실함으로 판결하며 정
의를 구하며 공의를 신속히 행하리라. [6]우리가 모압의 교만을 들었나*

니 심히 교만하도다. 그가 거만하며 교만하며 분노함도 들었거니와
그의 자랑이 헛되도다. [7]그러므로 모압이 모압을 위하여 통곡하되 다
통곡하며 길하레셋 건포도 떡을 위하여 그들이 슬퍼하며 심히 근심
하리니 [8]이는 헤스본의 밭과 십마의 포도나무가 말랐음이라. 전에는
그 가지가 야셀에 미쳐 광야에 이르고 그 싹이 자라서 바다를 건넜더
니 이제 열국의 주권자들이 그 좋은 가지를 꺾었도다. [9]그러므로 내
가 야셀의 울음처럼 십마의 포도나무를 위하여 울리라 헤스본이여,
엘르알레여, 내 눈물로 너를 적시리니 너의 여름 실과, 네 농작물에
즐거운 소리가 그쳤음이라. [10]즐거움과 기쁨이 기름진 밭에서 떠났고
포도원에는 노래와 즐거운 소리가 없어지겠고 틀에는 포도를 밟을
사람이 없으리니 이는 내가 즐거운 소리를 그치게 하였음이라. [11]이
러므로 내 마음이 모압을 위하여 수금같이 소리를 발하며 내 창자가
길하레셋을 위하여 그러하도다. [12]모압이 그 산당에서 피곤하도록 봉
사하며 자기 성소에 나아가서 기도할지라도 소용없으리로다. [13]이는
여호와께서 오래 전부터 모압을 들어 하신 말씀이거니와 [14]이제 여호
와께서 말씀하여 이르시되 품꾼의 정한 해와 같이 삼 년 내에 모압의
영화와 그 큰 무리가 능욕을 당할지라. 그 남은 수가 심히 적어 보잘
것없이 되리라 하시도다.

전도하다 보면 과거에 교회 다녔던 경험이 있다든지, 미션 스쿨에 다녔다는 이들이 꽤 많다. 심지어 군대 다닐 때 초코파이 때문에 몇 주간 교회에 나갔던 이들도 있다. 하지만 이런저런 이유로 신앙생활을 이어가지 못하고 세상 풍조에 휩쓸려 살아가는 경우가 참 많다. 그러던 중 인생의 풍파를 겪으며 다시 누군가의 손에 이끌리거나 어릴 때의 기억을 더듬어 신앙을 찾아오는 이들이 있다. 그리고 이런 이들에게는 정말 하나님께 돌아와야 한다는 절박함이 있다.

본문에 나오는 모압이 이런 경우에 해당한다. 모압은 하나님을 섬기는 이웃 이스라엘과 경계를 맞대고 있었지만 하나님을 가까이하기는커녕 도리어 잔혹한 우상 그모스에 끌렸다. 이들은 다윗 왕가의 봉신으로 충성을 바치다가 이후 남북 왕조가 분열되었을 때는 북이스라엘에게 공물을 바치며 한동안 충성하였다. 그러던 중 북이스라엘이 타락하여 모압이 섬기던 그모스까지 섬겼다. 영적으로 모압과 같은 그모스를 섬기는 한통속이 되었다. 하지만 모압은 그모스를 섬기는 북이스라엘일지라도 그들의 통치를 받는 것은 싫었다. 매해 막대한 조공을 다른 나라에 낸다는 것이 결코 유쾌한 일이 아니었기 때문이다.

결국 모압은 이들로부터 독립을 선언하고 목숨 건 전쟁을 치른 후 북이스라엘의 지배로부터 자유롭게 되었다(왕하 3:26-27). 그리고 오래 지나지 않아 모압에게 기쁜 일이 일어났다. 자신을 압제하던 북이스라엘이 앗수르에 무너졌기 때문이다. 하지만 기쁨도 잠시뿐, 모압에게는 감당할 수 없는 위기가 닥쳤다. 앗수르가 모압에 들이닥쳤기 때문이다. 모압은 간만에 얻은 자유를 스스로의 힘으로 지켜낼 수 없었다. 결국 모압은 영토를 빼앗기고 모압의 지도자들은 이웃 나라 에돔의 도움으로 에돔의 '셀라' 지역에 임시 왕조를 설치하기에 이른다(왕하 3:26 참조). 하나님은 이런 모압에게 에돔을 의지하지 말고, 장차 다윗의 장막에 세워질 새로운 통치자에게 돌아오라고 요청하신다.

> "너희는 이 땅 통치자에게 어린 양들을 드리되 셀라에서부터 광야를 지나 딸 시온 산으로 보낼지니라"(사 16:1).

'너희'는 모압을 가리킨다. '이 땅의 통치자'는 유다를 가리킨다. 하나님은 모압에게 어린 양들을 유다에 드리라고 한다. 조공을 드리라는 것이다. 모압은 예로부터 양을 많이 치고 이를 이스라엘에게 조공으로 바쳤다. 모압 왕 메사는 새끼 양 십만 마리의 털과 숫양 십만 마리의 털을 이스라엘에게 바치는 등 아합왕의 통치가 끝날 때까지 양을 조공으로 바쳤다(왕하 3:4-5). 그런데 하나님께서 이제는 이 양을 남유다에게 조공으로 바치라고 하신다. 왜 그러실까? 이는 현재 상태로는 모압이 다시 나라를 차지하고 지키기가 무척이나 어렵기 때문이다. 지금 이들은 '셀라' 지역에 왕조를 설치하고 있다.

'셀라'는 '바위'란 뜻을 가졌고, 오늘날 '페트라'로 알려진 나바테아 왕국의 수도를 가리키는 지명이다. 페트라의 길목은 거대한 바위틈을 따라 들어가게 되어 있어 난공불락의 요새 지형을 형성하고 있다. 모압이 여기까지 피신해 온 것은 앗수르가 이미 모압 지역을 장악했기 때문이다. 하나님은 이런 모압에게 이들이 피신한 셀라에서부터 요단 동편과 유다 광야를 지나 예루살렘 시온산으로 사신을 보내라고 말씀하신다.

참된 도움은 시온산에서 나오기에 이들은 시온에 도움을 요청해야 한다. 그렇지 않고 이런 임시 상태로 가다가는 결국 모든 희망이 사라질 수 있다.

"모압의 딸들은 아르논 나루에서 떠다니는 새 같고 보금자리에서 흩어진 새 새끼 같을 것이라"(사 16:2).

아르논 나루터는 사해를 맞대고 있는 나루터이다. 모압의 부녀자들이 아이들을 데리고 적군의 공격을 피해 아르논 나루터까지 밀려왔다. 그러나 떠날 수 있는 배도 마땅하지 않아 나루터에서 사해를 건너지도 못하고 발만 동동 구르며 주변을 배회하고 있다. 굶주림과 공포에 지친 피난민들은 아르논을 벗어나지 못하고 우왕좌왕하다 적의 칼에 죽어간다. 보금자리에서 흩어진 새의 새끼들이 날갯짓을 제대로 하지도 못하고 둥지 밖으로 떨어져 부상당하고 들짐승에게 잡아먹히게 된 형국이다. 모압의 지도자들은 빨리 시온으로 사절을 보내야 한다. 사절들이 보낼 메시지는 3~4절에 등장한다.

"너는 방도를 베풀며 공의로 판결하며 대낮에 밤같이 그늘을 지으며 쫓겨난 자들을 숨기며 도망한 자들을 발각되게 하지 말며 나의 쫓겨난 자들이 너와 함께 있게 하되 너 모압은 멸절하는 자 앞에서 그들에게 피할 곳이 되라"(사 16:3-4).

이를 새번역으로 보면 다음과 같다.

"그들이 유다 백성에게 애원한다. '우리가 어떻게 하여야 할지 말하여 주십시오. 우리를 위하여 중재하여 주십시오. 뜨거운 대낮에 시원한 그늘을 드리우는 나무처럼, 우리가 그대의 그늘에서 쉴 수 있도록 보호하여 주십시오. 우리는 피난민입니다. 아무도 우리를 해치지 못할 곳에 우리를 숨겨 주십시오. 우리가 이 땅에서 살도록 허락하여 주십시오. 우리를 죽이려고 하는 자들에게서 우리를 보호하여주십시오'"(사 16:3-4, 새번역).

모압이 요청하는 내용은 크게 두 가지다. 첫째, 유다의 결단이다. 모압의 구조 요청에 대해 너 유다는 살 방도를 모압에게 베풀어 달라고 결단을 촉구한다. 그러려면 유다는 국경을 개방하여 이들 난민을 받아들여야 한다. 둘째, 모압의 피난민들에게 유다에 거류할 수 있도록 거류민의 지위를 부여하여 보호해 달라는 것이다.[115] 여기 4절의 '쉴 수 있게'(새번역), 또는 '함께 있게'(개역개정)는 히브리어 '구르'에서 온 것으로 여기서 거류민 또는 나그네를 의미하는 '게르'가 파생되었다(사 14:1 참조).

하나님은 이런 모압의 요청에 대하여 장차 다윗의 장막에서 나올 한 통치자가 모압을 압제하던 자의 통치를 종식시키고 온 나라를 신실과 사랑으로 통치할 것이라 선언한다.

"폭력이 사라지고, 파괴가 그치고, 압제자들이 이 땅에서 자취를 감출 것이다. 다윗의 가문에서 왕이 나와 신실과 사랑으로 그 백성을 다스릴 것이다. 옳은 일이면 지체하지 않고 하고, 정의가 이루어지는 것을 보여줄 것이다"(사 16:4-5, 새번역).

유다가 모압의 요청을 들어주어야 할 이유가 여기에 있다. 모압을 억압하던 자들이 망하고 나면 위기의 때에 은혜를 입은 모압이 유다를 종주국으로 인정하고, 다윗의 보좌에 앉아 인애와 진실을 따라 정의와 공의로 다스릴 새로운 왕의 통치 아래 들어갈 것이기 때문이다. 이때가 되면 모압은 하나님의 도, 이스라엘의 참된 통치자인 메시아적 인물에게서 구현되는 도를 배우기 위해 하나님의 산으로 몰려오는 열방의 일원이 될 것이다(사 2:1-4 참조).[116]

모압의 다급한 요청에 유다는 국경 봉쇄를 해제하기로 응답하였다. 그리고 하나님이 말씀하셨던 장차 올 다윗 가문의 통치자에 대한 메시지를 전달해주고 이들의 반응을 기다렸다. 그러나 들려오는 소식은 이들의 통곡 소리다. 아니, 시온이 이들의 요청을 수락하고 받아주려 하는데 이들은 왜 통곡할까? 그들이 시온의 제안을 거부했기 때문이다. 그모스를 섬기는 모압의 입장에서 시온이 제안한 조건은 불편한 것이었다. 왜냐하면 시온이 제공하는 안전을 누릴 수 있으려면 다윗 왕가의 메시아적 왕을 인정해야 했기 때문이다.[117] 무리한 조공을 요구해서 시온의 제안을 거부했다면 모르겠거니와, 이들이 거부하는 이유는 오직 시온의 메시아만이 그들을 구원할 수 있는 참된 구원자라는 것을 인정하지 못했기 때문이다. 이들은 그럴 메시아를 참 구원자로 인정하느니 차라리 자신들이 당한 곤경을 받아들이고 고통을 겪는 쪽을 택했다.[118]

"우리가 모압의 교만을 들었나니 심히 교만하도다 그가 거만하며 교만하며 분노함도 들었거니와 그의 자랑이 헛되도다"(사 16:6).

모압은 교만했다. 이 구절에서 모압의 특성을 묘사하는 '교만' '심히 교만' '거만' '분노' '자랑' 등은 다윗의 장막에 거할 메시아적 통치자가 갖는 특성인 '인자함' '충실' '정의' '공의' 등과 극적으로 대조된다. 모압에게는 여전히 과거에 대한 헛된 자랑과 교만이 있었다(렘 48:7,13,14,26,27, 습 2:8, 10, 암 2:1 참조). 하나님은 결국 이런 모압에게 임할 통곡 소리를 예고하신다. 이는 세 개의 '그러므로'(사 16:7-8,9-10,11-12)로 연결된다.

첫 번째 통곡(사 16:7-8)은 모압의 자부심이었던 포도원이 말라 더 이상 건포도 떡을 생산할 수 없는 것에 대한 애통이다. 건포도를 눌러 만든 작은 덩어리인 '건포도 떡'은 모압의 특산품이자 별미였다. 특히 '길하레셋'은 건포도 산지로 명성이 자자했다. 사해에서 동쪽으로 대략 20km 정도, 아르논과 제레드 중간 지점에 위치한 이 성읍 부근은 지금도 사방에 포도원이 즐비하다. 이곳에서 생산하는 건포도 떡을 주변의 여러 나라에 수출하며 폭넓은 번영을 구가했던 모압은 이제 더 이상 이런 번영을 구가할 수 없게 된다. 이제 하나님이 열국의 주권자들을 보내 모압이 자랑스럽게 여기던 포도나무의 모든 좋은 가지들을 꺾게 할 것이다(사 16:8). 길하레셋 외에도 모압의 좋은 포도나무 산지로 알려진 헤스본, 십마 등도 황폐하게 될 것이다.

두 번째 '그러므로'를 동반한 통곡(사 16:9-10)은 포도나무 수확철이면 헤스본, 십마, 북쪽 경계인 야셀까지 이르러 들려오던 흥겨운 축제 소리가 그칠 것에 대한 애통이다. 더 이상 튼실한 극상품 포도는 맺히지 않을 것이고 포도원이 황폐하게 될 것이다.

세 번째 통곡(사 16:11-12)은 이런 모압의 모습을 바라보는 이사야의 애곡이다. 예언자의 심장(마음)과 창자가 끊어질 듯 아픈 것은 모압을 향한 탄식이 형식적인 탄식이 아니라 진정한 슬픔과 괴로움이 동반된 탄식이기 때문이다. 또한 이는 모압을 사랑하시는 하나님의 마음이기도 하다. 이때 모압은 그들이 의지하는 신 그모스 산당에 나아가 아무리 손발이 부르트도록 빌며 기도해도 소용없을 것이다(사 16:12). 그모스는 아무 힘도 능력도 없는 죽은 우상에 불과하기 때문이다.

주목할 점은 모압의 교만으로 인한 이러한 재앙의 심판의 때가 속히 오고 있다는 사실이다. 하나님은 모압 심판의 때가 '삼 년 내에' 임할 것이라 말씀하신다(사 16:14). 결국 다윗의 왕가에 오실 메시아적 왕의 통치 안으로 들어가라는 하나님의 말씀을 거부하고 자기 교만과 헛된 자랑으로 똘똘 뭉친 모압은 3년 안에 커다란 능욕을 당할 것이다. 비록 모압은 영토를 빼앗겼어도 함께하는 백성이 많았지만 이때가 되어 하나님의 심판이 임하면 남은 백성마저 심히 적어져 보잘것없는 미약한 존재로 전락할 것이다.

하나님은 모압에게 이웃의 다윗 왕가에서 나타날 믿음의 보화를 붙들라고 하시며 살길을 제시하셨지만 모압은 스스로의 교만으로 살길을 거부한다. 아직 자신은 많은 것을 가진 대단한 존재라고 생각하지만 결국 모든 교만이 무너지고 이들의 자랑은 허황된 소설임이 밝혀질 것이다.

나는 어떤 자부심으로 살아가는 사람인가? 내가 자랑스러워하는 것이 무엇인가? 혹시 내 이웃 중에 소중한 믿음의 보화를 가진 이는 없는가? 겸손히 도움을 구하라. 그리고 함께 우리의 구원이자 소망이 되시는 메시아의 통치 안으로 겸손히 들어가라.

[29장 각주]

115) 알렉 모티어, 「이사야 주석」, 329쪽.
116) 존 오스왈트, 「NICOT 이사야 I」, 397쪽.
117) 알렉 모티어, 「이사야 주석」, 331쪽.
118) 위의 책, 332쪽.

30 Chapter 30. Isaiah 17:1-14

자기 힘으로 문제를 해결하려던 이들

1다메섹에 관한 경고라. 보라. 다메섹이 장차 성읍을 이루지 못하고
무너진 무더기가 될 것이라. 2아로엘의 성읍들이 버림을 당하리니 양
무리를 치는 곳이 되어 양이 눕되 놀라게 할 자가 없을 것이며 3에브
라임의 요새와 다메섹 나라와 아람의 남은 자가 멸절하여 이스라엘
자손의 영광같이 되리라. 만군의 여호와의 말씀이니라. 4그날에 야곱
의 영광이 쇠하고 그의 살진 몸이 파리하리니 5마치 추수하는 자가
곡식을 거두어 가지고 그의 손으로 이삭을 벤 것 같고 르바임 골짜기
에서 이삭을 주운 것 같으리라. 6그러나 그 안에 주울 것이 남으리니
감람나무를 흔들 때에 가장 높은 가지 꼭대기에 과일 두세 개가 남음
같겠고 무성한 나무의 가장 먼 가지에 네다섯 개가 남음 같으리라.

이스라엘의 하나님 여호와의 말씀이니라. 7그날에 사람이 자기를 지
으신 이를 바라보겠으며 그의 눈이 이스라엘의 거룩하신 이를 뵙겠
고 8자기 손으로 만든 제단을 바라보지 아니하며 자기 손가락으로 지
은 아세라나 태양상을 보지 아니할 것이며 9그날에 그 견고한 성읍들
이 옛적에 이스라엘 자손 앞에서 버린 바 된 수풀 속의 처소와 작은
산꼭대기의 처소 같아서 황폐하리니 10이는 네가 네 구원의 하나님을
잊어버리며 네 능력의 반석을 마음에 두지 아니한 까닭이라. 그러므
로 네가 기뻐하는 나무를 심으며 이방의 나무 가지도 이종하는도다.
11네가 심는 날에 울타리를 두르고 아침에 네 씨가 잘 발육하도록 하
였으나 근심과 심한 슬픔의 날에 농작물이 없어지리라. 12슬프다. 많
은 민족이 소동하였으되 바다 파도가 치는 소리같이 그들이 소동하
였고 열방이 충돌하였으되 큰 물이 몰려옴같이 그들도 충돌하였도
다. 13열방이 충돌하기를 많은 물이 몰려옴과 같이 하나 주께서 그들
을 꾸짖으시리니 그들이 멀리 도망함이 산에서 겨가 바람 앞에 흩어
짐 같겠고 폭풍 앞에 떠도는 티끌 같을 것이라. 14보라. 저녁에 두려움
을 당하고 아침이 오기 전에 그들이 없어졌나니 이는 우리를 노략한
자들의 몫이요 우리를 강탈한 자들의 보응이니라.

이스라엘의 초대 왕 사울은 많은 백성의 기대를 한 몸에 받고 왕으로 등극했으나 그의 말로는 비참하게 실패하였다. 시간이 갈수록 그는 광기를 부리며 충성스러운 부하였던 다윗을 죽이려고 득달같이 달려들었다. 그의 아들 요나단도 아버지의 광기에 목숨을 잃을 뻔했고, 딸 미갈도 아버지에게 깊은 상처를 받았다. 그를 왕으로 세웠던 사무엘도 그를 외면하고 말았다. 강성했던 그의 인생이 이토록 무너져내린 이유는 무엇 때문일까? 그것은 바로 그를 왕으로 세우신 하나님을 신뢰하는 데 실패했기 때문이다. 그는 사무엘이 오지 않자 불안하여 제사장 외에는 누구도 하면 안 될 제사를 직접 집례하였다(삼상 13:11-12). 또 아말렉과의 전쟁에서 모든 것을 진멸시키라고 명령하신 하나님의 말씀에 불순종하여 가축 중 좋아 보이는 것을 살려두었다(삼상 15:20-23). 그의 인생에서 가장 커다란 실패는 하나님을 신뢰하는 데 실패한 것이었다.

본문은 아람의 수도 다메섹에 관한 경고로 시작한다. 다메섹은 고대 근동 교통의 요지이자 가장 강성한 성읍으로 알려졌다. 다메섹은 애굽에서 메소포타미아 지역으로 갈 때 반드시 통과해야 하는 좁은 길목에 있었다. 다메섹 성 북쪽에는 헤르몬산이 있어 천연 방어벽을 구축하였고, 성 남쪽은 커다란 현무암 대지가 펼쳐져 있어 또 다른 방어벽을 형성했다.

고대로부터 강성했던 아람은 메소포타미아의 앗수르가 강력한 제국으로 성장하여 그 세력을 팔레스타인 이남까지 확장하려고 했을 때 반앗수르 연합 세력의 맏형 역할을 맡았다. 그는 가까운 북이스라엘과 연맹을 맺었고, 요단 동편의 나라들, 즉 모압, 암몬, 에돔 등의 나라와도 연맹을 형성했다. 아람은 유다도 북이스라엘과 함께 반앗수르 연맹에 동참하기를 요청하였다. 그러나 남유다의 왕 아하스는 이를 거절하였고 앗수르를 더 의지하려 하였다. 이런 남유다를 정벌하기 위해 아람 왕 르신과 북이스라엘의 왕 베가는 함께 연합하였다

(왕하 16:5). 하지만 아람이 유다를 공격할 때 간과했던 결정적인 실패의 요인이 있었다. 그것은 유다가 많이 부족하기는 하지만 하나님의 긍휼의 시선이 그들에게 머물러 있다는 것이었다(사 14:1 참조).

하나님은 다메섹을 향하여 “장차 성읍을 이루지 못하고 무너진 무더기가 될 것이라” 경고하신다(사 17:1). 또한 아람 남쪽 경계 지역에 위치한 아로엘의 성읍들도 “버림을 당하여 양 떼를 치기에 적합한 풀만 무성한 폐허가 될 것”이라 말씀하신다(사 17:2). 다메섹만 경고의 대상이 아니다. 그와 함께 연합하였던 북이스라엘도 심판의 대상이 된다. 다메섹과 아람의 남은 자가 멸절하여 사라지겠거니와 에브라임의 요새도 허물어질 것이다(사 17:3). 이는 북이스라엘의 수도 사마리아성을 말한다.

지금은 폐허만 남아 있지만 사마리아성의 규모는 상당하다. 지금도 들어가는 입구 좌우 수백 미터에 즐비하게 서 있거나 무너져 내린 주랑들은 과거의 찬란한 영광을 보여주는 듯하다. 사마리아성에 올라가 보면 동서남북 사방이 다 보인다. 날이 좋을 때는 서쪽으로는 멀리 지중해가 보이고, 동쪽으로는 요단 골짜기가 보인다. 사방을 한눈에 조망하여 적군의 침입을 탐지할 수 있는 견고한 요새였던 것이다.

하지만 요새 사마리아성도 속절없이 무너지게 될 것이다. 결국 아람(수리아)의 영광은 북이스라엘 자손의 영광같이 떨어질 것이다(사 17:3). 그날에 야곱(이스라엘)의 영광이 쇠하고 한때 살쪘던 몸이 파리하게 될 것이다(사 17:4). 마치 추수하는 자가 곡식을 거두고 난 뒤 텅 빈 들판처럼 될 것이고, 르바임 골짜기에서 이삭을 주운 것 같을 것이다(사 17:5). 르바임 골짜기는 예루살렘 남서쪽 베들레헴 근교에 있는 해발 200~300m의 쉐펠라 평원 지역이다. 르바임 골짜기는 '거인의 골짜기'라는 뜻으로, 기후와 토양이 좋아 포도와 곡식 농사가 잘되는 지역이었다. 예루살렘의 가난한 자들은 종종 이곳에 와서 추수가 끝난 후 곡식을 줍곤 했다.[119] 그래서 사무엘시대에는 블레셋이 이곳을 점령하기 위해 자주 침몰하여 곡식을 약탈하곤 했다(삼하 5:18,22, 23:13).

추수 때가 되면 들판을 가득하게 채웠던 곡식이 이제는 추수가 끝나 남은 것이 없다. 겨우 이삭 일부를 주울 뿐이다. 이스라엘의 영광이 쇠락한 모습이 이와 같다는 것이다. 그나마 남아 있는 영광이라고 한다면 마치 감람나무, 즉 올리브 나무를 흔들 때 가장 높은 가지 꼭대기에 열매 두세 개가 남음 같고, 무성한 과일나무에서 가장 멀리 뻗은 가지 끝에 달린 과일 네다섯 개 같다. 올리브 나무에 열매가 달리면 어마어마하게 많다. 그 많은 열매가 다 떨어지고 겨우 몇 개만 남는다면 얼마나 앙상하겠는가?

북이스라엘의 찬란한 영광은 어떻게 그렇게 떨어지게 되었는가? 그 핵심에는 하나님을 신뢰하는 데 실패한 것이 가장 큰 원인으로 자리 잡고 있다. 하나님은 이스라엘의 영광을 떨어뜨리고서라도 그의 백성이 다시 하나님을 바라보고 신뢰하기를 원하셨다. 사람은 참 간사하다. 내가 의지했던 것들이 속절없이 무너지고, 내 인생이 무너져 내리고 완전히 바닥을 쳐야 비로소 하나님을 찾는다. 하나님도 이것을 아셨다.

"그날에 사람이 자기를 지으신 이를 바라보겠으며 그의 눈이 이스라엘의 거룩하신 이를 뵙겠고 자기 손으로 만든 제단을 바라보지 아니하며 자기 손가락으로 지은 아세라나 태양상을 보지 아니할 것이며"(사 17:7-8).

사람(히. 아담)은 이삭줍기 후에도 살아남은 소수의 이스라엘 사람(사 17:6), 아람의 남은 자들(사 17:3)을 포괄한다. 이들은 자신이 의지하던 모든 것이 철저하게 무너져 내리고 난 이후에야 그동안 자기 손으로 제단과 주상을 만들고 섬기고 의지하던 아세라나 태양신들이 아무것도 아니라는 것을 비로소 깨달았다. 이제는 사람을 지으신 창조주 하나님 여호와를 가난하고 겸손한 마음으로 바라보기 시작할 것이다.

'바라본다' 는 것은 예배한다는 뜻이다. 이제 참되신 하나님을 인정하고 경배하는 일이 일어나게 될 것이다. 역사적으로는 북이스라엘이 멸망할 때 하나님을 경외하던 많은 이가 유다로 넘어와 하나님을 예배하게 되었다. 그날에는 북이스라엘의 견고한 성읍들이 황폐하여 버려질 것이고, 수풀 속과 작은 산꼭대기에 세운 우상을 섬기던 산당들도 모두 황폐해질 것이다(사 17:9). 이 모든 것의 근본 원인을 하나님은 다음과 같이 말씀하신다.

"이는 네가 네 구원의 하나님을 잊어버리며 네 능력의 반석을 마음에 두지 아니한 까닭이라"(사 17:10).

이제는 하나님을 기억하고 그분께 돌아가야 한다. 그렇지 않고는 번영을 구가하려는 모든 시도는 헛되고 열매 없이 끝난다.

> "그러므로 네가 기뻐하는 나무를 심으며 이방의 나무 가지도 이종하는도다. 네가 심는 날에 울타리를 두르고 아침에 네 씨가 잘 발육하도록 하였으나 근심과 심한 슬픔의 날에 농작물이 없어지리라"(사 17:10-11).

본문은 북이스라엘의 헛된 시도의 대표적인 행위로 당시에 행해졌던 아도니스 신 숭배 활동을 지목한다. 이것은 화분에 식물을 심어 영양분과 물을 듬뿍 주고 빨리 자라 꽃을 피우게 하여 이것을 아도니스 신에게 봉헌한 후, 죽도록 내버려 두었다가 나중에 다시 살아나기를 기원하며 풍요를 기원하는 의식이다. 이는 고대 근동에서 행했던 담무스 숭배가 헬라화 된 것이었다(겔 8:14 참조).[120]

담무스는 초목의 신으로 봄이면 세상의 초목을 소생하게 한다고 여겼다.[121] 담무스는 히브리 달력으로 네 번째 달(6-7월) 하지가 되면 죽어서 지하세계로 내려갔다가 추분기 가을비가 내릴 때 다시 부활하여 새로운 생장의 시기를 맞이한다.[122] 담무스의 죽음과 부활은 농작물의 생장주기와 궤를 같이하여 이 땅에 풍년을 가져다주는 신으로 여겼다. 본문에서 나무를 심었다가 심한 슬픔의 날에 농작물이 죽도록 내주는 것은 담무스 애곡 의식의 일부로 풍년을 바라는 일종의 이방 제의 의식이다. 하나님은 풍년과 풍요로움을 기대하며 행하던 이들의 이방 제의 의식이 헛수고로 끝날 것을 선언하신다. 열심히 노력했으나 결국은 헛된 노력이었다. 나의 안정과 풍요를 위해 아무리 노력해도 하나님의 손이 함께하지 않으면 아무리 공을 들여도 언제든지 공수래공수거로 끝날 수 있음을 기억해야 한다(시 127:1 참조).

반면 하나님의 긍휼의 시선이 머무는 유다는 아무리 열방이 파도 치듯 넘실대며 민족들이 소동해도 끄떡없다. 왜? 하나님께서 위협하는 세력들을 꾸짖으실 것이기 때문이다(사 17:13).

"보라. 저녁에 두려움을 당하고 아침이 오기 전에 그들이 없어졌나니 이는 우리를 노략한 자들의 몫이요 우리를 강탈한 자들의 보응이니라"(사 17:14).

이 말씀은 주전 701년 예루살렘을 쳐들어왔던 앗수르 군대 18만 5천이 하룻밤 사이에 하나님이 보낸 천사에 의해 모조리 죽임당한 장면을 연상시킨다(사 37:36). 이런 역사는 우리가 구원의 하나님을 잊지 않고 능력의 반석 되신 하나님을 전적으로 의지할 때 하나님의 백성에게 언제라도 일어날 수 있다(사 17:10 참조). 여호와의 눈은 지금도 온 땅을 두루 감찰하사 전심으로 자기를 향하는 자들을 위하여 능력을 베푸신다(대하 16:9).

우리 인생의 가장 큰 실패는 하나님을 신뢰하지 못하는 실패다. 내 능력이 모자라고 소유가 모자라도 괜찮다. 전심으로 하나님을 의지할 수 있는 믿음이 비교할 수 없이 가장 중요하다. 지금도 이런 자들을 위해 긍휼을 베푸시는 하나님을 붙들라! 그분의 능력을 구하라!

[30장 각주]

119) 알렉 모티어, 「이사야 주석」, 339쪽.

120) 존 오스왈트, 「NICOT 이사야 I」, 409쪽.

121) 박철우, 「에스겔」, 대한기독교서회창립100주년기념주석 24 (서울: 대한기독교서회, 2010), 189쪽.

122) Lowell K. Handy, "TAMMUZ", *ABD VI*, 318쪽.

31 Chapter 31. Isaiah 18:1-7

민첩한 구스, 조용하신 하나님

1슬프다. 구스의 강 건너편 날개 치는 소리 나는 땅이여 2갈대 배를 물
에 띄우고 그 사자를 수로로 보내며 이르기를 민첩한 사절들아 너희
는 강들이 흘러 나누인 나라로 가되 장대하고 준수한 백성 곧 시초부
터 두려움이 되며 강성하여 대적을 밟는 백성에게로 가라 하는도다.
3세상의 모든 거민, 지상에 사는 너희여 산들 위에 기치를 세우거든
너희는 보고 나팔을 불거든 너희는 들을지니라. 4여호와께서 내게 이
르시되 내가 나의 처소에서 조용히 감찰함이 쬐이는 일광 같고 가을
더위에 운무 같도다. 5추수하기 전에 꽃이 떨어지고 포도가 맺혀 익
어갈 때에 내가 낫으로 그 연한 가지를 베며 퍼진 가지를 찍어 버려
서 6산의 독수리들과 땅의 들짐승들에게 던져 주리니 산의 독수리들

이 그것으로 여름을 지내며 땅의 들짐승들이 다 그것으로 겨울을 지내리라 하셨음이라. [7]그때에 강들이 흘러 나누인 나라의 장대하고 준수한 백성 곧 시초부터 두려움이 되며 강성하여 대적을 밟는 백성이 만군의 여호와께 드릴 예물을 가지고 만군의 여호와의 이름을 두신 곳 시온 산에 이르리라.

주변에 보면 참 발 빠른 사람이 있다. 항상 무슨 일이 있을 것 같으면 미리 발 빠르게 움직인다. 이런 민첩함이 도움이 될 때가 있다. 회사에서 복잡한 점심시간을 피하려면 10분만 먼저 나가도 기다리는 시간을 훨씬 줄일 수 있다. 하지만 이런 민첩함이 도움이 되지 않을 때도 많다. 민첩하게 다른 이보다 먼저 가려고 차를 빠르게 몰고 가다가 교통신호 감시카메라에 찍혀 과속 딱지를 끊는다. 또 다른 사람보다 한발 앞서기 위해 편법을 쓰기도 한다. 이런 민첩함은 결국 장기적인 신뢰 관계를 무너뜨리고 득보다 실이 많아진다.

본문에 등장하는 구스도 상당히 민첩한 나라였다. '구스'는 '스바'라고도 하며 오늘날의 에티오피아에 해당한다. 구스의 전성기 때는 오늘날 에티오피아 주변의 수단과 누비아도 모두 이 지역에 편입되었다. 구스는 애굽 남쪽 상류 지역에 나일강을 따라 흐르는 네 번째 폭포 유역에 있었고, 여기서 청나일과 백나일, 그리고 아트바라강이 갈라져 흐르고 있었다. 물이 많고 습한 데다 기후가 덥다 보니 벌레들이 많았다. 늘 벌레들이 윙윙거리며 날개 치는 소리가 들려 '날개 치는 소리 나는 땅'으로 불렸다.

"슬프다. 구스의 강 건너편 날개 치는 소리 나는 땅이여 갈대 배를 물에 띄우고 그 사자를 수로로 보내며 이르기를 민첩한 사절들아"(사 18:1-2).

구스는 나일강 상류 깊숙이 자리하는 가운데 강대국 애굽을 가까이에 마주하고 있었다. 구스는 늘 벌레가 들끓는 나라였다. 그래서 벌레 신들을 섬기기도 하였다. 그럼에도 구스는 강성대국을 이루었다. 주전 732년 누비아 출신의 피앙키는 애굽의 나일강 삼각주 유역을 장악하여 애굽제국의 왕조로 등극하였다.[123] 이들이 열악한 조건에도 애굽 왕조를 차지하기까지 강성대국을 이룬 비결은 무엇이었을까?

그것은 이들이 정보력과 문물교류로 강대국의 선진문명을 발 빠르게 흡수하여 발전한 결과였다. 대표적인 사례가 바로 솔로몬 통치 시대에 이스라엘을 방문했던 스바 여왕이었다. 그녀는 솔로몬을 만나 많은 지혜를 구하고 이스라엘의 선진 문명과 지혜를 받아들였다(대하 9:1-12). 에티오피아 역사에 따르면 스바 여왕은 솔로몬왕과 사랑에 빠졌고, 본국에 귀환한 후 에티오피아 초대 황제에 오른 메넬리크 1세를 낳았다.[124]

이처럼 구스는 외부 문명을 받아들이는 데 개방적이었다. 이들에게 구스 이곳저곳을 굽이쳐 흐르는 강들은 선진 문명이 유입되는 주요 통로였다. 구스는 이 지역에 나는 갈대, 곧 파피루스를 엮어 가볍고 튼튼하며 빠른 배를 만들었다. 이들이 구스의 여러 강에 띄운 갈대 배는 외부의 문물을 수입하는 첨병이었다.

변방의 벌레 많은 작은 나라가 강줄기를 따라 민첩하게 선진 문물을 흡수한 결과, 이사야가 활동하던 시대에 이르러서는 애굽의 실권을 장악하여 천하를 호령하는 자리까지 오르게 된 것이다.

하지만 이들이 애굽의 통치 왕조로 등극하였을 때 국제 정세는 만만치 않았다. 무엇보다 신흥 강국 앗수르가 북방의 나라들을 하나하나 점령하면서 점차 그 세력을 남쪽으로 뻗치고 있었다. 당장에 다메섹과 북이스라엘이 타격을 받았다. 이대로 가다가는 앗수르의 칼끝이 결국 애굽의 심장부를 겨누게 될 것이다. 구스는 그동안 그들이 해왔던 방식대로 다시 기민하게 갈대 배에 사절단을 보내 인근 나라와 긴밀한 협력을 강화하려 했다. 그것은 애굽 주변의 북방 나라들, 곧 북쪽 지역의 맹주인 아람과 북이스라엘, 블레셋과 남유다, 암몬, 모압, 에돔 등의 나라들을 설득하여 반(反)앗수르 동맹을 결성하는 것이었다. 이런 구스의 사절단은 예루살렘에도 왔을 것이다.

하지만 하나님은 사절단들을 향하여 이런 구스의 발 빠른 대응을 멈추라고 선언한다.

> "민첩한 사절들아 너희는 강들이 흘러 나누인 나라로 가되 장대하고 준수한 백성 곧 시초부터 두려움이 되며 강성하여 대적을 밟는 백성에게로 가라 하는도다"(사 18:2).

여기서 '강들이 흘러 나누인 나라'는 백나일, 청나일 등의 여러 강 지류가 있던 구스를 말한다. 이들은 장대하고 준수했다. 역사학자 헤로도토스는 구스인이 '모든 사람 가운데 가장 크고 아름다운 사람'이라 기록한 바 있다.[125] '준수하다'(히. 미라트)는 '윤내다' '빛내

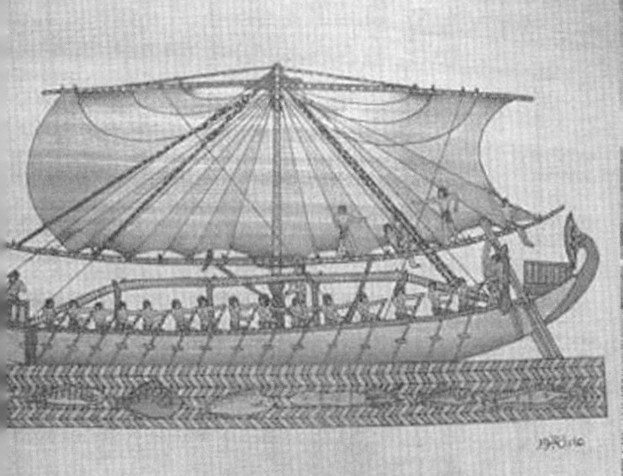

파피루스 배 모형도(좌), 실제 제작한 파피루스 배 실물(우)

다' '벗겨 매끄럽게 하다' 등의 의미가 있다. 이는 신체의 털을 제거하여 매끄럽게 만든다는 뜻이다. 헤로도토스가 남긴 또 다른 기록을 보면 당시 애굽의 제사장이 3일마다 털을 깎았다고 한다.[126] 이렇게 볼 때 이런 풍습은 구스인에게도 있었던 것 같다. 그만큼 외모를 가꾸는 데 열심이었다.

구스인은 준수한 외모뿐만 아니라 강성한 육체를 갖고 있었다. '강성하다' (히. 카우와와)는 단어는 울퉁불퉁 솟아 있는 근육질의 몸매를 묘사하는 말이다. 구스는 당대에 상상할 수 있는 최고의 전사들을 갖추고 있었다. 이런 구스의 군사력과 연합하여 함께 앗수르에 대항하는 연합전선을 펼친다는 것은 든든한 일이다(사 37:8-9 참조). 게다가 구스에서 먼저 사절단을 신속하게 파견하여 유다에게 제안하러 왔으니 얼마나 고마운 일인가? 하지만 하나님은 사신들에게 다시 구스 본국으로 돌아갈 것을 명하신다. 왜 그랬을까? 하나님의 구속 경륜 가운데 구스의 민첩한 시도를 모두 허사로 돌리실 것이기 때문이다.

하나님은 대상을 확대하여 세상의 모든 거민을 향해 하나님의 주권이 어떻게 역사 가운데 나타나는지 주목하라고 초대한다(사 18:3). 산들 위에 깃발이 올라가고, 나팔이 울릴 때 주목하여 보고 들으라고 하신다(사 18:3).

> "여호와께서 내게 이르시되 내가 나의 처소에서 조용히 감찰함이 쬐이는 일광 같고 가을 더위에 운무 같도다"(사 18:4).

깃발이 올라가고 나팔이 울리면 무엇인가 천지를 진동시키는 하나님의 권능의 역사가 나타나야 하지 않을까? 그러나 하나님은 하나님의 처소에서 조용히 감찰하겠다고 하신다. 아니, 하나님의 역사가 왜 이렇게 조용할까? 하지만 이는 아무 일도 일어나지 않는다는 것이 아니다. 한여름 폭염 속에서 뙤약볕이 고요히 내리쬐듯, 추수하는 가을철 더운 밤에 운무와 안개가 조용히 덮이는 것처럼 하나님의 역사는 그의 뜻을 은밀한 가운데 성취한다. 정중동(靜中動)의 역사다. 마치 하나님이 엘리야 앞에 바람, 지진, 불이 아닌 세미한 음성 가운데 임하셨던 것처럼(왕상 19:12), 하나님의 역사는 조용하고 티 나지 않지만 그럼에도 완벽하게 그의 뜻을 성취할 것이라 말씀한다.[127]

이는 기민하게 사절단을 주변 나라로 보내며 대비하는 구스와 대조된다. 구스는 이웃 나라에게 함께 앗수르에 대항하여 기민하게 움직이자고 초대하지만 하나님은 주변의 온 세상 나라에게 잠잠히 있어 하나님의 역사를 보고 들으라고 한다. 온 세상을 통치하고 경영하시는 참된 주권자 되시는 하나님의 조용한 감찰은 세상의 그 어떤 강력한 군대의 움직임보다 훨씬 더 중요하고 강력하다(시 2:1-4, 33:13-

17, 사 63:15 참조). 무더운 팔레스타인의 대낮에 조용히 내리쬐는 뜨거운 열기는 무엇보다도 강력한 위협이 된다. 마찬가지로 하나님의 감찰은 조용하지만 세상의 교만한 자를 꺾고 부수기에 충분하다(시 2:4). 해안가에서부터 팔레스타인 쉐펠라 평원 골짜기로 서서히 올라오는 운무를 보라. 부인할 수 없는 강력한 존재감을 드러내지 않는가? 마찬가지로 하나님의 감찰은 조용한 가운데 부인할 수 없는 그분의 손길과 임재를 드러낸다.

하나님의 감찰은 농부의 가지치기 하는 손길과 같다. 농부는 추수하기 전까지 농작물을 감찰하다 추수하기 전 지체 없이 가지치기를 시행한다.

> "추수하기 전에 꽃이 떨어지고 포도가 맺혀 익어갈 때에 내가 낫으로 그 연한 가지를 베며 퍼진 가지를 찍어 버려서 산의 독수리들과 땅의 들짐승들에게 던져주리니 산의 독수리들이 그것으로 여름을 지내며 땅의 들짐승들이 다 그것으로 겨울을 지내리라 하셨음이라"(사 18:5-6).

포도 열매가 맺혀 익어갈 때 능숙한 농부는 포도나무에 붙어 양분을 빼앗아 가는 덩굴손과 잎사귀들을 잘라내 버릴 것이다. 그때는 너무 빠르지도 않고 너무 늦지도 않을 것이다. 덩굴이 서서히 포도나무를 타고 감싸오다가 의심의 여지 없이 포도나무를 위협하기 시작할 때 찍어버릴 것이다. 이는 여호와를 조롱하며 예루살렘을 포위하던 산헤립의 18만 5천 군사를 하나님이 조용히 베어버리신 것을 연상시킨다. 하나님은 산헤립의 오만방자함을 조용히 감찰하시다 공격이 임박한 전날 밤 천사를 보내 하룻밤 사이에 이들을 조용히 전멸시킨다(사 37:36). 구스가 아무리 민첩하다 하더라도 조용한 가운데 임하시는 하나님의 역사를 도저히 따라갈 수 없다. 그러니 구스의 제안에 솔깃해 할 것이 아니라 잠잠히 이스라엘을 바라보시는 만군의 주 여호와를 굳건하게 믿고 나아가야 한다.

더 나아가 하나님께서는 장차 구스의 민첩함을 자신의 살길을 위하여 사용할 것이 아니라 만군의 여호와를 경배하고 그의 구원을 사모하기 위하여 사용해야 할 것이라고 말씀하신다.

> "그때에 강들이 흘러 나누인 나라의 장대하고 준수한 백성 곧 시초부터 두려움이 되며 강성하여 대적을 밟는 백성이 만군의 여호와께 드릴 예물을 가지고 만군의 여호와의 이름을 두신 곳 시온산에 이르리라"(사 18:7).

강들이 흘러 나누인 나라, 곧 구스의 장대하고 준수한 백성이 여호와께 드릴 예물을 가지고 시온산에 올 때가 이를 것이다. 과연 하나님의 이 선언이 언제 이루어질까?

사도행전 8장 27절 이하에는 에티오피아 여왕의 국고를 맡은 재무장관이 예루살렘에 와서 예배하고 돌아가는 장면을 보고한다. 놀라운 것은 그가 돌아가면서 선지자 이사야의 글을 읽고 있었다는 사실이다! 이사야의 글을 읽는다는 것은 지금처럼 성경책을 펴서 이사야서를 읽는 것과 다르다. 에티오피아 재무관리는 이사야 두루마리를 구해 읽고 있었던 것이다. 두루마리는 파피루스 종이를 연결하여 그 위에 필사하여 제작한 것이었기에 그 값이 꽤 비쌌다. 이사야서를 개인적으로 읽으며 가고 있었다는 것은 그가 상당한 비용을 지불하여 이 두루마리를 구입했을 뿐만 아니라 히브리어에 능통한 관리였음을 알 수 있다.

아마도 그는 이 두루마리를 읽으면서 이사야 18장에 나오는 구스, 곧 에티오피아에 대한 내용을 알았을 것이다. 그런데 성령께서 강권적으로 빌립 집사를 이곳으로 끌어 오셨다. 빌립은 에티오피아 관리가 읽는 소리를 듣고 그에게 가서 묻는다. "읽는 것을 깨닫느냐?" 그러자 그 관리는 활짝 열린 마음으로 "지도해주는 사람이 없으니 어찌 깨달을 수 있느냐"하며 빌립에게 수레에 올라 같이 앉을 것을 청한다. 에티오피아의 재무장관은 빌립이 올라오자마자 기다렸다는 듯이 읽고 있던 성경 구절을 보여준다. 놀랍게도 그것은 고난받는 종, 곧 메시아 예수에 관한 예언의 말씀(사 53:7 이하)이었다.

빌립은 여기서 시작하여 이 수난의 종이 바로 메시아 예수임을 설명하며 복음을 증거한다. 이때서야 에티오피아 재무장관은 자신이 시온산에 갔다 오는 것은 참된 성전 되신 메시아 예수를 만나기 위해서였음을 비로소 깨닫는다. 그는 지나가던 길에 보이는 강물에 멈추어 주 예수 그리스도의 이름으로 세례를 받는다(행 8:35-38). 종말에 시온산에 이르러 만군의 여호와께 영과 진리로 참된 예배를 드리는 역사가 마침내 일어난 것이다!

너무 민첩하게 살길을 구하지 말라. 오히려 모든 상황을 조용히 감찰하시며 아시는 하나님께 우리의 사정을 믿음으로 아뢰라! 은밀히 보시는 하나님께서 조용히, 그러나 부인할 수 없는 강력한 임재하심으로 우리의 삶을 구원하시고 그의 구속 경륜을 놀랍게 이루어가실 것이다.

[31장 각주]

123) 게리 스미스, 「NAC 이사야 I」, 447쪽.
124) 권혜숙, “모세 언약궤 있다는 솔로몬. 시바 로맨스의 땅…아프리카 最古 기독국가 에티오피아를 가다” 국민일보, 2016. 6. 10.
125) 김필회, “이시야 1-39”, 「묵상과 설교」, 183-184쪽.
126) 에드워드 영, 「이사야서 주석 1」, 558쪽.
127) 존 오스왈트, 「NICOT 이사야 I」, 418쪽.

32 Chapter 32. Isaiah 19:1-15

가까이하고 싶은 애굽, 가까이해서는 안 되는 애굽

*1애굽에 관한 경고라. 보라. 여호와께서 빠른 구름을 타고 애굽에 임
하시리니 애굽의 우상들이 그 앞에서 떨겠고 애굽인의 마음이 그 속
에서 녹으리로다. 2내가 애굽인을 격동하여 애굽인을 치리니 그들이
각기 형제를 치며 각기 이웃을 칠 것이요 성읍이 성읍을 치며 나라가
나라를 칠 것이며 3애굽인의 정신이 그 속에서 쇠약할 것이요 그의
계획을 내가 깨뜨리리니 그들이 우상과 마술사와 신접한 자와 요술
객에게 물으리로다. 4내가 애굽인을 잔인한 주인의 손에 붙이리니 포
학한 왕이 그들을 다스리리라. 주 만군의 여호와의 말씀이니라. 5바
닷물이 없어지겠고 강이 잦아서 마르겠고 6강들에서는 악취가 나겠
고 애굽의 강물은 줄어들고 마르므로 갈대와 부들이 시들겠으며 7나*

일 가까운 곳 나일 언덕의 초장과 나일강 가까운 곡식 밭이 다 말라
서 날려가 없어질 것이며 [8]어부들은 탄식하며 나일강에 낚시를 던지
는 자마다 슬퍼하며 물 위에 그물을 치는 자는 피곤할 것이며 [9]세마
포를 만드는 자와 베 짜는 자들이 수치를 당할 것이며 [10]그의 기둥이
부숴지고 품꾼들이 다 마음에 근심하리라. [11]소안의 방백은 어리석었
고 바로의 가장 지혜로운 모사의 책략은 우둔하여졌으니 너희가 어
떻게 바로에게 이르기를 나는 지혜로운 자들의 자손이라 나는 옛 왕
들의 후예라 할 수 있으랴. [12]너의 지혜로운 자가 어디 있느냐. 그들이
만군의 여호와께서 애굽에 대하여 정하신 뜻을 알 것이요 곧 네게 말
할 것이니라. [13]소안의 방백들은 어리석었고 놉의 방백들은 미혹되었
도다. 그들은 애굽 종족들의 모퉁잇돌이거늘 애굽을 그릇 가게 하였
도다. [14]여호와께서 그 가운데 어지러운 마음을 섞으셨으므로 그들이
애굽을 매사에 잘못 가게 함이 취한 자가 토하면서 비틀거림 같게 하
였으니 [15]애굽에서 머리나 꼬리며 종려나무 가지나 갈대가 아무 할
일이 없으리라.

북한에서 탈출한 태영호 전 영국 주재 공사가 북한에 교회를 세웠던 이야기를 털어놓았던 적이 있다.[128] 1980년대 북한에서는 남한의 민주화 운동권 세력 가운데 기독교 세력이 급부상하면서 이들과 교류할 필요성을 느꼈다. 그래서 고(故) 문익환 목사나 문규현 신부와 같은 재야 기독교 세력과 교류하고 이들을 포섭하기 위해 북한에도 종교가 있는 것처럼 가짜 교회를 만들었다. 그것이 바로 평양

봉수 교회다. 우리도 교회가 있다고 선전하고는 이들을 예배에 초대했던 것이다. 그리고 북한 공산당원 가운데 주체사상이 가장 투철한 핵심 가문의 여성들을 데리고 와서 예배드리는 행세만 하게 했다. 당이 오라고 하니 어쩔 수 없이 동원되었던 이들은 처음에는 가기 싫어서 "아프다" "피곤하다" 등 여러 가지 핑계를 대고 가능한 한 빠지려고 했다.

그런데 몇 달이 지나자 놀라운 변화가 일어나기 시작했다. 예배에 참석했던 사람 가운데 믿음이 생기는 일이 일어났다. 전에는 조금만 아프면 핑계를 대고 교회에 나오지 않던 사람들이 이제 예배 시간 전에 일찍 와서 진심으로 예배를 드리기 시작하는 것이다. 거기에다 예배 시간이 되면 일부러 시간을 맞춰 교회 옆길로 지나가는 사람이 생기기 시작했다. 어떻게든 예배드리는 소리, 찬송 소리, 기도 소리를 듣고 싶어서 예배당 근처로 무엇인가에 홀린 듯 이끌려 오기 시작한 것이다. 이런 예상하지 못했던 현상에 북한은 상당히 당황하며 다시 종교를 억압하기 시작했다. 이들에게 교회 예배는 가까이해서는 안 되는 것이었지만 일단 은혜의 맛을 본 북한 주민들은 더욱더 가까이하고 싶어 했다.

본문은 이와는 정반대 현상을 경고하고 있다. 이스라엘은 앗수르의 위협이 점점 커질 무렵, 하나님께 더욱더 가까이 나아갔어야 함에도 이웃 나라 애굽에 끌렸다. 이스라엘이 점점 더 가까이하고 싶어 했던 대상은 하나님이 아니라 애굽이었다. 하나님은 이런 이스라엘에게 애굽을 향한 경고를 발하신다.

"애굽에 관한 경고라. 보라. 여호와께서 빠른 구름을 타고 애굽에 임하시리니 애굽의 우상들이 그 앞에서 떨겠고 애굽인의 마음이 그 속에서 녹으리로다"(사 19:1).

애굽은 이스라엘을 400년간 종살이시켰던 나라다. 종살이가 너무나도 버거워 이스라엘 백성은 하나님께 탄원했고 그 기도의 응답으로 출애굽의 구원역사를 기적적으로 맛보게 되었다. 이때 하나님께서 이스라엘 백성을 구원하시며 신신당부하신 것이 있다. 앞으로는 어떤 일이 있어도 절대로 애굽으로 돌아가지 말라는 것이다.

"그는 병마를 많이 두지 말 것이요 병마를 많이 얻으려고 그 백성을 애굽으로 돌아가게 하지 말 것이니 이는 여호와께서 너희에게 이르시기를 너희가 이후에는 그 길로 다시 돌아가지 말 것이라 하셨음이며"(신 17:16).

이스라엘이 애굽에게 돌아가고 싶은 유혹을 느낄 때는 언제인가? 병마를 더 많이 얻고 싶을 때다. 이는 군사적 도움을 의미한다. 애굽은 이스라엘과 주변 나라들에게 앗수르의 위협에 대응하여 동맹하자고 끊임없이 유혹의 손을 내밀었다. 온갖 감언이설로 지원을 약속하고 군사동맹을 약속했다. 그러나 정작 앗수르가 맹공을 퍼부으며 아람을 집어삼키고 북이스라엘을 집어삼킬 기세로 덤벼들 때 이들은 슬그머니 발을 뺐다. 왜? 그만큼의 힘이 없었기 때문이다. 호랑이인 줄 알았는데 알고 보니 종이호랑이였다. 이스라엘은 애굽의 이런 감추어진 모습을 제대로 간파하지 못했다.

하나님은 이스라엘에게 분명 출애굽 이후 다시는 애굽으로 돌아가지 말라고 말씀하셨다. 그래서 애굽에 빠른 구름을 타고 임하겠다고 말씀하신다. 구름이란 하나님의 거룩한 임재를 가려서 그의 백성이 하나님을 보고도 죽지 않도록 보호하기 위한 수단이자 동시에 그의 임재를 선명하게 드러내는 하나님의 이동 도구다. 하나님이 애굽에 빠르게 임하시는 이유는 애굽을 심판하고 징계하기 위해서다. 이는 하나님이 이스라엘에 임하시는 것과 전혀 다른 결과를 초래한다.

> "여수룬이여 하나님 같은 이가 없도다. 그가 너를 도우시려고 하늘을 타고 궁창에서 위엄을 나타내시는도다"(신 33:26).

하나님께서 이스라엘 가운데 하늘(구름)을 타고 임하시는 이유는 이들을 돕기 위해서다. 하나님의 영원하신 능력의 팔이 이스라엘의 대적을 쫓으실 것이다(신 33:27). 반면 본문에서 하나님이 임하시는 것은 애굽의 우상들을 심판하고 애굽인을 치기 위해서다. 이런 심판의 임재 앞에 애굽의 우상들은 떨고, 애굽인의 마음은 흐무러진다. 애굽은 우상의 나라였다. 대표적으로 태양의 신 '라'(레)를 섬겼고, 또 나일강의 개구리 신, 황소 신 등 여러 신들을 섬겼다. 하나님이 임재하실 때 애굽의 신들은 떨 것이다. 여기 '떤다'(히. 누아)는 표현은 '비틀거린다' '흔들린다'는 뜻으로 하나님의 진노로 공포에 사로잡혀 흔들리며 비틀거리는 모습을 나타낸다. 하나님이 애굽을 치는 방법은 크게 세 가지 통로를 통해서다.

첫째, 애굽의 정치적, 사회적 내부 분열을 통해서다.

"내가 애굽인을 격동하여 애굽인을 치리니 그들이 각기 형제를 치며 각기 이웃을 칠 것이요 성읍이 성읍을 치며 나라가 나라를 칠 것이며"(사 19:2).

애굽은 제국이었지만 42개의 도시 국가로 결성된 연합국가였다.[129] 각 도시 국가에는 저마다 수호신이 있었다. 전체를 통치하는 왕은 육화된 신으로 강력한 통치력을 발휘하여 도시 국가들을 결집시켰다. 하지만 하나님이 애굽을 격동시키자 서로가 정치적 주도권을 갖기 위하여 싸우기 시작했고, 본문의 배경이 되는 주전 720년에서 716년 사이에는 극심한 내부 분열로 18명의 독립 제후가 애굽 전역에서 우후죽순으로 일어났다. 이러한 혼란은 이방 왕조인 구스 왕조가 들어섬으로 정리된다. 주전 732년 구스(누비아)의 피앙키는 북부 삼각주 지역을 장악하기 시작했으며, 주전 716년경 그의 계승자인 샤바카에 이르러서는 내전을 끝내고 애굽 제25대 통일 왕조가 들어서 전역을 통치했다.[130]

이런 분열 속에 애굽의 자존심과 오만함이 바닥에 떨어졌다.

"애굽인의 정신이 그 속에서 쇠약할 것이요 그의 계획을 내가 깨뜨리리니 그들이 우상과 마술사와 신접한 자와 요술객에게 물으리로다"(사 19:3).

'정신이 쇠약할 것' 이라는 표현은 '애굽의 혼을 빼놓을 것이다'(메시지) 또는 '기를 죽일 것이다' (새번역) 등으로 번역할 수 있다. 애굽은 극도의 분열을 경험하며 모든 자신감을 잃어버리고 집단적인 우울증에 빠지게 될 것이다. 이럴 때 이들이 찾는 것이 마술사와 신접한 자들이다. 고통스러운 현실을 피하기 위해서 무엇인가 특별한 신적 음성에 귀 기울이려는 시도가 활발해지는 것이다. 하나님은 이들의 모든 시도가 허사로 돌아갈 것이며 도리어 잔학한 통치자가 나와 이들을 고통스럽게 통치할 것이라 말씀하신다(사 19:4).

둘째, 하나님은 경제적 파탄을 통해 애굽을 치실 것이다.

"바닷물이 없어지겠고 강이 잦아서 마르겠고 강들에서는 악취가 나겠고 애굽의 강물은 줄어들고 마르므로 갈대와 부들이 시들겠으며"(사 19:5-6).

하나님은 1,600km나 뻗은 애굽의 강 나일을 마르게 하는 재해를 내리실 것이다. '바닷물' 은 애굽의 넓은 나일강 하구를 의미한다. 드넓은 하구에 가면 끝에서 끝이 보이지 않아 마치 바다처럼 보인다. 하지만 이런 하구가 어느덧 말라 버리고, 강은 완전히 말라 바닥을 드러낼 것이다(사 19:5). '강들' 은 나일강의 여러 지류를 말한다. 이런 강들에 악취가 진동할 것이다. 왜? 물이 말라 그곳에 물고기가 살지 못하고 죽어 썩어가기 때문이다. 강물이 줄어들어 바닥을 드러내고 마르기 시작하니 나일 강가를 따라 나는 갈대와 부들도 시들고 자라지 못한다. 갈대는 파피루스를 가리키고, 부들은 파피루스와 유사한 수중 식물들을 말한다. 파피루스는 종이의 원료이고, 엮어서 배를 만드는 재료이기도 했다. 이것이 없으면 애굽의 문명 활동에 타격이 크다. 그뿐만이 아니다. 비옥한 나일 삼각주가 말라버려 곡식 생산에도 큰 타격을 받는다.

> "나일 가까운 곳 나일 언덕의 초장과 나일강 가까운 곡식 밭이 다 말라서 날려가 없어질 것이며"(사 19:7).

나일강은 해마다 6월 중순부터 10월 중순까지 아프리카 적도 부분에 쏟아지는 장대비로 범람하곤 하는데, 이렇게 나일강이 범람하면 주변에 영양분이 풍성한 퇴적토가 쌓이고, 풍요로운 곡식 생산의 토대가 마련된다. 나일강의 주기적 범람은 신의 선물이라 부를 만했다(렘 46:7-8, 암 8:8 참조).[131] 하지만 애굽인들은 이것이 악인과 선인 모두에게 일반 은총으로 내리시는 하나님의 선물이었음을 모르고 있었다(마 5:45 참조).

이제 이들에게 은혜를 부어주시는 참된 신이 누구인지 드러난다. 하나님이 나일의 강물을 마르게 하자 더 이상 이전과 같이 곡식이 생산되지 않는다. 곡식밭이 다 말라버리는 비극적인 상황이 펼쳐진다. 더 이상 물고기도 잡히지 않는다. 어부들의 탄식 소리가 끊이지 않는다(사 19:8). 또 파피루스와 부들이 생산되지 않으니 세마포와 베를 짤 수도 없다. 이처럼 애굽 제국의 강성한 국력의 근간을 이루던 기둥들이 뿌리째 흔들리니 일하던 이들의 근심이 깊어가고 마음에 병이 든다(사 19:10). 하나님이 애굽의 물줄기를 차단하자 애굽의 모든 것이 정지되었다.

셋째, 하나님은 애굽 통치자들의 지혜를 치실 것이다.

"소안의 방백은 어리석었고 바로의 가장 지혜로운 모사의 책략은 우둔하여졌으니 너희가 어떻게 바로에게 이르기를 나는 지혜로운 자들의 자손이라. 나는 옛 왕들의 후예라 할 수 있으랴"(사 19:11).

애굽은 유구한 역사를 통해 지혜를 축적한 문명 제국이다. 그중에서 소안은 애굽의 외교와 국가 경영의 지혜를 제공하는 일종의 싱크탱크들이 집결한, 국가 전략의 지혜를 제공하는 산실이었다. 소안은 애굽 삼각주 지역 동편에 위치하여 팔레스타인과 가장 근접한 도시였고(민 13:22, 시 78:12,43 참조), 소안의 방백은 반앗수르 동맹 정책을 주도하는 왕의 자문집단이었다.[132] 하지만 하나님은 바로의 가장 지혜로운 전략가라 자부하는 이들의 책략이 어리석은 것임을 말씀하신다.

"소안의 방백들은 어리석었고 놉의 방백들은 미혹되었도다 그들은 애굽 종족들의 모퉁잇돌이거늘 애굽을 그릇 가게 하였도다"(사 19:13).

소안과 함께 바로에게 전략적 지혜를 제공하는 또 다른 무리는 놉의 방백들이었다. 놉은 카이로에서 남쪽으로 약 20km 정도 떨어진 하부 이집트의 또 다른 대도시였고, 500년간 통일 애굽의 수도로 자리 잡았던 이전의 수도였다. 이들은 건물의 모퉁잇돌과 같이 애굽을 떠받치던 주요한 정책의 방향을 제시하곤 하였다. 소안과 놉이 공통으로 제안했던 것은 애굽이 앗수르에 대항하는 연합전선을 형성하여 강력하게 항전해야 한다는 것이었다. 그러나 하나님은 이들의 전략적 방향이 결국 애굽을 그릇 가게 하였다고 선언한다.

이들이 그릇된 판단을 하게 된 이유는 하나님께서 어지러운 마음, 직역하면 '혼돈의 영'을 보내 애굽인의 판단을 혼란스럽게 하셨기 때문이다. 어떤 길이 사망이고 어떤 길이 생명인지 분별하지 못했다. 마치 술에 취해 토한 음식물 사이로 비틀거리는 술주정뱅이와 같았다(사 19:14). 애굽의 지도력은 파탄에 이를 것이다. 애굽의 머리나 꼬리나 종려나무 가지나 갈대나 모두가 파탄에 이를 것이다(사 19:15). 여기서 '머리'는 정치 지도자를, '꼬리'는 이들의 정치적 야욕을 신의 이름으로 정당화해주던 거짓 선지자를, '종려나무 가지'는 귀족 상류층을, '갈대'는 일반 서민층을 의미한다(사 9:14-16 참조).[133)]

가까이하고 싶던 애굽의 정치력, 경제력, 지혜는 결국 하나님의 능하신 손 아래 아무것도 아닌 것으로 드러난다. 애굽은 겉만 번지르르하지 결코 가까이해서는 안 될 나라임이 결국 드러난 것이다. 하나님은 종이호랑이 같은 애굽의 속살을 드러내시고, 진정 가까이해야 할 분은 만군의 주 여호와 하나님임을 은연중에 강조하신다.

내 주변에 가까이하고 싶은 유혹들, 치명적인 매력들은 무엇인가? 매력인가, 미혹인가? 하나님을 가까이하라. 그럴수록 가까이해야 할 것과 가까이해서는 안 될 것들이 더욱 뚜렷하게 드러날 것이다.

[32장 각주]

128) 김나래, "태영호 '北 가짜 교회 세웠더니 진짜 신자 생겨나'", 국민일보, 2017. 12. 19.
129) 존 오스왈트, 「NICOT 이사야 I」, 425쪽.
130) 게리 스미스, 「NAC 이사야 I」, 447쪽.
131) 김필회, "이사야 1-39장", 「묵상과 설교」, 188쪽.
132) 김회권, 「이사야 I」, 404쪽.
133) 위의 책, 405쪽.

33 Chapter 33. Isaiah 19:16-25

애굽은 의지할 대상이 아니라 사랑할 대상이다

16그날에 애굽이 부녀와 같을 것이라. 그들이 만군의 여호와께서 흔
드시는 손이 그들 위에 흔들림으로 말미암아 떨며 두려워할 것이며
17유다의 땅은 애굽의 두려움이 되리니 이는 만군의 여호와께서 애
굽에 대하여 정하신 계획으로 말미암음이라. 그 소문을 듣는 자마다
떨리라. 18그날에 애굽 땅에 가나안 방언을 말하며 만군의 여호와를
가리켜 맹세하는 다섯 성읍이 있을 것이며 그중 하나를 멸망의 성읍
이라 칭하리라. 19그날에 애굽 땅 중앙에는 여호와를 위하여 제단이
있겠고 그 변경에는 여호와를 위하여 기둥이 있을 것이요 20이것이
애굽 땅에서 만군의 여호와를 위하여 징조와 증거가 되리니 이는 그
들이 그 압박하는 자들로 말미암아 여호와께 부르짖겠고 여호와께

서는 그들에게 한 구원자이자 보호자를 보내사 그들을 건지실 것임
이라. 21 여호와께서 자기를 애굽에 알게 하시리니 그날에 애굽이 여
호와를 알고 제물과 예물을 그에게 드리고 경배할 것이요 여호와께
서원하고 그대로 행하리라. 22 여호와께서 애굽을 치실지라도 치시고
는 고치실 것이므로 그들이 여호와께로 돌아올 것이라. 여호와께서
그들의 간구함을 들으시고 그들을 고쳐주시리라. 23 그날에 애굽에서
앗수르로 통하는 대로가 있어 앗수르 사람은 애굽으로 가겠고 애굽
사람은 앗수르로 갈 것이며 애굽 사람이 앗수르 사람과 함께 경배하
리라. 24 그날에 이스라엘이 애굽 및 앗수르와 더불어 셋이 세계 중에
복이 되리니 25 이는 만군의 여호와께서 복주시며 이르시되 내 백성
애굽이여, 내 손으로 지은 앗수르여, 나의 기업 이스라엘이여, 복이
있을지어다 하실 것임이라.

어린 자녀에게 아빠는 세상에서 가장 강한 존재다. 또한 모든 것을 다 아는 존재다. 그렇기에 아빠를 전적으로 의지하고 따라간다. 하지만 세월이 지나 자녀가 건강한 성인으로 자라면 아버지는 어느덧 늙고 병들게 된다. 이때 아버지는 어릴 때처럼 의지할 대상이 아니라 사랑할 대상으로 바뀐다.

이스라엘에게 애굽은 어떤 존재였을까? 앗수르가 부상하기 전까지 애굽은 가장 강력하고 부유하고 세상의 모든 지혜를 가진, 의지할 만하고 의지하고 싶은 나라였다. 하지만 하나님은 애굽이 자랑하는 정치, 경제, 지혜 등 모든 것이 하나님의 능하신 손 아래 아무것도 아님을 드러내신다. 얼마 지나지 않아 애굽은 심각한 정치적 내분과 경제적 파탄 위기, 그리고 국가 전략의 실패 등으로 심각한 위기에 처하게 될 것이다. 이빨 빠진 종이호랑이로 전락할 것이다.

하나님은 그동안 마음 한편으로 애굽을 의지했던 유다를 향하여 이제 더 이상 애굽을 의지하는 것은 무의미하다고 말씀하신다. 하나님은 이제 유다가 애굽을 의지하지 않고 애굽과 함께 하나님을 경배하는 자리로 나오게 되는, 사랑과 하나 됨의 역사가 일어날 것을 예고하신다. 애굽이 의지할 대상에서 사랑할 대상으로 바뀐 것이다. 한편 이러한 변화의 중심에는 하나님께서 유다를 강건하게 세우실 계획이 포함되어 있다. 유다가 하나님을 전심으로 의지하며 가다 보니 자신도 모르게 강건한 성인으로 자란 것이다.

본문은 장차 일어날 대변화의 모습을 크게 다섯 번의 '그날에'(사 19:16,18,19,23,24)로 진술한다. '그날'은 장차 하나님이 이루실 놀라운 역전의 역사가 이루어지는 소망의 날이다.

먼저 첫 번째 '그날에' 일어날 변화를 보자. 이때는 애굽과 유다의 위치가 역전된다. 애굽은 부녀자와 같이 연약하여질 것이다. 여호와께서 능력의 강한 손을 흔드시면 그들 위에 어른거리는 손으로 인해 두려워 떨게 될 것이다. 마치 꼭두각시를 조종하는 손과 같이 하나님이 손을 흔들면 애굽도 사시나무 떨듯 함께 떨게 된다(사 19:16). 동시에 애굽이 이전에 그토록 하찮게 여기던 유다는 두려움의 대상으로 부상한다(사 19:17). 도대체 어떤 일이 일어나길래 그러는 것일까?

우리는 이러한 예를 산헤립의 유다 침공사건(사 37장)에서 볼 수 있다. 주전 701년 앗수르 왕 산헤립은 유다를 침공하여 견고한 성읍들을 정복하고 유다에게 큰소리친다. “어찌 애굽을 믿고 병거와 기병을 얻으려 하느냐?”(사 36:9). 이때 애굽 제 25대 왕조의 디르하가 왕이 앗수르를 공격하려고 출정했다(사 37:9). 이 소식을 들은 산헤립은 군대를 돌려 아스돗 북쪽에 위치한 엘테케에서 애굽과 맞붙었다.[134] 여기서 애굽은 커다란 패배를 맛보고 퇴각한다. 애굽이 패했다는 것은 주변 국가들에게 충격적인 소식이었을 것이다. 그랬던 앗수르가 또다시 18만 5천의 군대를 끌고 남유다 예루살렘을 포위했다. 하지만 이들은 한밤중에 하늘에서 보내신 여호와의 사자에 의해 하룻밤 사이에 궤멸된다(사 37:36-38). 이 소식을 들은 애굽은 자신들을 패배시켰던 앗수르를 하룻밤에 초주검으로 만든 유다를 두려워하게 되었다. 하나님은 이처럼 유다를 애굽에게 커다란 두려움으로 만드실 것이다.

두 번째 ‘그날에’는 더 놀라운 일이 일어난다. 그것은 애굽 땅에 ‘가나안 방언’ 즉 히브리어를 구사하며 하나님을 섬기기로 굳게 맹세한 다섯 성읍이 생겨날 것이기 때문이다. 애굽은 전통적으로 믿어왔던 많은 신들이 있었다. 그중에서 태양신은 으뜸이었다. 하지만 이들 중 주요 성읍들이 여호와를 섬기기로 굳게 결단한다. 그뿐만이 아니다. 유다가 구사하는 히브리어를 익힌다. 히브리어로 기록된 하나님의 말씀을 직접 읽는 일이 일어나는 것이다. 보통은 약소국의 언어보다 강대국의 언어를 익히는 것이 유리하다. 가나안 방언인 히브리어를 강대국 애굽 사람이 익힌다는 것은 이제 여호와 하나님의 능력이 주변 나라에게 두려움으로 임하기 시작함을 의미한다.

여기서 다섯 성읍은 아마도 믹돌, 다바네스, 놉, 바드로스, 그리고 멸망의 성읍일 것이다(렘 44:1 참조). 개역한글 성경에 '장망성'(將亡城, City of Destruction)으로도 번역된 '멸망의 성읍' 은 '태양의 성읍' 으로도 번역된다. '멸망' 을 뜻하는 히브리어 '헤레스' 와 '태양' 을 뜻하는 거친 후음이 나는 '케레스' 와 유사하기 때문이다. 이는 애굽에서 태양신을 섬기는 메카였던 '헬리오폴리스' 를 가리킨다.

세 번째 '그날에' 는 더욱 놀라운 일이 일어난다. 애굽 땅 중앙에 여호와를 위한 제단이 있고, 국경에는 여호와를 위한 기둥이 서게 될 것이기 때문이다(사 19:19). 국경에 세우는 기둥(히. 마체바)은 통치자의 경계가 여기까지 미침을 상징적으로 세운 일종의 돌기둥으로, 이는 애굽이 여호와 하나님께 속한 영토임을 나타낸다. 하나님의 주권을 인정하세 된 이들은 이들을 압박히는 세력자들 앞에 다른 신들을 찾지 않고 여호와께 부르짖는 놀라운 변화가 일어날 것이다. 하나님은 이들의 부르짖음에 한 구원자를 보내 건지실 것이다(사 19:20). 이는 이스라엘이 애굽의 압제 아래 하나님께 부르짖자 하나님께서 한 구원자 모세를 보내셨던 것과 유사하다. 이는 애굽이 장차 제2의 이스라엘이 되어 하나님의 구원역사를 맛볼 것을 예고하는 말씀이다.

더 나아가 애굽은 하나님과 보다 친밀한 새로운 언약 관계로 들어가게 될 것이다. 하나님은 애굽에 자기를 알게 하실 것이고, 애굽은 여호와를 알게 되어 그에게 제사(예배)와 예물을 드리고 영과 진리로 예배할 때가 오게 될 것이다(사 19:21). 여기서 '알다' 는 단어는 언약 관계에서 사용하는 단어다. 이제 애굽은 하나님의 새로운 언약 안으로 들어가 그들은 하나님의 친밀한 백성이 되고, 하나님은 그들의 하나님이 되시는 놀라운 역전의 역사가 일어날 것이다. 이어지는 구절은 하나님이 이루실 새로운 언약 관계에 대한 소망을 다음과 같이 말씀한다.

> "여호와께서 애굽을 치실지라도 치시고는 고치실 것이므로 그들이 여호와께로 돌아올 것이라. 여호와께서 그들의 간구함을 들으시고 그들을 고쳐주시리라"(사 19:22).

하나님은 애굽을 끝끝내 버리지 않으실 것이다. 그도 하나님의 언약 백성 안으로 들어올 것이다. 비록 하나님이 이들을 치셨으나 다시 고치실 것이고 이들은 여호와께 돌아올 것이다. 이는 하나님께서 호세아 선지자를 통해 이스라엘을 향해 하셨던 말씀과 동일하다(호 6:1, 참조 사 30:26).

네 번째 '그날에'는 더더욱 놀라운 일이 일어난다. 애굽에서 앗수르로 통하는 대로가 열려 서로가 평화 중에 왕래하며, 이 왕래를 통해 함께 하나님께 경배하는 자리로 나아가는 유토피아적 신국제질서가 이루어진다(사 19:23, 참조 사 2:1-4).

다섯 번째 '그날에'는 지금까지 일어났던 놀라운 일들의 최절정으로 이전보다 훨씬 더 크고 충격적인 일을 선언한다. 새롭게 세워진 신(新)국제질서 가운데 이스라엘이 애굽과 앗수르와 더불어 열방 중에 복이 되는 역사가 일어나게 될 것이다. 그토록 이스라엘을 잔혹하게 괴롭히던 앗수르와 애굽을 향하여 하나님께서는 나의 백성, 나의 손으로 지은 바 된 작품이라 부르시며, 이스라엘과 함께 강복을 선언하신다(사 19:25). 이때가 되면 모든 열방이 하나님을 아는 지식으로 충만하여 하나님을 경배하며, 충만한 복을 누리는 상태에 이르게 된다. 세계가 다 여호와께 속하였고(출 19:5), 이들이 하나님을 아는 지식으로 충만해지자 하나님의 영광을 드러내는 빛 된 존재로 서게 되는 역사가 일어나는 것이다(사 11:9, 60:1-3 참조).

요즘 내가 가장 많이 의존하는 것은 무엇인가? 하나님의 시선에서 내가 의지하는 것을 찬찬히 살펴보라. 과연 정말 의지할만한 대상인가? 신뢰할만한 사람인가? 그러나 기억하라. 우리의 견고한 성읍은 오직 하나님 한 분뿐이다(사 26:1 참조). 하나님은 나를 강건하게 세우고, 내가 의존하던 것들로부터 벗어나 하나님만 바라보며 그분 앞에 독자적으로 서기를 원하신다. 그때 내가 의지하고 집착하던 이들은 주님의 긍휼과 사랑으로 대할 대상으로 바뀌게 될 것이다. 이제는 함께 예배의 자리로 나아가 함께 주를 바라보는 기쁨을 사모하며 나아가라.

[33장 각주]

134) 송병헌, 「엑스포지멘터리 이사야 I」(서울: 국제제자훈련원, 2012), 441쪽.

34 Chapter 34. Isaiah 20:1-6

맨몸으로 시작하라

1앗수르의 사르곤왕이 다르단을 아스돗으로 보내매 그가 와서 아스
돗을 쳐서 취하던 해니라. 2그때에 여호와께서 아모스의 아들 이사야
에게 말씀하여 이르시되 갈지어다. 네 허리에서 베를 끄르고 네 발에
서 신을 벗을지니라. 하시매 그가 그대로 하여 벗은 몸과 벗은 발로
다니니라. 3여호와께서 이르시되 나의 종 이사야가 삼 년 동안 벗은
몸과 벗은 발로 다니며 애굽과 구스에 대하여 징조와 예표가 되었느
니라. 4이와 같이 애굽의 포로와 구스의 사로잡힌 자가 앗수르 왕에
게 끌려갈 때에 젊은 자나 늙은 자가 다 벗은 몸과 벗은 발로 볼기까
지 드러내어 애굽의 수치를 보이리니 5그들이 바라던 구스와 자랑하
던 애굽으로 말미암아 그들이 놀라고 부끄러워할 것이라. 6그날에 이

해변 주민이 말하기를 우리가 믿던 나라 곧 우리가 앗수르 왕에게서 벗어나기를 바라고 달려가서 도움을 구하던 나라가 이같이 되었은즉 우리가 어찌 능히 피하리요 하리라.

이따금 언론에는 항의의 표현으로 단체의 지도자들이 집단으로 삭발하는 장면이 보도된다. 단순히 항의하는 말을 넘어 삭발하는 행위를 보여주는 것은 그만큼 강력한 항의와 경고를 공개적으로 표현하기 위함이다. 삭발하면 머리가 없는 상태가 한동안 지속되기에 그런 상태로 돌아다니다 보면 말은 하지 않아도 주변 사람에게 강력한 항의의 메시지를 지속해서 전달하는 효과가 있다.

하나님은 그의 선지자들을 통해 강력한 경고의 메시지를 여러 행위로 전달하실 때가 있다. 이사야는 태어나는 아이의 이름을 '마헬살랄하스바스'라 지어 하나님이 예고하신 심판이 임박했음을 모든 이에게 공개적이고 지속적으로 전했던 바 있다. 이것은 일종의 행위예언이다. 본문에는 또 다른 행위예언이 등장한다. 그것은 3년 동안 '벗은 몸'과 '벗은 발'로 다니는 것이다. 여기서 '벗은 몸'은 완전한 나체가 아니라 '불충분한 옷차림'을 의미한다. 허리 베띠를 끄르고 신을 벗고 돌아다니면 일단 사람의 눈에 확 띈다. 하나님이 이사야를 통해 유다에게 보내는 경고의 메시지는 무엇일까? 이는 애굽과 애굽을 다스리는 구스 왕조를 의지하지 말라는 것이다. 이는 특별히 당시 긴박하게 벌어지고 있던 블레셋과 앗수르 그리고 애굽 사이에 일어난 위기의 상황에서 유다가 새겨들어야 할 중요한 메시지였다.

본문은 그 배경을 '앗수르 왕 사르곤이 다르단을 블레셋의 아스돗으로 보내 이를 점령하던 해'(주전 713-711년)로 소개한다(사 20:1). '다르단'은 아카드어 '투르타누'(turtanu)를 차용한 것으로, 최고 군사령관 혹은 군대 장관(commander in chief)을 가리킨다(왕하 17:17 참조). 아스돗은 블레셋의 최북단에 위치한 다섯 방백 중 하나로 예루살렘에서 서쪽으로 약 53km 정도 떨어진 곳에 있던 성읍이었다. 아스돗은 북이스라엘이 주전 722년 무너지면서부터 앗수르에 조공을 바쳐왔다.

한편 애굽에서는 그동안 극심했던 내부 분열이 마무리되어가고 있었다. 주전 714년 구스인 샤바카는 통일 애굽 제국을 이루었다. 그러고 나서 그동안 애굽을 의지하던 주변국을 점검하는데, 북으로부터 밀고 내려오는 앗수르의 세력이 만만치 않았다. 이미 북이스라엘과 아람은 넘어갔고, 애굽과 국경을 맞대고 있던 블레셋은 앗수르에 조공을 바치고 있었다. 당시 블레셋 아스돗 왕은 아주리였다. 애굽은 주변 나라의 왕들을 조용히 지원하며 사르곤에 대한 반란을 선동하기 시작했다.

이즈음(약 주전 716년경) 앗수르는 애굽의 국경에서 멀지 않은 블레셋의 라피아 지역에 식민지를 건설하고 블레셋에서 애굽으로 내려가는 길목을 통제하였다. 이에 대한 불만은 고조되었고 마침내 아스돗의 아주리왕은 앗수르에 바치던 조공을 중단하고 애굽의 지원으로 유다, 에돔, 모압 등의 주변국들을 끌어들여 반앗수르 연합전선을 형성하려 하였다.[135] 이때 유다 안에서도 아스돗과 그 배후의 애굽과 함께해야 하는지, 아니면 관계를 끊고 앗수르와 함께해야 하는지에 대한 갑론을박이 벌어졌을 것이다.

앗수르는 다르단을 보내 아스돗의 아주리왕을 폐위시키고 그의 동생 아히미티를 꼭두각시 왕으로 세웠다. 그러나 이미 반앗수르 성향으로 똘똘뭉친 지도자와 백성들은 친앗수르 성향의 아히미티를 용납할 수 없었다. 결국 백성의 쿠데타로 아히미티는 살해당한다. 이런 것을 보면 지도자의 성향이 참 중요하다. 백성들은 친애굽 반앗수르 노선을 견지하는 '야마니'를 통치자로 세웠다. 야마니는 블레셋의 다른 도시 국가들과 에돔과 유다 등을 끌어들여 연합전선을 구축하려 했다. 이때 유다 왕은 히스기야였다. 자칫하면 반앗수르 연합전선에 적극 끼어들어갈 판이었다. 애굽의 구스왕조도 배후에서 이들을 강력하게 지원했다.

그러나 아스돗은 3년 후 앗수르에 의해 무너졌다. 앗수르는 블레셋의 지배 계층을 유배시키고 다른 지역의 사람들을 이곳으로 이주시켜 아스돗을 앗수르의 지방 행정단위로 편입시켰다. 이때 야마니는 애굽으로 도주했고, 기세등등했던 앗수르는 야마니를 넘겨달라고 애굽에 요구하였다. 애굽은 야마니를 보호하고 지켜주어야 했다. 하지만 그렇게 했다가는 자칫 앗수르와 전면전을 치를지도 모를 일이었다. 결국 앗수르와의 충돌을 원하지 않았던 애굽 구스 왕 샤바카는 야마니를 넘겨주었다. 히스기야는 늦지 않게 발을 빼고 앗수르의 지배를 받아들이기 시작했다.

애굽을 의지할 것을 두고 왕실에서는 비밀리에 왕과 신하들이 많은 논의를 거듭했을 것이다. 그리고 이때 유다 왕실의 선택은 유다의 운명을 좌우할 것이었다. 바로 이때 하나님께서는 그의 종 이사야에게 행위 예언을 하라고 명령하신다.

> "그때에 여호와께서 아모스의 아들 이사야에게 말씀하여 이르시되 갈지어다. 네 허리에서 베를 끄르고 네 발에서 신을 벗을지니라 하시매 그가 그대로 하여 벗은 몸과 벗은 발로 다니니라. 여호와께서 이르시되 나의 종 이사야가 삼 년 동안 벗은 몸과 벗은 발로 다니며 애굽과 구스에 대하여 징조와 예표가 되었느니라"(사 20:2-3).

하나님의 예언자가 이런 모습으로 삼 년 동안 온 유다를 휘젓고 다니면 백성들이 다 보게 될 것이다. 백성들이 이게 어떻게 된 것이냐고 혹시 아스돗이 망하는 것이냐고 물으면 이사야는 그것이 아니라 아스돗이 의지하는, 그리고 유다가 의지하려는 애굽과 구스의 미래가 이런 모습이 될 것이라고 대답했다.

> "이와 같이 애굽의 포로와 구스의 사로잡힌 자가 앗수르 왕에게 끌려갈 때에 젊은 자나 늙은 자가 다 벗은 몸과 벗은 발로 볼기까지 드러내어 애굽의 수치를 보이리니 그들이 바라던 구스와 자랑하던 애굽으로 말미암아 그들이 놀라고 부끄러워할 것이라"(사 20:4-5).

결국 유다가 의지하려던 애굽의 최후가 바로 이렇게 될 것이라고 경고한다. 애굽은 종이호랑이였다. 그렇게 아스돗을 충동하여 든든한 배경이 되어줄 것처럼 했다가 막상 진짜 맹수 앗수르가 나타나자 애굽을 믿고 반란을 감행했던 아스돗의 야마니를 죄수로 넘겨주고 말았다. 이것은 분명 반앗수르 연합에 가입하려던 주변 국가에게는 커다란 충격이었고 배신의 경종이었다. 따라서 유다는 정신 차리고 애굽에서 돌이켜야 한다. 이제는 왕가의 밀실정치로 결정할 것이 아니라 모든 백성이 알고 함께 마음을 모아 돌아서야 한다.

한편 애굽을 의지했다 배신당한 아스돗 주민들은 어떤 심정일까?

> "그날에 이 해변 주민이 말하기를 우리가 믿던 나라 곧 우리가 앗수르 왕에게서 벗어나기를 바라고 달려가서 도움을 구하던 나라가 이같이 되었은즉 우리가 어찌 능히 피하리요 하리라"(사 20:6).

'해변 주민' 이란 지중해 해변에 사는 블레셋 백성을 말한다. 이들은 그날이 오면 앗수르에서 벗어나도록 도움을 요청하던 애굽도 결국 노예로 끌려갈 비참한 상황이라는 것을 알고 탄식하게 될 것이다. 실망과 절망이 이들을 덮칠 것이다.

우리 주변을 보면 우리 인생을 좌지우지할 권세 있고 힘 있는 세력, 곧 빅 브라더들이 있다. 우리는 빅 브라더 앞에 줄 서느라 바쁘다. 우리 사회도 인맥 관리가 중요하다고 하면서 인맥 관리를 잘하려고 애쓰는 이가 많다. 하지만 많은 경우 이런 인맥 관리는 힘센 사람 앞에 줄서기 하는 것에 불과하다. 우리는 상황이 어렵거나 급박하면 일단 이 큰형님들을 어떻게 동원할까, 어떻게 하면 이들의 도움으로 좋은 자리를 차지하고, 위기를 돌파할 수 있을까를 고민한다. 큰형님들은 우리를 끌어들이려고 "내가 키워줄게" "내가 밀어줄게"를 외치며 자기 주변에 줄서기를 은밀하게 요청한다.

이때 우리는 그 배후에 이 모든 상황을 주관하시고, 인생들을 사용하는 분이 하나님임을 인정해야 한다. 그렇게 강력한 앗수르도 결국은 하나님이 사용하시는 진노의 막대기일 뿐이었다(사 10:5). 하나님은 앗수르가 교만해지면 언제든지 이쑤시개 부러뜨리듯 그의 규를 꺾으실 수 있다. 우리는 이사야와 같이 하나님 앞에 맨몸으로 서는 용기가 필요하다. 그 어떤 사람도 내 인생을 좌지우지할 수 없다. 그런 것같이 보여도 그는 단지 하나님이 쓰시는 도구에 불과하다. 그 배후에 있는 전능하신 하나님을 바라보라. 인생의 주권자 되시는 그분의 손에 움직이고 쓰임받는 희열을 맛보라!

[34장 각주]

135) 김필회, "이사야 1-39장", 「묵상과 설교」, 195쪽.

35 Chapter 35. Isaiah 21:1-17

해변 광야에 주눅 들지 말라

*1해변 광야에 관한 경고라 적병이 광야에서, 두려운 땅에서 네겝 회오
리바람같이 몰려왔도다. 2혹독한 묵시가 내게 보였도다. 속이는 자는
속이고 약탈하는 자는 약탈하도다. 엘람이여 올라가고 메대여 에워
싸라. 그의 모든 탄식을 내가 그치게 하였노라 하시도다. 3이러므로
나의 요통이 심하여 해산이 임박한 여인의 고통 같은 고통이 나를 엄
습하였으므로 내가 괴로워서 듣지 못하며 놀라서 보지 못하도다. 4내
마음이 어지럽고 두려움이 나를 놀라게 하며 희망의 서광이 변하여
내게 떨림이 되도다. 5그들이 식탁을 베풀고 파수꾼을 세우고 먹고
마시도다. 너희 고관들아 일어나 방패에 기름을 바를지어다. 6주께서
내게 이르시되 가서 파수꾼을 세우고 그가 보는 것을 보고하게 하되*

> 7마병대가 쌍쌍이 오는 것과 나귀 떼와 낙타 떼를 보거든 귀 기울여
> 자세히 들으라 하셨더니 8파수꾼이 사자같이 부르짖기를 주여 내가
> 낮에 늘 망대에 서 있었고 밤이 새도록 파수하는 곳에 있었더니 9보
> 소서. 마병대가 쌍쌍이 오나이다 하니 그가 대답하여 이르시되 함락
> 되었도다. 함락되었도다. 바벨론이여 그들이 조각한 신상들이 다 부
> 서져 땅에 떨어졌도다 하시도다. 10내가 짓밟은 너여, 내가 타작한 너
> 여, 내가 이스라엘의 하나님 만군의 여호와께 들은 대로 너희에게 전
> 하였노라. 11두마에 관한 경고라. 사람이 세일에서 나를 부르되 파수꾼
> 이여 밤이 어떻게 되었느냐. 파수꾼이여 밤이 어떻게 되었느냐. 12파수
> 꾼이 이르되 아침이 오나니 밤도 오리라. 네가 물으려거든 물으라.
> 너희는 돌아올지니라 하더라. 13아라비아에 관한 경고라. 드단 대상
> 들이여 너희가 아라비아 수풀에서 유숙하리라. 14데마 땅의 주민들
> 아 물을 가져다가 목마른 자에게 주고 떡을 가지고 도피하는 자를
> 영접하라. 15그들이 칼날을 피하며 뺀 칼과 당긴 활과 전쟁의 어려움
> 에서 도망하였음이니라. 16주께서 이같이 내게 이르시되 품꾼의 정
> 한 기한같이 일 년 내에 게달의 영광이 다 쇠멸하리니 17게달 자손 중
> 활 가진 용사의 남은 수가 적으리라 하시니라. 이스라엘의 하나님
> 여호와의 말씀이니라.

2000년 초 유럽연합은 새로운 항공기의 탄생으로 흥분에 들떠 있었다. 바로 A380이라 명명한 초대형 항공기였다. 그간 대형 항공기는 보잉사의 보잉 747이 독점해왔다. 에어버스 A380은 보잉

747의 독점을 깰 수 있는 대항마였다. 길이 72m, 높이 24m에 복층 구조로 설계되어 고급스러운 라운지와 샤워 시설을 보유하였고, 한 번에 500명 이상의 승객이 탑승할 수 있다. 에어버스는 앞으로 20년간 1,200대를 판매하겠다는 야심 찬 목표를 세웠다.

그런데 그렇게 야심 차게 출발했던 에어버스 A380이 단종 위기에 처하게 되었다.[136] 그렇게 크고 멋진 항공기가 그간 고작 300여 대밖에 판매되지 않았고, 최근 3년간은 아예 주문이 전무할 정도였다. 도대체 문제가 무엇이었을까? 항공기가 크다 보니 운영비용이 너무 많이 든 것이었다. 항공사 입장에서는 A380 한 대보다 작은 여객기를 여러 대 운행하는 것이 훨씬 더 경제적이었다. 게다가 요즘 항공기 기술이 발전해서 작은 항공기라도 연비가 좋아지고 항속거리가 늘어나 장거리 여행이 가능하게 되었다. 그러다 보니 대형 항공기의 수요가 점점 줄어든 것이다. 결국 A380은 빛 좋은 개살구였고, 속 빈 강정이었다.

본문에는 이런 속 빈 강정 같은 나라가 등장한다. 바로 바벨론이다. 본문은 바벨론의 모습을 '해변 광야'로 소개한다.

"해변 광야에 관한 경고라"(사 21:1).

해변 광야는 '해변'과 '광야'라는 서로 어울리지 않는 두 단어가 결합되었다. 먼저 해변은 풍요로움을 상징한다. 바다는 수많은 배가 오가며 많은 상품을 사고팔면서 사람들이 서로 교류한다. 그래서 해변가에 있는 도시는 풍성함과 부유함을 특징으로 한다. 여기서 '해변' 같은 도시는 바벨론이다. 바벨론은 유프라테스강물을 도심 한가운데로 끌어들여 물이 풍성하고, 또 도심 가운데 큰 인공 호수가 있었다. 많은 무역 상선이 유프라테스강을 오가며 풍성함을 더했다. 그래서 바벨론을 예전부터 '바다의 땅' 이라 부르곤 했다.[137]

그런데 하나님은 물이 풍성한 '바다의 땅' 바벨론을 '바다 광야' 라고 말씀하신다. 광야는 어떤 곳인가? 황량하고 아무것도 남아 있지 않은, 생존의 조건이 결여되어 있는 곳이다. 하나님은 생존의 조건이 풍성한 바벨론을 왜 광야라고 하셨을까? 그것은 하나님의 시선에서 바벨론은 인간적인 겉멋과 엉뚱한 곳의 힘만 가득할 뿐, 심판받아야 할 교만이 점점 쌓이고 있었기 때문이다. 하나님은 이런 바벨론을 심판하여 황량한 광야와 같은 상태에 이르도록 작정하셨다.

처음에 바벨론은 하나님의 뜻을 대행할 대리자로 부름받았다. 하나님의 일을 수행하기 위해 큰 힘과 영토와 권세를 허락받았다. 그러나 바벨론은 시간이 갈수록 교만했고 하나님의 영광을 가리고 자신의 영광만을 드러내려 했다. 하나님은 이런 바벨론을 마침내 치기로 작정하신 것이다. 하나님이 작정하시자 어떤 일이 일어나는가?

> "적병이 광야에서, 두려운 땅에서 네겝 회오리바람같이 몰려왔도다. 혹독한 묵시가 내게 보였도다. 속이는 자는 속이고 약탈하는 자는 약탈하도다. 엘람이여 올라가고 메대여 에워싸라. 그의 모든 탄식을 내가 그치게 하였노라 하시도다"(사 21:1-2).

세계 최강의 바벨론을 무너뜨리는 적병이 광야에서, 두려운 땅에서 올라온다. '두려운 땅' 이란 '위험한 광야' 를 의미한다(신 8:15 참조). 이들이 몰려오는 모습이 유다 남쪽 네게브 사막 지역에서 일어나는 회오리바람 같다. 사막의 모래 먼지를 동반한 강력한 바람이 일어나 순식간에 한 마을을 덮치는 것처럼, 평소에는 별로 눈에 띄지 않던 적병들이 바벨론을 무너뜨리기 위해 갑자기 네게브 사막의 강력한 모래바람처럼 바벨론으로 몰려온다. 이들은 바로 '엘람' 과 '메대' 적병들로, 주전 539년 바벨론을 멸망시킨 '바사' (페르시아)와 '메대' 연합군을 가리킨다.

세계를 제패하던 제국이 무너지는 것은 끔찍한 일이다. 그래서 이 예언을 본문은 '혹독한 묵시' 라고 한다. 이사야 선지자는 바벨론이 무너지는 모습에 격렬한 고통을 느끼며 탄식한다.

> "이러므로 나의 요통이 심하여 해산이 임박한 여인의 고통 같은 고통이 나를 엄습하였으므로 내가 괴로워서 듣지 못하며 놀라서 보지 못하도다. 내 마음이 어지럽고 두려움이 나를 놀라게 하며 희망의 서광이 변하여 내게 떨림이 되도다"(사 21:3-4).

이사야에게 이런 예언자적 애통과 긍휼이 임한 것은 바벨론을 향한 하나님의 마음이 어떠한가를 보여준다. 하나님은 하나님의 뜻을 위하여 쓰임받았던 바벨론이 교만하여 하나님의 영광을 가리는 것을 아파하셨고, 고통스러워하셨다. 이사야는 수난당하는 여호와의 종, 하나님의 어린 양(53장)만큼은 아니더라도, 하나님의 마음에 공감하며 아파하고 애통해했다. 4절의 '서광' (히. 네셰프)은 원래 해돋이

전 주위가 밝아 오는 때, 또는 해넘이 후 주위가 어두워지는 때를 가리킨다.[138] '희망의 서광'은 해가 지고 시원한 바람이 불어 낮의 더위로 지친 몸이 쉴 수 있기를 소망하는 저녁 시간을 뜻한다. 아마도 이사야가 이 묵시를 받았을 때가 해 질 녘쯤 되었던 모양이다. 이사야는 이 묵시를 받고 저녁에 시원한 바람을 맞으며 쉴 생각을 했었으나 너무나도 두렵고 떨려 밤잠을 제대로 이룰 수 없게 되었다.

하나님의 무시무시한 심판이 다가오는데 바벨론은 태평하다. 밤낮 연회에 취해 정신이 없다. 식탁을 차리고 양탄자 자리를 깔고(개역개정에는 '파수꾼을 세우고', 참조 새번역, NRSV) 먹고 마시기에 정신이 없다. 이사야 선지자는 이런 바벨론의 지도자들을 향하여 지금은 이럴 때가 아니라 일어나 방패에 기름을 바를 때라고 긴장을 촉구한다(사 21:5). 이는 방패의 가죽 덮개를 더 유연하게 만들고 전투에서 방패가 갈라지거나 구멍이 나는 현상을 완화하려는 행동이다.[139] 또 기름을 바르면 적의 창이 미끄러지고 방패를 드는 병사의 피부를 보호하는 효과가 있다.

하나님께서는 이사야에게 파수꾼을 세워 이 모든 일이 일어날 때의 상황을 보고하게 하도록 한다(사 21:6). 이윽고 파수꾼은 말과 나귀와 낙타를 타고 쌍을 지어 오는 전사들의 행렬을 보고한다(사 21:7,9). 이는 당시 적을 동요시키기 위해 나귀와 낙타를 활용하여 둘씩 짝지어 진격하며 공격했던 페르시아 군대의 특징을 잘 나타낸다.[140] 이들은 파죽지세로 바벨론을 침공하여 바벨론의 신상을 다 부수고 바벨론을 차지한다(사 21:9).

이런 순식간의 멸망은 다니엘서 5장을 떠올리게 한다. 바벨론의 마지막 왕 벨사살은 귀족 천 명을 초대해 잔치를 베풀었다. 잔치의 흥이 고조되자 그는 여호와의 성전에서 사용하던 금 그릇으로 술을 마시며 우상들을 찬양하였다. 그런데 그때 손가락들이 나타나서 왕궁 촛대 맞은편 석회벽에 글자를 써 놓고는 사라졌다. 커다란 충격에 얼굴빛이 변하고 번민에 싸인 벨사살왕은 온 나라를 수소문하여 다니엘을 찾아 그에게 그 뜻의 해석을 부탁한다. 다니엘은 이 글자가 '메네 메네 데겔 우바르신' 이며, 하나님이 왕을 저울에 달아보니 부족함이 보여 이 나라를 끝나게 하고 메대와 바사 사람에게 준 바 되었다는 뜻이라고 해석해 준다. 그리고 그날 밤 바벨론 왕 벨사살은 죽임을 당하고 메대 사람 다리오가 62세에 왕으로 등극한다.

하나님께서 아직 일어나지도 않은 바벨론의 최후를 이사야에게 말씀하시는 이유가 무엇인가? 이는 앗수르의 위협으로 신생 강국 바벨론을 의지하려는 유다에게 바벨론의 최후를 미리 보여줌으로써 참되게 의지할 대상은 오직 만군의 주 여호와 한 분뿐임을 알려주시기 위함이다. 이제 유다는 이웃 강국에 의지하려고 설레발치지 말고 오직 하나님만 바라보며 의뢰해야 한다.

이어지는 단락(사 21:11-17)에는 두마(11-12절)와 아라비아의 나라들, 곧 드단(13절), 데마(14절), 게달(17절)에 대한 경고의 말씀이 나온다. 이 중 드단을 제외하고 나머지는 이스마엘의 아들들 이름이다(창 25:13-15). 이들은 세일 지역(창 33:14,16)뿐만 아니라 바벨론(앗수르)으로 통하는 무역로 전역에 흩어져 분포하였다(창 25:18).

먼저, 두마를 살펴보자. 여기서 두마는 예멘에서 오만과 페르시아만을 지나 요르단과 이라크에 걸쳐 있는 거대한 아라비아 사막의 북부 에돔 북동쪽에 있는 오아시스 마을을 가리킨다. 이 오아시스는 페르시아만과 페트라 사이의 동서 교역로와 홍해에서부터 팔미라 북쪽으로 뻗어 있는 향료길의 교차점에 위치했고, 예루살렘에서 남동쪽으로 약 48km 거리에 있었다.[141] 이는 메소포타미아에서 에돔에 이르는 교역로에서 중요한 곳이었다. 무역상이 이곳을 오가며 바벨론에서 벌어진 일에 대한 소식을 전해주곤 했다.[142]

세일 지역에서 온 사람이 파수꾼을 불러 재차 묻는다. "밤이 어떻게 되었느냐?"(사 21:11). 이는 당시의 정치적 압제의 어둠이 언제까지 계속되겠느냐는 것이다. 그러자 파수꾼이 의미심장한 말을 한다. 아침이 곧 올 텐데, 그러나 또다시 밤이 올 것이다(사 21:12, 새번역 참조). 현재의 어둠이 지나가면 그야말로 환한 대낮이 올 것 같지만 얼마 지나지 않아 또 다른 제국의 압제와 어둠이 찾아온다. 앗수르가 지나면 바벨론이, 바벨론이 지나면 페르시아가 온다. 결국 이 세상의 허탄한 것에 소망을 두다가는 끝이 없다. 결국은 여호와께 돌아와야 한다(사 21:12).

이어지는 아라비아에 대한 경고는 먼저 드단의 대상을 향한다. 드단의 대상들은 아라비아 수풀에서 유숙할 날이 올 것이다(사 21:13). 이들이 다니는 주요 교역로에도 전쟁이 발발할 것이다. 이들은 교역로를 피하여 오아시스 마을로 알려진 드단이 아니라 사막 관목의 덤불 가운데 노출된 상태로 밤을 지낼 것이다. 데마에는 전란을 피하여 피난 온 난민들이 들이닥칠 것이다. 이때 이들을 위해 물과 떡을 준비하여 영접해야 한다. 앗수르시대에는 아라비아에 대한 수차례 공격이 있었고, 그때마다 주민들은 거주지에서 쫓겨나 피난길에 올라야 했다.[143] 데마에게는 나그네를 영접할 사명이 주어진다. 하지만 이들 성읍들은 아라비아에 몰아닥치는 전쟁의 바람을 결코 피할 수 없을 것이다. 활을 잘 쏘는 특급 궁수들이 많은 것으로 알려진 게달이라 할지라도 일 년 내에 궁수들이 전쟁으로 죽임당하고, 그 영광이 쇠멸할 것이다. 아라비아의 나라들도 열방을 신뢰하는 것으로는 절대 자신을 구원할 수 없다. 결국 여호와께 돌아가는 것만이 유일한 소망이다.

결국 유다도 주변의 나라들도 거대한 제국이 하나씩 쓰러질 때마다 새로운 정치적 계산에만 몰두할 것이 아니라 이 모든 상황을 주관하시는 만군의 주 여호와께 돌아와야 할 것을 말씀하신다. 지금 나의 정치적 계산은 무엇을 지향하는가? 내 인생에서 하나님을 얼마나 중요한 요소로 두고 계산하는가? 눈에 보이는 주변의 것들에 주눅 들지 말라. 해변 광야에도 주눅 들지 말라. 우리가 의지하는 하나님께서 이 모든 것을 주관하셔서 우리를 능히 지키고 붙들어주실 것이다.

[35장 각주]

136) 배정원, "에어버스 'A380' 생산 중단 위기...초호와 대형 항공기시대 막 내리나", 조선일보 2018. 1. 16.
137) 존 오스왈트, 「NICOT 이사야 I」, 450쪽.
138) 김필회, "이사야 1-39장", 「묵상과 설교」, 199쪽.
139) 존 오스왈트, 「NICOT 이사야 I」, 455쪽.
140) 위의 책, 456쪽.
141) 위의 책, 459쪽.
142) 게리 스미스, 「NAC 이사야 I」, 484쪽.
143) 존 오스왈트, 「NICOT 이사야 I」, 464쪽.

36 Chapter 36. Isaiah 22:1-14

환상 골짜기에 관한 경고

1환상의 골짜기에 관한 경고라. 네가 지붕에 올라감은 어찌함인고. 2소
란하며 떠들던 성, 즐거워하던 고을이여 너의 죽임을 당한 자들은 칼
에 죽은 것도 아니요 전쟁에 사망한 것도 아니라. 3너의 관원들도 다
함께 도망하였다가 활을 버리고 결박을 당하였고 너의 멀리 도망한
자들도 발견되어 다 함께 결박을 당하였도다. 4그러므로 내가 말하노
니 돌이켜 나를 보지 말지어다. 나는 슬피 통곡하겠노라. 내 딸 백성이
패망하였음으로 말미암아 나를 위로하려고 힘쓰지 말지니라. 5환상의
골짜기에 주 만군의 여호와께로부터 이르는 소란과 밟힘과 혼란의 날
이여 성벽의 무너뜨림과 산악에 사무쳐 부르짖는 소리로다. 6엘람 사
람은 화살통을 메었고 병거 탄 자와 마병이 함께 하였고 기르 사람은

방패를 드러냈으니 [7]병거는 네 아름다운 골짜기에 가득하였고 마병은 성문에 정렬되었도다. [8]그가 유다에게 덮였던 것을 벗기매 그날에야 네가 수풀 곳간의 병기를 바라보았고 [9]너희가 다윗성의 무너진 곳이 많은 것도 보며 너희가 아랫못의 물도 모으며 [10]또 예루살렘의 가옥을 계수하며 그 가옥을 헐어 성벽을 견고하게도 하며 [11]너희가 또 옛 못의 물을 위하여 두 성벽 사이에 저수지를 만들었느니라. 그러나 너희가 이를 행하신 이를 앙망하지 아니하였고 이 일을 옛적부터 경영하신 이를 공경하지 아니하였느니라. [12]그날에 주 만군의 여호와께서 명령하사 통곡하며 애곡하며 머리털을 뜯으며 굵은 베를 띠라 하셨거늘 [13]너희가 기뻐하며 즐거워하여 소를 죽이고 양을 잡아 고기를 먹고 포도주를 마시면서 내일 죽으리니 먹고 마시자 하는도다. [14]만군의 여호와께서 친히 내 귀에 들려 이르시되 진실로 이 죄악은 너희가 죽기까지 용서하지 못하리라 하셨느니라. 주 만군의 여호와의 말씀이니라.

예루살렘성은 천혜의 요새다. 사사시대 이스라엘 백성이 가나안에 입성했지만 예루살렘성을 차지하는 것은 다윗에 이르러서야 비로소 이루어졌다. 그만큼 예루살렘은 정복하기 힘든 요새다. 예루살렘을 천혜의 요새로 만들어주는 중요한 지형적 요소가 바로 골짜기다.

예루살렘을 관통하는 골짜기는 크게 세 개가 있다. 첫째는 예루살렘 동쪽에 있는 기드론 골짜기다. 예루살렘에서 기드론 골짜기를 건너면 곧바로 겟세마네 동산과 감람산이 있다. 또 하나는 남쪽에 깊이 나 있는 힌놈 골짜기다. 이곳은 쓰레기를 내다 버리고 소각하는 장소로도 사용되었고, 여기서 파생된 말(게힌놈–힌놈골짜기)이 음부, 지옥을 의미하는 '게헨나' 다. 또 다른 하나는 예루살렘성 내부에서 성전산 쪽과 일반 주거 지역 쪽을 가르는 티로포이아 계곡이다. 이 중에서 기드론과 힌놈은 예루살렘을 방어하는 천혜의 방어 지지선 역할을 하였다. 이 지지선을 뚫기란 결코 쉽지 않다. 문제는 주전 701년 앗수르가 20만에 이르는 거대한 대군을 이끌고 이 골짜기에 들이닥쳐 예루살렘을 포위하여 무너뜨릴 군사작전을 전개했다는 사실이다(사 36장, 참조 왕하 18:13–16).[144]

본문은 이 골짜기를 '환상(비전) 골짜기' 로 소개한다. 대적의 포위에 두려움과 공포에 휩싸인 예루살렘 주민들은 거룩한 예언자적 상상력이 고갈된 상태였다. 이런 백성들을 향하여 하나님은 하나님의 비전으로 현실을 새롭게 볼 것을 촉구하며 경고의 말씀을 주신다.

> "환상의 골짜기에 관한 경고라. 네가 지붕에 올라감은 어찌함인고. 소란하며 떠들던 성, 즐거워하던 고을이여 너의 죽임을 당한 자들은 칼에 죽은 것도 아니요 전쟁에 사망한 것도 아니라"(사 22:1–2).

예루살렘 백성들이 지붕에 올라간 이유는 무엇인가? 이는 그토록 기세등등했던 적군이 소리도 없이 슬그머니 퇴각했기 때문이다. 이미 적군 대다수인 18만 5천 명은 하룻밤에 괴멸당한 상태로 겨우 남은 일부가 퇴각하는 장면을 보니 얼마나 짜릿하고 흥분되었겠는가?

모두들 지붕에 올라갔다. 당시 가옥의 형태는 1층에는 부엌과 응접실, 마구간 등이 있었고 2층에 골방이 있었는데, 손님이나 집안의 어른이 여기서 잠을 자고, 그 앞에는 넓은 지붕 옥상이 있었다. 예루살렘은 시온산 위에 세워진 성읍이라 북쪽이 높고 남쪽이 낮다. 집들이 시온산의 고도를 따라 지어졌기에 특히 기드론과 힌놈의 골짜기가 잘 보이는 남쪽 지역은 지붕에 나와 있으면 그 아래쪽이 훤하게 보인다. 지금 예루살렘 주민들은 다 옥상으로 나와 적의 퇴각을 기뻐하며 흥겹게 잔치를 벌이고 있다.

하지만 이런 예루살렘 성읍을 바라보는 하나님의 마음은 불편하다. 적군이 이렇게 손 한 번도 제대로 쓰지 않고 퇴각했지만 이미 예루살렘 안에는 많은 사상자가 생겼다. 이들은 칼에 죽은 것도 아니고 전쟁에 사망한 것도 아니었다. 고위급 지도자의 경우 적군과 맞설 칼과 활을 버리고 몰래 도망가다가 붙잡혀 죽었고, 지도자들이 도망가는 것을 보고 함께 줄행랑을 쳤던 주민들은 고관들을 뒤쫓아가다 함께 붙잡혀 죽임을 당했다. 이렇게 죽지 않을 수 있었던 수많은 사람이 죽임을 당한 것은 하나님을 전적으로 신뢰하고 바라보는 영적 상상력이 결여되어 있었기 때문이다.

하나님은 지붕 위에 올라와 있는 주민들에 대하여도 마음이 아프시다. 이들은 눈앞에 보이는 적군의 퇴각에만 기뻐하며 흥겹게 잔치를 벌일 뿐, 이 놀라운 구원을 주신 하나님께 마땅히 영광을 돌리지 않았다. 사실 이들이 구원받은 것은 자신들의 행위와 공로가 아니었다. 이들은 가슴을 찢고 하나님께 진심으로 회개하지도 않았다. 그러나 하나님께서는 아브라함과 다윗에게 하신 언약을 기억하시고 이스라엘을 극적으로 구원해주셨다. 그렇다면 이들이 마땅히 해야 할 반응은 감사와 찬송과 마음을 찢는 회개다. 그러나 이들은 마음을 찢는 회개는커녕 옥상에서 고기를 굽고 포도주에 취할 생각만 한다.

이에 하나님은 환상 골짜기에 임할 또 다른 재앙을 경고하신다.

> "환상의 골짜기에 주 만군의 여호와께로부터 이르는 소란과 밟힘과 혼란의 날이여 성벽의 무너뜨림과 산악에 사무쳐 부르짖는 소리로다. 엘람 사람은 화살통을 메었고 병거 탄 자와 마병이 함께 하였고 기르 사람은 방패를 드러냈으니 병거는 네 아름다운 골짜기에 가득하였고 마병은 성문에 정렬되었도다"(사 22:5-7).

장차 새로운 군대가 다시 예루살렘 골짜기를 가득 메우고 공격할 날이 올 것이다. 이때는 소란과 밟힘과 혼란의 날이 될 것이다. 여기 밟힘은 도망가다가 넘어져 사람들의 발길에 깔려 죽는 것을 말한다. 서로 도망가려고 밀치고 달리다 넘어지고, 넘어진 사람 위에 또 다른 사람이 넘어지고, 그렇게 넘어지고 밀리면 아래 있는 사람들은 질식해서 죽고 만다. 극도의 공포가 예루살렘성을 뒤덮어 도망가기도 전에 깔려 죽고 마는 것이다. 이때는 그 견고하던 예루살렘 성벽도 무너질 것이다. 시온산 골짜기에 사무쳐 울부짖는 소리가 울려 퍼질 것이다.

이때 등장하는 적군들은 엘람과 기르 사람이다. 엘람은 주후 586년 예루살렘을 침공한 바벨론 느부갓네살 군대에 합류했던 용병부대였다. 바벨론은 제국 내에 전쟁을 잘하는 민족의 군대를 차출해서 용병으로 활용했는데, 그중 화살을 쏘면 백발백중했던 이들이 엘람 용사들이었다. 이들은 말과 병거를 잘 다루었다. 또 기르 사람은 공성전에 능하여 성위에서 빗발같이 쏟아지는 화살을 막아내며 성벽을 돌파하는 전투력을 갖추었던 것으로 보인다.

이런 위기가 어떻게 들이닥쳤는가? 근본적으로는 유다의 영적 방종이 원인이었다. 예루살렘의 주민들은 옷과 마음을 찢고 하나님께 회개하며 겸비하여 그의 긍휼과 자비를 구해야 했다. 그러나 이들은 하나님의 강력한 심판의 날, 즉 여호와의 날이 임하는데도 하나님을 찾기는커녕 자기들의 힘으로 할 수 있는 방법들을 찾기에 급급하다.

> "그가 유다에게 덮였던 것을 벗기매 그날에야 네가 수풀 곳간의 병기를 바라보았고 너희가 다윗성의 무너진 곳이 많은 것도 보며 너희가 아랫못의 물도 모으며 또 예루살렘의 가옥을 계수하며 그 가옥을 헐어 성벽을 견고하게도 하며 너희가 또 옛 못의 물을 위하여 두 성벽 사이에 저수지를 만들었느니라"(사 22:8-11).

하나님께서 그동안 유다를 덮고 보호하셨던 막을 벗겨내셨다. 그러자 헤아릴 수 없는 수많은 적군이 예루살렘 골짜기에 들이닥친다.

이를 본 예루살렘 주민들과 지도자들은 하나님을 바라기는커녕 수풀 곳간을 찾는다. '수풀 곳간'(히. 벧 하이야아르)은 직역하면 '숲의 집'으로 솔로몬왕 때 레바논 백향목으로 지었던 성전 복합건물의 일부로서(왕상 7:2-6), 무기고였을 뿐 아니라(사 9:2) 다른 귀한 물품을 두었던 창고이기도 했다(왕상 10:17 대하 9:20). 백향목 기둥들이 레바논의 백향목 숲을 생각나게 한다고 하여 '수풀 곳간', 또는 '레바논 나무 궁'(왕상 10:17,21, 대하 9:16,20)이라 이름 붙였다. 예루살렘은 여기에 솔로몬 때부터 쌓아두었던 무기를 의지하려 하였다.

그뿐만이 아니다. 이들은 자신들이 비축해 두었던 물을 의지하였다. 예루살렘 지도자들과 주민들은 이전의 전쟁 경험으로 물 확보가 중요함을 절실하게 깨달았다. 그래서 예루살렘성, 곧 다윗 성내의 곳곳에 수원지를 확보하기 위해 공사를 서둘렀다. 성내에 있는 아랫못의 물을 한곳으로 모으고, 두 성벽 사이에 저수지를 만들었다. 또 성벽 내부가 적의 공격으로 무너지면 서둘러 보수공사를 진행하도록 가옥들을 허물고 돌무더기를 확보하였다. 또 예루살렘의 가옥을 헐고 그 자리에 성벽을 더욱 견고하게 쌓아 보강공사를 실시했고, 군사들이 성 내부에서 신속하게 이동하도록 군사로를 확장했다.

그러나 이러한 준비들은 피상적인 대비책에 불과할 뿐이다. 사람이 아무리 열심히 성벽을 보수하고 지킨다 하더라도 여호와께서 집을 세우지 않으시면 세우는 자의 수고가 헛되고 파수꾼이 깨어있음이 헛되다(시 127:1 참조). 하나님은 이스라엘이 이것을 깨닫고 하나님께 돌아오기를 원하셨다.

> "그러나 너희가 이를 행하신 이를 앙망하지 아니하였고 이 일을 옛적부터 경영하신 이를 공경하지 아니하였느니라"(사 22:11).

하나님은 이 모든 사건을 통해 그의 백성 이스라엘이 하나님을 앙망하기 기대하셨다. 하나님은 이 모든 사건 배후의 주권자가 되신다. 하나님을 의뢰하면 얼마든지 대적을 물리칠 수 있다. 그렇다면 이스라엘은 태초부터 온 세상을 경영하신 하나님께 돌아가는 것이 마땅하다.

하나님은 그의 백성에게 너희들은 통곡하며 애곡하며 머리털을 뜯으며 굵은 베를 띠며 회개하고 주 앞에 서라고 하셨다(사 22:12). 하지만 이스라엘은 도리어 기뻐하고 즐거워한다. 왜? 당장에 잡아먹을 소가 있고 양이 있기 때문이다(사 22:13).

사실 이런 짐승들은 평소에는 함부로 먹을 수 없는 귀한 짐승이다. 이런 짐승들은 제사를 위해 별도로 구별해 둔 짐승들이었기 때문이다. 하지만 이들은 내일 적에게 공격받아 죽더라도 지금 당장에 잡아먹을 짐승이 있으니, 먹고 마시고 즐기자고 서로를 부추긴다. 상상력이 극도로 결여된 상태에서 하나님께 마땅히 드려야 할 제사를 내팽개치고 감각과 쾌락 위주의 동물적 삶을 추구하는 것이다. 하나님은 이런 유다를 용서하지 않겠다고 선언한다.

> "만군의 여호와께서 친히 내 귀에 들려 이르시되 진실로 이 죄악은 너희가 죽기까지 용서하지 못하리라 하셨느니라. 주 만군의 여호와의 말씀이니라"(사 22:14).

결국 유다는 파멸할 것이다. 자기의 죄를 인정하지 않고 돌이키지 않는 백성은 결코 하나님께 돌아갈 수 없다. 이런 이들은 하나님의 공급하심과 주권에 대한 바른 믿음의 고백도 할 수 없다. 결국 이런 이들은 하나님의 덮개를 벗어나게 되고(사 22:8), 결국 적들은 이

들을 표적 삼아 파멸시킬 것이다.[145)]

지금까지 내 인생길의 걸음걸음을 하나님께서 능력의 손으로 붙드시고 생명 싸개(삼상 25:29 참조)로 덮어 보호하셨음을 인정하는가? 혹시 순탄하게 열린 길을 운이나 재수 덕분으로 돌리지는 않았는가? 범사에 붙드시고 보호하신 여호와를 인정하고 감사하라. 큰 소리로 영광을 돌리라. 현재의 위기를 내 힘으로 뚫고 갈 생각만 하지 말고, 나와 함께하시는 여호와 하나님에 대한 거룩한 상상력을 발휘하라!

[36장 각주]

144) 본문의 배경이 되는 앗수르의 예루살렘 침공에 대해서는 여러 가지 이론이 제시되고 있다. 대다수의 학자들은 주전 701년 사르곤의 예루살렘 포위를 지목하지만 존 오스왈트, 헤이즈와 어바인은 주전 711년을 선택하고, 클레멘츠는 주전 587/586년을 배경으로 해석한다. 여기서는 주전 701년 사르곤의 예루살렘 포위를 설득력 있는 정황으로 보고 전개한다.

145) 존 오스왈트, 「NICOT 이사야 I」, 478쪽.

37 Chapter 37. Isaiah 22:15-25

위기의 시대, 중심을 지키라

15주 만군의 여호와께서 이르시되 너는 가서 그 국고를 맡고 왕궁 맡은
자 셉나를 보고 이르기를 16네가 여기와 무슨 관계가 있느냐. 여기에
누가 있기에 여기서 너를 위하여 묘실을 팠느냐. 높은 곳에 자기를 위
하여 묘실을 팠고 반석에 자기를 위하여 처소를 쪼아내었도다. 17나 여
호와가 너를 단단히 결박하고 장사같이 세게 던지되 18반드시 너를 모
질게 감싸서 공같이 광막한 곳에 던질 것이라. 주인의 집에 수치를 끼
치는 너여 네가 그곳에서 죽겠고 네 영광의 수레도 거기에 있으리라.
19내가 너를 네 관직에서 쫓아내며 네 지위에서 낮추리니 20그날에 내
가 힐기야의 아들 내 종 엘리아김을 불러 21네 옷을 그에게 입히며 네
띠를 그에게 띠워 힘 있게 하고 네 정권을 그의 손에 맡기리니 그가 예

루살렘 주민과 유다의 집의 아버지가 될 것이며 [22]내가 또 다윗의 집의 열쇠를 그의 어깨에 두리니 그가 열면 닫을 자가 없겠고 닫으면 열 자가 없으리라. [23]못이 단단한 곳에 박힘같이 그를 견고하게 하리니 그가 그의 아버지 집에 영광의 보좌가 될 것이요 [24]그의 아버지 집의 모든 영광이 그 위에 걸리리니 그 후손과 족속 되는 각 작은 그릇 곧 종지로부터 모든 항아리까지니라. [25]만군의 여호와께서 이르시되 그날에는 단단한 곳에 박혔던 못이 삭으리니 그 못이 부러져 떨어지므로 그 위에 걸린 물건이 부서지리라 하셨다 하라. 나 여호와의 말이니라.

애굽에 큰 기근이 7년간 계속되었을 때 이를 슬기롭게 헤쳐 나간 지도자가 있었다. 바로 애굽의 총리 요셉이다. 요셉은 놀랍게도 히브리 노예 출신이었고, 그의 애굽식 이름은 '사브낫바네아'로, '하나님(신)이 말씀하시니 그가 살리라', 혹은 '그(바로)가 아는 그 사람' 이라는 뜻이다.[146] 노예 출신 히브리인이 애굽의 총리에 오른다는 것은 하나님의 능력과 은혜가 아니면 절대 불가능한 파격이다.

본문에도 이처럼 파격적인 인물이 등장한다. 바로 유다의 국고를 맡고 왕궁을 맡은 자 셉나다. 한 나라의 국고를 맡고 왕궁의 살림을 맡았으니 유다의 재무장관 겸 총리 격에 해당한다. 그가 활동했던 시대는 앗수르 왕 산헤립이 히스기야가 왕으로 다스리던 유다를 침공했던 시기다. 그의 활약상을 보라.

"히스기야 왕 십사년에 앗수르 왕 산헤립이 올라와서 유다의 모든 견고한 성을 쳐서 취하니라. 앗수르 왕이 라기스에서부터 랍사게를 예루살렘으로 보내되 대군을 거느리고 히스기야왕에게로 가게 하매 그가 윗못 수도 곁 세탁자의 밭 큰 길에 서매 힐기야의 아들 왕궁 맡은 자 엘리아김과 서기관 셉나와 아삽의 아들 사관 요아가 그에게 나아가니라"(사 36:1-3).

셉나는 산헤립이 침공했을 때 히스기야왕을 대신해서 나갔던 대표 사절단 중 한 사람으로 산헤립과 협상을 벌였다.

"여호와께서 내게 이르시기를 올라가 그 땅을 쳐서 멸하라 하셨느니라 하니라. 이에 엘리아김과 셉나와 요아가 랍사게에게 이르되 우리가 아람 방언을 아오니 청하건대 그 방언으로 당신의 종들에게 말하고 성 위에 있는 백성이 듣는 데에서 우리에게 유다 방언으로 말하지 마소서 하니"(사 36:10-11).

산헤립의 장수 랍사게가 모든 유다인이 듣도록 히브리어로 하나님이 앗수르 왕에게 유다를 치라고 말씀하셨다는 거짓 소문을 유포하자 셉나는 엘리아김과 요아와 더불어 유다 방언으로 말하지 말고 아람 방언으로 말해 달라고 부탁한다. 셉나는 아람어에 능통했던 것 같다. 도를 넘는 랍사게의 비방을 셉나를 비롯한 사절단은 히스기야왕에게 그대로 전달했다.

"그때에 힐기야의 아들 왕궁 맡은 자 엘리아김과 서기관 셉나와 아삽의 아들 사관 요아가 자기의 옷을 찢고 히스기야에게 나아가서 랍사게의 말을 그에게 전하니라"(사 36:22).

셉나는 앗수르와 유다를 오가며 국가적 위기를 넘기기 위해 중요한 역할들을 감당했다. 그런데 한 가지 이상한 점이 있다. 그의 이름에는 엘리아김이나 요아와 달리 아버지의 이름이 등장하지 않는다. 왜 그럴까? 이는 셉나의 교만을 지적하기 위해 성경에서 그의 아버지의 이름을 뺀 것일 수도 있지만 좀 더 객관적인 이유로는 그가 외국인이기 때문이다.[147)]

셉나는 애굽식 이름이며 그 뜻은 '하나님(신)이여 돌아오소서!'이다.[148)] 셉나는 애굽 노예 출신의 자유민으로 추정되며, 탁월한 지혜와 능력으로 유다의 재무장관 겸 총리 자리까지 올랐다. 그의 출신 배경 때문인지 셉나는 앗수르와 진땀 나는 협상을 하는 동시에 고향 애굽 제국에 손을 뻗어 유다의 막대한 재정을 지출하여 애굽에서 군마와 병거를 사들이는 정책을 추진했다(사 30:1-5 참조). 앗수르는 이런 정책에 강한 불쾌감을 표출한 바 있다.

"그런즉 네가 어찌 내 주의 종 가운데 극히 작은 총독 한 사람인들 물리칠 수 있으랴. 어찌 애굽을 믿고 병거와 기병을 얻으려 하느냐"(사 36:9).

셉나는 유다의 생존을 위해서라면 극우에서 극좌까지 상당히 넓은 정책적 스펙트럼을 추구하고 있었다. 그런데 이것도 좋고 저것도 좋다는 정책은 결국 모순과 갈등을 일으키고 부메랑이 되어 치명적인 타격을 입을 수 있다. 이스라엘의 경우가 그랬다. 셉나가 이런 정책을 펼칠수록 이스라엘은 점점 사면초가에 몰렸다.

그런데 셉나는 이것 말고도 또 한 가지 비밀스러운 일을 추구하였다. 자신을 위해 거대하고 화려한 묘실을 파서 준비했던 것이다. 하나님은 이것이 공적 유익과 아무 상관 없는 전적으로 셉나 자신을 위한 이기적인 행동임을 책망한다.

> "네가 여기와 무슨 관계가 있느냐. 여기에 누가 있기에 여기서 너를 위하여 묘실을 팠느냐. 높은 곳에 자기를 위하여 묘실을 팠고 반석에 자기를 위하여 처소를 쪼아내었도다"(사 22:16).

'너를 위하여'와 '자기를 위하여'가 반복적으로 3회나 등장한다. 높은 곳에 묘실을 파는 것은 자신이 존귀하고 높은 자임을 상징적으로 보여주기 위함이다. 하나님이 이 위기의 시대에 셉나를 유다의 총리로 세우신 것은 공권력을 남용하여 자신을 위해 묘실을 파기 위함이 아니다. 오직 하나님의 거룩한 백성을 하나님께 돌이키도록 하기 위한 것이다. 셉나는 하나님을 두려워함 없이 자기만족과 유익만을 위하여 달려갔다. 이런 면에서 셉나는 환상 골짜기에서 하나님께 드려야 할 제사 동물인 양과 소를 잡아먹으며 내일 죽어도 오늘 실컷 먹고 마시자고 흥청거렸던 유다 백성과 크게 다를 바 없다(사 22:13 참조).

예루살렘에서 다윗 왕가의 무덤으로 추정되는 묘실이 발견된 적이 있었다. 이 묘실에 가면 24개의 계단이 있고 그 안에 환기 통풍구가 있고, 옆에 보조 무덤까지 멋지게 준비되어 있다. 셉나는 아마도 이런 거대하고 화려한 묘실을 꿈꾸었던 모양이다. 이런 거대한 공사를 진행하려면 많은 비용이 든다. 셉나는 이를 국고에서 끌어들여 진행했던 것 같다.

예루살렘에서 기드론 계곡을 가로질러 오늘날 '실완'(Silwan)이라 불리는 마을에는 수천 년 전 바위를 깎아내 만든 무덤이 많이 있다. 이 가운데 솔로몬의 아내로 시집온 바로의 딸의 무덤도 발굴되었다. 또 셉나의 무덤으로 확인된 비문도 발굴되었다. 이 비문은 1870년 클레르몽-가노(Clermont-Ganneau)가 발견해서 런던 대영박물관으로 옮겨졌다. 비문에 쓰인 내용은 다음과 같다.[149)]

> "이것은… 이후의 (무덤이며) 그는 왕궁의 책임자였다. 여기에 은도 금도 없다. 오로지 (그의 뼈만) 그리고 그의 노예 소녀의 뼈가 그와 함께 있다. 이것을 여는 자는 저주를 받을 지어다."

셉나는 왜 이렇게 묘지에 집착했을까? 그것은 그가 노예 출신이기 때문이다. 자신이 이렇게 고생해도 이스라엘 출신이 아니기에 이스라엘의 기념되는 선조로 남지 못할 것이다. 그렇다면 자신이 어떻게든 스스로라도 이름을 남겨, 자기 집안을 유다 명문 가문으로 우뚝 세우려는 야심을 품었을 가능성이 크다. 또 다른 가능성은 애굽을 비롯한 당시 고대 근동에서 자기가 묻힌 무덤이 지하세계에서 대접받는 터전이 된다는 신념 때문이다. 그는 "높은 곳에… 자기를 위하여 처소를" 마련하려 했다. 여기서 '처소'는 죽은 혼백이 지하세계에 가서 살 곳을 의미한다.[150] 이러한 신념에 따르면 죽어서 정당하게 매장당하지 못한 사람은 지하세계에서 안식처를 갖지 못한다.[151] 따라서 셉나는 설움받던 이방인이 아닌 존경받는 정통 유다 가문을 세워 대접받고, 지하세계에 가서도 좋은 대접을 받기를 꿈꿨던 것이다. 무덤에 대한 이런 신념으로 인해 그는 '영광의 수레' (사 22:18)를 타고 수시로 묘실 공사 현장을 오갔던 것 같다.

여기서 '영광의 수레' 는 왕의 위세에 준하는 일종의 버금 수레를 의미한다(창 41:43 참조). 애굽 바로가 요셉에게 있는 하나님의 지혜와 영감을 발견하고는 그에게 버금 수레를 태우고 왕의 권세를 주었다면, 셉나는 국가비상사태에서도 스스로 버금 수레를 타고 왕 같은 존재로 행세하며 수시로 자기 무덤 공사 현장을 오갔다. 셉나는 무덤에 집착하는 일종의 성공 신화에 사로잡혀 있었다. 요즘 우리시대에도 무덤에 집착하는 사람이 있지 않은가? 큰일을 앞두고, 선거에 나서기 전에, 성공을 도모하기 전에 묏자리부터 옮기는 경우가 많다. 셉나에게 이 모든 것은 하나님의 영광을 위한 것이 아니라 전적으로 자기를 위한 것이었다. 하나님은 이런 셉나를 향하여 어떻게 하시는가?

> "나 여호와가 너를 단단히 결박하고 장사같이 세게 던지되 반드시 너를 모질게 감싸서 공같이 광막한 곳에 던질 것이라. 주인의 집에 수치를 끼치는 너여 네가 그곳에서 죽겠고 네 영광의 수레도 거기에 있으리라"(사 22:17-18).

하나님께서는 셉나를 결박하여 강력한 힘으로 그를 추방하실 것이다. 넝마 조각을 모아 그를 공같이 둘둘 말아 마치 외야수가 공을 멀리 던지듯 그를 광막한 외국 땅에 멀리 던지면 그는 그곳에서 수치와 불명예 속에 죽을 것이다. 그가 그토록 위세를 자랑하던 영광의 버금 수레는 끌려간 나라의 차지가 될 것이다. 그는 유다의 기쁨과 자랑거리가 아니라 수치가 될 것이다.

하나님은 교만하며 자기만을 위해 직분을 감당했던 셉나의 지위를 박탈하고 그를 낮출 것이라 선언하신다. 그가 앗수르의 침입에 나설 때 감당했던 직분은 '서기관' 으로 강등되어 있고, 그가 맡았던 총리의 직분, 즉 왕궁 맡은 자의 관직은 힐기야의 아들 엘리아김이 차지하고 있음을 볼 수 있다(사 36:3,22 참조).

하나님께서는 장차 셉나에게 주셨던 직분을 되찾아 힐기야의 아들 엘리아김에게 주어 그를 들어 쓰실 것이다. 엘리아김의 가문은 믿음의 명문 가문이었던 것 같다. 그의 아버지 힐기야는 '여호와는 나의 분깃' 이라는 뜻이고, 엘리아김은 '하나님이 세우신다, 일으키신다' 는 뜻이다. 하나님은 엘리아김에게 셉나에게 주셨던 옷과 띠, 곧 관직과 그에 걸맞은 관복을 허락하실 것이다. 그의 어깨에는 다윗의 집의 열쇠, 곧 다윗의 왕궁을 맡은 중요한 직위와 특권이 허락될 것이다(사 22:22). 하나님은 못이 단단하게 박힘같이 그와 그의 가문을 견고하게 세우고 사용하실 것이다(사 22:23). 그런데 문제는 그다음이다. 그 역시 영광의 직분을 온전히 감당하지 못하고 하나님이 주신 권세와 물질로 교만하고 타락하기 시작한다.

"그의 아버지 집의 모든 영광이 그 위에 걸리리니 그 후손과 족속 되는 각 작은 그릇 곧 종지로부터 모든 항아리까지니라"(사 22:24).

그의 아버지 집의 모든 영광이 엘리아김 위에 달려 있게 된다. 엘리아김이 가문의 영광이 되는 것은 좋다. 그런데 이제 모든 영광이 그에게 집중되는 것이 문제다. 이것은 가족이 엘리아김의 지위와 영광을 발판으로 자기 집안의 영광과 이익을 도모하기 시작한다는 표현이 되기도 한다. 집안 어른의 요구, 인사 청탁, 친인척 비리 등 이런 것이 계속되면서 결국 단단한 못으로 박혔던 그와 그의 집안이 무너지기 시작한다.

"만군의 여호와께서 이르시되 그날에는 단단한 곳에 박혔던 못이 삭으리니 그 못이 부러져 떨어지므로 그 위에 걸린 물건이 부서지리라 하셨다 하라. 나 여호와의 말이니라"(사 22:25).

결국 단단하게 박혔던 못도 자체로 부식되고 삭아 부러져 떨어진다. 엘리아김 가문의 모든 영광이 함께 무너져 내리는 것이다. 결국 이 영광의 직위, 곧 다윗 집안의 열쇠는 사람이 쥐기에는 너무나도 위험하다는 것이 드러났다. 마치 톨킨의 소설을 바탕으로 만든 영화 〈반지의 제왕〉에 나오는 '절대 반지'와 비슷하다. 절대적인 힘을 소유할 수 있게 하는 그 반지를 끼면 누구나 타락해서 인생이 망가지는 것과 같다. 성경은 이 열쇠를 이제 더 이상 사람이 갖지 않을 것이라고 말씀한다. 이 열쇠는 장차 다윗 가문의 가지 사람, 예수 그리스도께서 취하실 것이다.

"빌라델비아 교회의 사자에게 편지하라. 거룩하고 진실하사 다윗의 열쇠를 가지신 이 곧 열면 닫을 사람이 없고 닫으면 열 사람이 없는 그가 이르시되"(계 3:7).

다윗의 열쇠는 이제 메시아 예수께서 가지고 다스리신다. 그러면 우리는 어떻게 해야 하는가? 내게 주신 지위, 내게 주신 힘, 내가 결정할 수 있는 인생의 열쇠를 주님께 맡겨야 한다. 우리는 일단 쥐면 내 것으로 착각한다. 그러나 기억하라. 하나님이 허락하신 것이고, 하나님이 잠시 맡기신 것이다. 위기일수록 우리는 중심을 잘 지켜야 한다. 우리에게 허락된 이 모든 것을 통해 하나님께 영광 돌리며 끝까지 잘 쓰임받는 성도로 서자!

[37장 각주]

146) 「해설, 관주 성경전서」, 독일어성서공회판, 79쪽; 양형주, 「평신도를 위한 쉬운 창세기 3」, 172쪽.

147) 이에 대해서는 영의 관점을 따랐다. 데이비드 J. 영, 정일오 외 역, 「이사야서 주석 II」(서울: CLC, 2008), 120, 133쪽.

148) Elwell, W. A., & Beitzel, B. J. (1988). "Shebna", "Shebnah" In Baker encyclopedia of the Bible (Vol. 2, p. 1940). Grand Rapids, MI: Baker Book House.

149) 게리 스미스, 「NAC 이사야 I」, 530쪽, 각주 306 참조.

150) 김회권, 「이사야 I」, 445쪽.

151) 위의 책, 445쪽.

38 Chapter 38. Isaiah 23:1-18

하나님의 손에 붙들려야 한다

*1두로에 관한 경고라. 다시스의 배들아 너희는 슬피 부르짖을지어다.
두로가 황무하여 집이 없고 들어갈 곳도 없음이요 이 소식이 깃딤 땅
에서부터 그들에게 전파되었음이라. 2바다에 왕래하는 시돈 상인들
로 말미암아 부요하게 된 너희 해변 주민들아 잠잠하라. 3시홀의 곡
식 곧 나일의 추수를 큰 물로 수송하여 들였으니 열국의 시장이 되었
도다. 4시돈이여 너는 부끄러워할지어다. 대저 바다 곧 바다의 요새
가 말하기를 나는 산고를 겪지 못하였으며 출산하지 못하였으며 청
년들을 양육하지도 못하였으며 처녀들을 생육하지도 못하였다 하였
음이라. 5그 소식이 애굽에 이르면 그들이 두로의 소식으로 말미암아
고통받으리로다. 6너희는 다시스로 건너갈지어다. 해변 주민아 너희*

는 슬피 부르짖을지어다. 7이것이 옛날에 건설된 너희 희락의 성 곧
그 백성이 자기 발로 먼 지방까지 가서 머물던 성읍이냐. 8면류관을
씌우던 자요 그 상인들은 고관들이요 그 무역상들은 세상에 존귀한
자들이었던 두로에 대하여 누가 이 일을 정하였느냐. 9만군의 여호와
께서 그것을 정하신 것이라. 모든 누리던 영화를 욕되게 하시며 세상
의 모든 교만하던 자가 멸시를 받게 하려 하심이라. 10딸 다시스여 나
일같이 너희 땅에 넘칠지어다. 너를 속박함이 다시는 없으리라. 11여
호와께서 바다 위에 그의 손을 펴사 열방을 흔드시며 여호와께서 가
나안에 대하여 명령을 내려 그 견고한 성들을 무너뜨리게 하시고 12이
르시되 너 학대받은 처녀 딸 시돈아. 네게 다시는 희락이 없으리니
일어나 깃딤으로 건너가라. 거기에서도 네가 평안을 얻지 못하리라
하셨느니라. 13갈대아 사람의 땅을 보라. 그 백성이 없어졌나니 곧 앗
수르 사람이 그곳을 들짐승이 사는 곳이 되게 하였으되 그들이 망대
를 세우고 궁전을 헐어 황무하게 하였느니라. 14다시스의 배들아 너
희는 슬피 부르짖으라 너희의 견고한 성이 파괴되었느니라. 15그날부
터 두로가 한 왕의 연한같이 칠십 년 동안 잊어버린 바 되었다가 칠
십 년이 찬 후에 두로는 기생의 노래같이 될 것이라. 16잊어버린 바 되
었던 너 음녀여 수금을 가지고 성읍에 두루 다니며 기묘한 곡조로 많
은 노래를 불러서 너를 다시 기억하게 하라 하였느니라. 17칠십 년이
찬 후에 여호와께서 두로를 돌보시리니 그가 다시 값을 받고 지면에
있는 열방과 음란을 행할 것이며 18그 무역한 것과 이익을 거룩히 여
호와께 돌리고 간직하거나 쌓아 두지 아니하리니 그 무역한 것이 여
호와 앞에 사는 자가 배불리 먹을 양식, 잘 입을 옷감이 되리라.

2017년 9월 세계적인 어린이 장난감 업체인 토이저러스가 법원에 파산보호를 신청했다는 소식이 보도된 것은 커다란 충격이었다. 토이저러스 하면 미국, 일본, 우리나라 등 전 세계에 1,600개 점포를 가진 대형완구업체다. 승승장구하는 것 같았던 토이저러스에 도대체 무슨 일이 일어난 것일까? 여러 이유가 있겠지만 가장 큰 이유는 온라인 전자상거래 업체인 아마존 때문이다. 오프라인 매장의 강점이 있었지만 온라인 판매에 대해선 경험이 없었던 토이저러스는 2000년 아마존에게 10년간 온라인 판매를 할 수 있는 독점권을 주는 계약을 체결하면서부터 몰락의 길을 걷게 되었다.[152] 이렇게 하면 토이저러스는 온라인 상점에서는 아마존 외에는 다른 곳에서는 판매할 수 없게 된다. 처음에는 괜찮은 것 같았다. 그런데 문제는 아마존이 다른 완구업체에서도 장난감을 공급받으면서 가격 비교를 통해 토이저러스의 경쟁력을 점점 떨어뜨렸던 것이다. 결국 토이저러스는 다른 곳에 완구를 공급하지도 못하고 온라인에서는 가격경쟁에 밀려 판매가 저조하게 되고, 그렇다고 자체 온라인 판매망을 갖추지도 못하다 보니 결국 큰 타격을 받고 무너졌다.

이 사건으로 유명하게 된 용어가 있다. 바로 '아마존 이펙트' 라는 말이다. 아마존이 한 분야에 진출하면 그 분야의 모든 사업을 집어삼키는 효과를 말한다. 이것이 바로 플랫폼 사업의 힘이다. 플랫폼이란 쉽게 말하면 장터를 제공하는 것이다. 상품 업체들은 가격비교 사이트에 자기 제품을 저가에 공급해야 살아남는다. 결국 앞으로의 사업은 상품을 만들어 판매하는 개별사업자보다는 사업자들에게 장터를 제공하는 플랫폼 업체가 권력을 갖고 번성하게 된다.

지금부터 3천 년 전 고대 근동에 유명한 플랫폼을 제공하는 도시국가가 있었다. 아마존 이펙트에 버금갈 정도로, 전 세계의 모든 사업을 다 끌어들여 거대한 부를 축적한 도시국가, 두로다. 오늘날 아랍어로 '수르'라고도 한다.

3천 년 전 고대 근동은 힘 있는 자가 전 세계를 장악하는 시대였다. 애굽이 그랬고, 앗수르가 그랬고, 이어서 바벨론, 페르시아, 헬라, 그리고 예수님 오셨던 때의 로마가 그랬다. 이렇게 전 세계는 힘 있는 제국들의 연달은 정권 교체로 격변했지만 두로는 끄떡없이 건재했던 소왕국이었다.

두로는 이스라엘 북쪽, 오늘날의 레바논에 위치한 해변 도시다. 이스라엘 북쪽과 시리아, 그리고 레바논 지역을 통틀어 페니키아 지역이라 칭한다. 이 지역의 대표적인 무역 국가가 두로였다. 작지만 이 두로를 중심으로 전 세계의 무역이 돌아갔다. 위치로 보아도 이 두로는 남으로는 애굽을, 북으로는 유럽을 이어주고 서쪽으로는 바다를 통해 유럽과 아프리카를 연결시키며, 동쪽으로는 육로를 통해 바벨론 전역으로 뻗어 있었다. 무역의 관점에서 보면 사방이 교차하는 '사이 땅'(between land) 역할을 잘 감당하고 있었다. 두로는 수많은 나라에서 온 곡식과 상품을 거래하는 플랫폼을 제공하고, 여기서 중간 유통 이익을 떼었다. 이로 말미암아 두로는 엄청나게 융성하고 부를 축적했다.

이런 두로는 보안과 안전에 있어서도 세계 최고 수준이었다. 이사야가 활동하던 때부터 주전 332년 이전까지 두로는 총 네 번에 걸쳐 제국들의 공격을 받았다. 역사적으로 보면 앗수르 제국 때 산헤립이 주전 705~701년에 공격을 감행했고, 이후 앗수르 왕 에살핫돈이 주전 681~678년에 공격했다. 이후 바벨론 제국 때는 느부갓네살이 주전 585~573년간 무려 12년간 공격을 시도했고, 제국이 바뀌어 페르시아 때는 아하수에로왕이 주전 343년에 공격을 감행하였다. 그러나 이러한 공격에도 두로는 능히 잘 버텨내었다. 이렇게 성을 안전하게 방어할 수 있던 비결은 두로가 새롭게 세운 쌍둥이 도시에 있었다. 두로 해변에서 바다로 약 700m 떨어진 곳에 섬이 하나 있었는데, 여기에 난공불락의 요새를 세웠던 것이다. 마치 고려시대 고종이 몽골에 대항하기 위해 서해를 끼고 강화도로 천도했던 것처럼, 두로도 전쟁이 나면 제국에 대항하기 위해 바다를 끼고 건너편 요새로 가서 방어진지를 구축했다.

두로는 큰 위기 가운데서도 별다른 피해 없이 부와 명성을 누렸고 동시에 음란과 쾌락, 우상 숭배가 만연하여 타락하였다. 또한 누구에게도 굽신거리지 않는 기고만장한 도시가 되어 갔다. 마치 신약시대의 항구도시 고린도와 비슷했다. 이들만 이렇게 부패하면 그나마 괜찮다. 문제는 이들의 타락과 우상과 교만의 문화가 이곳을 드나드는 전 세계에 수출되었다는 것이다. 두로는 전 세계를 영적으로 혼탁하게 만들었고, 음란한 도시국가의 모델이 되었다. 북이스라엘을 급속하게 타락하게 만든 왕 중에 아합왕이 있었다. 아합왕이 이렇게 된 것은 그의 아내 이세벨 때문이었는데, 그녀는 두로에서 멀지 않은 시돈 출신이었다(왕상 16:30-33 참조). 시돈은 두로에서 약 40km 정도 떨어진 무역 항구도시로서 두로와 긴밀한 관계를 맺으며 두로에 의존하였다.

두로는 세계 여러 곳에 식민지를 건설했는데, 대표적인 곳이 세상의 끝으로 여겼던 다시스와 깃딤이었다(사 23:1). 이는 오늘날의 스페인과 키프로스(구브로)를 가리킨다. 부유한 사람은 추운 겨울을 피해 따뜻한 스페인이나 구브로로 가서 별장을 짓고 겨울을 보내고 오기도 했다. 이렇게 하려면 항해술 또한 정교하게 발전해야 한다. 이렇게 두로는 고대 근동에서 정말 잘나가는 강소국가, 알부자 나라였다.

하나님께서는 이들이 끼치는 부정적인 영향력을 아셨다. 그리고 이들을 오랫동안 참고 기다리셨다. 그러나 이제는 선을 넘었다. 교만이 하늘을 찌를 듯했고, 하나님이 아닌 다른 우상을 섬기며 다른 나라에 우상을 권면했다. 게다가 풍전등화의 위기에 처한 하나님의 백성에게도 부정적인 영향을 주어 하나님이 아닌 자신들을 의지하게 만들려 했다.

하나님은 마침내 이들을 경고하시며 심판을 선언하신다. 두로에 대한 심판 선언은 13장의 바벨론부터 시작된 열국 심판 본문의 제일 끝부분에 위치한다. 하나님이 동방 끝에 있는 바벨론에서부터 서북방에 있는 두로까지 심판의 경고를 보내신 것은 한편으로 사람과 국가를 의지하려 하는 유다에게 참되게 의지할 분은 여호와 하나님이란 사실을 일깨우기 위함이다. 하나님은 이들 나라가 이런저런 자랑과 부를 갖고 있어 이스라엘이 의지하게끔 미혹될 수 있지만 이들은 아무것도 아니며 결국 하나님만이 유일한 참된 소망이 되심을 이스라엘이 깨닫기 원하셨다.

그렇다면 하나님의 경고에 귀 기울여 보자.

“두로에 관한 경고라. 다시스의 배들아 너희는 슬피 부르짖을지어다. 두로가 황무하여 집이 없고 들어갈 곳도 없음이요 이 소식이 깃딤 땅에서부터 그들에게 전파되었음이라”(사 23:1).

‘다시스’는 신약에서 서바나로 등장하며, 두로에서 볼 때 세상의 서쪽 끝으로 알려진 오늘날의 스페인이다. 다시스의 ‘배들’이란 다시스에서 두로까지를 왕래하며 무역했던 무역 선단을 가리킨다. 세상 끝을 오가며 무역을 했던 다시스의 배들은 두로가 황폐하게 되어 이제 더 이상 드나들 곳이 없게 될 것이다. 이 슬픈 소식이 깃딤 땅에 전파되어 정박해 있는 다시스의 해양 선단에 전해진다. 깃딤 땅은 선단이 두로로 들어가기 전에 정박하는 중간 기착지였다.

“바다에 왕래하는 시돈 상인들로 말미암아 부요하게 된 너희 해변 주민들아 잠잠하라”(사 23:2).

시돈 상인들은 두로와 교역을 하며 밀접한 관계를 갖던 대표적인 도시로, 두로의 멸망 소식 듣고 충격을 받는 도시들의 대표로 부각된다. 이들은 두로와의 교역을 통해 유익을 얻고 부를 축적했던 두로 주위의 해변(섬-새번역) 주민들을 대표했다. ‘잠잠하라’(히. 다맘)는 조용하라는 뜻과 함께 슬퍼하다, 애통하다는 의미가 들어 있다. 이들의 멸망은 북아프리카에 위치한 애굽에도 충격을 준다.

“시홀의 곡식 곧 나일의 추수를 큰 물로 수송하여 들였으니 열국의 시장이 되었도다"(사 23:3).

'시홀'은 검다는 뜻으로, 애굽의 기름진 검은 흙을 의미한다. 시홀은 나일의 동쪽지류로 매해 범람하는 나일강의 비옥한 흙으로 인해 큰 추수를 거두었다. 시홀은 이곳의 곡식을 대량으로 추수하여 바닷길을 통해 두로에 수출했다. 하지만 이제 두로의 멸망으로 이런 무역도 끝이다(사 23:5). 이는 엄청난 충격이다. 두로와 가까운 이웃 국가였던 시돈은 멸망으로 탄식하는 소리를 듣는다.

"시돈이여 너는 부끄러워할지어다. 대저 바다 곧 바다의 요새가 말하기를 나는 산고를 겪지 못하였으며 출산하지 못하였으며 청년들을 양육하지도 못하였으며 처녀들을 생육하지도 못하였다 하였음이라"(사 23:4).

두로는 당시 온 세상이 의지했던, 바다를 호령하는 든든한 요새였다. 그런데 그랬던 요새가 자신을 산고를 겪지 못한, 더 이상 열매를 거두지 못하는 불임의 여인으로 고백한다. 더 나아가 본문은 이런 두로의 거민들에게 그나마 살만한 식민지 다시스로 피난처를 찾아가라고 권고한다(사 23:6). 이곳은 한때 두로의 휴양 식민도시였다. 실제로 훗날 두로가 멸망하기 전 두로에서는 노인과 부녀자들을 이런 먼 곳으로 다 피신 보냈다고 한다.

두로는 과거 막강한 부와 교역을 바탕으로 각 나라에 정치적 영향력을 행사했다. 나라의 왕을 세울 때 주요한 영향력을 발휘했고,

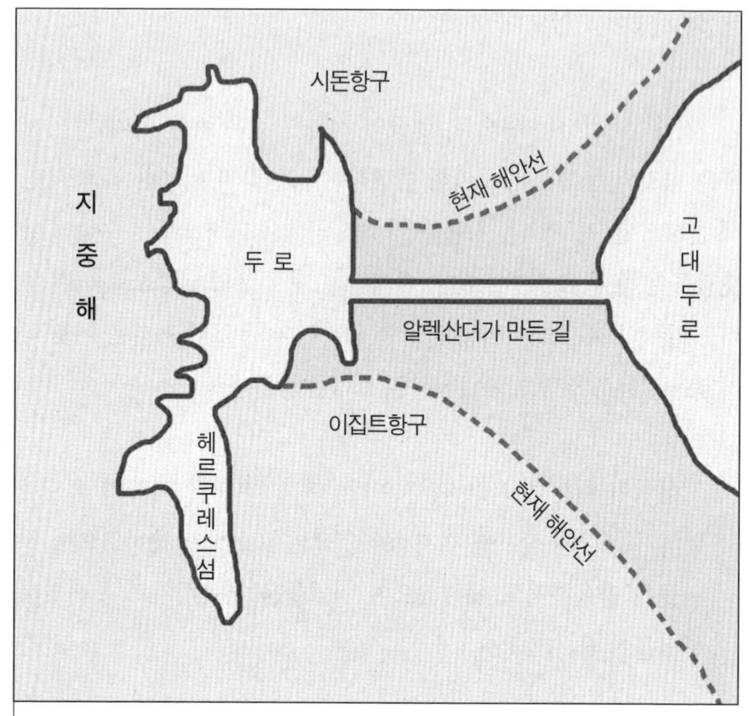

옛 두로의 모습. 현재는 이 지역이 지각변동으로 모두 육지로 덮여 있다.

두로의 상인들은 고관들과 통하며 정책을 좌지우지하며 영향력을 행사했던 큰 손들이었다(사 23:7). 하지만 이사야는 그동안 이들이 행사했던 정치적 영향력은 하나님께서 정하셨기에 가능한 일이었다고 선언한다(사 23:9). 그 배후의 진정한 영향력은 하나님이 갖고 계셨고, 두로는 하나님의 결정에 잠시 쓰임받았을 뿐이다. 우리의 인생에 중요한 것은 영향력 있는 사람의 결정이 아니라 그 배후에 계신 하나님의 결정임을 기억하라! 이제 두로가 무너질 때가 되면 그동안 식민

위성사진으로 본 현재 두로의 모습 (출처 : 구글이미지)

지였던 다시스는 자유하게 될 것이다.

"딸 다시스여 나일같이 너희 땅에 넘칠지어다. 너를 속박함이 다시는 없으리라"(사 23:10).

나일강이 범람할 때 강물이 둑의 경계를 넘어 자유롭게 넘실대듯, 이제 다시스도 두로의 압제를 넘어 자유하게 되는 역사가 일어날 것이다.[153] 하나님이 이제 손을 펴서 열방을 일으켜 두로의 견고한 성들을 무너뜨릴 것이다. 더 이상 이 성에는 기쁨이 남아있지 않을 것이다. 하나님은 일어나 깃딤으로 건너가라고 하신다(사 23:12). 하지만 그곳에 가면 이전처럼 특권과 높은 지위를 가진 두로 사람이 아니라 멸망당한 나라의 무시받고 멸시받는 백성이 되어 평안을 얻지 못할 것이다.

두로의 멸망은 주후 332년에서 331년 사이 약 7개월간, 페르시아를 무너뜨리고 헬라 제국을 세웠던 알렉산더 대왕에 의해 일어난다. 사실 그동안 제국이 일어설 때마다 두로는 삼키고 싶은 뜨거운 감자였다. 이것을 감지한 두로는 막강한 경제력을 바탕으로 결코 넘볼 수 없는 난공불락의 요새 항구를 세웠다. 바로 두로 해변에서 700m가량 떨어진 곳에 있는 섬에 또 다른 쌍둥이 도시를 세운 것이었다.

이들은 섬에 해양도시를 세워 전 세계의 배들이 이리로 드나들도록 했다. 평소에는 해변 도시와 섬 도시가 함께 무역하다가 외적이 공격하면 모두 해변 도시를 비워두고 섬으로 피신해 들어갔다. 마치 몽골이 쳐들어왔을 때 고려 왕실이 강화도로 천도한 것과 같았다. 알렉산더가 쳐들어왔을 때도 두로는 섬에 있는 요새로 피해 들어갔다. 하지만 알렉산더는 비어 있는 옛 도시를 완전히 무너뜨리고 그 건물의 잔해를 모두 두로 요새가 있는 섬까지 매워 지상의 길을 냈다. 이곳의 평균 수심은 약 5m 정도 된다. 알렉산더는 약 700m 되는 이 길을 모두 건물잔해로 메워 육지 길을 내고 마침내 두로 요새를 함락시켰다.

주전 710년이나 689년경 바벨론이 막 신흥 강자로 떠오르려고

(좌) 두로 요새의 상상도, (우) 알렉산더 대왕의 두로 침공 상상도 (출처 : 구글이미지)

할 무렵 앗수르의 사르곤은 이를 눈치채고 바벨론을 공격하여 그 성읍을 황폐하게 한 사건이 있었다(사 23:13).[154] 두로도 이렇게 무너질 것이다. 이제 다시스의 배들은 더 이상 두로와의 교역으로 인해 얻던 유익과 소망을 가질 수 없게 될 것이다. 오직 탄식만이 남을 것이다(계 18:11-20 참조).

이제 두로는 70년 후 다시 회복되어 '기생의 노래' 같이 될 것이다(사 23:15). 70년은 죄로 인해 고통받는 땅이 쉼을 얻는 시간이다. 기생의 노래는 기생이 늙어 더 이상 사람을 미혹할 수 없게 되자 집안에서 예전에 불렀던 기묘한 곡조의 노래로 사람들의 관심을 끌게 하는 모습을 연상시킨다(사 23:16). 두로는 다시 값을 받고 무역하며 열방과 음란을 행할 것이다(사 23:17). 이들이 이렇게나마 회복된 것은 전적인 하나님의 긍휼과 은혜 덕분이다. 따라서 이제 두로는 무역하여 얻은 유익과 비용을 더 이상 제 몫으로 저축하지 못하고, 자신을 위해 살지 않고, 다만 하나님을 섬기는 일, 하나님의 백성을 섬기는 일에 쓰임받을 것이다(사 23:18).

두로는 영적 흑암 가운데 있다가 메시아 예수의 오심으로 빛을 보게 된다. 예수께서는 두로에 가서 수로보니게(페니키아) 족속 여인의 귀신 들린 딸을 고쳐주셨고(막 7:24-30), 그 외에도 두로와 시돈의 수많은 백성을 고치셨다(눅 6:17-18). 다시 메시아 예수의 손에 붙들리는 역사가 일어나게 된 것이다. 겉으로 드러나는 화려함과 부강함에 너무 마음을 빼앗기지 말자. 이것은 겉모습일 뿐 아무것도 아니다. 오히려 정말 내 인생이 하나님께 붙들려 있는가에 집중하자. 우리 인생은 하나님이 어떻게 결정하셨는지가 중요하다. 하나님이 결정하신 것이 분명하다면 주저함 없이 기쁘게 순종하며 나아가라.

[38장 각주]

152) 박현영, "토이저러스의 몰락...아마존에 단물 빨리고, 디지털 대응 늦고", 중앙일보, 2017. 9. 20.

153) 에드워드 J. 영, 「이사야서 주석 II」, 147쪽.

154) 존 오스왈트, 「NICOT 이사야 I」, 501쪽.

39 Chapter 39. Isaiah 24:1-23

혼돈과 공허의 땅에서 언약을 굳게 잡으라

[1]보라. 여호와께서 땅을 공허하게 하시며 황폐하게 하시며 지면을 뒤
집어엎으시고 그 주민을 흩으시리니 [2]백성과 제사장이 같을 것이며
종과 상전이 같을 것이며 여종과 여주인이 같을 것이며 사는 자와 파
는 자가 같을 것이며 빌려 주는 자와 빌리는 자가 같을 것이며 이자를
받는 자와 이자를 내는 자가 같을 것이라. [3]땅이 온전히 공허하게 되
고 온전히 황무하게 되리라. 여호와께서 이 말씀을 하셨느니라. [4]땅이
슬퍼하고 쇠잔하며 세계가 쇠약하고 쇠잔하며 세상 백성 중에 높은
자가 쇠약하며 [5]땅이 또한 그 주민 아래서 더럽게 되었으니 이는 그
들이 율법을 범하며 율례를 어기며 영원한 언약을 깨뜨렸음이라. [6]그
러므로 저주가 땅을 삼켰고 그중에 사는 자들이 정죄함을 당하였고

땅의 주민이 불타서 남은 자가 적도다. [7]새 포도즙이 슬퍼하고 포도
나무가 쇠잔하며 마음이 즐겁던 자가 다 탄식하며 [8]소고 치는 기쁨이
그치고 즐거워하는 자의 소리가 끊어지고 수금 타는 기쁨이 그쳤으
며 [9]노래하면서 포도주를 마시지 못하고 독주는 그 마시는 자에게 쓰
게 될 것이라. [10]약탈을 당한 성읍이 허물어지고 집마다 닫혀서 들어
가는 자가 없으며 [11]포도주가 없으므로 거리에서 부르짖으며 모든 즐
거움이 사라졌으며 땅의 기쁨이 소멸되었도다. [12]성읍이 황무하고 성
문이 파괴되었느니라. [13]세계 민족 중에 이러한 일이 있으리니 곧 감
람나무를 흔듦 같고 포도를 거둔 후에 그 남은 것을 주움 같을 것이
니라. [14]무리가 소리를 높여 부를 것이며 여호와의 위엄으로 말미암
아 바다에서부터 크게 외치리니 [15]그러므로 너희가 동방에서 여호와
를 영화롭게 하며 바다 모든 섬에서 이스라엘의 하나님 여호와의 이
름을 영화롭게 할 것이라. [16]땅끝에서부터 노래하는 소리가 우리에게
들리기를 의로우신 이에게 영광을 돌리세 하도다. 그러나 나는 이르
기를 나는 쇠잔하였고 나는 쇠잔하였으니 내게 화가 있도다. 배신자
들은 배신하고 배신자들이 크게 배신하였도다. [17]땅의 주민아 두려움
과 함정과 올무가 네게 이르렀나니 [18]두려운 소리로 말미암아 도망하
는 자는 함정에 빠지겠고 함정 속에서 올라오는 자는 올무에 걸리리
니 이는 위에 있는 문이 열리고 땅의 기초가 진동함이라. [19]땅이 깨지
고 깨지며 땅이 갈라지고 갈라지며 땅이 흔들리고 흔들리며 [20]땅이 취
한 자같이 비틀비틀하며 원두막같이 흔들리며 그 위의 죄악이 중하
므로 떨어져서 다시는 일어나지 못하리라. [21]그날에 여호와께서 높은
데에서 높은 군대를 벌하시며 땅에서 땅의 왕들을 벌하시리니 [22]그들

이 죄수가 깊은 옥에 모임같이 모이게 되고 옥에 갇혔다가 여러 날 후에 형벌을 받을 것이라. [23]그때에 달이 수치를 당하고 해가 부끄러워하리니 이는 만군의 여호와께서 시온 산과 예루살렘에서 왕이 되시고 그 장로들 앞에서 영광을 나타내실 것임이라.

본문에는 하나님께서 온 세상을 창세기 1장의 창조 이전으로 되돌리시는 역창조의 역사가 소개되고 있다. 열방 심판(사 13-23장)의 결론부(사 24-27장)가 시작되는 본문은 시작부터 하나님이 땅을 공허하게 하시고 황폐하게 하시며 지면을 뒤집어엎고 그 땅에 살던 사람들을 흩어버리려 하신다(사 24:1). 여기 '한다'는 분사형으로 첫 시작의 '보라'(히. 힌네)와 함께 사용되어 '~하려는 찰나', 또는 '막~하려 한다'는 의미의 예언자적 긴박감을 특징적으로 표현한다.[155] 하나님께서 세상을 창조 이전 상태의 혼돈과 공허, 흑암이 깊음 위에 있는 상태로 되돌리시려는 것이다(창 1:1).

하나님이 이런 역사를 일으키시려는 이유가 무엇일까? 그것은 이 땅이 그 위에 발을 디디고 사는 거주민들의 죄로 인해 더 이상 하나님의 창조 질서를 담지 못할 만큼 더러워졌기 때문이다(사 24:5). 땅이 인류의 죄를 감당할 수 있는 용량의 임계치를 넘어서자 하나님은 땅을 창조 질서 이전으로 되돌리고 인류를 흩으려 하신다. 하나님이 사람들을 '흩으신다'는 것은 바벨탑 사건을 떠올리게 한다(창 11:1-11). 하나님은 자신을 대항하여 자기 이름을 내려 했던 인류의 교만한 시도를 보시고 인류의 언어를 혼잡하게 하셔서 온 세상으로 흩어버리셨던 바 있다. 이제 그 역사가 다시 온 세상에 일어나려 하고 있다.

하나님은 이전에 이렇게 반역했던 인류를 홍수로 쓸어버리셨다. 그러나 이후로 하나님은 다시는 세상을 물로 심판하지 않겠다고 약속하셨고 그 증표로 무지개를 주셨다. 하지만 인류는 다시 범죄했고 하나님을 대적했다. 이에 하나님은 온 인류를 홍수로 쓸어버리는 대신 언어를 갈라놓아 흩으셨다.

분문에서 하나님은 세상을 물로 심판하지 않으셨을 뿐, 땅 자체를 혼돈하고 황폐하게 하는 역창조의 역사를 펼쳐 창조 이전과 거의 유사한 상태로 돌리신다. 여기 '공허하게 하다' (히. 바카크)는 '초토화하다' 는 의미를 갖는다.[156] 이는 인류가 그동안 죄악으로 쌓아 올린 모든 노력과 업적을 무효로 돌리시려는 하나님의 강력한 의지를 반영한다.

하나님의 역창조 심판 앞에 예외는 없다. 이때가 되면 백성과 제사장이, 종과 상전이, 여종과 여주인이 동일한 재앙 앞에 심판받게 된다(사 24:2). 많이 가진 자나 적게 가진 자, 빌리는 자와 빌려주는 자, 이자를 받는 자나 이자를 내는 자나 모두 심판 앞에 처한다(사 24:2). 하나님의 역창조의 역사는 이 땅을 완전히 초토화시키고, 완전히 황무하게 할 것이다(사 24:3).

하나님의 역창조가 시작되면 땅과 온 세상이 쇠약해지며, 그 안에 발을 디디고 사는 백성도 쇠약해진다. 제아무리 많은 소유와 권세를 자랑하는 힘 있는 자라 하더라도 예외 없이 쇠약해질 것이다(사 24:4). 본문은 땅이 쇠약해진 이유를 거주민들의 죄로 지목하는데, 이는 이들이 율법을 범하고 율례를 어기며 영원한 언약을 깨뜨렸기 때문이다(사 24:5).

여기서 율법과 율례란 무엇인가? 시내산에서 이스라엘에게 수여한 모세의 토라를 의미하는가? 여기서 율법과 율례는 하나님이 인류 전체에게 요구하시는 보편적인 삶의 준칙과 원리들을 의미한다. 이는 창조 언약, 노아 언약, 아브라함 언약 등을 통해 하나님이 요청하시고 제시하신 삶의 준칙과 요청사항들이다.

하나님은 모세 율법을 수여하기 훨씬 전에 아브라함에게 그가 하나님의 명령과 계명과 율례와 법도를 지켰다고 칭찬하신다(창 26:5). 본문에서 진술하는 '영원한 언약'은 창세기에 노아 언약(창 9:16)과 아브라함 언약(창 17:13)에 사용된 용어로, 이는 온 인류를 복되게 하려는 하나님의 선한 계획에 요구되는 삶의 준칙과 요청사항을 의미한다. 이는 하나님께서 온 인류를 위해 자연과 피조세계에, 그리고 양심과 본성에 새겨놓으셨다(롬 1:20-21,28, 2:14-15). 하나님은 온 인류가 이것을 깨뜨리고 하나같이 죄에 치달아 이 땅을 더럽혔음을 지적하신다.

땅에 가득한 죄는 더 이상 땅을 건강하게 유지시키지 못했고, 땅에는 저주와 쇠잔함이 가득하다(사 24:6). 이는 이방 군대의 침입을 초래할 것이며 군대는 그 땅을 초토화시키고 주민을 불태울 것이다(사 24:6). 기쁨이 가득하던 성읍에 이제는 기쁨이 사라질 것이다. 이제 막 짠 새 포도즙은 발효되어 포도주가 되기도 전에 용도 폐기 될 것이다(사 24:7). 소고를 치고 수금을 타며 기뻐하던 사람들이 끊어질 것이기 때문이다(사 24:8). 성읍에는 약탈자들이 몰아닥치고, 집마다 두려움에 문을 걸어 잠글 것이다(사 24:10). 하지만 성문은 얼마 가지 않아 파괴될 것이고, 성읍은 초토화될 것이다(사 24:12). 이전에 있던 성읍의 모든 즐거움이 사라지고, 기쁨이 소멸될 것이다(사 24:11).

이런 성읍에 이제는 더 이상 어떤 소망을 기대할 수 없다. 유일한 소망은 하나님께서 역창조를 거두고, 세상을 회복시키고 통치하는 것뿐이다. 메시아적 통치가 이 세상에 오지 않고는 더 이상 소망을 기대할 수 없다.

그런데 갑자기 격정적인 기쁨의 소식이 터져 나온다.

> "무리가 소리를 높여 부를 것이며 여호와의 위엄으로 말미암아 바다에서부터 크게 외치리니"(사 24:14).

연속적인 세 개의 동사, '높이다'(히. 나사), '부르다' 또는 '환호하다'(히. 라난), '크게 외치다'(히. 차할)가 갑작스럽게 터져 나오는 기쁨의 감격을 강렬하게 표현하고 있다. 기쁨의 동기는 '여호와의 위엄'이다. 이 위엄(히. 가온, majesty)이 사람에게 주어지면 교만으로 변질된다. 사람이 교만하면 하나님을 대적하며 하나님이 창조하신 땅을 죄로 더럽힌다는 것을 이사야는 일관성 있게 보여준다(사 13:11,19, 14:11, 16:6, 23:9, 28:1,3 참조). 세상은 사람의 교만으로 더럽혀졌기에 이제는 하나님의 참된 위엄과 통치가 임해야 한다.

본문은 하나님의 위엄이 임하는 이런 역사가 놀랍게도 혼돈과 공허의 세력이 가장 크게 날뛰는 바다에서부터 들려온다고 선언한다. 여기서 바다는 지중해 지역을 의미하고 이는 서쪽이다. 곧이어 이 소식은 빛이 밝아오는 동방(히. 우림)과 모든 섬에(사 24:15) 전파되고, 땅끝, 곧 남쪽에서부터 올라온다. 여기서 '모든 섬', 곧 '바다의 섬들'은 시리아 해변이나 소아시아 해변, 키프로스 해변을 가리키며 방향으로는 북쪽이다.[157] 즉 하나님의 위엄 있는 임재와 통치의 소식이 혼돈과 공허가 가득한 바다에서부터 동서남북 사방을 거쳐 '우리', 곧 하나님의 백성이 있는 이스라엘 예루살렘까지 들린다.

땅끝에서 들리는 소리가 무엇인가? '의로우신 이'에게 영광을 돌리자는 것이다(사 24:16). '의로우신 이'는 여호와 한 분뿐이다. 그런데 이사야는 장차 '하나님의 의로운 이'가 이 땅에 새로운 의와 회복과 치유와 평화를 가져다줄 것을 예고한다. '하나님의 의로운 이'란 바로 하나님의 메시아적 종을 가리킨다(사 42:1, 53:11 참조).

하지만 이사야는 자신이 '쇠잔하고 쇠잔하였다'고 고백한다(사 24:16). 이 기쁜 소식 앞에 이사야가 쇠잔한 이유는 무엇일까? 이는 구원의 기쁜 소식이 이르기까지 일어날 과정의 의미를 보았기 때문이다. 영광의 그날에 이르기까지 열방은 죄로 인해 고통받아야 하고, 하나님이 세상을 너무나도 사랑하사 보내실 그의 의로운 종이 고난받고 십자가에 죽고 다시 살아나기까지의 긴 여정을 통과해야 한다. 여호와의 위엄과 구원이 다가온다고 환호하는 자들과 달리 이사야는 점점 더 짙게 다가오는 죄 짐의 그림자와 재앙을 보았던 것이다. 이는 다니엘이 환상을 본 이후 놀라 쇠잔했던 경험과 유사하다(단 7:28, 8:27). 다니엘은 장차 일어날 제국의 변화와 메시아의 사역이 어떻게 펼쳐지는가를 환상 중에 보았다. 이후 다니엘은 자신이 본 역사가 얼마나 큰 역사이며 이를 위해 하나님이 어떤 희생과 은혜를 부으셔야 하는가를 깨닫고 중심에 번민하였고, 쓰러져 여러 날을 앓았다.

하나님의 역사를 본 이사야는 쇠약하고 쇠약해졌으며, 자신에게 "화가 있도다" 선언한다. 이사야가 스스로에게 화를 선언한 것은 이전에도 한 번 있었다. 6장에서 환상 중에 하나님의 거룩한 보좌를 보고 난 이후 자신의 죄를 깨닫고는 "화로다. 나여 망하게 되었도다"(사 6:5)라고 선언했었다. 이사야는 단순히 환상을 본 것이 아니라 자신의 실존을 강력하게 뒤흔드는 경험을 했기 때문에 이런 고백을 할 수 있었다. 마찬가지로 이사야는 장차 하나님이 한 의로우신 이를 통해 이루실 구원역사를 위해 어떤 희생과 수고를 감당하실 것이고, 또 그 이전에 열방과 유다가 죄로 인해 어떻게 고통과 사망에 이르게 되는지 깨닫게 되었다. 이 모든 과정을 보니 이것이 이사야의 가슴에 충격으로 다가왔고, 그는 온몸으로 이것을 경험하고는 쇠약해졌을 뿐만 아니라 자신이 화 입은 자처럼 느껴졌다.

앞으로 하나님의 의로운 자를 통한 구원이 임하기 전까지 이 세상은 혼돈과 무질서로 뒤흔들릴 것이다. 땅의 주민들은 서로를 배신하고, 함정과 올무에 걸려 넘어져 두려움에 빠지고, 공포의 비명을 지를 것이다. 어떤 이들은 이 소리를 듣고 도망하다 함정에 빠지고, 겨우 함정에서 올라와서는 다시 올무에 걸릴 것이다(사 24:18). 이제 이 땅에는 더 이상 소망을 찾을 수 없다. 땅의 기초가 진동하고 땅이 깨지고 깨지며 갈라지고 갈라지며 흔들리고 흔들리며, 취한 자같이 비틀거리다 쓰러져 다시는 일어나지 못하게 된다(사 24:20). 온 세상이 총체적인 심판 아래 처하게 된다(롬 3:23 참조).

이후 하나님의 최종 심판과 승리를 예고한 '그날', 하늘과 땅에는 거대한 전쟁이 일어난다. 여호와께서 높은 데에서 교만한 높은 군대를 벌하시며, 이 땅에서 교만한 권세로 땅을 더럽혔던 왕들을 벌하실 것이다(사 24:21). 이는 여호와의 전쟁이 이중적으로 일어날 것을 예고한다. '높은 데' 는 천상의 영역을 말하고, '높은 군대' 는 이 땅을 장악하고 있는 천상의 군주들이나 신적 통치자들을 의미한다(단 10:13,20-21, 신 32:8 참조). 하늘과 땅의 패한 통치자들과 왕들은 '깊은 옥', 곧 '지하 감옥' 에 갇힐 것이다.[158]

이는 이중적으로 성취될 것이다. 첫째, 예수 그리스도의 십자가와 부활을 통한 성취다. 둘째, 장차 세상 끝 날 백마 탄 의로우신 메시아가 짐승들과 땅의 임금들과 싸워 승리하고 이들을 무저갱, 곧 불못에 던지는 역사를 통해서다(계 19:11-21 참조).

이러한 심판과 회복을 통해 만군의 여호와께서 시온산과 예루살렘에서 왕이 되시고 지혜롭다 자부하는 장로들 앞에 영광을 드러내실 것이다. 이때 영광은 너무나도 찬란하여 해와 달의 비침이 쓸데없을 정도다(계 21:23 참조).

우리가 알기도 전에 시작하신 하나님의 구속 경륜이 하나님의 흠없고 의로운 종, 메시아 예수를 통해 우리에게 놀라운 구원의 선물로 다가왔다. 이제 우리는 이런 소중한 역사를 단순히 아는 정도로 그칠 것이 아니라, 또 믿고 구원 얻는 정도에서 멈출 것이 아니라 하나님의 마음을 헤아리고 쇠잔해지는 데까지 나아가야 한다. 하나님의 마음을 아는 자, 하나님께서 그 마음을 기꺼이 나누실 수 있는 종이 되라. "누가 우리를 위하여 갈꼬" 탄식하시는 하나님의 마음을 헤아리며 그분의 구원역사에 쓰임받으라(사 6:8). 하나님의 마음을 깊이 헤아리며 눈물로 중보할 수 있는 눈물의 기도자가 되라. 흔들리는 세상에서 하나님의 언약을 굳게 붙들고 그분의 마음을 헤아리는 참된 백성으로 서라!

[39장 각주]

155) 존 오스왈트, 「NICOT 이사야 I」, 511쪽.
156) 알렉 모티어, 「이사야 주석」, 430쪽.
157) 김필회, “이사야 1-39장”, 「묵상과 설교」, 224쪽.
158) 알렉 모티어, 「이사야 주석」, 449쪽.

40 Chapter 40. Isaiah 25:1-12

하나님의 구원은 어떻게 임하는가

1여호와여 주는 나의 하나님이시라. 내가 주를 높이고 주의 이름을 찬송하오리니 주는 기사를 옛적에 정하신 뜻대로 성실함과 진실함으로 행하셨음이라. 2주께서 성읍을 돌무더기로 만드시며 견고한 성읍을 황폐하게 하시며 외인의 궁성을 성읍이 되지 못하게 하사 영원히 건설되지 못하게 하셨으므로 3강한 민족이 주를 영화롭게 하며 포학한 나라들의 성읍이 주를 경외하리이다. 4주는 포학자의 기세가 성벽을 치는 폭풍과 같을 때에 빈궁한 자의 요새이시며 환난 당한 가난한 자의 요새이시며 폭풍 중의 피난처시며 폭양을 피하는 그늘이 되셨사오니 5마른 땅에 폭양을 제함같이 주께서 이방인의 소란을 그치게 하시며 폭양을 구름으로 가림같이 포학한 자의 노래를 낮추시리이

> *다. 6만군의 여호와께서 이 산에서 만민을 위하여 기름진 것과 오래*
> *저장하였던 포도주로 연회를 베푸시리니 곧 골수가 가득한 기름진*
> *것과 오래 저장하였던 맑은 포도주로 하실 것이며 7또 이 산에서 모든*
> *민족의 얼굴을 가린 가리개와 열방 위에 덮인 덮개를 제하시며 8사망*
> *을 영원히 멸하실 것이라 주 여호와께서 모든 얼굴에서 눈물을 씻기*
> *시며 자기 백성의 수치를 온 천하에서 제하시리라. 여호와께서 이같*
> *이 말씀하셨느니라. 9그날에 말하기를 이는 우리의 하나님이시라. 우*
> *리가 그를 기다렸으니 그가 우리를 구원하시리로다. 이는 여호와시*
> *라. 우리가 그를 기다렸으니 우리는 그의 구원을 기뻐하며 즐거워하*
> *리라 할 것이며 10여호와의 손이 이 산에 나타나시리니 모압이 거름*
> *물 속에서 초개가 밟힘같이 자기 처소에서 밟힐 것인즉 11그가 헤엄*
> *치는 자가 헤엄치려고 손을 폄같이 그 속에서 그의 손을 펼 것이나*
> *여호와께서 그의 교만으로 인하여 그 손이 능숙함에도 불구하고 그*
> *를 누르실 것이라. 12네 성벽의 높은 요새를 헐어 땅에 내리시되 진토*
> *에 미치게 하시리라.*

꼬인 실타래를 푸는 것은 힘들고 귀찮은 일이다. 인내심을 갖고 복잡한 매듭을 하나하나 풀어헤쳐야 하기 때문이다. 매듭을 잘 풀려면 먼저 진득해야 한다. 인내심을 갖고 당장 매듭이 복잡한 것에 너무 힘들어하지 말아야 한다. 하나하나 풀어가다 보면 반드시 풀리기 마련이라는 확신을 갖고 차분하게 임해야 한다. 서두르면 더 꼬인다. 가끔 고양이가 실타래를 갖고 놀다가 온몸을 실로 칭칭 감는 경우가 있다. 심한 경우 스스로 엉킨 실에 목이 졸려 죽는 경우도 있다. 왜 그런가? 고양이가 당장 눈앞에 보이는 실을 치우려고 몸부림치다가 결국 더 복잡하게 자기 몸을 묶어버리기 때문이다. 우리 인생에서 마주하는 복잡한 문제도 마찬가지다. 복잡한 일일수록 서두르지 말고 하나하나 풀어나가야 한다. 확신 가운데 인내하며 차분하게 하나하나 풀어가야 한다.

공사 현장에서 가설구조물이 무너져 사람이 깔렸을 때 119 구조대가 출동하면 사람을 꺼내기 전에 먼저 구조물이 안전한지 점검한다. 사람을 빼낸다고 다짜고짜 잡아 빼다가 구조물이 와르르 무너지면 더 크게 다칠 수 있기 때문이다. 그래서 먼저 구조물의 위험 요소를 하나씩 제거한 후 사람이 빠져나올 충분한 안전 공간과 여건을 확보하고 나서 빼낸다. 그래서 보통 구조원이 출동하면 "곧 구조해드릴 테니 잠깐만 기다리세요!" 이렇게 말한다. 그런데 이 말을 믿지 못하고 불안해하면 고래고래 소리부터 지른다. "아니, 사람이 지금 깔려서 죽어가는데 뭐 하는 거야, 빨리 구하라고!"라며 난리를 친다. 그러나 구조대원은 위험 요소가 안전하게 제거되어 이 사람을 무사히 빼내기 전까지는 절대 서두르지 않는다. 서두르다가 더 크게 다치기 때문이다.

우리는 인생의 고통스러운 문제 앞에서 이런 식으로 대처하는 경우가 많다. 고통스럽고 힘들면 일단 수단과 방법을 가리지 않고 서둘러 빠져나오려고 한다. 하지만 그렇게 하다가 많은 것을 잃고 다치기 쉽다.

이런 면에서 하나님의 구원은 탁월하다. 하나님은 우리를 구원하실 때 고통과 신음에서 곧바로 구원하지 않으시고 구원할 때와 여건을 충분히 조성하고 구원하시기 때문이다. 하나님께서 구원역사를 이루기 위해 준비하실 때 조급한 우리는 이것을 참지 못하고 하나님께 원망을 쏟아낸다. 하나님께 실망한다. 시험 든다. 나는 죽겠는데 하나님은 한없이 가만히 계시는 것만 같다. 하지만 하나님은 우리의 이해를 초월하는 기상천외한 방법으로 우리를 위한 놀라운 구원을 준비하신다. 그리고 마침내 그의 대적들을 심판하신 후, 온 세상의 진정한 주권자이자 왕으로 등극하신다(사 24:23).

본문은 하나님의 이러한 역사를 목도하고 그동안 침묵하시는 것 같았던 하나님에 대한 이스라엘의 오해가 풀리며 하나님의 역사를 찬송하기 시작한다.

> "여호와여 주는 나의 하나님이시라 내가 주를 높이고 주의 이름을 찬송하오리니 주는 기사를 옛적에 정하신 뜻대로 성실함과 진실함으로 행하셨음이라"(사 25:1).

하나님을 '나의 하나님'으로 고백한다. 이는 하나님이 이스라엘의 인격적인 하나님 되심을 고백하는 표현이다. 이런 고백 배후에는 하나님이 행하신 기사(히. 펠레)가 있다. 여기서 기사는 놀라운 역전의 역사를 의미한다. 이스라엘을 영영 버린 것 같았던 하나님께서 결국 놀라운 구원 역사를 행하셨다. 이로 말미암아 이스라엘은 하나님의 성실하심과 진실하심을 새삼스럽게 확신하게 되었다. 성실하심은 하나님이 가만히 손 놓고 침묵하신 것이 아니라 보이지 않는 가운데서도 은밀하게 계속해서 일해 오셨음을 인정하는 표현이다. 진실하심은 하나님이 자신이 하신 약속에 끝까지 진실함을 의미한다.

하나님은 허언을 일삼는 사람이 아니다. 그 약속을 결코 공수표로 남발하지 않는다. 하나님이 약속하시면 이를 반드시 이루고 성취하신다. 하나님은 교만한 강대국이 하나님의 뜻을 벗어나 자신들의 뜻대로 하나님의 백성을 함부로 대하는 것을 결코 용납하지 않으실 것이다.

> "주께서 성읍을 돌무더기로 만드시며 견고한 성읍을 황폐하게 하시며 외인의 궁성을 성읍이 되지 못하게 하사 영원히 건설되지 못하게 하셨으므로 강한 민족이 주를 영화롭게 하며 포학한 나라들의 성읍이 주를 경외하리이다"(사 25:2-3).

여기서 성읍은 강대국들이 높고 튼튼하게 쌓아 올린 요새와 같은 견고한 성읍들을 말한다. 하나님은 이런 제국의 요새를 돌무더기로 만드시고 황폐하게 하셔서 그들의 계획이 실현되지 못하게 하실 것이다. 결국 강하다고 자부하여 포악하게 행했던 제국은 하나님을 인정하고 그분을 두려워할 것이다. 우리는 이런 예언이 다니엘을 통해 성취되는 것을 볼 수 있다. 바벨론의 벨사살왕은 연회 중에 갑자기 나타난 손가락의 글씨에 혼비백산하여 하나님을 경외하는 다니엘을 불렀고, 그의 해석을 듣고는 그를 나라의 서열 3위의 지도자로 세웠다. 하지만 그는 그날 밤 죽임을 당하고 새로운 제국의 통치자인 다리오왕이 일어났다(단 5:29-31). 다리오도 사자 굴에서 기적적으로 살아나온 다니엘을 보고 온 나라에 조서를 내려 하나님을 경외할 것을 명했다.

"…내 나라 관할 아래에 있는 사람들은 다 다니엘의 하나님 앞에서 떨며 두려워할지니 그는 살아 계시는 하나님이시요 영원히 변하지 않으실 이시며 그의 나라는 멸망하지 아니할 것이요 그의 권세는 무궁할 것이며 그는 구원도 하시며 건져내기도 하시며 하늘에서든지 땅에서든지 이적과 기사를 행하시는 이로서 다니엘을 구원하여 사자의 입에서 벗어나게 하셨음이라 하였더라"(단 6:26-27).

하나님은 포학자의 기세가 성벽을 치는 폭풍과 같을지라도 빈궁한 그의 백성을 안전한 요새에 숨기고 보호하시며, 환난 당한 자들을 지키시고 폭풍 중의 피난처가 되신다(사 25:4). 그뿐만이 아니라 폭양, 즉 뜨겁게 내리쬐는 땡볕 가운데 이를 피하는 그늘이 되어주신다. 광야에 쏟아지는 폭염은 견디기 어렵다. 그러나 하나님은 신비롭게도 그 폭염이 내리쬐는 뜨거운 태양을 가리고 보호하신다(사 25:5).

그뿐만이 아니다. 하나님은 이제부터 놀라운 구원의 역사를 시작한다. 하나님은 한 산에서 기름지고 맛 좋은 포도주로 풍성한 종말적 구원의 잔치를 베푸실 것이다. 본문의 '이 산'은 만군의 여호와께서 좌정하여 왕이 되신 산, 곧 '시온산'을 가리킨다(사 24:23 참조). 놀랍고도 주목할 만한 것은 이때 하나님께서 모든 민족의 얼굴을 가린 가리개와 열방 위에 덮인 덮개를 제거하여 사망을 영원히 멸하실 것이라는 사실이다(사 25:7-8)!

여기 '모든 민족의 얼굴을 가린 가리개'와 '열방 위에 덮인 덮개'는 죽은 시신 위에 덮는 덮개, 곧 죽음의 수의를 의미한다.[159] 하나님께서는 하나님과 인간 사이를 가리고 있는 죄와 사망의 덮개를 제거하실 것이다. 이 사건이 언제 일어나는가? 바로 하나님의 아들 메시아 예수께서 온 인류의 죄를 대신 지고 십자가에 달려 죽으실 때 일어난다. 이때 하나님의 성전 성소와 지성소 사이를 가로막는 휘장이 위에서부터 아래로 찢어졌다(막 15:37-38).

이제는 예수의 피를 힘입어 죄 사함과 새 생명을 얻어 성소의 휘장 가운데로 들어갈 수 있는 새 길이 열리게 되었다(히 10:19-20). 이때 그동안 하나님을 아는 지식을 가려 덮고 있던 덮개가 벗겨졌고(고후 3:15), 마침내 물이 바다를 덮음같이 여호와를 인정하고 아는 지식이 온 땅에 충만하게 되는 역사가 일어나게 되었다(사 11:9, 합 2:14).

이제 만군의 여호와께서 거룩한 산 시온에 좌정하실 때 사망을 영원히 멸하시고, 그의 모든 백성의 얼굴에서 눈물을 씻기실 것이다. 이 비전은 요한계시록의 비전과 맞닿아 있다. 종말에 하나님께서는 백보좌 심판(계 20:11-15)을 통해 열방을 심판하시고, 이후 사망을 불못에 던지셔서 사망을 영원히 멸하실 것이다(계 20:14). 또한 그의 백성의 모든 눈물을 씻겨주실 것이다. 이것은 바로 장차 완성될 새 하늘과 새 땅의 비전이다.

> "또 내가 새 하늘과 새 땅을 보니 처음 하늘과 처음 땅이 없어졌고 바다도 다시 있지 않더라. 또 내가 보매 거룩한 성 새 예루살렘이

하나님께로부터 하늘에서 내려오니 그 준비한 것이 신부가 남편을 위하여 단장한 것 같더라. 내가 들으니 보좌에서 큰 음성이 나서 이르되 보라. 하나님의 장막이 사람들과 함께 있으매 하나님이 그들과 함께 계시리니 그들은 하나님의 백성이 되고 하나님은 친히 그들과 함께 계셔서 모든 눈물을 그 눈에서 닦아 주시니 다시는 사망이 없고 애통하는 것이나 곡하는 것이나 아픈 것이 다시 있지 아니하리니 처음 것들이 다 지나갔음이러라"(계 21:1-4).

하나님이 그의 모든 백성의 눈물을 닦아주실 때는 하나님이 그의 백성과 영원히 함께하시는 임마누엘의 비전(사 7:14 참조)이 완전히 실현될 때이며, 새 하늘과 새 땅이 완성될 때이다. 하나님께서는 장차 일어날 구원의 역사를 종말의 새 하늘과 새 땅의 비전까지 바라보시며 연결하신다.

최종적인 구원의 때 하나님의 백성은 하나님이 참으로 언약을 성취하고 완성하신 하나님이요, 자신들은 그의 언약 백성임을 기뻐하며 만천하에 선포하게 된다.

"그날에 말하기를 이는 우리의 하나님이시라 우리가 그를 기다렸으니 그가 우리를 구원하시리로다 이는 여호와시라 우리가 그를 기다렸으니 우리는 그의 구원을 기뻐하며 즐거워하리라 할 것이며"(사 25:9).

이때가 되면 교만하게 하나님을 대적하고, 하나님의 백성을 학대하며 괴롭혔던 나라들은 지푸라기와 같이 밟혀 힘없이 영원한 불못에 떨어질 것이다. 본문은 이런 심판의 대상이 되는 나라의 대표로 '모압'을 상징적으로 사용한다. 그러나 이는 실질적으로 하나님을 교만하게 대적하는 모압같은 모든 나라를 대표한다(사 16:6 참조).[160)]

기억하라! 아무리 상황이 암담해도 하나님은 그의 백성을 위해 쉬지 않고 일하시며, 그의 백성과 약속하신 바를 반드시 성취하신다. 우리는 그리스도의 피로 맺어진 새 언약의 백성이다. 너무나도 복잡한 현실 앞에 꼬이고 꼬인 상황에서도 절대 낙담하지 말라. 성실하신 하나님께서 그분의 때에 반드시 우리의 모든 매듭과 결박을 하나하나 풀어주실 것이다. 그때 우리는 살아날 것이다. 우리를 끝까지 책임지실 하나님을 끝까지 신뢰하고, 반드시 임할 그분의 기이한 구원의 역사를 기대하며 기다리라!

[40장 각주]

159) 존 오스왈트, 「NICOT 이사야 I」, 533쪽.
160) 게리 스미스, 「NAC 이사야 I」, 562쪽.

41 Chapter 41. Isaiah 26:1-27:1

심지가 견고한 자가 누리는 평강

[1]그날에 유다 땅에서 이 노래를 부르리라. 우리에게 견고한 성읍이 있
음이여 여호와께서 구원을 성벽과 외벽으로 삼으시리로다. [2]너희는
문들을 열고 신의를 지키는 의로운 나라가 들어오게 할지어다. [3]주께
서 심지가 견고한 자를 평강하고 평강하도록 지키시리니 이는 그가
주를 신뢰함이니이다. [4]너희는 여호와를 영원히 신뢰하라 주 여호와
는 영원한 반석이심이로다. [5]높은 데에 거주하는 자를 낮추시며 솟은
성을 헐어 땅에 엎으시되 진토에 미치게 하셨도다. [6]발이 그것을 밟으
리니 곧 빈궁한 자의 발과 곤핍한 자의 걸음이리로다. [7]의인의 길은
정직함이여 정직하신 주께서 의인의 첩경을 평탄하게 하시도다. [8]여
호와여 주께서 심판하시는 길에서 우리가 주를 기다렸사오며 주의

이름을 위하여 또 주를 기억하려고 우리 영혼이 사모하나이다. [9]밤에
내 영혼이 주를 사모하였사온즉 내 중심이 주를 간절히 구하오리니
이는 주께서 땅에서 심판하시는 때에 세계의 거민이 의를 배움이니
이다. [10]악인은 은총을 입을지라도 의를 배우지 아니하며 정직한 자
의 땅에서 불의를 행하고 여호와의 위엄을 돌아보지 아니하는도다.
[11]여호와여 주의 손이 높이 들릴지라도 그들이 보지 아니하오나 백성
을 위하시는 주의 열성을 보면 부끄러워할 것이라. 불이 주의 대적들
을 사르리이다. [12]여호와여 주께서 우리를 위하여 평강을 베푸시오리
니 주께서 우리의 모든 일도 우리를 위하여 이루심이니이다. [13]여호
와 우리 하나님이시여 주 외에 다른 주들이 우리를 관할하였사오나
우리는 주만 의지하고 주의 이름을 부르리이다. [14]그들은 죽었은즉
다시 살지 못하겠고 사망하였은즉 일어나지 못할 것이니 이는 주께
서 벌하여 그들을 멸하사 그들의 모든 기억을 없이하셨음이니이다.
[15]여호와여 주께서 이 나라를 더 크게 하셨고 이 나라를 더 크게 하셨
나이다. 스스로 영광을 얻으시고 이 땅의 모든 경계를 확장하셨나이
다. [16]여호와여 그들이 환난 중에 주를 앙모하였사오며 주의 징벌이
그들에게 임할 때에 그들이 간절히 주께 기도하였나이다. [17]여호와여
잉태한 여인이 산기가 임박하여 산고를 겪으며 부르짖음같이 우리가
주 앞에서 그와 같으니이다. [18]우리가 잉태하고 산고를 당하였을지라
도 바람을 낳은 것 같아서 땅에 구원을 베풀지 못하였고 세계의 거민
을 출산하지 못하였나이다. [19]주의 죽은 자들은 살아나고 그들의 시
체들은 일어나리이다. 티끌에 누운 자들아 너희는 깨어 노래하라. 주
의 이슬은 빛난 이슬이니 땅이 죽은 자들을 내놓으리로다. [20]내 백성

아 갈지어다. 네 밀실에 들어가서 네 문을 닫고 분노가 지나기까지 잠깐 숨을지어다. [21]보라. 여호와께서 그의 처소에서 나오사 땅의 거민의 죄악을 벌하실 것이라. 땅이 그 위에 잦았던 피를 드러내고 그 살해 당한 자를 다시는 덮지 아니하리라.

[1]그날에 여호와께서 그의 견고하고 크고 강한 칼로 날랜 뱀 리워야단 곧 꼬불꼬불한 뱀 리워야단을 벌하시며 바다에 있는 용을 죽이시리라.

혼란스럽고 현기증 나는 세상 속에 과연 평강을 누리고 살 수 있을까? 본문에는 이 세상의 공중권세를 잡고 혼란스럽게 길길이 날뛰는 악을 소개한다. 바로 '날랜 뱀 리워야단', 그리고 '바다에 있는 용'이다(사 27:1, NRSV 참조). 이들은 세상 제국과 열방 배후에서 활동하며 하나님 나라가 이 땅에 건설되는 것에 저항하는 우주적 반역 세력이다.[161] 이러한 모습은 악의 삼위일체를 보여주는 요한계시록 12~13장의 세 짐승, 곧 바다에서 나온 일곱 머리 열 뿔 달린 짐승(계 13:1), 땅에서 올라온 두 뿔 달린 짐승(계 13:11), 그리고 일곱 머리 열 뿔 달린 용(계 12:3)과 유사하다.

성경에서 바다는 혼돈과 공허의 세력이 날뛰는 무대이다. 장차 완성될 새 하늘과 새 땅에서는 바다가 사라지고 이들 세력도 심판받아 없어진다(계 21:1). 이러한 악의 세력들은 세상을 악으로 혼돈스럽게 하며 성도들을 핍박하고 궁지에 몰아넣으려 한다. 악의 세력들은 결국 패배당할 것이지만 자기들의 때가 얼마 남지 않은 줄 알고

사력을 다해 하나님의 백성을 괴롭히고 무너뜨리려 한다. 과연 이런 현실 아래 성도들이 평강을 누리고 산다는 것이 가능한 일일까?

본문은 이런 혼돈의 시대를 이기고 승리하는 백성이 부를 노래를 소개한다. 열방 심판(사 13-23장)에 대한 결론 부분(사 24-27장)으로, 여호와께서 장차 임할 시온산에서 모든 백성의 눈물과 수치를 제하실 역사를 노래한 이후(사 25장), 본 장에서는 악의 세력 아래 치열하게 분투한 성도들이 누릴 평강과 장차 이루어질 구원에 대해 노래한다.

그렇다면 환난과 분투의 시대에 하나님의 백성은 어떻게 평강을 누릴 수 있을까? 이는 눈에 보이지 않는 여호와 하나님을 견고한 성읍으로 삼을 때 가능하다. 하나님은 '성벽' 과 '외벽' 이 되어주셔서 그의 백성을 든든히 지키고 구원해주신다. 여기서 '외벽' 은 성 밖을 둘러싸고 성을 지키고 보호하는 보호벽을, '성벽' 은 하나님의 백성이 거하는 본성의 성벽을 의미한다. 이는 하나님이 그의 백성의 이중 보호벽이 되어주셔서 그만큼 강력하게 구원과 보호를 베푸실 것임을 의미한다.

본문은 이를 확신하는 백성들에게 성문을 열고 '신의를 지키는 의로운 나라' (사 26:2)를 맞아들이라고 초대한다. 이는 '믿음(신실함)을 지키는 의로운 나라' (the righteous nation that keeps faith, NRSV)로 번역할 수 있으며, 여기서는 하나님의 뜻이 온전히 이루어지는 하나님의 통치 또는 공간을 의미한다(사 1:21,26 참조). 이는 장차 시온에서 아버지의 의로운 뜻이 하늘에서 이루어진 것처럼 땅에서도 이루어지는 역사의 도래를 예고한다(마 6:10 참조). 하나님의 나라가 시온에 임할 때 심지를 굳건하게 지키는 것이 중요하다.

"주께서 심지가 견고한 자를 평강하고 평강하도록 지키시리니 이는 그가 주를 신뢰함이니이다"(사 26:3).

어떤 혼란과 위기 가운데서도 하나님의 백성 중에 임하는 하나님의 나라를 신뢰하며 굳건한 심지를 지키는 자는 하나님께서 평강하고 평강하도록 지키신다. 평강을 두 번이나 진술하는 것은 완전한 평강을 강조하기 위함이다. 여기서 견고한 심지란 외부에서 타격이 가해지더라도 절대로 무너지지 않는 마음의 틀을 의미한다(시 112:7-8, 사 33:16).[162]

하나님을 견고하게 신뢰하는 성읍은 하나님이 주시는 평강을 맛보게 될 것이다. 본문은 하나님의 백성에게 여호와를 향한 견고한 신뢰를 결코 멈추지 말고 어떤 상황에서도 영원히 계속할 것을 촉구한다. 어떤 상황에서도 여호와 같은 영원히 신뢰할 반석은 없기 때문이다(사 26:4). 제아무리 높은 곳에 자리 잡고 안전하다 생각하며 거주하는 자라 하더라도 하나님은 이들을 낮추신다. 또 아무리 견고하고 높이 솟은 성이라도 순식간에 헐어 땅에 엎어 진토 가운데 널브러지게 하셔서 빈궁한 자와 곤핍한 자가 그 위를 밟고 지나가게 하신다(사 26:5-6).

하나님의 백성은 환경을 초월하는 믿음과 신실함으로 견고한 심지를 잘 지켜야 한다. 하나님의 백성은 리워야단과 분투하며 악인이 날뛰는 현실 아래 하나님이 주시는 평강의 성격을 잘 이해해야 한다.

평강에는 내적 평안과 외적 평안이 있다.[163] 외적 평안은 외부의 환경이 평안한 것이고, 내적 평안은 외부의 상황과 상관없이 내면에 누리는 평강을 말한다. 내적 평강에 외적 평강이 더해지면 더할 나위 없이 좋을 것이다. 하지만 현실은 만만치 않다. 외적 평안을 확보하느라 내적 평안을 잃어버리는 경우가 많다.

반면 외적 평강을 누리지는 못하지만 내적 평안을 소유하는 경우도 있다. 리워야단은 우리의 외적 평강을 빼앗을 권세를 얻어 우리의 외부를 압박하고 핍박함으로 내적 평안까지 빼앗으려 한다. 외적 환난이 힘들어 타협하면 우리는 그 순간부터 내적 평안을 잃어버리기 쉽다. 이때 우리에게는 참 평안과 거짓 평안의 선택이 놓여 있다. 참 평안은 외적 상황과 관계없이 우리의 이해를 초월하는 견고한 평안이다(빌 4:6-7). 반면 거짓 평안은 외적으로 그럴듯하게 보이는 평안이다. 그러나 그 속에는 끊임없는 불안과 염려로 가득한 위장된 평안이다. 참된 내적 평안을 견고하게 소유하는 성도는 외적인 환경의 변화에 쉽게 평안을 잃어버리지 않는다.

하나님을 견고하게 의뢰하는 성도는 그 가는 길도 올곧다.

> "의인의 길은 정직함이여 정직하신 주께서 의인의 첩경을 평탄하게 하시도다"(사 26:7).

여기 '정직하다'(히. 메샤림)는 말은 '올곧다'(upright), '바르다'(correct)는 뜻이다. 또 의인의 첩경을 평탄하게 하시는 '정직하신 주'라는 표현도, '정직하다'(히. 야샤르)가 '올곧다'(straight), '바르다'(right)는 뜻을 갖는다. 하나님을 견고하게 의뢰하는 의인의 길은 올곧다. 그러나 올곧기에 길을 다시 휘거나 끊어버리려는 온갖 압박이 죄여 온다. 첩경, 즉 지름길은 험한 길이지만 하나님이 기뻐하시는 길이요, 가장 빠른 지름길이다. 그 길을 가려면 많은 압박과 어려움이 찾아온다. 그러나 기쁜 소식이 있다. 하나님이 의인의 올바른 길을 기뻐하시고, 견고한 심지로 하나님을 의뢰하는 성도들을 위해 험한 첩경을 평탄하게 하신다는 사실이다!

의인은 하나님이 그 길을 올곧게 하시고 울퉁불퉁한 길을 평탄하게 하실 때까지 서두르지 않는다. 잠잠히 하나님의 역사하심을 견고히 신뢰하며 기다린다. 의인은 칠흑 같은 어둠 속에서도 하나님의 역사하심을 밤새도록 사모하며 주의 임재를 사모한다(사 26:8). 하나님의 뜻이 온전히 드러나는 때 세상의 모든 거민이 하나님의 올곧은 뜻을 깨닫고 배우게 될 것이다(사 26:9).

하지만 악인은 이럴 때조차도 마음을 굳게 닫고, 하나님의 역사가 드러나는 하나님의 위엄과 능력의 손을 보지 못하고 구부러진 불의의 길을 행할 것이다(사 26:10-11). 악인들이 자기 백성을 향한 하나님의 '열성'(히. 키느아), 곧 '질투'를 보게 될 것이다. 여기서 '질투'란 하나님께 속한 것을 지키시려는 하나님의 열정을 말한다.[164] 악인들은 그의 백성을 지키시려는 하나님의 열정을 보고 수치를 당할 것이다. 하나님은 그의 백성을 위하여 평강을 베푸실 것이고 모든 일을 그의 백성의 선을 위하여 역사하실 것이다(사 26:12). 반면 악인들은 심판을 받아 음부에 떨어질 것이다(사 26:14). 이들은 '사망한 자들'(히. 르파임), 곧 음부의 영인 음령(陰靈)이 될 것이다.[165]

이와는 대조적으로 하나님께서는 그의 백성을 보호하시고 구원하여 더 풍성한 생명을 주시고, 더 많은 영광을 보여주시며, 삶과 영토의 경계가 더 커지도록 넓혀주신다(사 26:15, 메시지 참조). 지난 과거를 돌아볼 때 이들에게는 많은 환난이 있었지만 견고한 심지로 하나님을 의뢰하며 앙모했고, 때로는 범죄하여 하나님의 징계가 임할 때도 있었지만 간절히 기도하며 이 모든 어려움을 통과했다(사 26:16).

그렇다면 견고한 심지로 꿋꿋하게 버티는 현실은 어떠한가? 만만치 않다. 잉태한 여인이 산기가 임박하여 산고를 겪으며 부르짖는 것 같이 고통스럽다(사 26:17). 그렇게 부르짖으며 출산한다고 산고로 몸을 비틀었지만 바람만 나올 뿐 아무것도 낳지 못했다. 어떤 생명도 세상의 구원도 가져오지 못했다(사 26:18). 그러나 이런 절망적인 상황에서도 하나님을 향한 의인의 심지는 흔들리지 않고 굳건하다. 다시 살리실 하나님의 손길을 신뢰하기 때문이다.

> "주의 죽은 자들은 살아나고 그들의 시체들은 일어나리이다. 티끌에 누운 자들아 너희는 깨어 노래하라. 주의 이슬은 빛난 이슬이니 땅이 죽은 자들을 내놓으리로다"(사 26:19).

다니엘서(12:2)에서 진술하는 종말의 구원을 반영하는 본문은 하나님의 강권적인 개입으로 죽은 자들에게 일어날 부활의 소망을 노래한다. 하나님의 백성은 거꾸러지고 생명의 희망이 꺼져도 하나님의 초월적인 개입으로 반드시 살아날 것이다.

종말적 소망을 확인시켜주신 후 하나님은 그의 백성에게 밀실로 들어가 문을 닫고 하나님의 역사가 끝날 때까지 잠깐 숨으라고 말씀한다(사 26:20). 여기서 밀실은 그 누구의 방해도 받지 않고 하나님과의 깊고 은밀한 영적 교제가 이루어지는 곳을 말한다. 이는 하나님의 공의로운 심판과 징계가 임할 때가 임박하였기 때문이다. 땅의 거민들이 흘린 불의한 피를 드러내고 이들의 죄를 심판할 것이다(사 26:21). 더 나아가 그 배후에 있는 옛 뱀, 용, 곧 사탄의 세력을 끝끝내 심판하고 죽일 것이다(사 27:1)!

참으로 현기증 나는 아찔한 세상이다. 그럼에도 흔들리지 말고 견고한 심지로 끝까지 주를 의뢰해야 한다. 모든 지각에 뛰어난 하나님의 평강이 메시아 예수 안에서 우리의 마음과 생각을 지키실 것이다. 그리고 그렇게 의뢰하며 묵묵히 나아가다 보면 반드시 승리를 맛보게 될 것이다.

[41장 각주]

161) 김회권, 「이사야 I」, 506쪽.
162) 위의 책, 495쪽.
163) 양형주, 「내 인생에 비전이 보인다」(서울: 홍성사, 2006), 211-214쪽.
164) 양형주, 「바이블 백신 1」, 167쪽.
165) 김회권, 「이사야 I」, 498쪽.

42 Chapter 42. Isaiah 27:2-13

거룩한 신본주의자로 살라

[2]그날에 너희는 아름다운 포도원을 두고 노래를 부를지어다. [3]나 여
호와는 포도원지기가 됨이여 때때로 물을 주며 밤낮으로 간수하여
아무든지 이를 해치지 못하게 하리로다. [4]나는 포도원에 대하여 노함
이 없나니 찔레와 가시가 나를 대적하여 싸운다 하자. 내가 그것을
밟고 모아 불사르리라. [5]그리하지 아니하면 내 힘을 의지하고 나와
화친하며 나와 화친할 것이니라. [6]후일에는 야곱의 뿌리가 박히며 이
스라엘의 움이 돋고 꽃이 필 것이라. 그들이 그 결실로 지면을 채우
리로다. [7]주께서 그 백성을 치셨던들 그 백성을 친 자들을 치심과 같
았겠으며 백성이 죽임을 당하였던들 백성을 죽인 자가 죽임을 당함
과 같았겠느냐. [8]주께서 백성을 적당하게 견책하사 쫓아내실 때에 동

풍 부는 날에 폭풍으로 그들을 옮기셨느니라. [9]야곱의 불의가 속함을 얻으며 그의 죄 없이함을 받을 결과는 이로 말미암나니 곧 그가 제단의 모든 돌을 부서진 횟돌 같게 하며 아세라와 태양상이 다시 서지 못하게 함에 있는 것이라. [10]대저 견고한 성읍은 적막하고 거처가 황무하며 버림받아 광야와 같은즉 송아지가 거기에서 먹고 거기에 누우며 그 나무 가지를 먹어 없이하리라. [11]가지가 마르면 꺾이나니 여인들이 와서 그것을 불사를 것이라. 백성이 지각이 없으므로 그들을 지으신 이가 불쌍히 여기지 아니하시며 그들을 조성하신 이가 은혜를 베풀지 아니하시리라. [12]너희 이스라엘 자손들아 그날에 여호와께서 창일하는 하수에서부터 애굽 시내에까지 과실을 떠는 것같이 너희를 하나하나 모으시리라. [13]그날에 큰 나팔을 불리니 앗수르 땅에서 멸망하는 자들과 애굽 땅으로 쫓겨난 자들이 돌아와서 예루살렘 성산에서 여호와께 예배하리라.

신본주의자란 하나님의 말씀을 삶의 기초로 두고 하나님을 중심으로 모시고 사는 사람이다. 이런 사람은 모든 생각과 행동과 정서 속에 그리스도가 계시다. 내 생각의 중심에 주님이 계시고, 내가 고민하는 문제에 주님을 의뢰하고, 내가 걸어가는 발걸음에 주님을 초대하고, 내가 순종하는 그 일에 주님을 의지하고, 내 마음을 세상이 아니라 주님께 더욱 많이 쏟는 사람이다. 그래서 이 사람 말끝에는 항상 주님이 계시다.

신본주의자와 정반대로 사는 사람이 있다. 인본주의자다. 내 생각, 내 신념을 중심으로 사는 사람이다. 모든 생각의 기초와 중심에 내가 있다. 내가 고민하는 문제를 내가, 내 힘과 방법으로 어떻게 해결할까에 대한 고민으로 가득하다. 마음을 주님이 아니라 세상에, 그리고 나 자신에게만 쏟는 사람이다. 그래서 이 사람 말끝에는 항상 '내' 가 있다. '내가 생각하기에는 말이야' '그래도 내가 ~했기에 망정이지…' 등 말끝에 항상 '내' 가 들어 있다.

신본주의자와 인본주의자의 결정적인 차이가 있다. 바로 열매다. 신본주의자는 성령의 거룩한 열매를 맺는다. 하나님은 성도에게 이런 열매를 기대하시고 이런 열매가 맺어질 때 기뻐하신다. 그러나 인본주의자는 하나님이 기뻐하지 않는 육신의 정욕과 안목의 정욕과 이생의 자랑을 열매 맺는다(요일 2:15-16 참조).

하나님께서는 그의 백성이 거룩한 신본주의자로 살 때 얼마나 아름다운 열매를 맺을 수 있는지를 온 세상에 알려주시려고 정말 아름다운 포도원을 조성하셨다. 그 포도원에 대한 하나님의 정성, 자부심과 기쁨이 '포도원의 노래' 로 알려진 이사야 5장이다.

> "나는 내가 사랑하는 자를 위하여 노래하되 내가 사랑하는 자의 포도원을 노래하리라. 내가 사랑하는 자에게 포도원이 있음이여 심히 기름진 산에로다. 땅을 파서 돌을 제하고 극상품 포도나무를 심었도다. 그중에 망대를 세웠고 또 그 안에 술틀을 팠도다. 좋은 포도 맺기를 바랐더니 들포도를 맺었도다"(사 5:1-2).

하나님은 그의 백성이 하나님이 주시는 풍성한 열매를 맛보고 하나님께 영광 돌리기를 원하셨다. 그래서 심히 기름진 산에 그들을 옮겨놓으셨다. 바로 젖과 꿀이 흐르는 약속의 땅 가나안이다. 그 땅은 원래부터 좋은 토질은 아니었다. 돌도 있었고, 거친 가나안 민족들도 있었다. 그런데 하나님이 이 거친 이민족들을 다 골라내시고 토지를 비옥하게 하시고, 망대도 세우셔서 안전하게 지키시고 그 안에서 좋은 열매를 맺으면 포도주를 만들려고 포도주틀을 비롯한 모든 준비를 다 갖추어 놓으셨다. 아니, 그런데 이것이 웬일인가? 좋은 극상품의 포도나무를 심으셨음에도 이들은 극상품의 포도 열매를 맺지 못하고 작고 떨떠름한 들포도만 맺고 만 것이다.

아니, 도대체 왜 이런 일이 벌어졌는가? 그것은 신본주의자로 부름받은 이스라엘 백성들이 치명적인 독에 감염됐기 때문이다. 신본주의자에게 치명적인 독은 신이 없어지는 것이다. 그리고 그 대신 '내가' '힘 있는 사람'이, 또는 '우상'이 들어가 대체되는 것이다. 이스라엘은 하나님을 버리고 우상을 따라갔고 결국은 들포도를 맺고 말았다. 이런 들포도를 맺는 포도원에 대하여 하나님께서는 단호한 결정을 내린다.

> "이제 내가 내 포도원에 어떻게 행할지를 너희에게 이르리라. 내가 그 울타리를 걷어 먹힘을 당하게 하며 그 담을 헐어 짓밟히게 할 것이요. 내가 그것을 황폐하게 하리니 다시는 가지를 자름이나 북을 돋우지 못하여 찔레와 가시가 날 것이며 내가 또 구름에게 명하여 그 위에 비를 내리지 못하게 하리라 하셨으니"(사 5:5-6).

우리는 여기서 상당히 절망하게 된다. 그렇다면 처음에 아름다운 포도원의 열매를 바라셨던 하나님의 극상품 포도원 프로젝트는 끝났는가? 본문은 이 프로젝트가 결코 절망으로 끝나지 않았음을 말씀한다. 오히려 이제 새로운 희망이 솟아오른다고 말씀하고 있다. 본문은 열방을 향한 심판(사 13-23장)의 결론 부분(사 24-27장)의 마지막 장이다. 결론의 끝에 다시 울려 퍼지는 포도원의 노래는 하나님의 신실하심의 절정을 보여준다.

첫 시작인 '그날에'(사 27:2)는 하나님이 회복시키시는 종말의 날을 말한다. 그런데 본문을 보면 '그날'이 1절에도 나온다. 1절의 '그날'은 이스라엘을 짓밟고 유린했던 가공할 세력인 리워야단과 용을 하나님이 심판하시고 처단하는 역사가 일어나는 때다.

> "그날에 여호와께서 그의 견고하고 크고 강한 칼로 날랜 뱀 리워야단 곧 꼬불꼬불한 뱀 리워야단을 벌하시며 바다에 있는 용을 죽이시리라"(사 27:1).

리워야단은 사람의 힘과 능력으로 통제할 수 없는 총체적인 악의 세력이다. 이 리워야단은 너무나도 막강하고 가공할 힘과 권세를 가져 하나님이 손대시지 않으면 도저히 그 손아귀에서 빠져나올 수 없다. 하나님이 세우셨던 극상품 포도원의 울타리가 거두어지고, 그의 백성이 먹힘을 당하고 짓밟히게 될 때 그 배후에 역사하는 악한 세력이 리워야단이다(사 5:5-6). 이처럼 리워야단은 이스라엘을 심판하는 심판의 도구가 되지만 여전히 하나님의 통제와 권세 아래 있다.

요나의 심판을 보라. 요나가 바다에 빠지자 하나님이 부리시는 물고기가 그를 삼켜버렸다(욘 1:17). 요나가 물고기 배 속에 들어가자 자기 힘으로 어떻게 그 속에서 나올 수가 없었다. 결국 요나는 그곳에서 탄식하며 회개한다. 하나님이 물고기로 그를 삼키게 한 것은 일종의 징계이자 불순종에 대한 심판이었다. 이 물고기가 무엇일까? 거대한 고래상어 같은 물고기일 수도 있고, 아니면 바로 이 리워야단일 수도 있다. 결국 하나님은 요나의 회개를 받으시고 그 거대한 물고기를 제압하여 요나를 육지에 토해내게 하셨다. 그리고 물고기를 다시 바닷속으로 사라지게 하셨다. 이렇게 하나님이 물고기를 통제하신 것은 결국 요나를 회복시키시기 위함이었다. 물고기에게 잡혀먹으면 끝날 줄 알았는데 그 극단의 고난 끝에 하나님은 요나를 위하여 살길을 예비하셨던 것이다.

이런 원리로 하나님께서는 그동안 들포도를 맺었던 이스라엘을 리워야단으로 하여금 짓밟도록 허용하셨고, 이제 하나님의 때에 그동안 이스라엘을 괴롭혔던 리워야단을 벌하기로 작정하셨다.[166] 앞선 1절에서 하나님은 리워야단의 심판을 선언하신 바 있다. 하지만 이것으로 끝나지 않는다.

하나님께서 능력의 손으로 리워야단을 심판하신 바로 그날, 하나님이 원래 계획하셨던 극상품 포도원 프로젝트가 다시 시작될 것임을 선포하신다.

> "그날에 너희는 아름다운 포도원을 두고 노래를 부를지어다"(사 27:2).

그동안 열방의 심판으로 까맣게 잊고 있었던 포도원의 노래가 갑작스럽게 다시 등장한다. 그러나 하나님은 짓밟힌 포도원을 그동안 한시도 잊지 않으셨고, 이제 다시 회복할 포도원을 노래하신다. 그런데 이 포도원은 이전 포도원과 좀 다른 점이 있다. 바로 하나님께서 친히 포도원지기가 되셔서 물을 주고 밤낮으로 간수하고 돌보셔서 지키시고 보호하신다는 점이다.

"나 여호와는 포도원지기가 됨이여 때때로 물을 주며 밤낮으로 간수하여 아무든지 이를 해치지 못하게 하리로다"(사 27:3).

이것을 보면 하나님이 망가진 이스라엘에게 여전히 그윽한 마음과 긍휼로 좋은 열매 맺기를 바라신다는 것을 알 수 있다. 이것을 아주 극명하게 잘 표현한 말씀이 바로 요한복음 15장이다.

"나는 참포도나무요 내 아버지는 농부라. 무릇 내게 붙어 있어 열매를 맺지 아니하는 가지는 아버지께서 그것을 제거해 버리시고 무릇 열매를 맺는 가지는 더 열매를 맺게 하려 하여 그것을 깨끗하게 하시느니라"(요 15:1-2)

예수께서는 열매 맺지 않는 가지는 제거하고, 열매 맺는 가지는 더 열매를 맺게 하려고 가지치기하신다. 여기서도 예수님의 관심이 열매를 맺는 것에 집중됨을 볼 수 있다. 그런데 포도원에서 열매 맺는 데 방해되는 것이 있다. 본문 말씀에 따르면 바로 찔레와 가시들이다

(사 27:4). 찔레와 가시는 자라면서 포도나무를 찌르고 자라지 못하게 방해하는 일종의 잡초들이다. 이는 우리 안에 일어나는 우상과 나 중심적 생각들, 그리고 여기서 파생되는 불안, 염려, 근심, 불신앙, 탐욕, 정욕들이다. 하나님은 이런 잡초들을 보시고 어떻게 하시는가?

"나는 포도원에 대하여 노함이 없나니 찔레와 가시가 나를 대적하여 싸운다 하자. 내가 그것을 밟고 모아 불사르리라"(사 27:4).

하나님은 노하지 않는다. 이전 같으면 진노하고 다 갈아엎고 울타리를 제거하여 대적들이 쳐들어와 방해하게 하셨을 것이다. 그러나 이제는 분노하지 않으시고 이것들을 모아 불사르신다. '불사른다'는 것은 다 없애는 것이 아니라 잡초들을 제거하는 것으로, 요한복음 15장의 표현에 따르면 가지가 깨끗하게 잘 자라도록 가지치기하고 잡초를 뽑아주는 것이다. 이런 것들을 제거하려면 어떻게 해야 하는가?

"그리하지 아니하면 내 힘을 의지하고 나와 화친하며 나와 화친할 것이니라"(사 27:5).

이스라엘이 정결하고 안전하고자 하면 하나님의 힘을 의지하여 붙어 있고, 더불어 건강하고 화평한 관계를 맺으려면 평화를 온전히 좇고 또 하나님과 더불어 화친해야 한다. 이를 메시지 성경에서는 이렇게 진술한다.

> "그 포도나무가 안전하고자 하거든 내게 꼭 붙어 있게 하여라. 나와 더불어 건강히 잘살고자 하거든 나를 찾게 하여라. 온전한 삶을 살고자 하거든 내게 꼭 붙어 있게 하여라"(사 27:5).

결국 포도나무가 살 길은 주님께 꼭 붙어 있는 것이다. 예수님의 말씀에 귀 기울여 보자.

> "내 안에 거하라. 나도 너희 안에 거하리라. 가지가 포도나무에 붙어 있지 아니하면 스스로 열매를 맺을 수 없음같이 너희도 내 안에 있지 아니하면 그러하리라. 나는 포도나무요 너희는 가지라. 그가 내 안에, 내가 그 안에 거하면 사람이 열매를 많이 맺나니 나를 떠나서는 너희가 아무것도 할 수 없음이라"(요 15:4-5).

주님께 잘 붙어 있기 시작할 때 이스라엘은 새로운 차원의 성숙으로 나아간다. 그것은 바로 뿌리박는 신앙이다.

> "후일에는 야곱의 뿌리가 박히며 이스라엘의 움이 돋고 꽃이 필 것이라. 그들이 그 결실로 지면을 채우리로다"(사 27:6).

포도나무 뿌리가 잘 박히고 잘 자라게 하기 위해 주님이 하시는 작업이 정지작업이다. 주님이 잔가지를 잘라내고, 때로는 불같이 연단하신다. 그러나 이것은 이방인들을 치는 것과 다르다. 이방인은 심판을, 그러나 하나님의 백성은 거룩, 성화, 구원을 목표로 한다.

"주께서 그 백성을 치셨던들 그 백성을 친 자들을 치심과 같았겠으며 백성이 죽임을 당하였던들 백성을 죽인 자가 죽임을 당함과 같았겠느냐. 주께서 백성을 적당하게 견책하사 쫓아내실 때에 동풍 부는 날에 폭풍으로 그들을 옮기셨느니라"(사 27:7-8).

하나님께서 그의 백성을 적당하게 징계하신다. 이들이 회개하고 돌아올 정도로 적당하게 징계하신다. 하나님께서는 이러한 징계의 일환으로 동쪽에서 불어오는 돌풍으로 이들을 옮기셨다. 이는 동방에서 갑작스럽게 몰아닥친 제국이 이들을 사로잡아 강권적인 힘으로 포로삼아 끌고감을 의미한다. 이스라엘은 이런 과정을 통해 진멸되는 것이 아니라 도리어 회개하고 정화되고 거룩하게 되어 다시 회복될 것이다(사 54:6-8, 히 12:11 참조).

"야곱의 불의가 속함을 얻으며 그의 죄 없이함을 받을 결과는 이로 말미암나니 곧 그가 제단의 모든 돌을 부서진 횟돌(chalk stone) 같게 하며 아세라와 태양상이 다시 서지 못하게 함에 있는 것이라"(사 27:9).

이스라엘의 불의가 징계로 인해 속함을 얻고 사함을 받는다. 그러나 이것은 출발점에 서게 된 것일 뿐이다. 이제부터 이스라엘은 그동안 열정적으로 드나들었던 모든 이교 우상 제단을 횟가루 만들 듯 산산조각 내 아세라와 태양상이 다시는 서지 못하게 해야 한다. 이런 우상들로 인해 과거 이스라엘의 견고했던 성읍은 황폐하게 되어 버림받은 광야와 같았었다(사 27:10-11). 이제는 달라야 한다. 철저히 회개하고 하나님 앞에 새롭게 서야 한다. 그렇게 하고 난 후에야 하나님은 그의 백성을 하나하나 회복시킬 것이다.

> "너희 이스라엘 자손들아 그날에 여호와께서 창일하는 하수에서부터 애굽 시내에까지 과실을 떠는 것같이 너희를 하나하나 모으시리라"(사 27:12).

한꺼번이 아니라 하나하나 개별적으로 만나주시고, 개별적으로 변화시키시고 모으실 것이다. 과실을 떠는 것같이 그의 백성 중 알곡들을 선별하여 하나하나 모으실 것이다. 그의 음성을 들려주시고 깨닫는 이들을 개별적으로 모으실 것이다. 하나님이 그의 백성을 모으시는 지경은 창일하는 하수부터 애굽 시내까지다. 이는 다윗왕시대에 확장했던 북쪽의 유브라데강과 남쪽의 유다 광야에서 애굽과 경계선이 되는 애굽 와디를 가리킨다. 이는 이상적인 하나님의 나라의 지경을 상징하며, 전 영토에서 튼실하게 익은 열매를 하나님이 일일이 선별하여 거두어들일 것이다. 그 결과가 13절이다.

> "그날에 큰 나팔을 불리니 앗수르 땅에서 멸망하는 자들과 애굽 땅으로 쫓겨난 자들이 돌아와서 예루살렘 성산에서 여호와께 예배하리라"(사 27:13).

하나님이 결국 다시 회복시키실 것이다. 그리고 회복의 결과는 거두어들인 백성들이 하나님의 거룩한 산 시온에서 영과 진리로 마음을 다해 예배하는 것이다. 더 나아가 시온산은 지리적인 이 산 혹은 저 산의 개념을 벗어나 예수 그리스도의 임재가 있는 그의 몸 된 성전 즉 교회가 된다. 이곳으로 열방이 돌아와 전심으로 예배할 날이 이를 것이다.

나는 거룩한 신본주의자인가? 그렇다면 나는 어떤 열매를 맺어가고 있는가? 우리는 열매 없는 어두움의 일에 참예하지 말고, 예수 그리스도로 말미암아 의의 열매가 가득하여 하나님께 영광과 찬송을 돌려야 한다(엡 5:11, 빌 1:11, 갈 5:22-23 참조). 지금 나는 어떠한가? 주님 안에 거하는가? 그에게 꼭 붙어 있는가? 풍성한 열매 맺기를 소망하며 나아가자.

[42장 각주]

166) 여기서 포도원 노래의 대상이 이미 무너진 북이스라엘의 회복을 가리키는 것인가, 아니면 총체적인 유다와 이스라엘을 합친 상징적인 하나님 나라의 회복을 의미하는 것인가? 김회권은 스위니(Sweeny)의 입장을 따라 이를 북이스라엘과 애굽과 앗수르의 국제 관계를 배경으로 이해한다(참조 김회권, 「이사야 주석 I」, 504쪽; Marvin A. Sweeney, *Isaiah 1-39: with an introduction to prophetic literature*, Grand Rapids: Eerdmans Publishing Co., 1996, 350-351). 하지만 여기서는 스미스의 견해를 따라 포도원의 노래를 구체적인 역사적 사건 안에 한정시키지 않고, 24-27장이 구체적인 열방심판에 대한 전체적인 결론 부분임을 감안하여, 하나님께서 예언자적 미래에 자기 백성에게 보일 은혜를 상징적으로 보여주는 것으로 본다. 따라서 여기서의 이스라엘은 하나님의 택한 백성으로 본다(게리 스미스, 「NAC 이사야 I」, 592쪽 참조).

[P·A·R·T·4]

유다와 예루살렘에 임할 심판과 구원

43 Chapter 43. Isaiah 28:1-13

기본기를 든든히 다지라

1에브라임의 술 취한 자들의 교만한 면류관은 화 있을진저. 술에 빠
진 자의 성 곧 영화로운 관같이 기름진 골짜기 꼭대기에 세운 성이여
쇠잔해 가는 꽃 같으니 화 있을진저 2보라. 주께 있는 강하고 힘 있는
자가 쏟아지는 우박같이, 파괴하는 광풍같이, 큰 물이 넘침같이 손으
로 그 면류관을 땅에 던지리니 3에브라임의 술 취한 자들의 교만한
면류관이 발에 밟힐 것이라. 4그 기름진 골짜기 꼭대기에 있는 그의
영화가 쇠잔해 가는 꽃이 여름 전에 처음 익은 무화과와 같으리니 보
는 자가 그것을 보고 얼른 따서 먹으리로다. 5그날에 만군의 여호와
께서 자기 백성의 남은 자에게 영화로운 면류관이 되시며 아름다운
화관이 되실 것이라. 6재판석에 앉은 자에게는 판결하는 영이 되시며

성문에서 싸움을 물리치는 자에게는 힘이 되시리로다. 7그리하여도
이들은 포도주로 말미암아 옆 걸음 치며 독주로 말미암아 비틀거리
며 제사장과 선지자도 독주로 말미암아 옆 걸음 치며 포도주에 빠지
며 독주로 말미암아 비틀거리며 환상을 잘못 풀며 재판할 때에 실수
하나니 8모든 상에는 토한 것, 더러운 것이 가득하고 깨끗한 곳이 없
도다. 9그들이 이르기를 그가 누구에게 지식을 가르치며 누구에게 도
를 전하여 깨닫게 하려는가. 젖 떨어져 품을 떠난 자들에게 하려는
가. 10대저 경계에 경계를 더하며 경계에 경계를 더하며 교훈에 교훈
을 더하며 교훈에 교훈을 더하되 여기서도 조금, 저기서도 조금 하는
구나 하는도다. 11그러므로 더듬는 입술과 다른 방언으로 그가 이 백
성에게 말씀하시리라. 12전에 그들에게 이르시기를 이것이 너희 안식
이요 이것이 너희 상쾌함이니 너희는 곤비한 자에게 안식을 주라 하
셨으나 그들이 듣지 아니하였으므로 13여호와께서 그들에게 말씀하
시되 경계에 경계를 더하며 경계에 경계를 더하며 교훈에 교훈을 더
하며 교훈에 교훈을 더하고 여기서도 조금, 저기서도 조금 하사 그들
이 가다가 뒤로 넘어져 부러지며 걸리며 붙잡히게 하시리라.

수영에 처음 입문하면 물장구치는 법을 반복적으로 배운다. 물장구가 뭐 대단할까 싶지만 수영을 하면 할수록 바른 물장구의 중요성을 절감하게 된다. 큰 힘을 들이지 않고도 물에서 잘 나가려면 물장구의 기본기가 튼튼하게 갖추어져 있어야 한다. 물장구의 기본기를 배우지 않고도 수영을 잘한다고 착각하는 이들이 있다. 이런 이들이 수영하는 모습을 보면 하나같이 자세가 엉망이다. 물에 떠서 곧잘 가기에 자신은 잘한다고 착각한다. 하지만 200m, 400m와 같은 꽤 먼 거리를 수영하다 보면 자세의 기본기가 갖추어져 있지 않은 이들은 뒤처지고 끝까지 완주하지 못하는 경우가 많다. 그런 자세로는 힘만 더 들어가고 갈수록 힘들어진다.

이처럼 기본기는 중요하다. 하지만 기본기를 배울 때 쉽고 단순한 반복이 많아 대수롭지 않게 여긴다. 하지만 단순한 반복이 필요한 이유가 있다. 그것은 반복을 통해 기본기에 대한 몸의 기억이 누적되어 무의식적으로 나올 정도가 되도록 하는 것이다.

이스라엘 백성에게 신앙의 기본기는 여호와를 경외하는 것이다. 마음을 다하고 뜻을 다하고 힘을 다하여 여호와를 사랑하고 신뢰하고 의뢰하는 것이다(신 6:4, 잠 3:5). 하지만 이스라엘의 역사를 보면 이런 기본기가 제대로 갖추어지지 않은 왕이 많았다. 아니, 이렇게 말하는 것이 옳을 것 같다. 기본기를 제대로 갖춘 왕이 매우 드물었다.

본문은 열방들에 대한 심판선언(사 13-27장)이 끝나고 예루살렘과 유다에 대한 선포(사 28-35장)가 새롭게 시작되는 장이다. 그동안 시대도 변했다. 유다의 12대 왕 아하스의 통치가 끝나고 이제 13대 왕 히스기야의 통치기에 접어들었다. 이전 아하스왕은 신앙의 기본기가 제대로 갖추어져 있지 않았다. 하나님께서 마음을 다해 여호와를 의뢰하라고 요청하시며, 친히 징조를 주겠다고 말씀하셔도 아하스 왕은 이를 구하지 않았다(사 7:12). 아하스왕은 당장 눈에 보이지 않는 하나님보다 눈에 보이는 강대국 앗수르를 의지하는 것이 훨씬 현실적이라 판단했다. 하지만 아하스가 의뢰했던 앗수르는 유다에게 많은 조공을 받고도 유다를 괴롭혔다.

히스기야는 그의 통치기간(주전 715-687년)에 북이스라엘이 앗수르에 의해 멸망하는 참극을 지켜보았다(주전 722년). 충격적인 사태를 본 히스기야왕은 전심으로 여호와를 의뢰하기보다 앗수르에 맞설만한 또 다른 제국, 애굽을 의지하려고 기웃거리고 있었다. 이런 히스기야왕과 유다를 향하여 하나님은 이제부터 다시 신앙의 기본기를 다지라고 요구하신다. 이제부터 유다가 전심전력으로 집중해야 할 것은 여호와 하나님만을 의뢰하는 것이라 말씀한다.

하나님은 먼저 이웃 나라 북이스라엘의 화려함이 얼마나 허무하게 무너지는가를 말씀한다.

> "에브라임의 술 취한 자들의 교만한 면류관은 화 있을진저 술에 빠진 자의 성 곧 영화로운 관같이 기름진 골짜기 꼭대기에 세운 성이여 쇠잔해 가는 꽃 같으니 화 있을진저"(사 28:1)

북이스라엘의 수도 사마리아는 기름진 골짜기 꼭대기에 세워졌다. 실제 사마리아에 세워졌던 아합 궁터를 가보면 그 꼭대기에서 사방이 다 보인다. 서쪽으로는 멀리 지중해가 보이고, 에발산과 그리심산이 보일 정도다. 또 주변 환경은 비옥한 토양으로 둘러싸여 이곳에서 나는 올리브기름은 유명하다. 이런 사마리아의 모습을 '영화로운 관'과 같다고 한다. 하지만 하나님이 보시기에 이 영화로운 관은 교만과 사치의 술에 취해 비틀거리는 교만한 면류관이었다. 이러한 에브라임의 모습은 임박한 파멸을 제대로 자각하지 못하는 상태였다.

> "보라. 주께 있는 강하고 힘 있는 자가 쏟아지는 우박같이, 파괴하는 광풍같이, 큰물이 넘침같이 손으로 그 면류관을 땅에 던지리니 에브라임의 술 취한 자들의 교만한 면류관이 발에 밟힐 것이라"(사 27:2-3).

여기 '강하고 힘 있는 자'는 하나님이 사용하는 강력한 이방 군대, 앗수르를 의미한다. 하나님은 이방의 강력한 군대를 사마리아에 보내 하늘에서 쏟아붓는 우박같이, 삽시간에 사방을 황폐하게 만드는 토네이도같이, 해변의 집채를 순식간에 쓸어버리는 거대한 파도같이 북이스라엘의 교만을 심판하실 것이다.

이들의 쇠잔해 가는 영광은 마치 여름 전에 처음 익은 무화과나무와 같아 신속히 무너질 것이다(사 28:4). 무화과나무는 일 년에 4월부터 10월까지 모두 다섯 번에 걸쳐 열매를 맺는다.[167] 그중 가장 처음 익는 열매를 '파게'라고 한다. 파게는 이후에 열리는 무화과 열매(테에나)에 비해 작고 당도가 떨어진다. 파게는 열리자마자 바로 따주어야 한다. 그래야 이후에 제대로 된 상품성 있는 무화과 열매가 맺히기 때문이다.

한편 오랫동안 무화과를 기다렸던 이들에게 첫 열매는 반가운 소식이다. 그래서 비록 당도는 좀 떨어져도 열리는 대로 곧바로 따 먹곤 하였다. 하나님은 기름진 골짜기에 세우신 북이스라엘의 쇠잔해 가는 영광이 마치 첫 무화과 열매인 파게와 같다고 말씀하신다. 파게를 신속히 따야 하는 것처럼, 북이스라엘은 곧 하나님이 보내실 힘 있는 자에 의해 신속히 삼켜질 것이다.

그런데 북이스라엘의 교만이 땅에 떨어지는 그날, 하나님은 놀라운 일을 행하실 것이다.

> "그날이 오면, 만군의 주님께서 친히 주님의 남은 백성에게 아름다운 면류관이 되시며, 영화로운 왕관이 되실 것이다(새번역). 재판석에 앉은 자에게는 판결하는 영이 되시며 성문에서 싸움을 물리치는 자에게는 힘이 되시리로다"(사 28:5-6).

하나님은 북이스라엘의 '남은 자'에게 주목한다. 이들은 가난한 마음으로 하나님만이 참된 이스라엘의 구원임을 신뢰하며 그의 구원을 기다리고 사모하는 자들이다(사 4:2, 6:13, 10:20-21, 11:11 참조). 하나님은 이들에게 사마리아가 영화로운 관이 아니요, 하나님이 친히 아름다운 면류관이 되실 것을 선포한다. 그뿐만이 아니라 하나님이 이들의 영화로운 왕관이 되시며, 판결하는 영이 되시고, 힘이 되실 것을 예고한다.

하나님이 '영화로운 왕관'이 되어주신다는 표현은 이상적인 메시아의 통치를 암시하는 표현이다.[168] 북이스라엘의 남은 자들에게도 장차 메시아의 통치 아래 거하는 길이 열리게 될 것이다(요 4장 참조). 메시아의 통치는 이들에게 공정한 판결이 되어주시고, 적군을 격퇴하는 힘이 되어주심으로 구체화 된다. 에브라임의 고질적인 병폐 중 하나가 재판을 굽게 하고 과부의 소송을 멸시하는 일이었다(암

5:7,10-12, 신 16:19 참조). 예언자적 전통에 따르면 공정한 판결이 이루어지지 않는 나라는 늘 외적의 침입에 노출되어 있기 마련이다.[169] 하나님이 장차 메시아를 통해 회복시킬 통치에는 공의로운 판결과 대적에게 효과적으로 대항하는 지략과 지혜가 포함되어 있다(사 11:2-4).

하나님께서 이처럼 교만한 면류관, 곧 북이스라엘을 밟으시고 남은 자에게 기이한 구원을 베푸실 것을 말씀하심에도 유다의 지도자들은 정신을 차리지 못한다.

> "그리하여도 이들은 포도주로 말미암아 옆 걸음 치며 독주로 말미암아 비틀거리며 제사장과 선지자도 독주로 말미암아 옆 걸음 치며 포도주에 빠지며 독주로 말미암아 비틀거리며 환상을 잘못 풀며 재판할 때에 실수하나니"(사 28:7).

유다의 지도자들과 제사장과 선지자와 같은 영적 지도자들은 북이스라엘을 향한 하나님의 심판 선언에도 포도주와 독주에 취해 비틀거리고 있다. 이들 역시 북이스라엘과 같이 하나님의 계시를 잘못 전하고 재판할 때 공의를 굽게 하며 불의한 재판을 남발한다. 또한 상마다 토한 것과 더러운 것으로 가득하여 깨끗한 곳이 없다(사 28:8). 여호와를 경외하는 중심에서 완전히 벗어났다.

이런 유다를 향해 하나님이 이사야를 통해 경고하는 말씀은 이들에게 완전히 무시되고 짓밟힌다. 이들이 이사야의 선언에 대해 하는 말을 들어보라.

"그들이 이르기를 그가 누구에게 지식을 가르치며 누구에게 도를 전하여 깨닫게 하려는가"(사 28:9).

유다의 지도자들은 "도대체 이사야가 누구이기에 감히 우리에게 하나님의 말씀을 가르치려 드느냐"고 비난한다. 북이스라엘이 멸망한 것은 강대국 앗수르의 힘이 강성했기 때문이고 이는 국가 간의 약육강식의 논리에서 당연한 것인데, 하나님이 앗수르를 보내 무너뜨렸다는 이사야의 말은 전혀 현실적이지 못한 유치한 주장이라는 것이다. 자신들은 알 만큼 다 알고 있으니 더 이상 자신들의 죄를 지적하며 회개하라고 하는 유치한 소리를 하지 말라는 것이다. 이사야의 선언은 마치 젖먹이에게 말을 가르치는 것같이 유치하다고 조롱한다.

"대저 경계에 경계를 더하며 경계에 경계를 더하며 교훈에 교훈을 더하며 교훈에 교훈을 더하되 여기서도 조금, 저기서도 조금 하는구나 하는도다"(사 28:10).

이 말을 히브리어로 음역하면 "차브 라차브 차브 라차브 카브 라카브 카브 라카브 저에르 샴 저에르 샴"이다. 이는 부모나 교사가 어린아이에게 반복적으로 알파벳이나 말을 가르칠 때 반복해서 하는 말투를 흉내 낸 것이다. 이를 메시지 성경은 다음과 같이 번역한다.

"왜 애한테 말하듯이 '이거, 이거, 이거, 이거, 저거, 저거, 저거,

저거, 착하지, 우리 꼬마' 라고 말하느냐?" (메시지)

메시지 영어판은 '다(da), 다(da), 다(da), 다(da), 블라(blah), 블라(blah), 블라(blah), 블라(blah)' 로 번역해 놓았다. 이는 이사야의 선언이 마치 어린아이에게 "엄마, 마마, 아빠, 빠빠" 하고 말을 가르치는 것처럼 유치한 소리에 불과함을 생동감 있게 표현한 것이다. 하지만 이들이 듣기에 유치한 소리는 이사야의 말이 아니라 하나님의 말씀이다. 하나님은 그의 종 이사야를 통해 전한 말씀을 거부하는 유다 백성에게 이제는 '더듬는 입술과 다른 방언' 으로 말씀하겠다고 선언하신다(사 28:11). 이는 이방 대적 군대의 다소 서툰 외국어를 말한다. 강대국의 장수가 나와 하나님의 백성을 조롱하며 심판과 위협을 가하여 하나님의 말씀이 진리임을 깨닫게 하시겠다는 것이다.

하나님은 그의 백성이 참된 안식을 얻는 길이 무엇인지를 분명히 말씀하셨다. 그것은 이방 제국을 의지할 것이 아니라 전능하신 만군의 주 여호와 하나님을 의뢰하는 것이다(사 30:1-3, 31:1-3 참조). 하나님은 이 단순한 진리를 유치하다고 무시하는 이들에게 재차 경고하신다. 그러나 이들은 이런 하나님의 말씀조차 거부하고 가다가 뒤로 넘어져 부러지고 걸려 넘어지고 이방 대적에게 잡힌다(사 28:13).

나는 하나님을 얼마나 신뢰하고 있는가? 어디까지 신뢰하며 순종할 수 있는가? 신앙의 기본기는 여호와를 경외하며 전심으로 그를 의뢰하는 것이다. 이 믿음의 기본기를 잘 지켜 하나님의 손길이 우리 삶을 통해 드러나게 하자.

[43장 각주]

167) 류모세, 「열린다 성경: 식물이야기」(서울: 두란노, 2008), 16쪽.
168) 김회권, 「이사야 I」, 523쪽.
169) 위의 책, 525쪽.

44 Chapter 44. Isaiah 28:14-29

사망의 언약 vs 생명의 언약

14이러므로 예루살렘에서 이 백성을 다스리는 너희 오만한 자여 여호
와의 말씀을 들을지어다. 15너희가 말하기를 우리는 사망과 언약하였
고 스올과 맹약하였은즉 넘치는 재앙이 밀려올지라도 우리에게 미치
지 못하리니 우리는 거짓을 우리의 피난처로 삼았고 허위 아래에 우
리를 숨겼음이라 하는도다. 16그러므로 주 여호와께서 이같이 이르시
되 보라. 내가 한 돌을 시온에 두어 기초를 삼았노니 곧 시험한 돌이
요 귀하고 견고한 기촛돌이라. 그것을 믿는 이는 다급하게 되지 아니
하리로다. 17나는 정의를 측량줄로 삼고 공의를 저울추로 삼으니 우박
이 거짓의 피난처를 소탕하며 물이 그 숨는 곳에 넘칠 것인즉 18너희
가 사망과 더불어 세운 언약이 폐하며 스올과 더불어 맺은 맹약이 서

지 못하여 넘치는 재앙이 밀려올 때에 너희가 그것에게 밟힘을 당할
것이라. [19]그것이 지나갈 때마다 너희를 잡을 것이니 아침마다 지나가
며 주야로 지나가리니 소식을 깨닫는 것이 오직 두려움이라. [20]침상이
짧아서 능히 몸을 펴지 못하며 이불이 좁아서 능히 몸을 싸지 못함
같으리라 하셨느니라. [21]대저 여호와께서 브라심 산에서와 같이 일어
나시며 기브온 골짜기에서와 같이 진노하사 자기의 일을 행하시리니
그의 일이 비상할 것이며 자기의 사역을 이루시리니 그의 사역이 기
이할 것임이라. [22]그러므로 너희는 오만한 자가 되지 말라 너희 결박
이 단단해질까 하노라. 대저 온 땅을 멸망시키기로 작정하신 것을 내
가 만군의 주 여호와께로부터 들었느니라. [23]너희는 귀를 기울여 내
목소리를 들으라. 자세히 내 말을 들으라. [24]파종하려고 가는 자가 어
찌 쉬지 않고 갈기만 하겠느냐. 자기 땅을 개간하며 고르게만 하겠느
냐. [25]지면을 이미 평평히 하였으면 소회향을 뿌리며 대회향을 뿌리
며 소맥을 줄줄이 심으며 대맥을 정한 곳에 심으며 귀리를 그 가에
심지 아니하겠느냐. [26]이는 그의 하나님이 그에게 적당한 방법을 보
이사 가르치셨음이며 [27]소회향은 도리깨로 떨지 아니하며 대회향에
는 수레 바퀴를 굴리지 아니하고 소회향은 작대기로 떨고 대회향은
막대기로 떨며 [28]곡식은 부수는가, 아니라 늘 떨기만 하지 아니하고
그것에 수레바퀴를 굴리고 그것을 말굽으로 밟게 할지라도 부수지는
아니하나니 [29]이도 만군의 여호와께로부터 난 것이라 그의 경영은 기
묘하며 지혜는 광대하니라.

하나님께서 이스라엘과 맺으신 언약은 생명의 언약이다(신 30:6). 이 언약을 신뢰하고 끝까지 든든히 붙들면 풍성한 생명을 누릴 수 있다. 하지만 본문의 예루살렘 백성들은 생명의 언약을 저버리고 '사망의 언약'을 붙들었다. 이 언약을 계속 붙들다가는 사망을 처절하게 경험하게 될 것이다. 한때 생명의 언약을 맺었던 이스라엘 백성이 방향을 돌려 끔찍한 사망의 언약을 붙든 이유는 무엇일까?

그것은 이들의 취함과 오만 때문이다. 하나님은 사망의 언약을 붙들고 든든해하는 예루살렘의 지도자들에게 경고의 말씀을 선언한다.

> "이러므로 예루살렘에서 이 백성을 다스리는 너희 오만한 자여 여호와의 말씀을 들을지어다"(사 28:14)

'이러므로'는 앞서 북이스라엘과 남유다 지도자들의 술 취함을 원인으로 한다. 하나님은 북이스라엘 에브라임의 술 취한 자들의 교만한 면류관에 화를 선언하셨고(사 28:1), 포도주와 독주로 말미암아 비틀거리는 남유다의 제사장과 선지자에 대하여도 화를 선언하신 바 있다(사 28:7). 지도자들이 모두 술 취함으로 정신을 차리지 못하고 있다. 여기서의 취함은 단순히 물리적인 알콜, 즉 포도주에 취한 것만을 의미하지 않는다. 영적인 독에 취함을 의미한다.

이들이 취한 영혼의 독소는 무엇일까? 교만이다. 이 교만이 예루살렘에서 백성을 다스리는 정치 지도자에게까지 퍼졌다. 오만하면 그 안에 악을 잉태하고, 잉태된 악으로 말미암아 자해하는 일이 일어난다. 그래서 지도자가 오만하면 항상 그 안에 부패한 정권이 스스로를 몰락시킨다. 정권이 바뀔 때 일어나는 특징이 무엇인가? 스스로의 오만으로 정권을 자해하여 몰락시킨다는 것이다.

하나님은 예루살렘의 정치 지도자들에게 이들의 교만으로 체결한 사망의 언약의 실체가 무엇인지 밝히신다.

> "너희가 말하기를 우리는 사망과 언약하였고 스올과 맹약하였은즉 넘치는 재앙이 밀려올지라도 우리에게 미치지 못하리니 우리는 거짓을 우리의 피난처로 삼았고 허위 아래에 우리를 숨겼음이라 하는도다"(사 28:15).

이들이 언약한 '사망'과 '스올'은 이들이 이웃 제국 애굽과 맺은 언약의 성격이 어떠한지를 나타내는 동시에, 보다 구체적으로는 애굽이 섬기는 죽음의 신 '모트'와 역병의 신 '레셰프'와 같은 애굽 지하세계의 신들을 가리킨다.[170] 이 신들은 애굽 제국을 떠받치는 신으로 여겨졌고, 예루살렘의 정치지도자들은 이런 신과 맹약하는 것은 이스라엘의 안전을 담보하는 지름길이라 여겼다. 이들은 스스로 말하기를 "넘치는 재앙이 홍수같이 밀려올지라도 끄떡없을 것이라"고 자화자찬했다. 하지만 이것은 거짓 피난처이고, 허위였다. 마치 벌거벗은 임금님이 좋은 옷을 입었다고 착각하고 나체로 길거리를 활보하는 것과 마찬가지였다.

이에 하나님은 참된 피난처가 될 한 돌을 시온에 두겠다고 약속한다.

"그러므로 주 여호와께서 이같이 이르시되 보라. 내가 한 돌을 시온에 두어 기초를 삼았노니 곧 시험한 돌이요 귀하고 견고한 기촛돌이라. 그것을 믿는 이는 다급하게 되지 아니하리로다"(사 28:16).

시온에 둘 이 돌은 장차 이스라엘의 기초가 될 주춧돌이다. 이 돌은 시험을 통과하여 검증한 돌이다. 견고하고 흔들리지 않기에 이 돌을 신뢰하는 이는 다급하게 되지 않을 것이다. '다급하다' (panic)는 것은 믿었던 것이 한순간에 무너져 공포와 마비 상태에 이르는 것을 말한다. 시온의 돌은 절대 흔들리지 않는 든든한 귀한 돌이다.

'귀하다' (precious)는 것은 다른 곳에서 흔히 찾아볼 수 없다는 뜻이다. 이 돌은 힘을 자랑하는 주변 강대 제국과 같은 돌이 아니다. 이런 강대국들은 언젠가 수치로 변하고(사 30:3), 자신을 의지했던 주변 나라들과 함께 멸망당할 것이다(사 31:3). 그래서 하나님의 백성은 하나님이 마련하신 귀한 돌을 의지해야 한다. 이 돌은 건축자의 버린 돌과 같이 잘 눈에 띄지 않지만 건물을 든든하게 떠받치는 주춧돌과 같은 역할을 한다(시 118:22, 참조 마 21:42, 막 12:10, 눅 20:17, 행 4:11, 벧전 2:4,7).

하나님이 이 돌 위에 그의 집을 지으실 때는 힘과 탐욕의 기준이 아닌 정의와 공의를 측량줄과 저울추로 삼아 세우실 것이다. 이때 모든 불의와 거짓이 드러날 것이다. 마치 우박이 쏟아져 연약한 것들을 무너뜨리고 홍수가 들어와 구석구석 빈 공간을 다 채우는 것처럼 거짓과 불의가 자리 잡지 못할 것이다(사 28:17).

이때가 되면 사망과 더불어 맺은 사망의 언약은 더 이상 효력을 발휘하지 못하고 애굽의 지하세계 신들과 맺은 언약은 아무런 효과도 발휘하지 못한 채, 이스라엘은 홍수처럼 넘실거리는 재앙에 떠밀려 짓밟힐 것이다(사 28:18).

홍수가 밀어닥칠 때 그 힘은 무시무시하다. 모든 것을 쓸어버린다. 이 홍수에 소와 같은 육중한 가축은 물론이거니와 심지어 집도 휩쓸려 내려간다. 하나님의 진노의 심판이 임할 때 이런 사망의 언약을 지지기반으로 세웠던 나라는 속절없이 무너져 휩쓸려갈 것이다. 이러한 심판의 홍수는 연달아 수시로 몰려올 것이고, 이것이 지나갈 때마다 이스라엘은 두려움에 사로잡혀 벌벌 떨 것이다(사 28:19). 든든한 피난처요 안식처로 삼았던 사망의 언약은 짧은 침상이요, 좁은 이불이다(사 28:20). 두 발 뻗고 편히 자지도 못하고 웅크러 겨우 누울 정도가 될 것이고, 이불도 좁아 넉넉히 몸을 따듯하게 하지 못할 것이다.

하나님께서 그의 백성을 치는 것은 마치 브라심산에서와 기브온 골짜기에서 역사하심과 같을 것이다(사 28:21). 브라심산은 다윗이 블레셋과의 전쟁에서 하나님이 홍수를 보내 대적을 흩어버리신 역사를 경험했던 곳이다(삼하 5:20, 대상 14:11). 기브온 골짜기는 여호수아가 가나안 족속과 전쟁을 벌일 때 하나님께서 큰 우박 덩이를 내려 대적을 치신 곳이다(수 10:11). 이러한 역사는 하나님께서 이스라엘의 대적들을 그의 강한 손으로 치실 때 일어났던 사건들이다.

이런 놀라운 하나님의 손길이 이제는 사망의 언약을 맺은 그의 백성들을 향한다. 이를 본문은 '비상한' (히. 자르, strange) 사역이고, '기이한' (히. 노크리, alien) 일이라고 선언한다(사 28:21). 원래 히브리어 '자르'와 '노크리'는 이방인(alien)을 의미한다. 하나님은 사망의 언약에 매여 다윗의 하나님께 의지하기를 거절하는 후손들이 이방인이 되게 하시는 기이한 사역을 펼치신다는 말이다. 이러한 사역은 앞서 이사야의 소명사건에서도 말씀하셨던 바 있다(사 6:13). 하나님은 장차 이 기이한 역사를 통하여 사망의 언약을 맺었던 언약의 자손들은 이방인이 되고, 열방에 있는 이방인을 그에게 돌아오게 하실 것이다(사 2:3, 60:3, 66:20-21, 마 8:11-12 참조). 말라기서는 이를 다음과 같이 선언한다.

> "만군의 여호와가 이르노라. 해 뜨는 곳에서부터 해 지는 곳까지의 이방 민족 중에서 내 이름이 크게 될 것이라. 각처에서 내 이름을 위하여 분향하며 깨끗한 제물을 드리리니 이는 내 이름이 이방 민족 중에서 크게 될 것임이니라"(말 1:11).

하나님의 기이한 역사는 지금까지 이스라엘 자손들에게 요구되었던 의와는 달리 장차 하나님이 세우실 기이한 의, 외래적인 의(alien righteousness)를 통해 이루어질 것이다. 이신칭의를 주창한 종교개혁자 마틴 루터는 이사야 본문에서 나온 '기이한 사역'(alien work)이란 용어로부터 건축자의 버린 돌이 모퉁이 돌이 되시는 기이한 역사를 보았고, 여기서 행위로가 아닌 오직 믿음으로 말미암아 주어지는 기이하고 외래적인 '예수 그리스도의 의'를 발견하였다.[171]

하나님은 이러한 기이한 역사를 앞두고 이스라엘에게 "오만한 자가 되지 말라"고 경고하시며 "너희 결박이 단단해질까 하노라"고 말씀하신다(사 28:22). 오만은 마음을 강퍅하게 하고 단단하게 하여 회개를 거부한다. 이는 죄의 사슬을 더욱 견고하게 하여 하나님의 역사를 맛보지 못하게 한다(마 12:31, 히 10:26-31, 요일 5:16-17 참조). 하나님의 역사를 오만하게 조롱하는 자들은 그 조롱을 멈추고 겸손하게 마음을 찢고 하나님 앞에 나아와 회개해야 한다(욜 2:13 참조). 그래야 장차 시작될 하나님의 낯선 의로 세우실 기이한 구원의 역사에 동참할 수 있다.

이어지는 농부의 비유(사 28:23-29)는 하나님의 기이한 역사가 장차 어떻게 일어날 것인가를 어렴풋이 보여준다.

> "파종하려고 가는 자가 어찌 쉬지 않고 갈기만 하겠느냐. 자기 땅을 개간하며 고르게만 하겠느냐"(사 28:24).

그동안 하나님께서는 굳어진 토양을 가는 작업을 하셨다. 굳어진 토양을 가는 것은 토양을 으깨고 부수는 일을 포함한다. 이런 토양의 운명이 이스라엘이었다. 이들은 사망의 맹약으로 굳어졌고, 교만의 사슬에 단단히 얽매여 있었다. 하나님은 이런 이스라엘을 으깨고 부수고 갈아내셨다.

그러나 이것이 끝이 아니다. 이렇게 하신 목적은 이스라엘이 좋은 토양이 되어 장차 여기에 새로운 씨를 파종하기 위함이다. 파종하는 것은 씨앗에 따라 다르다. 소회향, 대회향, 소맥, 대맥, 귀리 등 각 식물에 맞게 파종하고 기르는 방법이 다르다(사 28:25-26). 그뿐만이 아니다. 곡식을 추수할 때도 식물에 따라 그 방법이 다르다. 수

레바퀴를 굴려야 할 것이 있고, 말굽으로 밟아야 할 것이 있으며, 도리깨로 떨어야 할 것이 있고, 작대기, 또는 막대기로 떨 것이 있다(사 28:27-28).

하나님의 심판은 무작정 토양을 부수고 으깨는 것으로만 끝나지 않는다. 하나님은 지혜로운 농부가 되셔서 마치 포도원을 허물었다가(사 5:1-7) 다시 세우시는 것처럼(사 27:2-6) 그의 백성을 다시 갈고 새롭게 심어 아름다운 열매를 맺게 하실 것이다. 그리고 여기에는 귀하고 견고한 시온의 한 돌을 주춧돌 삼아 온 열방이 돌아오는 기이한 역사를 이루실 것이다. 이제 우리는 메시아 예수께서 그의 피로 맺은 새 생명의 언약 안에 거하는 특권을 얻게 되었다(고전 11:25 참조). 나는 이 언약 안에 머물고 있는가? 날마다 이 언약 안에 겸손하게 거하며 그 안에 약속된 풍성한 생명을 맛보라.

[44장 각주]

170) 존 오스왈트, 「NICOT 이사야 I」, 593쪽.

171) Walter Brueggemann, *Isaiah 1-39*, Louisville, Westminster John Knox Press, 1998, p.228.

45 Chapter 45. Isaiah 29:1-14

환난 날에 은혜와 씨름하라

1슬프다. 아리엘이여 아리엘이여 다윗이 진 친 성읍이여 해마다 절기
가 돌아오려니와 2내가 아리엘을 괴롭게 하리니 그가 슬퍼하고 애곡
하며 내게 아리엘과 같이 되리라. 3내가 너를 사면으로 둘러 진을 치
며 너를 에워 대를 쌓아 너를 치리니 4네가 낮아져서 땅에서 말하며
네 말소리가 나직이 티끌에서 날 것이라. 네 목소리가 신접한 자의
목소리같이 땅에서 나며 네 말소리가 티끌에서 지껄이리라. 5그럴지
라도 네 대적의 무리는 세미한 티끌 같겠고 강포한 자의 무리는 날려
가는 겨 같으리니 그 일이 순식간에 갑자기 일어날 것이라. 6만군의
여호와께서 우레와 지진과 큰 소리와 회오리바람과 폭풍과 맹렬한
불꽃으로 그들을 징벌하실 것인즉 7아리엘을 치는 열방의 무리 곧 아

리엘과 그 요새를 쳐서 그를 곤고하게 하는 모든 자는 꿈같이, 밤의 환상같이 되리니 [8]주린 자가 꿈에 먹었을지라도 깨면 그 속은 여전히 비고 목마른 자가 꿈에 마셨을지라도 깨면 곤비하며 그 속에 갈증이 있는 것같이 시온 산을 치는 열방의 무리가 그와 같으리라. [9]너희는 놀라고 놀라라 너희는 맹인이 되고 맹인이 되라. 그들의 취함이 포도주로 말미암음이 아니며 그들의 비틀거림이 독주로 말미암음이 아니니라. [10]대저 여호와께서 깊이 잠들게 하는 영을 너희에게 부어 주사 너희의 눈을 감기셨음이니 그가 선지자들과 너희의 지도자인 선견자들을 덮으셨음이라. [11]그러므로 모든 계시가 너희에게는 봉한 책의 말처럼 되었으니 그것을 글 아는 자에게 주며 이르기를 그대에게 청하노니 이를 읽으라 하면 그가 대답하기를 그것이 봉해졌으니 나는 못 읽겠노라 할 것이요 [12]또 그 책을 글 모르는 자에게 주며 이르기를 그대에게 청하노니 이를 읽으라 하면 그가 대답하기를 나는 글을 모른다 할 것이니라. [13]주께서 이르시되 이 백성이 입으로는 나를 가까이 하며 입술로는 나를 공경하나 그들의 마음은 내게서 멀리 떠났나니 그들이 나를 경외함은 사람의 계명으로 가르침을 받았을 뿐이라. [14]그러므로 내가 이 백성 중에 기이한 일 곧 기이하고 가장 기이한 일을 다시 행하리니 그들 중에서 지혜자의 지혜가 없어지고 명철자의 총명이 가려지리라.

인생에 환난이 닥칠 때 우리의 시선은 엄습하는 환난과 고통에 집중된다. 그러다 보면 해결의 실마리는 보이지 않고 점점 고통

속에 매몰되어 고민만 깊어져 간다. 우리는 환난 중에 고통의 문제와 씨름하지만 이와 함께 씨름해야 할 중요한 문제가 있다. 그것은 바로 환난 중에 하나님의 은혜의 손길은 과연 어디 있는가 하는 문제다. 은혜의 문제에 집중하다 보면 그동안 고통의 먹구름 속에 가려 있던 하나님의 손길이 서서히 드러나기 시작한다.

본문은 강렬한 탄식의 감탄사인 '슬프다'(히. 호이, alas)로 시작한다.

> "슬프다. 아리엘이여 아리엘이여 다윗이 진 친 성읍이여 해마다 절기가 돌아오려니와"(사 29:1).

탄식의 대상은 '아리엘'로 불리는 예루살렘이다. '아리엘'은 '하나님의 성읍' '하나님의 암사자' 또는 '번제단' 등의 의미를 갖는다. 이러한 다중적인 의미는 본문에서 전개될 예루살렘의 성격을 암시적으로 보여준다.

본문은 아리엘을 '다윗이 진 친 성읍'으로 소개한다. 원래 예루살렘은 여부스 족속이 오랫동안 점령하고 있던 성읍이었다. 이스라엘이 사사시대 약속의 땅 가나안에 들어와 정착했어도 예루살렘만큼은 다윗 때까지 점령하지 못했던 난공불락의 성읍이었다. 그도 그럴 것이 예루살렘은 천혜의 요새였다. 동쪽으로 난 기드론 골짜기와 남쪽으로 난 힌놈 골짜기는 천연 방어벽이 되었다. 예루살렘은 좀처럼 정복되지 않던 성읍이었다. 그랬던 것이 다윗 때에 와서 마침내 정복되었다. 다윗이 여부스 성읍을 치려할 때 여부스는 자신만만했다. 이들은 다윗에게 "네가 결코 이리로 들어오지 못 하리라. 맹인과 다리 저는 자라도 너를 물리치리라"고 호언장담하였다. 그만큼 시온산을 오르는 것이 가팔라 어려웠고, 성읍을 정복하는 것이 힘들었다.

하지만 다윗은 하나님의 특별한 은혜로 마침내 예루살렘을 정복할 수 있었다. 전승에 따르면 다윗은 예루살렘성 밖에 있는 기혼샘을 통하여 예루살렘에 침투할 수 있었다고 한다. 난공불락의 성읍을 정복한 것은 기적이었다. 얻을 수 없는 성읍을 은혜로 거저 얻게 된 것이다. 예루살렘에 사는 것 자체가 하나님 은혜의 표지였다. 이곳은 절기 예식의 중심지였고 매해 하나님의 은혜를 기억하며 드리는 제사의 중심지였다. 절기는 매해 하나님의 은혜를 기억하며 감사하는 축제였다. 그러나 이제 이러한 기쁨과 감사의 축제가 변하여 슬픔과 탄식의 절기가 된다.

> "내가 아리엘을 괴롭게 하리니 그가 슬퍼하고 애곡하며 내게 아리엘과 같이 되리라"(사 29:2).

이제 아리엘은 하나님께 번제단(아리엘)과 같이 되어 불살라 드려지는 애곡의 역사가 일어날 것이다(사 29:2). 이는 역사상 주전 701년에 일어난 앗수르의 침공으로 구체화 된다. 이때 적군은 사면으로 예루살렘을 둘러 진 치고 대를 쌓을 것이다.

> "내가 너를 사면으로 둘러 진을 치며 너를 에워 대를 쌓아 너를 치리니"(사 29:3).

대는 이들이 쌓는 토산을 말한다. 예루살렘 성읍의 높이만큼 흙과 바위를 동원하여 언덕을 쌓아 마침내 예루살렘 성읍을 넘어 침투하는 것이다. 적군의 토대가 높아질수록 예루살렘은 점점 공포에 휩싸여 말소리가 낮아질 것이다. 이스라엘은 정신을 잃은 신접한 자의 소리와 같이, 새장에 갇힌 새처럼 당황스럽게 중얼거린다.[172)]

"네가 낮아져서 땅에서 말하며 네 말소리가 나직이 티끌에서 날 것이라. 네 목소리가 신접한 자의 목소리같이 땅에서 나며 네 말소리가 티끌에서 지껄이리라"(사 29:4).

이럴 때 적군만 보아서는 갈수록 패닉상태가 심화된다. 하나님은 이런 예루살렘을 향하여 이스라엘을 위하여 능력과 은혜를 베푸시는 하나님의 손길이 얼마나 놀라운가에 주목하라고 하신다.

"그럴지라도 네 대적의 무리는 세미한 티끌 같겠고 강포한 자의 무리는 날려 가는 겨 같으리니 그 일이 순식간에 갑자기 일어날 것이라"(사 29:5).

당시 예루살렘을 둘러싼 앗수르 적군은 무려 18만 5천에 육박했다. 이토록 많은 군사가 토성을 쌓으며 시온을 둘러 진 치고 있으니 얼마나 무서웠겠는가? 그러나 하나님은 이러한 대적의 큰 무리가 하나님 앞에 미세먼지와도 같고, 바람에 날아가는 겨와 같다고 말씀한다. 미세먼지와 겨는 한순간에 콧김 한 번만으로도 훅 하니 날려간다. 마찬가지로 예루살렘을 둘러싼 대적들도 순식간에 날아갈 것이다. 전능하신 하나님께서 우레와 지진과 큰 소리와 회오리바람과 폭풍과 맹렬한 불꽃으로 순식간에 이들을 날려버릴 것이다(사 29:6). 실제로 이들은 하나님이 보낸 천사에 의해 하룻밤 사이에 18만 5천의 군사가 모두 시체로 변하고 만다(사 37:36, 왕하 19:35).

난공불락의 성읍 예루살렘을 정복하여 애굽 정복의 발판으로 삼으려던 앗수르의 야욕은 한여름 밤의 꿈으로 전락하고 말았다.

"아리엘을 치는 열방의 무리 곧 아리엘과 그 요새를 쳐서 그를 곤고하게 하는 모든 자는 꿈같이, 밤의 환상같이 되리니 주린 자가 꿈에 먹었을지라도 깨면 그 속은 여전히 비고 목마른 자가 꿈에 마셨을지라도 깨면 곤비하며 그 속에 갈증이 있는 것같이 시온산을 치는 열방의 무리가 그와 같으리라"(사 29:7-8).

꿈에서 상다리가 휘어지게 차려진 진수성찬이 눈앞에 있다. 갈비, 스테이크, 팔보채, 탕수육, 전복죽, 샐러드, 참치회, 초계탕 등등. 너무나도 배가 고파 허겁지겁 먹고 트림을 꺼억 하고 났더니 꿈에서 깼다. 정신을 차리고 보니 배가 더 고프다. 앗수르의 예루살렘 정복 야욕도 결국 이런 꿈으로 끝나고 말 것이다.

예루살렘은 이러한 하나님의 능력을 의뢰하며 환난 날에 베푸실 그의 은혜에 눈떠야 한다. 하지만 이들은 은혜에 눈뜨기는커녕 도리어 더욱더 어리석게 행동하며 하나님의 은혜에 눈을 감아 버리려 한다. 하나님은 이런 예루살렘에 말씀하신다.

"너희는 놀라고 놀라라. 너희는 맹인이 되고 맹인이 되라. 그들의 취함이 포도주로 말미암음이 아니며 그들의 비틀거림이 독주로 말미암음이 아니니라"(사 29:9).

'놀라고 놀라라' (stupefy yourselves and be in a stupor, NRSV)는 '스스로 어리석게 행동하여라. 그리하면 어리석게 되리라' 는 뜻이고, '맹인이 되고 맹인이 되라' (blind yourselves and be blind, NRSV)는 '스스로 눈을 감으라. 그리하면 눈이 감길 것이다' 라는 뜻이다. 이는 하나님의 기이한 역사하심에 눈뜨기를 거부하고 일부러 마음을 완고하게 하여 하나님의 역사에 눈을 감고 어리석게 행동하는 이스라엘을 향한 하나님의 심판의 말씀이다.

처음에는 스스로 어리석게 행동하지만 나중에는 자신도 모르게 어리석음에 빠지게 되고, 처음에는 스스로 눈을 감았지만 나중에는 저절로 눈이 감겨 눈을 떠서 보고 싶어도 보지 못하는 사태가 벌어질 것이다. 이는 마치 출애굽기에서 하나님의 요구를 거부하며 스스로 마음을 완강하게 하는 바로의 모습과 유사하다. 바로는 처음에 스스로의 의지로 마음을 완고하게 하지만(출 8:15,32, 9:35, 13:15), 나중에는 하나님이 그 마음을 완고하게 하신다(출 9:12, 10:1,20,27, 11:10, 14:4,8,17).[173] 하나님의 권고와 감동을 거부하는 이스라엘이 나중에는 스스로 마음을 통제할 수 없는 데까지 이르게 되었다.

이제 이스라엘의 지도자들은 눈이 감기었고, 포도주와 독주 없이 취한 상태로 몽롱하게 되었다. 하나님께서는 오랫동안 누적된 불순종의 지도자들에게 혼돈의 잠을 주신다(사 29:10).[174] 이런 상태로 하나님의 계시는 이들에게 봉한 책의 말처럼 된다. '계시'란 말은 덮개가 열려 공개되었다는 뜻이다. 공개된 하나님의 계시가 혼돈의 잠에 빠진 이들에게는 봉함된 말씀처럼 되었다. 읽으라고 해도 봉한 말씀처럼 여겨져 읽지를 못한다. 보기는 보아도 알지 못하고, 듣기는 들어도 깨닫지 못하는 상태에 이른 것이다(사 6:9-10, 마 13:10-15 참조). 이렇게 된 영적 파탄의 핵심적인 이유가 무엇일까?

> "주께서 이르시되 이 백성이 입으로는 나를 가까이하며 입술로는 나를 공경하나 그들의 마음은 내게서 멀리 떠났나니 그들이 나를 경외함은 사람의 계명으로 가르침을 받았을 뿐이라"(사 29:13).

입술로는 습관적으로 하나님을 가까이하지만 마음이 너무나도 멀리 떨어져 나갔다. 하나님을 경외하려면 마음을 다하고 힘을 다하고 뜻을 다해야 하지만(신 6:5 참조), 마음과 힘과 뜻은 다 나가떨어지고 입술만 남았다. 이것은 예수께서 오셔서 천국 복음을 선포하실 때도 마찬가지였다. 그토록 쉬운 비유로 말씀하셨는데도, 마음이 완악하여 둔해진 바리새인과 서기관들은 처음에는 자의로 귀를 닫고 눈을 닫았지만 나중에는 보기는 보아도 알지 못하고 듣기는 들어도 깨닫지 못하는 상태로 전락해 버리고 말았다. 하지만 마음을 열고 메시아 예수의 말씀에 귀 기울였던 자들은 모두 다 깨닫고 이해할 수 있었다(마 13:51 참조).

하나님은 마음이 멀리 떠난 그의 백성에게 이제 지혜자의 지혜가 없어지고 명철자의 총명을 폐할 것이라 선언한다. 세상의 지혜를 폐하시는 하나님은 장차 세상이 자기 지혜로 하나님을 알지 못하는 기이한 지혜를 가져다주실 것이다. 그것은 유대인에게는 거리끼는 것이요, 이방인에게는 미련한 십자가의 지혜가 될 것이다. 이 지혜는 전도의 미련한 것으로 전해질 것이고, 유대인이나 헬라인이나 전도의 부르심에 응답한 이들에게는 십자가에 달리신 메시아가 하나님의 능력이요 지혜가 될 것이다(사 53장, 고전 1:18-25 참조).

환난 날에도 부어주시는 하나님의 은혜에 집중하라. 고난 중에 멀어지려는 마음을 다잡고 마음을 다하고 힘을 다하여 하나님을 사랑하라. 하나님의 기이한 지혜가 우리의 삶을 새롭게 세울 것이다.

[45장 각주]

172) 김회권, 「이사야 I」, 557쪽.
173) 양형주, 「평신도를 위한 쉬운 출애굽기 1」(서울: 브니엘, 2021), 550쪽.
174) 김회권, 「이사야 I」, 565쪽.

46 Chapter 46. Isaiah 29:15-24

하나님 앞에 숨기지 말라

15자기의 계획을 여호와께 깊이 숨기려 하는 자들은 화 있을진저 그
들의 일을 어두운 데에서 행하며 이르기를 누가 우리를 보랴. 누가
우리를 알랴 하니 16너희의 패역함이 심하도다. 토기장이를 어찌 진
흙같이 여기겠느냐. 지음을 받은 물건이 어찌 자기를 지은 이에게 대
하여 이르기를 그가 나를 짓지 아니하였다 하겠으며 빚음을 받은 물
건이 자기를 빚은 이에게 대하여 이르기를 그가 총명이 없다 하겠느
냐. 17오래지 아니하여 레바논이 기름진 밭으로 변하지 아니하겠으며
기름진 밭이 숲으로 여겨지지 아니하겠느냐. 18그날에 못 듣는 사람
이 책의 말을 들을 것이며 어둡고 캄캄한 데에서 맹인의 눈이 볼 것
이며 19겸손한 자에게 여호와로 말미암아 기쁨이 더하겠고 사람 중

> *가난한 자가 이스라엘의 거룩하신 이로 말미암아 즐거워하리니 [20]이는 강포한 자가 소멸되었으며 오만한 자가 그쳤으며 죄악의 기회를 엿보던 자가 다 끊어졌음이라. [21]그들은 송사로 사람에게 죄를 씌우며 성문에서 판단하는 자를 올무로 잡듯 하며 헛된 일로 의인을 억울하게 하느니라. [22]그러므로 아브라함을 구속하신 여호와께서 야곱 족속에 대하여 이같이 말씀하시되 야곱이 이제는 부끄러워하지 아니하겠고 그의 얼굴이 이제는 창백해지지 아니할 것이며 [23]그의 자손은 내 손이 그 가운데에서 행한 것을 볼 때에 내 이름을 거룩하다 하며 야곱의 거룩한 이를 거룩하다 하며 이스라엘의 하나님을 경외할 것이며 [24]마음이 혼미하던 자들도 총명하게 되며 원망하던 자들도 교훈을 받으리라 하셨느니라.*

밀실정치는 종종 폐해가 크다. 소수의 책임자가 현장의 소리를 무시하고 자신들의 편의만을 생각하여 결정하고 정책을 밀어붙이면 현장에서는 이들이 고려하지 못했던 여러 부분에서 많은 사람이 커다란 피해를 본다. 그래서 공동체를 위한 결정을 내릴 때는 밀실을 벗어나 현장의 다양한 소리를 듣고 이를 반영해야 한다.

영적 리더는 밀실정치의 유혹을 경계해야 한다. 영적 리더는 구성원들의 소리를 다양하게 듣고 반영해야 하지만 리더십의 자원이 영적인 것에서 오는 만큼 이 모든 상황을 영적 자원의 근원이신 하나님께 아뢰고 물어야 한다. 하지만 유다와 예루살렘의 지도자들은 입술만 하나님을 가까이할 뿐, 마음은 하나님과 멀어져 더 이상 정책

결정에 하나님의 뜻을 구하지 않았다. 본문은 이런 유다의 지도자들에게 보내는 하나님의 경고 말씀이다.

> "자기의 계획을 여호와께 깊이 숨기려 하는 자들은 화 있을진저 그들의 일을 어두운 데에서 행하며 이르기를 누가 우리를 보랴. 누가 우리를 알랴 하니"(사 29:15).

'계획'(히. 에차)은 어떠한 일을 이루기 위해 대책과 방법을 꾀하는 도모(圖謀)를 뜻한다. 이들은 자신들이 도모하는 것을 할 수 있는 한 여호와께 깊이 숨기려 한다. 그러면서 자기들끼리는 "누가 우리를 보고 누가 우리를 알겠느냐"고 한다. 이는 이들이 계획하는 것이 하나님의 뜻에 반대되기 때문이다.

하나님은 그 어떤 강대국도 의지하지 말고 만군의 주 여호와만 의지하라고 하셨지만 지금 유다의 지도자들은 앗수르의 강한 압박에 대항할 대안으로 애굽을 생각하고 있었다. 이들은 애굽과 동맹을 맺고 이들의 마병과 병거를 대거 들여와 군사력을 보강하여 앗수르에 대항하려 했다(사 30:1-3, 31:1-3). 하나님 없이도 이들은 유다를 지키는 것이 가능하다고 생각했다. 그러나 만군의 주 여호와 하나님을 배제한 것은 이들의 크나큰 실수였다. 하나님은 밀실 가운데 이들이 도모하는 모든 것을 보고 듣고 알고 계셨기 때문이다.

하나님은 이들의 이러한 밀실 정치를 '패역함'이 심하다고 선언하신다. 이는 이들의 계획이 하나님과 유다 사이의 언약을 깨뜨리고, 하나님과 다윗 왕실 사이에 있는 정상적인 주군-봉신 관계를 뒤집는 행위임을 의미한다.[175] 하나님은 이를 토기장이와 토기와의 관계가 뒤집힌 것으로 빗대어 말씀하신다.

> "너희의 패역함이 심하도다. 토기장이를 어찌 진흙같이 여기겠느냐. 지음을 받은 물건이 어찌 자기를 지은 이에게 대하여 이르기를 그가 나를 짓지 아니하였다 하겠으며 빚음을 받은 물건이 자기를 빚은 이에게 대하여 이르기를 그가 총명이 없다 하겠느냐" (사 29:16).

토기장이이신 하나님께 지음받은 유다백성은 자신을 토기로 만든 하나님을 인정하지 않는다. 이는 토기장이의 지혜와 의도, 계획을 통째로 거부하는 것이다. 이는 토기장이이신 하나님의 능력을 간과하는 심히 패역한 태도다. 이런 유다에 대하여 하나님은 레바논에 놀라운 능력을 베푸실 것을 말씀하신다.

> "오래지 아니하여 레바논이 기름진 밭으로 변하지 아니하겠으며 기름진 밭이 숲으로 여겨지지 아니하겠느냐"(사 29:17).

레바논은 백향목으로 유명한 지역이다. 레바논의 산림은 우뚝 솟은 백향목으로 빼곡하다. 그런데 이런 레바논의 산림이 모두 사라지고 기름진 밭으로 변하는 놀라운 변화가 일어난다. 이것도 엄청난 변화인데, 얼마 지나지 않아 이 기름진 밭이 또다시 빼곡한 백향목 숲으로 변하는 역사가 일어난다. 이는 여호와 하나님이 인생의 모든 상

황을 주권적으로 새롭게 하시고 만들어 가시는 분임을 선언하는 것이다.[176)]

전능하신 하나님의 주권이 개입되는 '그날'이 오면 못 듣는 사람이 책의 말을 들을 것이고, 맹인의 눈이 볼 것이며 겸손한 자와 가난한 자가 여호와 하나님으로 말미암아 기쁨과 즐거움을 회복할 것이다(사 29:18-19).

지금까지 이사야가 선포했던 하나님의 말씀은 들어도 듣지 못하고 보아도 보지 못하는 인봉된 책이었다(사 29:9-13, 참조 사 8:16-18). 마치 레바논의 산림을 일순간에 사라지게 하듯, 하나님은 그간 마음이 멀어진 이스라엘 백성 중에 하나님의 말씀과 지혜와 총명이 사라지게 하셨다. 그러나 하나님의 기이한 역사(사 29:14), 곧 낯설고 외래적인(alien) 역사가 개입될 때 맹인이 눈을 뜨고 귀머거리가 듣게 되는 역사가 일어날 것이다. 이는 장차 하나님이 보내실 가지(히. 네쩨르) 사람 메시아가 오실 때 그에게 마음을 여는 사람에게 열릴 기이한 역사다(마 13:16-17).

그뿐만이 아니다. 겸손한 자(히. 아나우), 곧 온유한 자(meek, NRSV)와 가난한 자의 심령에 기쁨과 즐거움이 충만할 것이다(사 29:19, 참조 마 5:3,5). 이는 하나님의 기이한 역사가 그 땅의 강포한 자, 즉 최대한 많은 것을 착취하기 위해 약한 자들을 무자비하게 쥐어짜는 이들을 소멸시킬 것이기 때문이다.[177)]

> "이는 강포한 자가 소멸되었으며 오만한 자가 그쳤으며 죄악의 기회를 엿보던 자가 다 끊어졌음이라"(사 29:20).

하나님은 또한 '오만한 자'를 멈추게 하실 것이다. 이는 진리의 기준, 명예의 기준을 조롱하고 다른 이들을 희생시켜가면서 자기 잇속 차리기를 좋아하는 사람을 말한다.[178] 더 나아가 하나님은 '죄악의 기회를 엿보던 자'를 다 끊어버릴 것이다. 이들은 무고한 사람을 먹잇감으로 삼기 위해 자신의 정치적, 사법적 권력을 이용하는 사람이다.[179] 본문이 밝히는 이들의 악랄하고 비열한 행위는 크게 세 가지다.

> "그들은 송사로 사람에게 죄를 씌우며 성문에서 판단하는 자를 올무로 잡듯 하며 헛된 일로 의인을 억울하게 하느니라"(사 29:21).

첫째, 이들은 거짓 송사로 무고한 사람에게 죄를 뒤집어씌운다. 둘째, 이들은 성문에서 공정한 재판을 위해 앉아 있는 재판관들을 덫에 빠뜨려 의인을 억울하게 만든다. 셋째, 이들은 의인을 불의한 사람으로 몰아가기 위해 거짓되고 공허한 말들을 잔뜩 늘어놓아 의인을 억울하게 만든다. 이제 이 모든 행위가 그치고 하나님의 기이한 회복의 역사가 시작될 것이다.

> "그러므로 아브라함을 구속하신 여호와께서 야곱 족속에 대하여 이같이 말씀하시되 야곱이 이제는 부끄러워하지 아니하겠고 그의 얼굴이 이제는 창백해지지 아니할 것이며"(사 29:22).

이제 하나님께서 야곱의 수치를 거두어 가시고, 몰염치한 악인들의 비열한 행위로 무고한 의인들의 얼굴을 새하얗게 질리게 만들었던 모든 역사를 그칠 것이다. 이는 마치 하나님께서 아브라함을 구속하셨던 역사와 같다. '아브라함을 구속하신' 역사는 본문에서만 유일하게 언급되는 특이한 표현이다. 이는 하나님께서 아브라함의 수치를 거두어가시고 새하얗게 질리는 상황을 모면하게 하신 구원사건을 의미한다. 구체적으로는 그가 애굽 왕에게 거짓으로 둘러댔다가 아내 사라를 빼앗길 뻔한 위기에서 하나님의 능력으로 다시 구원을 얻은 사건(창 12:10-20), 블레셋 왕 아비멜렉에게 또다시 아내를 빼앗길 뻔했다가 모면한 사건(창 20장), 더 나아가 불임으로 고통받으며 자식이 없던 그의 상황에서 약속의 아들을 주셨던 사건을 포함한다. 이런 하나님의 구속사건이 장차 이스라엘에게 일어날 것이다. 이때 이스라엘은 하나님의 손길을 보며 그의 이름을 거룩하다 하며, 그를 경외할 것이다(사 29:23). 하나님을 경외하는 마음은 이들의 무지와 혼돈을 몰아내고 참된 지혜와 교훈을 줄 것이다(사 29:24).

내 삶의 영역에 아직까지 하나님으로부터 차단된 밀실정치의 영역은 무엇인가? 다른 것은 몰라도 이 부분만큼은 내가 고민하고 스스로 결단해야 한다고 생각하는 영역이 있지 않은가? 가족, 자녀, 경제활동 등 다양한 영역에서 내가 절대 포기하지 않고 붙들고 있는 것은 무엇인가? 이제는 하나님께 겸손히 내려놓으라. 그리고 하나님이 내 삶의 모든 부분을 통치하시도록 하라. 염려에 사로잡히면 밀실로 들어가게 된다. 모든 염려를 주께 맡기고 오직 모든 일에 기도와 간구로 감사함으로 하나님께 나아가라!

[46장 각주]

175) 김회권, 「이사야 I」, 567쪽.

176) Bureggemann, *Isaiah 1-39*, p.237.

177) 존 오스왈트, 「NICOT 이사야 I」, 619쪽.

178) 위의 책, 619쪽.

179) 위의 책, 619쪽.

47 Chapter 47. Isaiah 30:1-17

잠잠하고 신뢰하여야 힘을 얻을 것이거늘

[1]여호와께서 이르시되 패역한 자식들은 화 있을진저 그들이 계교를
베푸나 나로 말미암지 아니하며 맹약을 맺으나 나의 영으로 말미암
지 아니하고 죄에 죄를 더하도다. [2]그들이 바로의 세력 안에서 스스
로 강하려 하며 애굽의 그늘에 피하려 하여 애굽으로 내려갔으되 나
의 입에 묻지 아니하였도다. [3]그러므로 바로의 세력이 너희의 수치가
되며 애굽의 그늘에 피함이 너희의 수욕이 될 것이라. [4]그 고관들이
소안에 있고 그 사신들이 하네스에 이르렀으나 [5]그들이 다 자기를 유
익하게 하지 못하는 민족으로 말미암아 수치를 당하리니 그 민족이
돕지도 못하며 유익하게도 못하고 수치가 되게 하며 수욕이 되게 할
뿐임이니라. [6]네겝 짐승들에 관한 경고라. 사신들이 그들의 재물을

어린 나귀 등에 싣고 그들의 보물을 낙타 안장에 얹고 암사자와 수사
자와 독사와 및 날아다니는 불뱀이 나오는 위험하고 곤고한 땅을 지
나 자기에게 무익한 민족에게로 갔으나 7애굽의 도움은 헛되고 무익
하니라. 그러므로 내가 애굽을 가만히 앉은 라합이라 일컬었느니라.
8이제 가서 백성 앞에서 서판에 기록하며 책에 써서 후세에 영원히
있게 하라. 9대저 이는 패역한 백성이요 거짓말 하는 자식들이요 여
호와의 법을 듣기 싫어하는 자식들이라. 10그들이 선견자들에게 이르
기를 선견하지 말라. 선지자들에게 이르기를 우리에게 바른 것을 보
이지 말라. 우리에게 부드러운 말을 하라. 거짓된 것을 보이라. 11너희
는 바른길을 버리며 첩경에서 돌이키라. 이스라엘의 거룩하신 이를
우리 앞에서 떠나시게 하라 하는도다. 12이러므로 이스라엘의 거룩하
신 이가 이같이 말씀하시되 너희가 이 말을 업신여기고 압박과 허망
을 믿어 그것을 의지하니 13이 죄악이 너희에게 마치 무너지려고 터
진 담이 불쑥 나와 순식간에 무너짐 같게 되리라 하셨은즉 14그가 이
나라를 무너뜨리시되 토기장이가 그릇을 깨뜨림같이 아낌이 없이 부
수시리니 그 조각 중에서, 아궁이에서 불을 붙이거나 물 웅덩이에서
물을 뜰 것도 얻지 못하리라. 15주 여호와 이스라엘의 거룩하신 이가
이같이 말씀하시되 너희가 돌이켜 조용히 있어야 구원을 얻을 것이
요 잠잠하고 신뢰하여야 힘을 얻을 것이거늘 너희가 원하지 아니하
고 16이르기를 아니라. 우리가 말 타고 도망하리라 하였으므로 너희
가 도망할 것이요 또 이르기를 우리가 빠른 짐승을 타리라 하였으므
로 너희를 쫓는 자들이 빠르리니 17한 사람이 꾸짖은즉 천 사람이 도
망하겠고 다섯이 꾸짖은즉 너희가 다 도망하고 너희 남은 자는 겨우

산꼭대기의 깃대 같겠고 산마루 위의 기치 같으리라 하셨느니라.

주변에서 이따금 듣는 말 중 하나가 "키워준다"는 말이다. 조금 힘 있어 보이는 사람이 "내가 키워줄게!" 그러면 상당히 든든하게 생각하는 사람이 많다. 직장 상사가 키워준다고 하고, 고향선배가 키워준다고 하고, 학교에서 교수님이 키워준다고 한다. 이런 말을 들으면 마음이 혹하는 이들이 많다. 왜? 내 좁은 능력의 한계를 벗어나서 더 큰 힘을 의지하여 더 높이 도약할 수 있다고 생각하기 때문이다.

하지만 우리는 "키워준다"는 말만 믿고 뛰어들었다가 도리어 이용당하고 사기당하는 경우도 종종 본다. 키워준다고 해서 정말 키워줄 줄 알았는데 알고 보니 내 열정과 노력을 착취하여 자기 이익을 위해 이용하려고 한 말이었다. 키워주려는 사람의 마음에는 서로가 혜택이 돌아가는 상호승리와 유익(win-win)의 자세가 있어야 한다. 그런데 키워준다는 사람의 마음을 살펴보면 승자가 모든 것을 차지하는 제로섬(win-lose)의 태도를 가진 경우가 많다. 그 속에는 '내가 너를 이용해서 이익을 얻고 나면 너를 버리겠다'는 식의 논리가 도사리고 있다.

이스라엘이 그랬다. 분문의 배경이 되는 주전 701년, 이스라엘은 북쪽의 앗수르의 압박을 받고 있었다. 앗수르의 산헤립은 예루살렘을 정복할 것을 호언장담하며 협박하고 있었다. 선대 아하스가 좋은 관계를 맺기 위해 그토록 공을 들였던 앗수르였건만(왕하 16:10-11

참조), 앗수르는 이에 아랑곳하지 않고 갈수록 난폭해지고 있었다. 점점 유다의 상황이 힘들어지고 있을 때 저 남쪽의 떡대 좋은 큰 형님이 나타나서 이스라엘에게 제안한다. "어이, 이스라엘 힘들지? 내가 키워줄게!"

안 그래도 힘들어 죽겠는데, 이 덩치 좋은 주먹 형님의 한마디, '내가 키워줄게' 라는 말에 그만 유다의 마음이 흐물흐물 녹았다. 정말 덩치도 좋고 힘도 세 보이고 인상도 무서웠다. 하지만 알고 보니 힘없는 약골이었다. 킥복싱 선수 중에 이런 선수가 있다. 키가 2미터가 넘는 장신에 덩치도 어마어마하다. 얼굴도 크고 수염도 길러 우락부락하게 생겼다. 그런 선수가 매서운 눈빛으로 한번 쫙 째려보면 섬뜩하다. 경기에 맞서 싸우러 나오는 상대는 이 선수에 비하면 어린아이같이 작다. '야, 이거 게임이 되겠나?' 싶은 생각이 든다. 그러나 실제 경기를 해 보면 이 덩치 큰 선수는 어린아이 같은 작은 선수에게 속수무책으로 당하는 경우가 꽤 많다.

큰 덩치를 자랑하는 애굽 형님이 바로 그랬다. 맷집이 좋은 줄 알았는데 알고 보니 유리 턱이다. 한 번 맞으면 그냥 널부러질 정도로 약골이다. 하지만 유다는 겉모습만 보느라 정신이 팔려 분별력이 없다. 게다가 지금 유다에게는 오직 한 가지 생각, 즉 강한 형님 나라를 붙들고 형님이 좀 키워주어야 한다는 생각밖에 없다.

하나님은 이런 유다를 향하여 책망의 말씀을 선언한다.

"여호와께서 이르시되 패역한 자식들은 화 있을진저 그들이 계교를 베푸나 나로 말미암지 아니하며 맹약을 맺으나 나의 영으로 말미암지 아니하고 죄에 죄를 더하도다"(사 30:1).

유다는 '패역한' 자녀들이다(사 29:16, 28:14 참조). 하나님과 맺었던 언약을 저버리고, 간사한 꾀를 내 이를 실천에 옮기려 한다. 큰 덩치를 자랑하는 애굽에 붙어 맹약을 맺으려는 계획이다. 이것은 하나님께로 온 것도 아니고 하나님의 성령으로 감동을 받은 것도 아니다. 이들은 그저 크고 대단해 보이는 바로의 세력 안에 들어가 강해지려는 헛된 욕심을 부릴 뿐이다(사 30:2). 하지만 하나님은 이전에 이스라엘을 출애굽시켜 약속의 땅으로 들어가게 할 때 다시는 애굽으로 돌아가지 말 것을 신신당부하셨다.

"그는 병마를 많이 두지 말 것이요 병마를 많이 얻으려고 그 백성을 애굽으로 돌아가게 하지 말 것이니 이는 여호와께서 너희에게 이르시기를 너희가 이후에는 그 길로 다시 돌아가지 말 것이라 하셨음이며"(신 17:16).

이런 하나님의 당부를 이들은 거슬렀다. 아니, 기억조차도 못 했던 것 같다. 이들의 패역함은 이사야서 서두의 이들을 향한 책망의 말씀에 잘 나타난다.

"하늘이여 들으라. 땅이여 귀를 기울이라. 여호와께서 말씀하시기를 내가 자식을 양육하였거늘 그들이 나를 거역하였도다. 소는 그 임자를 알고 나귀는 그 주인의 구유를 알건마는 이스라엘은 알지 못하고 나의 백성은 깨닫지 못하는도다 하셨도다"(사 1:2-3).

이들은 자신을 애굽에서 구원하시고 양육하신 하나님을 잊었다. 따라서 패역한 이들에게는 토기장이의 바람은 안중에도 없었다(사 29:16 참조). 제작자의 의도와 상관없이 스스로가 원하는 대로 쓰임 받기 원할 뿐이었다. 나의 원대로 마시고 아버지의 원대로 되기를 원한다는 메시아의 기도와는 정반대로 가고 있었다(막 14:36). 하나님께 묻지도 않고 도리어 하나님께 자신들의 계획을 깊이 숨긴 채 애굽으로 내려갔다(2절, 참조 사 29:15).

"그들이 바로의 세력 안에서 스스로 강하려 하며 애굽의 그늘에 피하려 하여 애굽으로 내려갔으되 나의 입에 묻지 아니하였도다" (사 30:2).

하나님은 이들의 이런 시도에 대하여 언젠가 바로가 유리 턱을 가진 약체 종이호랑이라는 것을 알게 된다고 예고하신다. 그때가 되면 바로는 유다의 자랑이 아닌 수치가 되며, 애굽의 보호 그늘 아래 있다는 것이 예루살렘의 치욕이 될 것이다.

"그러므로 바로의 세력이 너희의 수치가 되며 애굽의 그늘에 피함이 너희의 수욕이 될 것이라"(사 30:3).

유다의 고관들과 사신들은 이와는 다른 허황된 커다란 기대를 갖고 애굽의 소안과 하네스로 향했다(사 30:4). 소안은 애굽의 옛 중심지로 나일 삼각주 북부 지역에 위치한 도시다. 애굽을 한동안 통치했던 구스(에디오피아) 통치자 바로 샤바코가 수도로 삼았던 도시였고, 그 이전에는 출애굽의 열가지 재앙이 일어났던 장소이기도 했다(시 78:12,43 참조). 하네스는 삼각주 동편의 국경 지역에 위치한 도시로 알려졌다. 이들은 애굽의 도움으로 유익을 얻기 위한 일념으로 유다 남쪽 네게브 광야의 험한 지형을 건넌다.

"사신들이 그들의 재물을 어린 나귀 등에 싣고 그들의 보물을 낙타 안장에 얹고 암사자와 수사자와 독사와 및 날아다니는 불뱀이 나오는 위험하고 곤고한 땅을 지나 자기에게 무익한 민족에게로 갔으나"(사 30:6).

어린 나귀와 낙타에 재물과 보물을 싣고, 사자와 독사와 또 높이 점프해서 공중을 가르는 불뱀이 나오는 위험천만한 지형을 통과하여 애굽으로 간다. 이는 바로의 압제로부터 탈출한 출애굽의 역회귀다.[180] 이들은 출애굽하여 거칠고 험한 광야를 40년에 걸쳐 지나 마침내 약속의 땅에 도착하였다. 그러나 이제 이들은 다시 역으로 그 거칠고 험한 광야를 거슬러 자신들을 압제했던 애굽의 봉신으로 들어가려 한다. 하지만 역출애굽의 결과는 비참하다. 이들은 결국 애굽으로부터 헛되고 무익한 도움만을 얻을 뿐이다.

"애굽의 도움은 헛되고 무익하니라. 그러므로 내가 애굽을 가만히 앉은 라합이라 일컬었느니라"(사 30:7).

하나님은 애굽의 실체가 무엇인지를 알려주신다. 이들은 '가만히 앉은 라합'에 불과하다(사 30:7). '라합'은 태초의 혼돈을 상징하는 바다 괴물이다.[181] 라합은 하나님의 창조 질서에 대항했던 세력이었으나 여호와에 의해 베임을 당하고 치명상을 입어 무력하게 되었다(사 51:9, 시 89:10, 욥 26:12-13 참조). 하나님은 애굽을 마치 치명상을 입어 가만히 웅크리고 앉아 신음하는 바다 괴물 라합이라고 하신다. 애굽은 전성기가 지나도 한참 지난 퇴물이었다.

하나님은 이사야에게 이제 백성 앞에서 하나님의 말씀을 모두가 볼 수 있는 서판에 기록하고, 두루마리 책에 써서 후세에 영원히 남기라고 말씀하신다(사 30:8). 이는 하나님의 변치 않는 선명한 기준과, 이를 무시하고 제멋대로 기준을 바꾸려는 유다의 행위를 명백하게 드러내서 대대로 교훈으로 삼도록 하기 위함이다. 하나님은 이런 유다를 향하여 다시 한번 '패역한' 백성이라 부르신다. 그뿐만이 아니다. 이들은 '거짓말 하는 자식들'이요, '여호와의 법을 듣기 싫어하는 자식들'이다(사 30:9). 이들의 이런 패역하고 완고한 모습은 하나님의 신탁을 구하는 태도에서 분명하게 드러난다.

"그들이 선견자들에게 이르기를 선견하지 말라. 선지자들에게 이르기를 우리에게 바른 것을 보이지 말라. 우리에게 부드러운 말을 하라. 거짓된 것을 보이라"(사 30:10).

이들은 선지자들에게 찾아가 하나님의 바른 말씀을 선포하지 말라고 한다. 귀에 듣기 좋은 부드러운 말을 하고, 진실이 아닌 자신들이 원하는 거짓되고 허황된 '가상현실'(새번역)을 이야기하라고 한다. 즉 자신들이 바라고 믿고 싶은 것, 듣고 싶은 이야기를 하라는 것이다. 이들이 선지자를 찾는 근본적인 이유가 바로 여기에 있다. 이들은 하나님의 말씀을 듣고 순종하려는 것이 아니라 자신들의 패역한 행위를 정당화시켜줄 종교 지도자를 찾고 있을 뿐이었다. 이어지는 유다 백성의 요구는 더더욱 충격적이다.

"너희는 바른길을 버리며 첩경에서 돌이키라 이스라엘의 거룩하신 이를 우리 앞에서 떠나시게 하라 하는도다"(사 30:11).

유다 지도자들과 백성들은 하나님이 원하시는 바른길이 무엇인지 알았다. 힘들어도 올곧게 가야 하는 길이 무엇인지 알았다. 험난해도 올곧게 가는 길이 가장 빠른 지름길, 곧 첩경임을 알고 있었다. 그러나 이들이 듣고 싶은 말은 좁고 험한 길을 자기 십자가를 지고 가라는 말이 아니라 그 길을 버리고 올곧은 길에서 돌이켜 자기들이 가고 싶은 당장에 편하고, 든든해 보이는 거짓되고 허황된 가상현실로의 초대다. 하나님을 떠나라고 하며 차라리 이것이 속편한 길이고 더 안전하고 든든한 길이라 생각했다.

하지만 하나님은 하나님의 말을 업신여기고 허망한 가상현실을 의지할 때 예기치 못한 사고가 터질 것이라 예고하신다.

"이 죄악이 너희에게 마치 무너지려고 터진 담이 불쑥 나와 순식간에 무너짐 같게 되리라 하셨은즉"(사 30:13).

애굽이 이스라엘을 막아줄 담벼락이 될 줄 알았는데, 작은 충격으로도 와르르 무너지는 연약한 담벼락임이 드러날 것이다. 이때 유다는 담벼락에 깔려 엎어져 온몸을 다치고 흙먼지를 뒤덮어 쓰고 망신을 당할 것이다.

유다는 자신들은 토기에 불과하고 토기장이의 처분에 자신의 명운이 달려 있다는 것을 여전히 인정하지 않으려 했다. 그러나 하나님은 일순간에 "토기장이가 그릇을 깨뜨림같이 아낌이 없이 부수실 것"이라고 예고하신다(사 30:14). 이때가 되면 패역한 유다의 계교가 얼마나 헛된 망상이었는지 고스란히 드러날 것이다.

"이르기를 아니라 우리가 말 타고 도망하리라 하였으므로 너희가 도망할 것이요 또 이르기를 우리가 빠른 짐승을 타리라 하였으므로 너희를 쫓는 자들이 빠르리니"(사 30:16).

유다는 애굽의 빠른 말과 전차부대만 오면 앗수르를 능히 막아낼 수 있으리라 기대했다. 앗수르 왕 산헤립의 원정일지를 보면 유다가 애굽의 원조를 요청하였는데 궁수, 병거들 그리고 에디오피아 왕의 기병대와 셀 수 없이 많은 군사를 요청하였고, 그들이 실제로 유다 백성을 도우러 왔다고 기록한다.[182)]

하지만 막상 전쟁이 벌어지자 이들이 그토록 기대했던 말은 앗수르를 무찌르기 위한 공격용 무기가 아니라 이들의 추격을 피해 도망가는 탈출용으로 전락한다. 애굽의 병거와 궁수가 속수무책으로 쓰러지고 이들은 말 타고 도망가는 데 정신이 없다. 그런데 그토록 빠르다고 소문이 자자한 애굽의 말도 정작 더 빠른 짐승을 타고 이들을 추격하는 적군의 질주에 금방 따라잡히고 만다. 애굽을 의지하여 승리하려는 이들의 기대는 헛된 물거품이 되고 만다.

이때 유다는 하나님이 언약 백성 이스라엘에게 약속했던 레위기적 축복을 역으로 경험한다.

> "한 사람이 꾸짖은즉 천 사람이 도망하겠고 다섯이 꾸짖은즉 너희가 다 도망하고 너희 남은 자는 겨우 산꼭대기의 깃대 같겠고 산마루 위의 기치 같으리라 하셨느니라"(사 30:17).

적군 하나가 유대 군사 천 명을 너끈히 상대한다. 다섯이 꾸짖으면 유다 전체가 혼비백산하여 다 도망간다. 우리는 이런 모습을 앗수르의 장수 랍사게가 유다 방언으로 예루살렘을 향하여 꾸짖었던 장면에서 볼 수 있다(사 36:13-22). 모두가 도망가 산꼭대기에는 깃대만 남고, 언덕 위에는 깃발만이 외롭게 펄럭일 것이다(새번역). 이와 대조되는 언약 자손에게 허락하신 원래 레위기의 축복을 보라.

> "또 너희 다섯이 백을 쫓고 너희 백이 만을 쫓으리니 너희 대적들이 너희 앞에서 칼에 엎드러질 것이며 내가 너희를 돌보아 너희를 번성하게 하고 너희를 창대하게 할 것이며 내가 너희와 함께

한 내 언약을 이행하리라"(레 26:8-9, 참조 신 32:30)

애굽을 의지했던 결과로 이 복을 역으로 경험한 것이다. 결국 가장 가능성 있는 대안처럼 보였던 유다의 계교는 아무것도 아니었음이 드러난다. 그렇다면 유다에게 필요한 것은 무엇인가? 유다 자신의 힘으로 탈출구를 마련하려는 모든 시도를 멈추는 것이다. 주변의 강대국 중 누구의 줄에 서야 하는가 고민하는 것을 멈추어야 한다. 그리고 이제는 전심으로 하나님께 돌이켜 잠잠히 그를 신뢰하며 그의 구원을 기다려야 한다.

"주 여호와 이스라엘의 거룩하신 이가 이같이 말씀하시되 너희가 돌이켜 조용히 있어야 구원을 얻을 것이요 잠잠하고 신뢰하여야 힘을 얻을 것이거늘 너희가 원하지 아니하고"(사 30:15).

모든 계획을 내려놓고 이제는 자신의 패역함을 직시하고 회개해야 한다. 마음을 찢고 하나님께 돌아가 그의 구원을 잠잠히 기다려야 한다(사 37장 참조).

이것은 우리의 삶도 마찬가지다. 우리는 우리의 원대로 세운 계획이 우리가 원하는 때에 우리가 원하는 방식으로 이루어지지 않으면 스트레스를 받는다. 그러나 이런 우리의 걸음 가운데 과연 하나님의 손길은 어떻게 나타날 수 있을까? 나의 삶이 나의 계획대로 잘 이루어지기를 원하는가, 아니면 매 순간이 하나님의 손길이 나타난 기적의 현장이 되길 원하는가? 이제는 무엇을 분주하게 하기보다 잠잠히 주를 바라보며 그의 구원과 일하심을 목도해야 한다. 분주한 마르다보다 주님께 집중하는 마리아의 탁월한 선택과 집중이 우리에게도 있기를 바란다(눅 10:39-42 참조).

[47장 각주]

180) Brueggemann, *Isaiah 1-39*, p.242.
181) 김필회, "이사야 1-39장", 「묵상과 설교」, 359쪽.
182) 김회권, 「이사야 I」, 577쪽.

48 Chapter 48. Isaiah 30:18-33

잠잠하라. 하나님이 바로 잡으신다

*[18]그러나 여호와께서 기다리시나니 이는 너희에게 은혜를 베풀려 하
심이요 일어나시리니 이는 너희를 긍휼히 여기려 하심이라. 대저 여
호와는 정의의 하나님이심이라. 그를 기다리는 자마다 복이 있도다.
[19]시온에 거주하며 예루살렘에 거주하는 백성아 너는 다시 통곡하지
아니할 것이라. 그가 네 부르짖는 소리로 말미암아 네게 은혜를 베
푸시되 그가 들으실 때에 네게 응답하시리라. [20]주께서 너희에게 환
난의 떡과 고생의 물을 주시나 네 스승은 다시 숨기지 아니하시리니
네 눈이 네 스승을 볼 것이며 [21]너희가 오른쪽으로 치우치든지 왼쪽
으로 치우치든지 네 뒤에서 말소리가 네 귀에 들려 이르기를 이것이
바른길이니 너희는 이리로 가라 할 것이며 [22]또 너희가 너희 조각한*

우상에 입힌 은과 부어 만든 우상에 올린 금을 더럽게 하여 불결한
물건을 던짐같이 던지며 이르기를 나가라 하리라. [23]네가 땅에 뿌린
종자에 주께서 비를 주사 땅이 먹을 것을 내며 곡식이 풍성하고 기
름지게 하실 것이며 그날에 네 가축이 광활한 목장에서 먹을 것이요
[24]밭 가는 소와 어린 나귀도 키와 쇠스랑으로 까부르고 맛있게 한 먹
이를 먹을 것이며 [25]크게 살륙하는 날 망대가 무너질 때에 고산마다
준령마다 그 뒤에 개울과 시냇물이 흐를 것이며 [26]여호와께서 자기
백성의 상처를 싸매시며 그들의 맞은 자리를 고치시는 날에는 달빛
은 햇빛 같겠고 햇빛은 일곱 배가 되어 일곱 날의 빛과 같으리라. [27]보
라. 여호와의 이름이 원방에서부터 오되 그의 진노가 불 붙듯 하며
빽빽한 연기가 일어나듯 하며 그의 입술에는 분노가 찼으며 그의 혀
는 맹렬한 불 같으며 [28]그의 호흡은 마치 창일하여 목에까지 미치는
하수 같은즉 그가 멸하는 키로 열방을 까부르며 여러 민족의 입에
미혹하는 재갈을 물리시리니 [29]너희가 거룩한 절기를 지키는 밤에
하듯이 노래할 것이며 피리를 불며 여호와의 산으로 가서 이스라엘
의 반석에게로 나아가는 자같이 마음에 즐거워할 것이라. [30]여호와
께서 그의 장엄한 목소리를 듣게 하시며 혁혁한 진노로 그의 팔의
치심을 보이시되 맹렬한 화염과 폭풍과 폭우와 우박으로 하시리니
[31]여호와의 목소리에 앗수르가 낙담할 것이며 주께서는 막대기로 치
실 것이라. [32]여호와께서 예정하신 몽둥이를 앗수르 위에 더하실 때
마다 소고를 치며 수금을 탈 것이며 그는 전쟁 때에 팔을 들어 그들
을 치시리라. [33]대저 도벳은 이미 세워졌고 또 왕을 위하여 예비된 것
이라 깊고 넓게 하였고 거기에 불과 많은 나무가 있은즉 여호와의

호흡이 유황 개천 같아서 이를 사르시리라.

하나님은 공의의 하나님이다. 그래서 그는 세상에서 힘과 금권력에 기초한 제국에 의해 비뚤어진 정의를 바로잡는 분이다. 세상의 불의를 바로잡는 이를 '이퀄라이저'(equalizer)라고 한다. 이퀄라이저라고 하면 오디오에 붙어 있는 장치를 떠올릴지 모르겠다. 오디오 이퀄라이저는 오디오에서 나오는 소리의 균형을 맞추어주는 장치다. 저음이 약하면 저음을 키우고 고음이 강하면 고음을 낮추는 등, 듣기에 바람직한 소리로 조정하는 장치다. 마찬가지로 세상의 불의를 비로잡아 바른 정의가 시행되도록 정의의 불균형을 조정하는 자를 이퀄라이저라고 한다.

덴젤 워싱턴이 주연한 영화 〈더 이퀄라이저〉는 법을 지키지 않는 러시아 마피아 악당에 대항하여 불의를 바로잡는 액션영화다. 전직 특수요원이었던 로버트 맥콜(덴젤 워싱턴 분)은 현역에서 은퇴하여 평범하고도 조용히 살아가는 동네 아저씨다. 그런데 그 동네에 날마다 가는 식당에서 만났던 소녀가 납치된다. 수소문 끝에 이 소녀를 납치한 악당을 찾아가 소녀를 돌려달라고 하자 악당은 거액을 요구한다. 로버트 맥콜은 자신이 직접 마련한 돈을 현금으로 건넨다. 그러자 악당은 씩 웃으며 딱 한주만 빌려줄 테니 이후에는 소녀를 반납하라고 한다. 주인공은 법망을 피해 악을 저지르는 불의한 악당들을 향하여 이런 암적인 존재들은 정의의 이름으로 심판을 받아야 한다고 하며 그동안 감추었던 특수요원의 실력을 발휘해서 악당들을 다

무찌른다.

서양에는 법으로 통제되지 않는 악당들은 정의의 이름으로 반드시 심판받아야 한다는 생각이 있다. 그런데 심판을 내리는 집행자는 무자비한 냉혈한이 아닌 불의로 고통받고 있는 사람에 대한 안타까운 마음, 따뜻한 마음을 가지고 있는 사람이어야 한다는 이상이 있다. 이것이 영화에서 보여주는 전형적인 이퀄라이저의 모습이다.

이사야 30장은 강적 앗수르의 위협에 맞서 애굽에 의지하려는 '패역한 유다'(사 30:1, 참조 사 29:16)를 향한 하나님의 경고다. 하나님은 전능하신 하나님을 의지하지 않고 간교한 계획으로 애굽을 의지하려는 유다를 향하여 마치 터진 담이 불쑥 나와 순식간에 무너짐같이 이들이 허망한 것을 믿고 의지하다 무너지려 하고 있다고 말씀한다(사 30:13). 하나님은 유다가 돌이켜 회개하고 조용히 있어야 구원을 얻을 것이요, 하나님을 잠잠히 신뢰해야 힘을 얻을 것이라 말씀한다(사 30:15). 유다는 불의한 제국을 의지하여 현재 상황을 바로잡을 수 없다. 오직 공의로우신 하나님을 의지해야 비로소 비뚤어진 정의를 회복할 수 있다. 하나님은 그의 백성이 참된 이퀄라이저 되시는 하나님을 온전히 신뢰하며 기다려야 할 것을 말씀하신다.

> "그러나 여호와께서 기다리시나니 이는 너희에게 은혜를 베풀려 하심이요 일어나시리니 이는 너희를 긍휼히 여기려 하심이라. 대저 여호와는 정의의 하나님이심이라. 그를 기다리는 자마다 복이 있도다"(사 30:18).

하나님께서는 그의 백성에게 은혜를 베풀기 위해 기다린다. 그의 백성이 서둘러 의지하려던 모든 시도를 내려놓고, 잠잠히 하나님만을 바라볼 때까지 기다리시는 것이다. 그래야 유다는 비로소 자신들이 의지하는 제국의 힘은 아무 소용없고, 하나님만이 참된 구원되심을 인정하게 된다.

하나님은 정의의 하나님, 모든 비뚤어진 것을 바로잡는 참된 이퀄라이저다. 동시에 그는 자기 백성을 긍휼히 여기고 은혜를 베푸시는 따뜻한 사랑의 하나님이다. 본문은 이런 하나님이 마침내 불의를 바로잡을 때까지 그를 신뢰하며 잠잠히 기다리는 자는 복이 있다고 선언한다. 하나님이 비뚤어진 것을 바로잡으실 때 이스라엘은 크게 네 가지의 복을 경험하게 될 것이다.

첫째, 기도 응답의 복이다.

> "시온에 거주하며 예루살렘에 거주하는 백성아 너는 다시 통곡하지 아니할 것이라 그가 네 부르짖는 소리로 말미암아 네게 은혜를 베푸시되 그가 들으실 때에 네게 응답하시리라"(사 30:19).

그동안 예루살렘의 백성은 호소할 곳이 없어 통곡하였다. 이들의 곤궁한 상황을 바로잡아 줄 이가 없으니 탄식하며 절망하였다. 그동안 이들이 하나님을 향하여 부르짖었어도, 하나님은 이들의 손에 죄악의 피가 가득하여 듣지 않으셨다(사 1:15). 그러나 하나님이 모든 것을 바로잡으실 때 마침내 유다의 부르짖음을 들으시고 은혜를 베푸시며 응답하실 것이다. 이를 메시지역은 "그분께서 듣자마자 응답해주실 것이다"고 번역한다. 죄악으로 막혔던 하나님과의 관계가 이제는 새롭게 열려 즉각적인 응답이 일어날 것이다.

둘째, 하나님을 아는 지식을 갖게 될 것이다.

> "주께서 너희에게 환난의 떡과 고생의 물을 주시나 네 스승은 다시 숨기지 아니하시리니 네 눈이 네 스승을 볼 것이며 너희가 오른쪽으로 치우치든지 왼쪽으로 치우치든지 네 뒤에서 말소리가 네 귀에 들려 이르기를 이것이 바른길이니 너희는 이리로 가라 할 것이며"(사 30:20-21).

하나님께서는 그동안 유다 백성에게 환난의 떡과 고생의 물을 주셨다. 여기서 '~의'는 동격 어구로 '떡, 즉 환난' '물, 즉 고생'으로 번역할 수 있다. 이는 환난을 떡 먹듯, 고생을 물 마시듯 하게 하셨다는 뜻이다. 그런 가운데서도 이들은 자신을 올바로 인도할 스승을 만나지 못했다. 하나님은 그동안 이들을 인도할 참된 스승을 숨기고 가리웠다고 말씀한다. 그러나 이제는 이들의 눈을 열고 이들의 귀를 열어 스승을 보고 그의 가르침을 듣게 될 것이다.

여기서 '네 스승'(히. 모레카)은 단수형도 될 수 있고 복수형도 될 수 있다.[183] 스승이 복수형이면 이는 그동안 하나님이 이스라엘에게 끊임없이 보냈던 선지자들을 말한다. 선지자들은 이스라엘 백성에게 회개하고 돌아오라고 끊임없이 외쳤지만 이들은 선지자의 외침을 듣지 않았고, 하나님은 마침내 이들을 가리셨다. 하나님은 바알 숭배가 창궐했던 아합왕 시절 칠천 명의 일꾼을 감추어두었다고 말씀하신 바 있다(왕상 19:18). 이처럼 그의 일꾼들을 숨겨두셨고, 하나님의 말씀이 희귀하게 하셨다. 그러나 하나님께서 모든 것을 바로잡으실 때 그의 종 선지자들을 그의 백성에게 보내 바른길을 선포하고 알게 하실 것이다. 만약 스승이 단수형이면 이는 선지자들 배후에 계신 하나님을 의미한다. 그동안 하나님은 악으로 가득한 그의 백성에게 자신을 가리고 숨기셨다. 그러나 이제는 스스로를 드러내며 말씀하실 것이다.

셋째, 유다 백성들은 우상을 버리게 될 것이다.

> "또 너희가 너희 조각한 우상에 입힌 은과 부어 만든 우상에 올린 금을 더럽게 하여 불결한 물건을 던짐같이 던지며 이르기를 나가라 하리라"(사 30:22).

우상에게 금과 은을 부었다는 것은 우상을 소중하게 여기고 여기에 귀한 마음과 물질을 투자했다는 것을 의미한다. 그러나 하나님이 모든 것을 바로잡으실 때 그처럼 귀하게 여겨졌던 우상은 하찮게 여겨지고 내버려야 할 것으로 간주된다. 가치관의 대대적인 역전이 일어나는 것이다. 세상의 우상은 상대적으로 낮아지고 하나님만이 가장 귀한 분으로 올라가는 역사가 일어날 것이다.

넷째, 우상이 공급할 수 없던 풍요와 회복을 누릴 것이다.

> "네가 땅에 뿌린 종자에 주께서 비를 주사 땅이 먹을 것을 내며 곡식이 풍성하고 기름지게 하실 것이며 그날에 네 가축이 광활한

목장에서 먹을 것이요 밭 가는 소와 어린 나귀도 키와 쇠스랑으로 까부르고 맛있게 한 먹이를 먹을 것이며 크게 살륙하는 날 망대가 무너질 때에 고산마다 준령마다 그 뒤에 개울과 시냇물이 흐를 것이며 여호와께서 자기 백성의 상처를 싸매시며 그들의 맞은 자리를 고치시는 날에는 달빛은 햇빛 같겠고 햇빛은 일곱 배가 되어 일곱 날의 빛과 같으리라"(사 30:23-26).

하나님은 유다 땅에 풍족한 비를 주실 것이다. 땅에 뿌린 종자가 풍성하고 기름지게 열매 맺을 것이고, 또 초목이 푸르러 광활한 초장에서 가축들이 살찌게 자랄 것이다. 약속의 땅이 회복되니 거기에 사는 피조물도 함께 복을 누린다. 소와 나귀도 키와 삼지창으로 맛있게 반죽한 먹이를 먹을 것이다. 24절 난하주에 보면 이를 '소금 친' 이란 구절로 제시한다. 즉 가축들도 소금 간으로 맛있게 버무린 먹이를 먹고 튼실하게 자랄 것이다.

피조세계가 회복될 때 그 땅을 차지하기 위해 곳곳에 높이 세운 앗수르의 망대는 무너질 것이다. 대신 높은 산꼭대기로부터는 약속의 땅을 소성하게 하는 개울과 시내가 흘러내릴 것이다. 이때 하나님은 자기 백성의 상처를 싸매시고 치유하시며 강한 치료의 광선을 그 땅에 비추실 것이다(사 60:19-20, 말 4:2 참조).

하나님은 잠잠한 유다를 회복시킬 뿐 아니라 그를 위하여 비뚤어진 강대국 앗수르도 바로잡을 것이다.

"보라. 여호와의 이름이 원방에서부터 오되 그의 진노가 불 붙듯

하며 빽빽한 연기가 일어나듯 하며 그의 입술에는 분노가 찼으며 그의 혀는 맹렬한 불 같으며"(사 30:27).

'보라'는 하나님의 구원역사를 주목하라는 초대의 감탄사다. '여호와의 이름'은 여호와 자신이 인간에게 자신의 존재와 구원역사의 중요한 특징을 집약적으로 계시한 것이다.[184] '여호와의 이름이 원방에서 온다'는 것은 앗수르의 손에 의해 멸망당할 유다를 보호하시려는 여호와의 성품과 구원의 손길을 강조적으로 부각시키는 표현이다(사 10:24 참조).[185] 하나님의 진노가 불붙는 듯하며 빽빽한 연기가 일어나는 장면은 이스라엘을 구원하고 계약을 맺으시려 시내산에 임재하신 하나님의 모습을 연상시키나 그 목적은 정반대다(출 19:16,18 참조). 앗수르를 심판하시려는 하나님의 위엄 있는 임재의 모습인 것이다.

"그의 호흡은 마치 창일하여 목에까지 미치는 하수 같은즉 그가 멸하는 키로 열방을 까부르며 여러 민족의 입에 미혹하는 재갈을 물리시리니"(사 30:28).

하나님은 전에 앗수르를 '목까지 차오르는 창일한 큰 하수'로 삼으시고 그의 백성을 징계하셨던 바 있다(사 8:7-8). 그러나 이들이 그런 위세를 발휘할 수 있었던 것은 그 배후에 역사하신 하나님의 손길 때문이었다. 그런데 이전에 역사하셨던 그 하나님의 숨결, 곧 그의 영(히. 루아흐)이 이제는 친히 '목까지 차오르는 창일한 큰 하수'

가 되어 '멸하는 키'와 '미혹하는 재갈'로 심판하실 것이다. '멸하는 키'(히. 나파트 샤웨)는 직역하면 '공허의 체질'로서, 이는 앗수르의 수많은 정복시도를 결국 허사로 돌리는 하나님의 능력의 도구다. 여러 민족의 입에 '미혹하는 재갈'(a bridle that leads them astray, NRSV)은 '길을 잃게 만드는 재갈'이다. 이는 이방의 용병들로 구성된 다민족 앗수르 군대가 하나님의 재갈에 물려 예루살렘을 정복하러 왔으나 허망하게 목표를 이루지 못하고 방황하다 돌아가는 역사를 의미한다.[186]

이와 같이 바로잡으시는 하나님의 역사 앞에 이스라엘은 거룩한 절기 즉 유월절을 지키는 밤에 하나님을 찬양하듯 노래할 것이고, 출애굽 이후 기쁨으로 시내산으로 나아갔던 것처럼 하나님을 즐거워할 것이다(사 30:29). 이스라엘은 하나님의 위엄 있는 임재와 구원을 경험할 것이고, 이들은 출애굽 역사 때와 같은 구원을 맛볼 것이다(사 30:30).

예전에 앗수르는 하나님께서 그의 역사를 위해 사용하셨던 진노의 막대기요 분노의 몽둥이였다(사 10:5). 그러나 앗수르가 교만하자 이제 하나님은 또 다른 몽둥이와 막대기를 준비하여 앗수르를 치게 하실 것이다(사 30:31-32). 이제 앗수르를 태워버릴 심판의 소각장, 도벳이 세워졌다(사 30:33). 도벳은 예루살렘성 남단 힌놈의 골짜기에 위치한 쓰레기 소각장이자 몰렉에게 인신 제사를 드리던 곳이다(왕하 23:10, 렘 7:31, 19:4-9 참조). 불구덩이는 깊고 넓게 마련되었고, 이들을 소각할 불과 나무도 충분하다. 여호와의 진노의 숨결(히. 루아흐)이 이제 소각장을 불로 사를 것이다. 하나님은 마침내 비뚤어진 공의를 다시 바로잡으실 것이다.

나는 이런 하나님의 역사하심을 신뢰하며 기다릴 수 있는가? 하나님은 우리가 그의 역사를 신뢰함으로 기다리며 잠잠할 수 있을 때까지 기다리신다. 우리가 의지하고 신뢰하던 강자들과 우상들을 내려놓고 비로소 하나님을 신뢰할 수 있을 때 하나님의 공의의 역사가 일어날 것이다. 그리고 우리는 그 역사가 일어날 때 이것이 우연이 아니라 참으로 공의로우신 하나님의 역사임을 인정하며 하나님께 영광 돌릴 수 있을 것이다. 우리의 고난과 고생은 마침내 그칠 것이고 하나님의 선명한 인도하심이 우리를 이끌며 젖과 꿀이 흐르는 약속의 땅에 풍성하게 거할 것이다. 잠잠하라! 하나님이 반드시 바로잡으실 것이다.

[48장 각주]

183) 존 오스왈트, 「NICOT 이사야 I」, 644쪽.
184) 알렉 모티어, 「이사야 주석」, 552쪽.
185) 김희권, 「이사야 I」, 588쪽.
186) 위의 책, 590쪽.

49 Chapter 49. Isaiah 31:1-9

만복의 근원 하나님을 의지하라

*[1]도움을 구하러 애굽으로 내려가는 자들은 화 있을진저 그들은 말을
의지하며 병거의 많음과 마병의 심히 강함을 의지하고 이스라엘의
거룩하신 이를 앙모하지 아니하며 여호와를 구하지 아니하나니 [2]여
호와께서도 지혜로우신즉 재앙을 내리실 것이라. 그의 말씀들을 변
하게 하지 아니하시고 일어나사 악행하는 자들의 집을 치시며 행악
을 돕는 자들을 치시리니 [3]애굽은 사람이요 신이 아니며 그들의 말들
은 육체요 영이 아니라. 여호와께서 그의 손을 펴시면 돕는 자도 넘
어지며 도움을 받는 자도 엎드러져서 다 함께 멸망하리라. [4]여호와께
서 이같이 내게 이르시되 큰 사자나 젊은 사자가 자기의 먹이를 움키
고 으르렁거릴 때에 그것을 치려고 여러 목자를 불러 왔다 할지라도*

그것이 그들의 소리로 말미암아 놀라지 아니할 것이요 그들의 떠듦
으로 말미암아 굴복하지 아니할 것이라. 이와 같이 나 만군의 여호와
가 강림하여 시온 산과 그 언덕에서 싸울 것이라. 5새가 날개 치며 그
새끼를 보호함같이 나 만군의 여호와가 예루살렘을 보호할 것이라.
그것을 호위하며 건지며 뛰어넘어 구원하리라 하셨느니라. 6이스라
엘 자손들아 너희는 심히 거역하던 자에게로 돌아오라. 7너희가 자기
손으로 만들어 범죄한 은 우상, 금 우상을 그날에는 각 사람이 던져
버릴 것이며 8앗수르는 칼에 엎드러질 것이나 사람의 칼로 말미암음
이 아니겠고 칼에 삼켜질 것이나 사람의 칼로 말미암음이 아닐 것이
며 그는 칼 앞에서 도망할 것이요 그의 장정들은 복역하는 자가 될
것이라. 9그의 반석은 두려움으로 말미암아 물러가겠고 그의 고관들
은 기치로 말미암아 놀라리라. 이는 여호와의 말씀이라. 여호와의 불
은 시온에 있고 여호와의 풀무는 예루살렘에 있느니라.

1990년 8월 2일부터 1991년 1월 17일까지 진행되었던 걸프전은 미국 주도의 34개국 다국적 연합군이 이라크의 쿠웨이트 침공 및 병합에 반대하며 발발한 전쟁이다.[187] 당시 이라크군은 전력으로 따지면 세계 4위의 막강한 군사력을 갖고 있었다. 그래서 전문가들은 전쟁 발발 시 다국적군 약 2만 명이 전사할 것으로 예측하였다. 그러나 실제로 나타난 결과는 전문가들의 예측을 뒤집었다. 이라크군은 42개 사단 중 41개 사단이 궤멸되고 15만 명의 희생자가 나오는 등 막대한 피해를 보았지만 다국적군은 단지 8명의 전사자만이 나왔을 뿐이다.

도대체 어떻게 된 일일까? 알고 보니 다국적군의 무기가 전통적인 이라크의 재래식 무기가 갖는 힘의 균형을 깨는 비대칭 전력이 다수를 이루고 있었다. 이라크 침공을 감행한 '사막의 폭풍 작전'에 동원된 스텔스기는 적군의 레이더망에 걸리지 않은 채, 한밤중에 적군의 기지를 정밀 폭격하여 궤멸시켰다. 탱크 킬러로도 불리는 아파치 헬기는 한밤중 3km 밖에서도 적의 탱크를 정확하게 명중시켰다. 적군이 도저히 따라올 수 없는, 힘의 균형을 깨는 비대칭 무기들이었다.

남유다가 앗수르의 위협에 노출되었을 때 이들은 앗수르의 군사력을 압도할 수 있는 일종의 비대칭 전력을 추구하였다. 그것은 애굽의 막강한 기마부대와 병거를 도입하는 것이었다. 보병이 뛰면서 공격했다면 기마부대는 보병이 도무지 따라올 수 없는 비대칭 전력 우위를 보여준다. 사람보다 훨씬 빠른 속도로 적군을 압도하기 때문이다. 게다가 전차부대는 빠른 속도로 이동하며 자유자재로 화살을 쏘아 적군을 무력화할 수 있었다. 유다는 앗수르의 군사력을 압도할 수 있는 것은 이런 비대칭 전술 무기인 애굽의 기마부대와 전차부대라 확신했다. 30장의 내용을 좀 더 구체적으로 풀어가는 31장 본문은 이런 남유다의 시도가 부질없는 짓임을 경고한다.

> "도움을 구하러 애굽으로 내려가는 자들은 화 있을진저 그들은 말을 의지하며 병거의 많음과 마병의 심히 강함을 의지하고 이스라엘의 거룩하신 이를 앙모하지 아니하며 여호와를 구하지 아니하나니"(사 31:1).

하나님은 유다가 애굽의 말과 병거의 많음과 마병의 '심히 강함'을 의지한다고 말씀하신다. 유다는 말과 병거가 유다를 구원하는 데 절대적으로 필요한 일종의 비대칭 전력이라 여겼다. 이것을 확보하는 것만이 가장 지혜로운 대처라 생각했다. '지혜롭다'는 것은 목표에 도달하는 데 가장 빠르고 효과적이라는 뜻이다. 유다가 지혜롭다고 여기는 이런 시도에 대하여 하나님도 지혜롭게 대처하신다. 그것은 이들의 시도에 대하여 곧바로 재앙을 내리는 것이다. 이들이 의지하는 마병의 많음이 아무 소용 없음이 명명백백하게 드러나도록 하신다. 하나님이 이렇게 하시는 이유가 무엇인가? 유다의 가장 강력한 비대칭 무기는 애굽의 말과 병거가 아니라 이스라엘의 거룩하신 하나님 여호와를 의지하는 것이기 때문이다. 하나님은 유다가 의지하려는 애굽의 실체가 어떤 것인지 분명하게 밝히신다.

"애굽은 사람이요 신이 아니며 그들의 말들은 육체요 영이 아니라. 여호와께서 그의 손을 펴시면 돕는 자도 넘어지며 도움을 받는 자도 엎드러져서 다 함께 멸망하리라"(사 31:3).

애굽은 사람이요, 신(히. 엘), 곧 하나님이 아니다. 말들은 '고깃덩이'에 불과하다(새번역, 공동번역, 현대인의 성경). 하나님이 능력의 손을 펴시면 마병을 자랑하며 돕는 자나 도움을 받는 자가 다 엎드러져 함께 멸망한다. 결국 하나님의 손에 모든 것이 달려 있다. 따라서 유다에게는 참되신 하나님을 앙모하고 그를 구하는 것이 진정한 힘이자 무기가 된다.

참고로 이 구절은 이단들이 소위 말하는 '신인합일' 혹은 '영육합일' 교리를 정당화하는 데 단골로 인용되는 구절이다. '신인합일'(神人合一)이란 이 땅의 성도들의 육체와 하늘의 영이 결합하여 영생불사하는 왕 같은 제사장의 존재로 변화한다는 이단들의 독특한 교리다.[188] 이들은 "말들은 육체요 영이 아니라"는 구절을 인용하여 요한계시록 19장 11절의 백마 탄 그리스도와 연결시킨다. '백마'는 '말은 곧 육체'(사 31:3)라는 구절을 인용하여 이단 교주의 육체를 가리키는 것으로 보고, 그 백마를 그리스도가 타셨다는 것은 교주의 육체에 그리스도의 영이 임하는 일종의 영육합일(靈肉合一)이 일어난 것으로 해석한다.

이런 해석으로 인해 많은 교주가 자신을 백마라고 하며 하얀 양복을 입고 사진을 찍고, 또 백마를 타고 사진을 찍었다. 하지만 이사야 31장 3절의 말씀으로 요한계시록 19장 11절을 해석하는 것은 무리다. 첫째, 성경에서 말은 육체만을 의미하지 않는다. 스가랴 6장 5절에 나오는 네 말들은 '영'으로 소개된다. 이처럼 '말'은 문맥에 따라 다양하게 사용됨을 기억해야 한다.

그렇다면 요한계시록 19장 11절에 나오는 백마는 육체를 의미하는 것일까? 그렇지 않다. 이단이 의미하는 신인합일 교리가 아니다. 요한계시록 19장 11절의 백마는 메시아 전사가 승리를 위해 타고 오는 군마로 천상의 군대를 상징하는 심상으로 사용되었다. 이는 당시 제국에서 승리한 군대 지휘관들이 흰말을 타는 모습을 반영하기도 한다.[189] 둘째, 만약 요한계시록 19장 11절이 신인합일을 위한 근거 교리라고 한다면 이때 그리스도는 짐승과 싸워 승리하기 전인데 이미 신인합일을 완성한 상태가 된다. 하지만 이는 이단 단체의 주장과 반대된다. 이단 단체는 교주가 승리하고서 신인합일을 한다고 주장하기 때문이다.[190] 하지만 본문의 흐름에 따르면 이기기도 전에 승리한 것이 된다. 요컨대 하나님은 3절을 통하여 애굽의 말들이 대단해 보일지라도 하나님 앞에 한낱 고깃덩이에 불과한, 아무것도 아닌 것임을 말씀하고 있다.

유다는 하나님의 보호의 손이 얼마나 막강한 것인지 깨달아야 한다. 하나님은 그의 보호하심이 마치 큰 사자나 젊은 사자가 자기 먹이를 움키고 있는 것과 같다고 말씀하신다(사 31:4). 사자를 발견한 목자들이 와서 아무리 사자를 겁주고 먹이를 빼앗으려고 해도 사자는 한 번 움켜쥔 먹이를 결코 빼앗기지 않는다. 이처럼 하나님께서는 그의 백성을 한 번 붙드시면 결코 놓지 않고 보호하신다. 새가 날개 치며 그 새끼를 절대적으로 안전하게 보호하는 것처럼, 하나님께서도 예루살렘을 지키시고 이들을 뛰어넘는 기이한 구원을 베풀며 보호하신다. 아무리 대적이 와서 방해하려 해도 하나님이 한 번 움킨 그의 백성은 결코 빼앗기지 않고 절대적으로 안전하다.

하나님은 이런 하나님의 손길을 상기시키며 이스라엘 자손에게 돌아올 것을 촉구한다. 하나님은 '심히 거역하던 자', 곧 여호와께 돌아오라고 말씀하신다(사 31:6). 지금 이스라엘이 두려워하는 앗수르는 사람의 칼이 아닌 여호와의 칼로 멸망할 것이다(사 31:8). 하나님은 그의 거룩한 임재의 불을 시온에 두시고, 이를 넘보는 악인들을 심판하실 풀무를 예루살렘에 두셨다(사 31:9). 하나님이 움킨 백성을 결코 해하지 못할 것이다.

결국 만복의 근원 되시며 만군의 주 되신 여호와 하나님이 가공할 만한 비대칭 전력이다. 여호와를 자기 힘으로 삼는 백성은 복이 있다. 그분의 손길이 강력하게 나타나기를 구하며 전심으로 그를 의뢰하자!

[49장 각주]

187) “걸프전쟁”, 위키백과, ko.wikipedia.org
188) 양형주, 「바이블 백신 1」, 232-234쪽.
189) 양형주, 「평신도를 위한 쉬운 요한계시록 2」, 248쪽.
190) 양형주, 「신천지 백신 2」(서울: 두란노, 2020), 236-242쪽.

50 Chapter 50. Isaiah 32:1-20

지속 가능한 공동체 영성을 가꾸어라

[1]보라. 장차 한 왕이 공의로 통치할 것이요 방백들이 정의로 다스릴 것
이며 [2]또 그 사람은 광풍을 피하는 곳, 폭우를 가리는 곳 같을 것이며
마른 땅에 냇물 같을 것이며 곤비한 땅에 큰 바위 그늘 같으리니 [3]보는
자의 눈이 감기지 아니할 것이요 듣는 자가 귀를 기울일 것이며 [4]조
급한 자의 마음이 지식을 깨닫고 어눌한 자의 혀가 민첩하여 말을 분
명히 할 것이라. [5]어리석은 자를 다시 존귀하다 부르지 아니하겠고 우
둔한 자를 다시 존귀한 자라 말하지 아니하리니 [6]이는 어리석은 자는
어리석은 것을 말하며 그 마음에 불의를 품어 간사를 행하며 패역한
말로 여호와를 거스르며 주린 자의 속을 비게 하며 목마른 자에게서
마실 것을 없어지게 함이며 [7]악한 자는 그 그릇이 악하여 악한 계획을

세워 거짓말로 가련한 자를 멸하며 가난한 자가 말을 바르게 할지라
도 그리함이거니와 [8]존귀한 자는 존귀한 일을 계획하나니 그는 항상
존귀한 일에 서리라. [9]너희 안일한 여인들아 일어나 내 목소리를 들을
지어다. 너희 염려 없는 딸들아 내 말에 귀를 기울일지어다. [10]너희 염
려 없는 여자들아 일 년 남짓 지나면 너희가 당황하리니 포도 수확이
없으며 열매 거두는 일이 이르지 않을 것임이라. [11]너희 안일한 여자
들아 떨지어다. 너희 염려 없는 자들아 당황할지어다. 옷을 벗어 몸을
드러내고 베로 허리를 동일지어다. [12]그들은 좋은 밭으로 인하여 열매
많은 포도나무로 인하여 가슴을 치게 될 것이니라. [13]내 백성의 땅에
가시와 찔레가 나며 희락의 성읍, 기뻐하는 모든 집에 나리니 [14]대저
궁전이 폐한 바 되며 인구 많던 성읍이 적막하며 오벨과 망대가 영원
히 굴혈이 되며 들나귀가 즐기는 곳과 양 떼의 초장이 되려니와 [15]마
침내 위에서부터 영을 우리에게 부어주시리니 광야가 아름다운 밭이
되며 아름다운 밭을 숲으로 여기게 되리라. [16]그때에 정의가 광야에
거하며 공의가 아름다운 밭에 거하리니 [17]공의의 열매는 화평이요 공
의의 결과는 영원한 평안과 안전이라. [18]내 백성이 화평한 집과 안전
한 거처와 조용히 쉬는 곳에 있으려니와 [19]그 숲은 우박에 상하고 성
읍은 파괴되리라. [20]모든 물가에 씨를 뿌리고 소와 나귀를 그리로 모
는 너희는 복이 있느니라.

본문은 계속되는 어둠 가운데 한 줄기 희망의 빛을 보여주고 있다. 계속되는 '화 있을진저' 선포(사 28:1, 29:15, 30:1, 31:1,

33:1)를 중간에 가로막고 '보라'는 새로운 메시아적 희망을 극적으로 노래하기 때문이다.[191] 지금 유다는 강적 앗수르의 포위에 둘러싸여 있다. 하나님은 유다 백성에게 앗수르를 통하여 진노의 경고를 보내셨다. 대적이 예루살렘을 포위하고 위협할 때 은밀하게 계획을 세워 애굽의 마병을 의지할 것이 아니라 오직 전능하신 참 구원의 왕 하나님만을 바라볼 것을 말씀하신 바 있다(사 30:2-3, 31:1-3).

앗수르의 침공으로 함락된 것은 아니었지만 예루살렘은 황폐해졌고, 회복이 불가능할 정도로 치명적인 내상을 입었다. 대적의 공격에 바짝 긴장해 있다 보니 탈진할 정도로 지쳤다. 마치 중간고사를 치르느라 벼락치기 한다고 며칠 밤을 새우고 탈진해 쓰러진 학생과 같다. 시험이 끝나면 이제 중간고사 대비를 위해 공부했던 것을 바탕으로 이후의 공부를 더욱 탄탄하게 이어가 기말고사를 준비해야 하는데, 벼락치기로 에너지를 다 소진하고 탈진해 널브러져 있다. 이런 식으로 가다가는 다시 준비 없이 기말고사를 맞이할 것이고, 중간고사 때처럼 위기를 겨우 모면하기 위해 벼락치기 할 것이 뻔하다. 그러나 기말고사는 벼락치기로 준비하기가 결코 만만치 않다. 따라서 기말고사를 차근차근 준비할 수 있는 지속가능한 학습 시스템을 일상의 루틴 속에 탑재하는 것이 시급하게 필요하다.

본문에 있는 유다의 상황이 이러했다. 하나님의 개입으로 대적 앗수르의 포위 공격으로부터의 멸망은 겨우 모면했지만 그렇다고 새로운 희망을 찾기도 쉽지 않았다. 유다는 대적의 포위 공격에 긴장하며 버티다 이제는 탈진해 쓰러질 지경이었다. 이대로 가다가 유다는 점차 쇠락해 갈 것이 뻔하다. 이런 유다에게 절실하게 필요한 것이 있다. 그것은 바로 공동체의 지속가능성을 확보하는 것이다.

이런 위기 가운데 하나님은 장차 일어날 메시아적 통치를 예고하신다.

"보라. 장차 한 왕이 공의로 통치할 것이요 방백들이 정의로 다스릴 것이며"(사 32:1).

하나님은 탈진해 널브러진 유다를 향하여 '보라' 고 말씀하며 주의를 환기시킨다. 그러고는 장차 유다에 임할 '한 왕' 에 대한 소망을 말씀한다. 그는 공의로 통치하며 하나님의 온전한 뜻을 균형 있게, 가감 없이 공동체 가운데 구현할 것이다. 그뿐만이 아니다. 그 왕이 통치할 때 그의 공의로운 통치를 각 지역에서 구체적으로 실행할 리더들, 곧 방백들이 나와 정의로 다스릴 것이다.

지금 유다의 가장 큰 위기는 영적 리더십의 위기다. 전심으로 하나님을 바라보며 하나님의 능력이 유다에 임하도록 구현해야 할 왕이 자꾸만 애굽의 병거와 마병만 바라보고 있으면 안 된다. 왕이 눈을 들어 해 위에 계신 하나님(전 1:2-3 참조)을 바라보지 않으면 그 눈이 감기게 되어 보기는 보아도 알지 못하고 듣기는 들어도 깨닫지 못할 것이다(사 32:3, 참조 사 6:9-10). 그렇게 되면 왕의 뜻을 받드는 리더들도 자꾸만 하나님의 뜻과 상관없는 엉뚱한 일을 방자히 행하게 된다(사 28:14, 29:14, 30:4-5, 31:9).

하나님이 보낼 메시아적 영적 리더는 유다가 위기에 처해 있을 때 탁월한 위기관리 능력을 발휘한다.

“또 그 사람은 광풍을 피하는 곳, 폭우를 가리는 곳 같을 것이며 마른 땅에 냇물 같을 것이며 곤비한 땅에 큰 바위 그늘 같으리니”(사 32:2).

하나님이 보내실 왕은 유다의 광풍 같은 위기에 피난처가 될 것이고, 쏟아지는 장대비 같은 재난 속에서 우산이 되어 줄 것이다. 또한 마른 와디(건천)에 흐르는 냇물 같을 것이다. 건천에 냇물이 흐르면 주변 식물이 살아난다. 또한 그는 땡볕이 내리쬐는 팔레스타인의 척박하고 무더운 광야에 커다란 그늘 쉼터가 되어 줄 것이다. 그는 하나님의 백성이 직면한 위기에서 피난처와 그늘이 되고, 생명수를 공급하는 역할을 충실히 감당할 왕이 될 것이다.

이런 메시아 왕의 통치 아래 그동안 하나님으로부터 마음이 멀어져 눈과 귀가 감겼던 백성들(사 29:13 참조)은 잃어버렸던 영적 감수성을 회복할 것이다.

“보는 자의 눈이 감기지 아니할 것이요 듣는 자가 귀를 기울일 것이며 조급한 자의 마음이 지식을 깨닫고 어눌한 자의 혀가 민첩하여 말을 분명히 할 것이라”(사 32:3-4).

이제는 제대로 볼 것이고 제대로 귀 기울여 들을 것이며 하나님을 아는 바른 지식을 깨닫고 혀가 풀리며 올바른 말을 할 것이다. 올바른 영적 분별력이 회복되면 이들은 그동안 자신들을 이끌었던 어리석은 지도자들을 분별할 것이다.

"어리석은 자를 다시 존귀하다 부르지 아니하겠고 우둔한 자를 다시 존귀한 자라 말하지 아니하리니 이는 어리석은 자는 어리석은 것을 말하며 그 마음에 불의를 품어 간사를 행하며 패역한 말로 여호와를 거스르며 주린 자의 속을 비게 하며 목마른 자에게서 마실 것을 없어지게 함이며 악한 자는 그 그릇이 악하여 악한 계획을 세워 거짓말로 가련한 자를 멸하며 가난한 자가 말을 바르게 할지라도 그리함이거니와"(사 32:5-7).

그동안은 하나님을 경외하는 지식의 기준에서 지도자를 보지 않았다. 세상 기준으로 강대국에 협상력을 발휘하여 마병과 군사력을 동원할 수 있으면 좋은 지도자라 생각했다. 그러나 이제는 무엇이 어리석은 것인지, 무엇이 악한 일인지, 또 무엇이 존귀한 일인지를 제대로 분별할 것이다. 또한 스스로 존귀하게 되어 존귀한 일을 계획하며 도모할 것이다.

"존귀한 자는 존귀한 일을 계획하나니 그는 항상 존귀한 일에 서리라"(사 32:8).

이처럼 지속가능한 공동체를 세우기 위해서는 올바른 영적 리더와 통치리더십이 필수적이다. 하지만 당장에 다가오는 현실은 결코 녹록치 않다. 하나님은 유다의 안일한 여인들에게 경고의 메시지를 보낸다(사 32:9-14). 하나님은 왜 갑자기 여인들에게 현실의 위기를 경고하실까?

두 가지 이유를 생각해 볼 수 있다. 첫째, 하나님이 유다의 남자들에게 다가올 위기를 지속적으로 경고하셨지만 이들이 듣기는 들어도 깨닫지 못하기에 이들의 아내들에게 말씀하여 남편들의 변화를 촉구하도록 하시는 것이다.[192] 둘째, 이들은 유다의 고관, 즉 지도자들의 아내일 가능성이 크다. 이들은 남편의 지위 덕에 안일하게 사치와 향락을 즐기던 시온의 딸들(사 3:16-26)이었다.[193] 이들 역시 하나님의 진노와 심판의 대상이었고, 안일함에서 벗어나 깨어 회개해야 했다.

하나님은 이제 일 년 남짓 지나면 그동안 이들이 수확하고 누려왔던 포도원이 무너질 것을 경고한다(사 32:10). 이때가 되면 이들은 황폐한 포도밭에 나는 가시와 찔레로 가슴을 치며 탄식하고, 비싼 옷과 장신구들을 다 벗어 던지고 베로 허리를 동일 것이다(사 32:11-12). 포도원이 황폐하게 되었다는 것은 그동안 유다를 안전하게 지켜왔던 성읍이 무너졌다는 뜻이다. 예루살렘 왕궁은 황폐하게 되고 사람이 북적거리던 성읍은 적막함이 감돈다. 예루살렘 성읍을 지키던 왕궁과 성전 사이에 있는 오벨 언덕의 망대는 더 이상 파수꾼이 지키지 않고, 그곳은 들짐승들의 굴혈로 전락할 것이다(사 32:14).

이 끔찍한 재앙 앞에 예루살렘의 소망은 장차 하나님께서 세우실 공의로 통치할 한 메시아적 왕(사 32:1)에게 있다. 하나님은 다가올 유다의 현재적 재앙을 경고하신 후, 공의의 왕이 통치할 때 위로부터 하나님의 거룩한 영을 그의 백성에게 부어주실 것이라 약속하신다. 하나님의 성령은 황폐한 광야를 아름다운 밭이 되게 하시며, 아름다운 밭은 숲으로 바꾸실 것이다(사 32:15). 하나님의 영이 불어와 황폐한 땅을 비옥하고 풍성하게 채우실 때 이 땅에는 정의와 공의가 가득하고 그 열매로 충만한 샬롬, 즉 평안과 안전이 거할 것이다. 공의의 왕은 평강의 왕이기도 하다(사 9:6-7). 반면 이들을 위협했던 대적들의 숲은 공의로 심판하는 왕이 우박으로 상하게 하고 그 성읍을 파괴할 것이다(사 32:19).

결국 유다의 지속가능한 공동체의 영성은 메시아적 왕의 오심과 그가 부어주는 성령의 능력에 달려 있다. 메시아적 왕이 올 때 그동안 감추었던 하나님 말씀의 비밀이 밝히 보이고 들릴 것이다. 이때 공동체의 백성은 어리석은 리더를 따라가지 않을 것이고 존귀한 하나님의 사람을 따를 것이다. 또한 위로부터 부어지는 성령의 능력으로 마음과 생각이 새롭게 되고 황폐했던 공동체와 생태계가 회복될 것이다. 그리고 세상이 알 수 없는, 세상의 이해를 초월한 평안을 누릴 것이다.

지금 내가 속한 믿음의 공동체는 어떠한가? 메시아 예수를 끊임없이 우리 왕으로 인정하고 고백하며 그의 통치에 순종하는가? 그가 부어주시는 성령으로 충만하여 왕이 진정으로 기뻐하시는 일을 준행하기에 힘쓰는가? 메시아 예수를 우리 왕으로 인정하고 왕이 기뻐하시는 일에 순종할 때 어려운 시기 가운데서도 하나님의 생명이 지속적으로 주변을 새롭게 하는 역사가 일어날 것이다.

[50장 각주]

191) Brueggemann, *Isaiah 1-39*, p.253.
192) 존 오스왈트, 「NICOT 이사야 I」, 672쪽.
193) 알렉 모티어, 「이사야 주석」, 570쪽.

51 Chapter 51. Isaiah 33:1-24

위기 앞에 무엇을 품을 것인가

[1]너 학대를 당하지 아니하고도 학대하며 속이고도 속임을 당하지 아니하는 자여 화 있을진저 네가 학대하기를 그치면 네가 학대를 당할 것이며 네가 속이기를 그치면 사람이 너를 속이리라. [2]여호와여 우리에게 은혜를 베푸소서. 우리가 주를 앙망하오니 주는 아침마다 우리의 팔이 되시며 환난 때에 우리의 구원이 되소서. [3]요란한 소리로 말미암아 민족들이 도망하며 주께서 일어나심으로 말미암아 나라들이 흩어졌나이다. [4]황충의 떼같이 사람이 너희의 노략물을 모을 것이며 메뚜기가 뛰어오름같이 그들이 그 위로 뛰어오르리라. [5]여호와께서는 지극히 존귀하시니 그는 높은 곳에 거하심이요 정의와 공의를 시온에 충만하게 하심이라. [6]네 시대에 평안함이 있으며 구원과 지혜와

지식이 풍성할 것이니 여호와를 경외함이 네 보배니라. [7]보라. 그들
의 용사가 밖에서 부르짖으며 평화의 사신들이 슬피 곡하며 [8]대로가
황폐하여 행인이 끊어지며 대적이 조약을 파하고 성읍들을 멸시하며
사람을 생각하지 아니하며 [9]땅이 슬퍼하고 쇠잔하며 레바논은 부끄
러워하고 마르며 사론은 사막과 같고 바산과 갈멜은 나뭇잎을 떨어
뜨리는도다. [10]여호와께서 이르시되 내가 이제 일어나며 내가 이제 나
를 높이며 내가 이제 지극히 높아지리니 [11]너희가 겨를 잉태하고 짚을
해산할 것이며 너희의 호흡은 불이 되어 너희를 삼킬 것이며 [12]민족들
은 불에 굽는 횟돌 같겠고 잘라서 불에 사르는 가시나무 같으리로다.
[13]너희 먼 데에 있는 자들아 내가 행한 것을 들으라. 너희 가까이에 있
는 자들아 나의 권능을 알라. [14]시온의 죄인들이 두려워하며 경건하
지 아니한 자들이 떨며 이르기를 우리 중에 누가 삼키는 불과 함께
거하겠으며 우리 중에 누가 영영히 타는 것과 함께 거하리요 하도다.
[15]오직 공의롭게 행하는 자, 정직히 말하는 자, 토색한 재물을 가증히
여기는 자, 손을 흔들어 뇌물을 받지 아니하는 자, 귀를 막아 피 흘리
려는 꾀를 듣지 아니하는 자, 눈을 감아 악을 보지 아니하는 자, [16]그
는 높은 곳에 거하리니 견고한 바위가 그의 요새가 되며 그의 양식은
공급되고 그의 물은 끊어지지 아니하리라. [17]네 눈은 왕을 그의 아름
다운 가운데에서 보며 광활한 땅을 눈으로 보겠고 [18]네 마음은 두려
워하던 것을 생각해 내리라. 계산하던 자가 어디 있느냐. 공세를 계
량하던 자가 어디 있느냐. 망대를 계수하던 자가 어디 있느냐. [19]네가
강포한 백성을 보지 아니하리라. 그 백성은 방언이 어려워 네가 알아
듣지 못하며 말이 이상하여 네가 깨닫지 못하는 자니라. [20]우리 절기

의 시온 성을 보라. 네 눈이 안정된 처소인 예루살렘을 보리니 그것 은 옮겨지지 아니할 장막이라. 그 말뚝이 영영히 뽑히지 아니할 것이요 그 줄이 하나도 끊어지지 아니할 것이며 [21]여호와는 거기에 위엄 중에 우리와 함께 계시리니 그곳에는 여러 강과 큰 호수가 있으나 노 젓는 배나 큰 배가 통행하지 못하리라. [22]대저 여호와는 우리 재판장이시요 여호와는 우리에게 율법을 세우신 이요 여호와는 우리의 왕이시니 그가 우리를 구원하실 것임이라. [23]네 돛대 줄이 풀렸으니 돛대의 밑을 튼튼히 하지 못하였고 돛을 달지 못하였느니라. 때가 되면 많은 재물을 탈취하여 나누리니 저는 자도 그 재물을 취할 것이며 [24]그 거주민은 내가 병들었노라 하지 아니할 것이라. 거기에 사는 백성이 사죄함을 받으리라.

살아가며 닥치는 위기는 크게 두 가지로 나눌 수 있다. 하나는 통제 가능한 위기이고 다른 하나는 통제 불가능한 위기다. 통제 가능한 위기는 비록 힘들기는 하지만 그래도 평안을 잃지 않고 감당할 수 있다. 반면 통제할 수 없는 위기 앞에서는 커다란 두려움과 스트레스를 겪는다. 그동안 내가 믿고 쌓아왔던 역량과 상식이 통하지 않기 때문이다.

인생의 위기는 종종 관계를 통해 일어난다. 그런데 이 관계도 통제 가능한 관계가 있고 통제 불가능한 관계가 있다. 통제 가능한 관계는 위기가 일어날 때 이를 초래한 당사자와 이야기를 잘 나누어 위기 상황을 조정할 수 있다. 반면 아무리 말을 해도 상식이 통하지 않는 관계가 있다. 면전에서 말할 때는 위기와 갈등 상황을 봉합할 것처럼 하다가도 돌아서면 조용히 뒤로 다가와 뒤통수를 친다.

유다에게도 위기를 초래하는 통제 불가능한 관계가 있었다. 본문은 이 관계의 핵심에 유다의 뒤통수를 치는 강자(强者)가 있음을 밝힌다.

> "너 학대를 당하지 아니하고도 학대하며 속이고도 속임을 당하지 아니하는 자여 화 있을진저"(사 33:1).

유다에 위기를 초래하는 강자는 '학대를 당하지 아니하고도 학대하며, 속이고도 속임을 당하지 아니하는 자' 이다. 도대체 이런 자가 누구일까? 바로 당대에 천하를 호령하던 강자 앗수르 제국이다. 앗수르는 다른 나라를 너무 우습게 여기고 쉽게 속이며 괴롭혔다. 열왕기하 18장 13절 이하에는 앗수르가 유다를 어떻게 속였는지를 잘 보여준다(사 36장 참조).

앗수르는 히스기야왕 때 유다의 견고한 성읍들을 정복하며 예루살렘을 압박했다. 이에 히스기야는 앗수르왕이 진격해 온 라기스로 사신을 급히 보내 군사를 철회하기를 간곡히 요청한다. 히스기야는 앗수르왕에게 "왕이 내게 지우시는 것을 내가 당하리이다"라고 약속한다. 그러자 앗수르왕은 은 삼백 달란트와 금 삼십 달란트를 정하여 히스기야에게 전쟁 배상금으로 내게 한다. 한 달란트는 대략 34kg 정도 되었으므로 히스기야는 대략 금 1톤(1,020kg), 은 10톤(10,200kg)을 내야 했다(왕하 18:14).

유다는 어마어마한 배상금을 낼 여력이 없었다. 할 수 없이 여호와의 성전과 왕궁에 있던 금은까지 동원해 내주었고, 그것도 모자라 솔로몬왕 때 화려하게 입혔던 성전 문과 기둥에 입혔던 금도 모두 벗겨서 내주었다(왕하 18:15-16). 이렇게 전쟁 배상금을 받으면 군대를 철수하는 것이 당연하고 또한 상식적인 행동이다. 그러나 앗수르는 돈을 받고도 군대를 철수하지 않고 도리어 유다를 집요하게 공격하여 무너뜨리려 한다.

> "앗수르왕이 다르단과 랍사리스와 랍사게로 하여금 대군을 거느리고 라기스에서부터 예루살렘으로 가서 히스기야왕을 치게 하매"(왕하 18:17).

결국 앗수르는 유다를 속였다. 유다에 의해 괴롭힘을 받은 것도 아닌데 계속해서 유다를 집요하게 학대했다. 하나님은 이런 앗수르를 향하여 화를 선포한다. 지금까지 '화 있을진저'는 주로 에브라임과 유다를 향해 선포되었다(사 28:1, 29:1,15, 31:1 참조). 그런데 이제는 이방 앗수르를 향해서도 하나님의 본격적인 화가 선포된다. 하나님은 이들이 그의 백성 유다를 학대하고 속였던 것처럼 그들도 그대로 당할 것을 선언하신다.

> "네가 학대하기를 그치면 네가 학대를 당할 것이며 네가 속이기를 그치면 사람이 너를 속이리라"(사 33:1).

이제 앗수르는 자신이 학대하고 속였던 그대로 학대당할 것이고 속을 것이다. 한편 앗수르에게 속아 계속해서 학대받던 유다는 이제 비로소 하나님을 바라보기 시작할 것이다. 그동안 하나님은 유다에게 강대국을 의지하지 말고 은혜와 긍휼을 베푸시는 여호와를 잠잠히 기다리고 의지하라고 요청하였지만 이들은 이를 계속해서 거부해 왔다(사 30:15, 31:6 참조). 하지만 유다가 의지했던 강대국이 약속을 저버리고 이들을 속이며 학대하자 이들은 정말 의뢰할 분은 여호와 하나님 한 분밖에 없음을 깨닫고 하나님을 의뢰하기 시작한다.

"여호와여 우리에게 은혜를 베푸소서. 우리가 주를 앙망하오니 주는 아침마다 우리의 팔이 되시며 환난 때에 우리의 구원이 되소서"(사 33:2).

유다는 하나님의 은혜를 구하며 아침마다 '우리의 팔'이 되어 달라고 기도한다. 이는 팔을 걷어붙이고 백성을 보호하는 힘 있는 용사를 의미한다(사 51:9, 52:10, 53:1, 63:5 참조).[194] 간절한 기도 가운데 유다는 하나님이 유다를 위하여 친히 앞서 싸우심을 확신하기에 이른다.

"요란한 소리로 말미암아 민족들이 도망하며 주께서 일어나심으로 말미암아 나라들이 흩어졌나이다. 황충의 떼같이 사람이 너희의 노략물을 모을 것이며 메뚜기가 뛰어오름같이 그들이 그 위로 뛰어오르리라. 여호와께서는 지극히 존귀하시니 그는 높은 곳에 거하심이요 정의와 공의를 시온에 충만하게 하심이라. 네 시대에 평안함이 있으며 구원과 지혜와 지식이 풍성할 것이니 여호와를 경외함이 네 보배니라"(사 33:3-6).

하나님이 발하시는 요란한 천둥소리(사 33:3)는 민족들을 혼비백산하게 하여 흩어버릴 것이다. 황충 떼 같은 대적들이 앗수르를 덮쳐 이들이 모아 두었던 전리품만 고스란히 남길 것이다(사 33:4). 황충은 큰 떼로 움직일 경우 1㎢ 안에 4천만 마리나 되는 무리가 닥치는 대로 먹어 치워 쑥대밭을 만들고 만다.[195] 앞으로 유다를 노략하려는 자들은 이처럼 황폐하게 될 것이다. 이때에야 비로소 유다는 하나님을 경외하는 것이 지혜의 근본이고 참된 보배임을 알게 될 것이다(사 33:6).

그동안 유다의 대적자는 하나님이 안 계신 것처럼 착각하고 있었고, 유다는 하나님이 침묵하시는 것처럼 착각하고 있었다. 하지만 이는 하나님이 지극히 높은 곳에 거하시기에 이들이 볼 수 없었기 때문이다(사 33:5). 하나님은 정의와 공의를 시온에 충만하게 하시기 위해 온 세상 위에서 이들을 바라보시며 그분의 능력의 말씀으로 만물을 붙들고 계셨다. 이제 이스라엘은 이 장엄한 영적 현실을 목도할 것이다. 하지만 아직 현실은 점점 암담해지는 것 같다.

"보라. 그들의 용사가 밖에서 부르짖으며 평화의 사신들이 슬피 곡하며 대로가 황폐하여 행인이 끊어지며 대적이 조약을 파하고 성읍들을 멸시하며 사람을 생각하지 아니하며 땅이 슬퍼하고 쇠잔하며 레바논은 부끄러워하고 마르며 사론은 사막과 같고 바산과 갈멜은 나뭇잎을 떨어뜨리는도다"(사 33:7-9).

앗수르의 전사들이 들이닥친다. 이들은 먹이를 사냥하는 사자와 같다. '용사'(히. 에르알람)의 어원은 사자(lion)로,[196] 용맹하게 부르짖고 공격하는 앗수르 전사를 묘사하는 데 사용되었다. 평화의 사신들은 앗수르와 협상했던 히스기야왕의 사신, 곧 엘리아김, 셉나, 아삽의 아들 요아 등을 가리킨다. 이들은 애써 체결했던 조약이 휴지조각처럼 구겨져 버려지는 현실을 보며 슬피 울며 통곡한다.

앗수르 전사들이 들이닥쳐 예루살렘으로 가는 시온의 대로가 황폐해지면서 행인들의 발길은 끊어지고, 이들이 북쪽으로부터 들이닥치며 짓밟았던 레바논의 백향목은 모두 베어지고 황폐화되어 이스라엘의 나무들을 부러워할 정도가 되었다. 게다가 비옥한 사론 평야는 마치 사해 부근의 사막, 곧 아라바 광야처럼 변하고[197] 푸른 초장으로 유명한 바산과 갈멜은 메마른 모습으로 황폐하게 될 것이다. 믿었던 앗수르에게 발등 찍힌 유다는 그야말로 암담하고 절망적인 상황이다.

바로 이때 하나님이 새로운 소망을 주시며 말씀하신다.

"여호와께서 이르시되 내가 이제 일어나며 내가 이제 나를 높이며 내가 이제 지극히 높아지리니"(사 33:10).

유다의 가용한 자원이 고갈되고 유다의 가능성이 모두 사라질 때 하나님이 일어나신다. 이때부터 하나님은 높임을 받으신다. 이런 유다가 하나님의 능력으로 다시 일어서면 이것은 정말 하나님의 능력의 손길이 분명하다! 이전에는 하나님의 손이 함께하셔도 유다는 어느 정도 자기 힘과 열심으로 이룬 것으로 여겼다. 결국 하나님의 이름이 지극히 높임받지 못했다. 그러나 이제는 하나님이 스스로를 높이고 지극히 높이실 때가 온다. 지극히 높으신 하나님의 눈에 볼 때 앗수르의 계획은 겨나 짚과 같다. 하나님은 이들의 호흡이 불이 되게 하셔서 스스로를 태우게 하실 것이다(사 33:11). 이는 하나님이 앗수르 대적에게 자기 파괴적 전쟁을 일으키실 것을 말씀하는 것이다. 앗수르는 불에 굽는 횟돌 같고 잘라서 땔감으로 쓰는 가시나무 같을 것이다(사 33:12). 횟돌은 석회암을 말하고 이것이 불에 타면 재나 먼지같이 바뀐다(암 2:1 참조).

이때 이사야는 유다에게 묻는다. "하나님이 일하시고 앗수르를 심판하고 파멸하실 때 우리 중에 누가 삼키는 불 되신 하나님과 함께하며 그의 큰 심판에서 살아남을 수 있겠는가?"(사 33:14). 이는 하나님을 경외하며 불의와 타협하지 않고 공의를 행하는 자, 악을 멀리하는 자, 겸손히 하나님과 동행하는 사람이다(사 33:15, 참조 미 6:8). 그는 하나님과 함께 높은 곳에 거할 것이다. 높은 곳이란 든든한 산성 혹은 요새를 의미한다. 시온산이 있는 예루살렘성, 북이스라엘의 사마리아성 등은 모두 높고 견고한 바위산 위에 세워진 산성으로 그 안에 물이 솟아나는 샘이 있었고 양식을 비축해 두고 있었다(사 33:16). 장차 하나님이 친히 이러한 견고한 산성이 되어주셔서 양식과 물을 공급하실 것이다.

이때 고통 가운데 신음하던 하나님의 백성은 아름다움 가운데 있는 한 왕을 볼 것이다(사 33:17). '아름다움'이란 하나님의 속성 중 하나로 모든 바람직한 것들의 총체가 되게 하는 신의 성품이기에 모든 바랄만한 것들이 균형과 조화를 이루어 우리 감각에 기쁨과 만족을 주고 우리 마음을 끌어당긴다.[198] 여기 '왕' 앞에는 정관사가 없다. 이는 히스기야와 같이 당시의 특정한 역사적 왕을 가리키기 위함이 아니라 장차 참된 왕이신 하나님(사 33:22)의 신적 통치를 구현할 이상적인 왕, 곧 메시아적 통치자를 나타내기 위함이다.[199] 그 왕이 통치할 때 알아듣지 못하는 어려운 방언을 하던 이방 앗수르와 같은 대적은 사라질 것이다(사 33:19). 공물을 달아보고 기록하던 계산하는 자들과 공물의 양을 확인하는 일을 돕기 위해 망대를 계수하던 자들도 함께 사라질 것이다(사 33:18).[200]

예루살렘에서는 절기와 잔치, 예배가 끊이지 않을 것이고 성전은 든든하게 서서 흔들리지 않을 것이다(사 33:20). 이제 하나님이 친히 그의 백성을 위한 용사가 되시고 재판장(사사)이 되실 것이고 구원자가 되실 것이다. 이사야는 유다를 원정 항해를 떠나는 배에 비유한다. 지금은 돛대 줄이 풀려 있고 돛대도 단단히 고정되어 있지 않은 상태로 제대로 앞으로 나가지 못하지만 하나님이 회복시키실 때 이 엉망진창인 배가 승리를 거두고 많은 전리품을 취하게 될 것이다(사 33:23).[201] 더 이상 병약하여 신음하지 않고, 죄 사함을 받고 죄에서 자유롭게 되어 하나님의 뜻을 기뻐 행하며 영광 돌리는 하나님의 백성이 될 것이다!

위기 앞에 무엇을 품느냐가 중요하다. 다급하다고 눈에 보이는 강자를 절대 의지하지 말라. 그는 자신을 의지하는 자를 아무런 양심의 거리낌 없이 학대하고 속일 것이다. 여호와를 경외함이 보배다. 그가 일어나시기만 하면 아무리 인간적인 소망과 후원이 끊어져도, 놀라운 회복의 역사가 일어날 것이다. 주목할 것은 그 역사가 장차 그가 세우실 메시아적 통치자에 의해 구현된다는 사실이다. 그는 자기 백성의 죄를 사하실 뿐만 아니라 평강과 승리를 주실 것이다. 그의 역사하심을 신뢰하며 절대 눈앞에 보이는 것들로 흔들리지 말라.

"너희 안에 이 마음을 품으라. 곧 그리스도 예수의 마음이니"(빌 2:5).

[51장 각주]

194) 존 오스왈트, 「NICOT 이사야 I」, 682쪽.
195) 송병헌, 「엑스포지멘터리 이사야 I」, 607쪽.
196) 존 오스왈트, 「NICOT 이사야 I」, 685쪽.
197) 개역개정 난하주는 이를 "아라바"로 해석한다.
198) 양형주, 「바이블 백신 1」, 174쪽.
199) 존 오스왈트, 「NICOT 이사야 I」, 693쪽.
200) 위의 책, 693쪽.
201) 알렉 모티어, 「이사야 주석」, 590쪽.

52 Chapter 52. Isaiah 34:1-17

어떤 영향력을 받을 것인가

1열국이여 너희는 나아와 들을지어다. 민족들이여 귀를 기울일지어
다. 땅과 땅에 충만한 것, 세계와 세계에서 나는 모든 것이여 들을지
어다. 2대저 여호와께서 열방을 향하여 진노하시며 그들의 만군을 향
하여 분내사 그들을 진멸하시며 살륙 당하게 하셨은즉 3그 살륙 당한
자는 내던진 바 되며 그 사체의 악취가 솟아오르고 그 피에 산들이
녹을 것이며 4하늘의 만상이 사라지고 하늘들이 두루마리같이 말리
되 그 만상의 쇠잔함이 포도나무 잎이 마름 같고 무화과나무 잎이 마
름 같으리라. 5여호와의 칼이 하늘에서 족하게 마셨은즉 보라. 이것
이 에돔 위에 내리며 진멸하시기로 한 백성 위에 내려 그를 심판할
것이라. 6여호와의 칼이 피 곧 어린 양과 염소의 피에 만족하고 기름

곧 숫양의 콩팥 기름으로 윤택하니 이는 여호와를 위한 희생이 보스
라에 있고 큰 살륙이 에돔 땅에 있음이라. 7들소와 송아지와 수소가
함께 도살장에 내려가니 그들의 땅이 피에 취하며 흙이 기름으로 윤
택하리라. 8이것은 여호와께서 보복하시는 날이요 시온의 송사를 위
하여 신원하시는 해라. 9에돔의 시내들은 변하여 역청이 되고 그 티
끌은 유황이 되고 그 땅은 불 붙는 역청이 되며 10낮에나 밤에나 꺼지
지 아니하고 그 연기가 끊임없이 떠오를 것이며 세세에 황무하여 그
리로 지날 자가 영영히 없겠고 11당아새와 고슴도치가 그 땅을 차지
하며 부엉이와 까마귀가 거기에 살 것이라. 여호와께서 그 위에 혼란
의 줄과 공허의 추를 드리우실 것인즉 12그들이 국가를 이으려 하여
귀인들을 부르되 아무도 없겠고 그 모든 방백도 없게 될 것이요 13그
궁궐에는 가시나무가 나며 그 견고한 성에는 엉겅퀴와 새품이 자라
서 승냥이의 굴과 타조의 처소가 될 것이니 14들짐승이 이리와 만나
며 숫염소가 그 동류를 부르며 올빼미가 거기에 살면서 쉬는 처소로
삼으며 15부엉이가 거기에 깃들이고 알을 낳아 까서 그 그늘에 모으
며 솔개들도 각각 제 짝과 함께 거기에 모이리라. 16너희는 여호와의
책에서 찾아 읽어보라. 이것들 가운데서 빠진 것이 하나도 없고 제
짝이 없는 것이 없으리니 이는 여호와의 입이 이를 명령하셨고 그의
영이 이것들을 모으셨음이라. 17여호와께서 그것들을 위하여 제비를
뽑으시며 그의 손으로 줄을 띠어 그 땅을 그것들에게 나누어주셨으
니 그들이 영원히 차지하며 대대로 거기에 살리라.

음악 신동으로 알려진 볼프강 아마데우스 모차르트가 태

어날 때부터 천재였던 것은 아니다. 그는 무엇보다 아버지 레오폴트 모차르트를 통해 어릴 때부터 음악에 대한 많은 영향을 받았다. 아버지는 궁정악단의 바이올린 주자이자 부악장을 역임했던 실력 있는 음악가였다. 아들 볼프강 아마데우스 모차르트가 태어났을 때 아버지 레오폴트가 썼던 바이올린 주법에 대한 책은 오늘날도 바이올린 교재로 사용되고 있다. 아버지 레오폴트는 볼프강이 어린 시절, 그를 데리고 거의 10년을 헝가리, 독일, 영국, 네덜란드 같은 서부유럽 주요 도시로 연주 여행을 다녔다. 모차르트는 이 기간에 많은 음악가를 만나며 다양한 종류의 음악 양식을 접하고 많은 영향을 받았다. 갑자기 천재로 등장한 것이 아니라 좋은 음악적 환경에 수없이 노출되고 많이 경험하고 나서야 음악적 재능이 형성되어 흘러나온 것이다. 모차르트는 여기에 자신의 노력을 더했다.

이런 경우는 스포츠계에서도 종종 볼 수 있다. 탁구천재라 불리는 한 초등학생이 있었다. 중등부 선수와 경기해도 너끈히 이길 정도의 출중한 실력을 갖추고 있었다. 알고 보니 아빠가 국가대표 출신의 선수였고 어릴 때부터 탁구에 많이 노출되었다.

그런데 이따금 이렇게 선한 영향력을 받다가 중간에 튕겨 나가는 경우가 있다. 왜 튕겨 나갈까? 이런 경우는 대부분 관계에서 문제가 발생한다. 부모가 너무 강압적으로 자녀교육을 강행하다 튕겨 나가고, 또 주변 형제의 시기, 혹은 열등감으로 튕겨 나간다. 모차르트만 하더라도 자신에게 그렇게 많은 음악적 영향을 주었던 아버지와의 관계가 심하게 틀어져 아버지로부터 튕겨 나갔다.

본문에 등장하는 에돔의 경우가 이와 같다. 에돔은 하나님의 선민 이스라엘로부터 많은 영적 영향을 받았지만 관계에 있어서는 이스라엘과 완전히 틀어졌다. 결국 에돔은 하나님이 온 열방을 심판하기 위해 호출하실 때 심판받는 대표 국가로 등장하게 된다.

본문은 그동안 하나님이 열방 심판에 대한 말씀을 하시고(사 13-23장), 그의 언약 백성 유다에 대하여 심판과 징계를 선언(사 24-33장)하신 후, 이제 열국을 본격적으로 회복시키기 전, 마지막으로 열국을 소환하여 심판을 선언하는 장면을 그리고 있다. 이제 열방을 향한 하나님의 심판이 끝나면 광야와 메마른 땅에 백합이 피고, 속량함을 받은 여호와의 백성이 시온에 기쁨으로 돌아올 날이 이를 것이다(사 35:1,10, 40-66장).

이러한 흐름 가운데 본문의 치음 구절은 열방을 소환하는 장면으로 시작한다.

> "열국이여 너희는 나아와 들을지어다. 민족들이여 귀를 기울일지어다. 땅과 땅에 충만한 것, 세계와 세계에서 나는 모든 것이여 들을지어다"(사 34:1).

하나님이 열국을 소환하시는 이유는 이들을 향한 하나님의 진노와 심판을 선언하기 위해서다. 하나님은 열방을 향하여 진노하고 만군을 향하여 분을 내서 이들을 진멸하고 살육당하게 심판하신다(사 34:2). 사방에 시체들이 내던져진 바 되어 악취가 진동하고 죽은 자들의 피가 산들을 타고 흘러내릴 것이다(사 34:3). 고대 근동에서 매장하지 않고 시신이 밖에 노출되는 것은 극히 수치스러운 일로 여겨졌다. 이런 수치가 온 세상을 가득 채울 것이다.

또 하늘의 만상이 사라지고 두루마리같이 말릴 것이다(사 34:4). 여기서 하늘의 '만상'은 난하주 1번에서 '일월성신'으로 설명하고 있다. 일월성신은 열방이 섬기던 해, 달, 별의 각종 우상을 가리킨다. 이들이 믿고 의지하던 우상은 모두 무너질 것이고, 이들이 바라보던 하늘은 모두 말아 올려질 것이다. 이러한 표현은 묵시적 언어로 우주적 파괴라기보다 그동안 항구적으로 여겼던 기존 통치 질서의 대대적인 전복과 파멸을 묘사할 때 사용한다(시 102:26-28, 마 24:29 참조).

이러한 열방의 심판은 5절부터 특별히 한 대표자에게 집중된다. 그 주인공이 바로 에돔이다.

> "여호와의 칼이 하늘에서 족하게 마셨은즉 보라. 이것이 에돔 위에 내리며 진멸하시기로 한 백성 위에 내려 그를 심판할 것이라" (사 34:5).

하나님은 에돔을 열방의 대표로 택하고 이들을 '진멸'하기로 작정하셨다. 하나님의 심판의 칼이 내릴 때 그 현장은 에돔의 수도 보스라가 될 것이다.

> "여호와의 칼이 피 곧 어린 양과 염소의 피에 만족하고 기름 곧 숫양의 콩팥 기름으로 윤택하니 이는 여호와를 위한 희생이 보스라에 있고 큰 살륙이 에돔 땅에 있음이라"(사 34:6).

보스라는 에돔의 주요 도시로 사해에서 남동쪽으로 약 30km에 위치해 있다. 하나님은 보스라에서 에돔 백성과 지도자들을 희생 제물 삼아 커다란 희생 제사를 받으실 것이다(사 63:1 참조). 이는 에돔이 자신들의 죄로 말미암아 커다란 심판, 곧 살육을 당할 것을 의미한다.

> "들소와 송아지와 수소가 함께 도살장에 내려가니 그들의 땅이 피에 취하며 흙이 기름으로 윤택하리라"(사 34:7).

여기서 '들소와 송아지와 수소'는 에돔의 지도자들을 상징하는 비유다.[202] 이러한 심판은 여호와께서 시온의 송사를 위하여 신원하시는 때(a year, 해)에 시행된다(사 34:8). 하나님은 시온, 곧 유다 백성의 피눈물 나는 신원을 들으셨고, 마침내 만물을 새롭게 하기 위해 열방을 심판하시는 중에 이들의 기도에 응답하신다(계 6:10-11, 19:1-2, 20:4 참조).

그렇다면 유다는 하나님께 왜 피눈물을 쏟으며 에돔의 범죄를 갚아달라고 탄원했을까? 이는 에돔이 같은 아브라함과 이삭의 자손이자 이스라엘의 형제 나라였지만 유다가 멸망당할 때 이들을 멸망시키는 바벨론을 도와 앞장서서 이들의 멸망을 주도했기 때문이다. 오바댜서는 이를 잘 보여주고 있다.

> "네가 멀리 섰던 날 곧 이방인이 그의 재물을 빼앗아 가며 외국인이 그의 성문에 들어가서 예루살렘을 얻기 위하여 제비 뽑던 날

에 너도 그들 중 한 사람 같았느니라. 네가 형제의 날 곧 그 재앙의 날에 방관할 것이 아니며 유다 자손이 패망하는 날에 기뻐할 것이 아니며 그 고난의 날에 네가 입을 크게 벌릴 것이 아니며 내 백성이 환난을 당하는 날에 네가 그 성문에 들어가지 않을 것이며 환난을 당하는 날에 네가 그 고난을 방관하지 않을 것이며 환난을 당하는 날에 네가 그 재물에 손을 대지 않을 것이며 네거리에 서서 그 도망하는 자를 막지 않을 것이며 고난의 날에 그 남은 자를 원수에게 넘기지 않을 것이니라. 여호와께서 만국을 벌할 날이 가까웠나니 네가 행한 대로 너도 받을 것인즉 네가 행한 것이 네 머리로 돌아갈 것이라. 너희가 내 성산에서 마신 것같이 만국인이 항상 마시리니 곧 마시고 삼켜서 본래 없던 것같이 되리라"(옵 1:11-16).

에돔은 바벨론이 유다 성읍을 침공할 때 이들을 도와 함께 약탈했다. 형제 국가라면 마땅히 유다를 도와 이들을 막아내야 했지만 이들은 결정적인 위기 때 형제를 배신했다. 이것이 마치 선조 에서가 야곱에게 속아 장자권을 빼앗긴 것에 대한 복수인 것처럼 말이다. 하지만 하나님은 에서와 그 후손을 긍휼히 여기시고 복주시고 생육하고 번성하게 하셨다(창 1:28 참조). 그런데도 이들은 이스라엘에게 계속해서 적대적이었다.

민수기에 보면 이스라엘이 광야생활을 마치고 약속의 땅으로 들어갈 때 에돔을 통과해야 할 때가 있었다. 이스라엘이 에돔에 통과하게 해 달라고 요청했지만 에돔은 이들을 가로막고 비협조적으로 나왔다(민 20:17-21). 에돔은 그야말로 가시 돋친 이웃이었다. 에스겔에 따르면 에돔은 장자권을 빼앗긴 사건을 두고두고 마음에 한으로 품고 있다가 유다가 멸망당할 때 이방을 도왔다(겔 35:5). 형제 나라로부터 등에 칼을 맞은 유다는 바벨론에 포로로 잡혀갔어도, 자신들이 멸망당할 때 이것을 통쾌하게 여기며 "헐어버리라, 헐어버리라, 그 기초까지 헐어버리라"고 쾌재를 불렀던 에돔을 심판해 달라고 하나님께 탄원한다(시 137:7). 하나님은 이런 에돔의 범죄에 대하여 진노하셨고 이들의 산이 폐허가 될 것을 선언하신다(겔 35:7).

본문은 이런 유다의 탄원에 대한 응답이다. 하나님은 그의 백성 시온을 회복시키고 그 빛으로 열방이 돌아올 회복의 역사가 시작되기 전, 비뚤어진 공의를 바로잡으실 것을 선언하신다. 하나님은 이스라엘의 피를 흘리게 한 에돔의 피를 요구하실 것이다(사 34:6-7). 더 나아가 이들이 죄악과 탐욕의 터전으로 삼던 삶의 터전, 곧 에돔의 시내들을 마치 소돔과 고모라를 심판했던 것처럼 불로 심판하실 것이다.

> "에돔의 시내들은 변하여 역청이 되고 그 티끌은 유황이 되고 그 땅은 불 붙는 역청이 되며 낮에나 밤에나 꺼지지 아니하고 그 연기가 끊임없이 떠오를 것이며 세세에 황무하여 그리로 지날 자가 영영히 없겠고"(사 34:9-10).

에돔의 시내들은 역청과 불붙는 유황으로 가득하여 그 연기가 끊임없이 타오르고 폐허가 될 것이다. 더 이상 이곳을 왕래하는 사람이 없을 것이다. 대신 그곳은 들짐승의 보금자리로 전락할 것이다. 당아새, 고슴도치, 부엉이, 까마귀, 승냥이, 타조, 염소, 올빼미, 부엉이, 솔개 등과 같은 짐승들이 각각 암수 짝을 이루며 그곳에 거주할 것이다(사 34:11-15).

하나님은 이 약속의 확실함을 강조하기 위해 '너희', 곧 이 말씀을 듣는 유다 백성들은 이 짐승들의 짝을 여호와의 책에서 찾아 확인해 보라고 말씀하신다.

> "너희는 여호와의 책에서 찾아 읽어보라. 이것들 가운데서 빠진 것이 하나도 없고 제 짝이 없는 것이 없으리니 이는 여호와의 입이 이를 명령하셨고 그의 영이 이것들을 모으셨음이라"(사 34:16).

황무한 에돔에 거주하는 짐승 중 짝이 없는 것이 없다. 모두 다 짝을 이루고 산다. 왜? 하나님의 입이 이를 명령하셨고, 하나님의 영이 이 짐승들을 모으셨기 때문이다(사 34:16). 그만큼 분명히 성취될 하나님의 약속임을 강조하는 것이다. 이는 '여호와의 두루마리'인 이사야서에 분명히 약속되었기에 이 약속이 장차 이루어질 때 찾아 읽고 확인해야 한다(사 8:16, 13:21-22, 29:11-12,18, 렘 49:7-22, 겔 25:12-14 참조).[203]

사실 이 구절만큼 많이 오해받고 많은 이단이 악용하는 구절도 없다. 국내 거의 모든 이단 단체는 이 구절을 왜곡하여 가르친다. 성경 속의 모든 말씀에는 하나님이 약속하신 것이 성취되는 특별한 짝이 있어서 특별한 계시를 받고 이 짝을 찾을 때 비로소 성경의 감추인 뜻을 발견할 수 있다는 것이다.[204] 하지만 여기서의 짝(히. 레우트)은 '말씀의 짝' 이 아니라 '짐승의 짝' (mate)을 의미한다. 좀 더 엄밀하게 말하자면 여기서 짐승의 짝을 의미하는 히브리어 레우트는 여성형으로 암컷 짝(female companion-BDB, her mate-NIV)을 가리킨다. 이러한 왜곡된 해석은 본문 전체의 흐름을 무시하고 이 구절만 떼어 자기네 단체의 말씀짝 찾기 성경공부를 통해 이들의 이단적 주장을 받아들이도록 합리화하기 위함이다.

하나님은 결국 유다의 신원을 들으시고 에돔을 심판하실 것이다. 그리고 이들은 회복 불가능한 타격을 받아 그들의 터전에는 오직 들짐승들만이 대대로 살게 될 것이다(사 34:17).

이웃이 위기의 때를 맞이하여 다급할 때 나는 어떤 마음을 품는가? 혹시 과거의 쓰라린 경험을 계속 마음에 한으로 품고 언젠가 복수할 기회를 호시탐탐 노리고 있지는 않은가? 그렇다면 나는 나도 모르게 에돔을 닮아가게 될 것이다.

하나님은 공의의 하나님이시다. 어그러진 것은 반드시 바로잡으신다. 특별히 하나님 백성이 불의로 고통받고 괴로워하여 하나님께 공의를 구하며 탄원할 때 반드시 그분의 때에 성도의 탄원을 들으시고 응답하신다. 에돔의 심판은 열방 심판의 끝부분(사 34장)에 등장한다. 이는 신원하시는 하나님의 때가 우리의 기대와 다를 수 있음을 의미한다. 우리는 지금 당장의 심판과 정의를 원하지만 그분은 반드시 그분의 때에 어그러진 것을 바로잡으실 것이다.

지금 우리가 살아가는 시대는 어떠한가? 과연 공의가 공정하게 집행되고 있는가? 성도들이 세상에 만연한 불의로 고통받고 있지는 않은가? 그것을 우리 힘으로 바로잡으려 하지 말라. 한을 품고 복수하지 말라. 다만 기도와 간구로 하나님께 아뢰라(빌 4:6-7). 그분의 때에 가장 기이하고 놀라운 방법과 능력으로 하나님이 친히 바로잡으실 것이고 그의 백성에게 참된 샬롬을 허락하실 것이다. 이런 하나님을 신뢰하며 나아가라!

[52장 각주]

202) 존 오스왈트, 「NICOT 이사야 I」, 704쪽.
203) 게리 스미스, 「NAC 이사야 I」, 747쪽.
204) 양형주, 「바이블 백신 1」, 103쪽.

53 Chapter 53. Isaiah 35:1-10

압도하는 은혜 앞에 펼쳐진 거룩한 길

*1광야와 메마른 땅이 기뻐하며 사막이 백합화같이 피어 즐거워하며
2무성하게 피어 기쁜 노래로 즐거워하며 레바논의 영광과 갈멜과 사
론의 아름다움을 얻을 것이라. 그것들이 여호와의 영광 곧 우리 하나
님의 아름다움을 보리로다. 3너희는 약한 손을 강하게 하며 떨리는
무릎을 굳게 하며 4겁내는 자들에게 이르기를 굳세어라, 두려워하지
말라, 보라. 너희 하나님이 오사 보복하시며 갚아 주실 것이라. 하나
님이 오사 너희를 구하시리라 하라. 5그때에 맹인의 눈이 밝을 것이
며 못 듣는 사람의 귀가 열릴 것이며 6그때에 저는 자는 사슴같이 뛸
것이며 말 못하는 자의 혀는 노래하리니 이는 광야에서 물이 솟겠고
사막에서 시내가 흐를 것임이라. 7뜨거운 사막이 변하여 못이 될 것*

이며 메마른 땅이 변하여 원천이 될 것이며 승냥이의 눕던 곳에 풀과 갈대와 부들이 날 것이며 [8]거기에 대로가 있어 그 길을 거룩한 길이라 일컫는 바 되리니 깨끗하지 못한 자는 지나가지 못하겠고 오직 구속함을 입은 자들을 위하여 있게 될 것이라. 우매한 행인은 그 길로 다니지 못할 것이며 [9]거기에는 사자가 없고 사나운 짐승이 그리로 올라가지 아니하므로 그것을 만나지 못하겠고 오직 구속함을 받은 자만 그리로 행할 것이며 [10]여호와의 속량함을 받은 자들이 돌아오되 노래하며 시온에 이르러 그들의 머리 위에 영영한 희락을 띠고 기쁨과 즐거움을 얻으리니 슬픔과 탄식이 사라지리로다.

이스라엘 유다 광야와 남부 네게브 광야 지역을 가면 메마른 광야가 드넓게 펼쳐진다. 풀은 마르고 이전에 피었던 꽃은 흔적도 없이 사라지고 밑동만 누런 갈색으로 변하여 남아 있다. 이곳은 식물이 생존할 수 없는 곳이고, 살았다 하더라도 잠깐 피었다가 말라 죽는 곳이다. 그런데 이런 메마른 광야에 우기가 찾아와 비가 내리기 시작하면 이 광야는 믿을 수 없을 정도로 놀랍게 변신한다. 온통 푸른 풀과 꽃으로 가득하고 사방에 형형색색의 아름다운 꽃이 피어난다. 이런 놀라운 변화를 보면서 느끼는 것은 아무리 토양이 좋고, 식물 품종이 좋아도 결국에는 비가 없으면 아무 소용 없다는 것이다.

하나님이 내려주시는 은혜가 이런 비와 같다. 찬송가 183장 가사는 이를 잘 묘사했다. "빈들에 마른 풀같이 시들은 나의 영혼, 주님이 약속한 성령 간절히 기다리네, 가물어 메마른 땅에 단비를 내리시듯,

성령의 단비를 부어 새 생명 주옵소서"(1). "반가운 빗소리 들려 산천이 춤을 추네, 봄비로 내리는 성령 내게도 주옵소서"(2). "철 따라 우로를 내려 초목이 무성하니 갈급한 내 심령 위에 성령을 부으소서"(3). 우리의 인생이 메말라 가는 이유는 토양이 척박해서일 수도, 품종이 약해서일 수도 있지만 근본적으로는 은혜의 비가 없어서다. 콸콸 부어지는 은혜의 비가 우리 삶과 심령에 내려야 한다. 사람은 은혜로 회복되고, 은혜로만 살 수 있는 존재다.

그동안 이사야서는 이스라엘의 패역과 심판선언(1-5장), 이사야의 소명과 이스라엘에 주시는 징조와 메시아적 통치와 회복(6-12장)에 이어 열방에 대한 하나님의 주권과 심판(13-23장), 열방의 주권자 되심(24-27장), 이스라엘의 계획과 그가 의지하려는 열방의 헛됨(28-33장)에 이어 이제 에돔으로 대표되는 온 열국의 심판(34장)의 순서로 전개되었다. 이제는 지금까지의 흐름과 대조적으로 그동안 메말랐던 시온의 회복(35장)을 희망적으로 선언한다.

> "광야와 메마른 땅이 기뻐하며 사막이 백합화같이 피어 즐거워하며 무성하게 피어 기쁜 노래로 즐거워하며 레바논의 영광과 갈멜과 사론의 아름다움을 얻을 것이라. 그것들이 여호와의 영광 곧 우리 하나님의 아름다움을 보리로다"(사 35:1-2).

이사야는 그동안 메말랐던 시온의 땅에 회복이 일어날 것을 선포한다. 광야와 메마른 땅은 원래 젖과 꿀이 흐르는 약속의 땅이었다(신 26:9). 극상품 포도나무를 심었던 비옥한 포도원이었다(사 5:1-

2). 하지만 이스라엘은 언약을 파기했다(사 1:2-20). 극상품 포도나무는 들포도를 맺었다. 찔레와 가시가 나고 비가 내리지 않아 황무하게 되었고, 마침내 포도원은 훼파되었다(사 5:6). 하나님은 그의 백성이 언약에서 돌아서는 것을 가슴 아파하셨다. 그러나 이로써 언약을 영원히 폐기하지는 않으셨다. 도리어 자신의 신실함으로 다시 일어나셔서 모든 것을 바로잡고, 그의 백성과 약속의 땅을 회복시킬 것이다(사 27:2-3 참조).

그날이 오면 오랫동안 그쳤던 하늘의 비가 다시 내릴 것이다. 은혜의 비가 내리면 황무했던 사막에 순식간에 백합화가 피어오를 것이다. 전에 3월 하순, 우기가 끝날 무렵 비를 흠뻑 머금은 유다 광야에 갔을 때였다. 광야에는 푸른 풀과 함께 사방에 빨간 아네모네꽃이 지천으로 피어 있었다. 이 아네모네꽃이 바로 백합화다. 그뿐만이 아니다. 광야에는 형형색색의 아름다운 꽃이 피어오른다. 이때 주변이 함께 소성한다. 우람한 백향목을 자랑하던 레바논의 영광이 다시 회복될 것이다(사 29:17, 33:9 참조). 갈멜의 비옥함과 샤론 평야의 아름다움이 회복될 것이다(사 35:2, 참조 사 33:9). 이를 통해 여호와의 영광과 아름다움을 보게 될 것이다.

이러한 하나님의 회복의 역사는 이스라엘의 신실함이나 의로움에 기초하지 않는다. 오직 언약에 끝까지 신실하신 '하나님의 의'가 나타나서 이루어지는 일들이다(롬 1:17 참조). 이를 '하나님의 언약적 신실함'이라고 한다.[205] 신실하신 하나님이 이스라엘의 약한 손을 강하게 하며 떨리는 무릎을 굳게 하실 것이다(사 35:3). 또한 이들의 '뛰는 가슴'(사 35:4, fearful heart-NRSV, NIV, 겁내는 자들-개역개정)에 용기를 주실 것이다. 이스라엘이 '약한 손' '떨리는 무릎' '쿵쾅거리며 뛰는 가슴'을 가진 것은 두려움으로 인한 무력함 때문이다. 이는 무자비한 강대 제국의 위협과 공격에 직면했을 때 두려워 떨며 두 손을 빌며 무릎을 꿇고 머리를 조아렸던 모습을 연상시킨다 (사 36:7-14 참조).[206]

신실하신 하나님은 두려움에 움츠린 그의 백성에게 격려와 희망을 선언하신다.

> "굳세어라, 두려워하지 말라, 보라. 너희 하나님이 오사 보복하시며 갚아주실 것이라. 하나님이 오사 너희를 구하시리라 하라"(사 35:4).

이들이 두려워하지 말아야 할 것은 하나님이 친히 오실 것이기 때문이다. 이것은 파격이다. 이스라엘이 회개하고 여호와께 돌아가야 하건만 하나님은 자기 신실함에 기초해 친히 이들에게 오실 것이다! 사실 사람이 겁에 질리면 움츠러들어 움직일 수 없다. 하나님께 돌아가야 함에도 하나님이 너무 멀리 계시는 것 같아 갈 생각을 못한다. 하나님이 오시면 놀라운 구원의 역사가 일어난다.

> "그때에 맹인의 눈이 밝을 것이며 못 듣는 사람의 귀가 열릴 것이며 그때에 저는 자는 사슴같이 뛸 것이며 말 못하는 자의 혀는 노래하리니 이는 광야에서 물이 솟겠고 사막에서 시내가 흐를 것임이라"(사 35:5-6).

지금까지 이스라엘은 하나님의 언약을 저버려 들포도를 맺고, 마음이 떠나 들어도 깨닫지 못하고 보기는 보아도 알지 못하는 상태였다(사 6:9-10). 그런데 하나님께서 열방을 바로잡으시고 하나님의 백성을 회복하실 때 그동안 닫혔던 맹인의 눈이 밝아지고 못 듣는 사람의 귀가 열리는 역사가 일어나게 될 것이다. 다리를 저는 자가 사슴같이 뛸 것이고 말 못하는 자의 혀가 풀려 하나님을 찬양하기 시작할 것이다.

그렇다면 하나님은 언제 오시는가? 주목할 것은 말라기의 예언이다.

> "만군의 여호와가 이르노라. 보라. 내가 내 사자를 보내리니 그가 내 앞에서 길을 준비할 것이요 또 너희가 구하는 바 주가 갑자기 그의 성전에 임하시리니 곧 너희가 사모하는 바 언약의 사자가 임하실 것이라"(말 3:1).

하나님은 그가 친히 오시기 전 언약의 사자가 그 길을 준비할 것이라고 한다. 이는 세례요한을 통해 성취되었다(막 1:2). 세례요한이 예비한 길로 오신 분은 하나님의 아들 메시아 예수다. 그를 통해 이 약속이 성취된 것이다. 예수께서 오셔서 선언하신 것이 눈먼 자에게 다시 보게 함과 눌린 자를 자유롭게 하는 역사다(눅 4:18). 이 역사는 악한 권세에 사로잡힌 이들의 육체적인 눈과 귀를 열어주고, 혀를 풀어주었다(막 7:34-35, 8:22-25, 10:51-52 참조).

그뿐만이 아니다. 메시아 예수는 천국의 비밀을 마음이 가난하고 애통하는 이들에게 알아듣기 쉬운 비유로 풀어주셨고(마 13:35), 이들은 그동안 듣고 싶고 보고 싶었던 천국의 비밀을 모두 듣고 깨닫게 되었다(마 13:52). 너무도 쉬워 별도의 해석이 필요 없을 정도였다. 그럼에도 예수께서는 이해를 돕기 위해 씨 뿌리는 비유(마 13:1-9)와 가라지 비유(마 13:24-30)는 친절하게 해석해주셨다(마 13:19-23,36-43). 나머지 비유는 별도의 해석과 풀이가 필요하지 않았다. 가난한 열린 마음으로 듣는 자라면 누구나 듣고 깨달을 수 있었다.

이사야서는 이러한 약속의 성취가 장차 거룩한 씨로 오는 가지(히. 네쩨르) 사람을 통해 이루어질 것을 일찍이 예고한 바 있다(사 6:11-13). 본문은 이때에 광야에서 물이 솟겠고, 사막에 시냇물이 흐를 것이라 예고한다.

물이 '솟는다'(히. 바카, 사 35:6)는 단어는 '쪼개다'는 뜻으로 바위가 쪼개져 물이 솟아나는 역사를 의미한다. 이는 출애굽에 나오는 므리바사건을 연상시킨다(출 17:6). 이런 면에서 메시아를 통해 성취될 미래의 회복은 제2의 출애굽이 될 것이다. 이때 뜨거운 사막이 변하여 오아시스가 되고 메마른 땅에서 샘이 솟아날 것이다(사 35:7). 이때는 목말라 갈한 사람이 이곳에 와서 생수를 마실 것이다. 그때가 오면 메시아가 친히 생수가 되어 목마른 자는 그에게 가서 마시고 그 배에서 생수가 흘러나오는 역사가 일어날 것이다(요 7:37-38).

또한 대로가 있어 그 길을 거룩한 길이라 일컬을 것이다.

"거기에 대로가 있어 그 길을 거룩한 길이라 일컫는 바 되리니 깨끗하지 못한 자는 지나가지 못하겠고 오직 구속함을 입은 자들을 위하여 있게 될 것이라. 우매한 행인은 그 길로 다니지 못할 것이며"(사 35:8).

이 대로는 이전에 패역하여 앗수르로 끌려갔다 남은 자들이 돌아오는 앗수르 대로와는 다르다(사 11:16 참조). 이 대로는 우매한 행인은 지나가지 못할 것이다. '우매하다'(히. 에윌)는 뜻은 아무 생각 없다는 뜻이 아니라[207] 진리와 반대되는 것을 고의적으로 선택하는 도덕적, 영적으로 비뚤어진 사람을 뜻한다(시 14:1-4, 53:1-4 참조).[208] 또 이 길에는 에돔에 거주하던 들짐승들이 얼씬도 하지 않을 것이다(사 35:9, 참조 사 34:11-15). 이 길에는 오직 구속함을 입고 마음이 깨끗한 자만 지나가게 될 길이다. 이 길은 먼 미래에 하나님을 찬양하기 위해 시온으로 돌아올 때 사용할 길이다(사 62:9-12 참조).[209]

'구속하다'(히, 가알, 사 35:8-9)는 피로 연결된 혈족이 감당하지 못하는 법적, 재정적, 사회적 의무를 대신 값을 치르고 구해낼 때 사용한다.[210] 값을 치르지 못하면 빚, 징벌을 받게 될 위기에 처한다. 그래서 이를 '기업을 무른다'고 표현하기도 하고, '기업 무를 자'를 '고엘'이라고 한다. 고엘은 의무를 감당해야 할 당사자와 가장 가까운 친척이 대신 그 값을 치러야 한다. 우리는 고엘의 대표적인 사례를 룻의 집안을 위해 기업을 무른 다윗의 선조 보아스를 통해서 알 수 있다(룻 4:1-12,21-22, 마 1:5-6 참조).

주목할 것은 장차 메시아를 통해 열릴 이 거룩한 시온의 대로는 여호와 하나님이 친히 고엘의 의무를 감당하셔서 구속의 사역을 이루시고, 이로 속량함을 받은 자들이 기쁨과 즐거움으로 찬송하며 돌아오는 길이 될 것이라는 점이다(사 35:10). 하나님이 친히 고엘의 의무를 감당하시는 고통스러운 장면은 이사야 53장에 수난당하는 메시아를 통해 잘 드러나고 있다. 메시아가 우리를 위해 감당하는 고엘의 의무는 우리의 허물과 죄악과 질고, 그리고 이로 인한 징계와 형벌과 저주다. 메시아는 우리가 치러야 할 죄의 대가를 자신의 십자가로 짊어지고 대신 고난받고 죽으심으로 우리를 속량하셨다. 그리고 마침내 우리를 위한 시온의 대로가 열리고 하나님의 거룩한 나라가 출범하게 되었다.

이 길을 가는 속량함을 받은 자들의 기쁨이 얼마나 큰지 본문은 이를 다음과 같이 진술한다.

> "여호와의 속량함을 받은 자들이 돌아오되 노래하며 시온에 이르러 그들의 머리 위에 영영한 희락을 띠고 기쁨과 즐거움을 얻으리니 슬픔과 탄식이 사라지리로다"(사 35:10).

"머리 위에 영영한 희락을 띠고 기쁨과 즐거움이 있으리라"는 표현은 '기쁨과 즐거움이 그들을 덮칠 것이라' (Gladness and joy will overtake them, NIV)고 번역할 수 있는데, 이는 다윗이 그의 시편 23편 6절에 "내 평생에 선하심과 인자하심이 반드시 나를 따르리니" 라고 한 고백과도 같다.[211] 여기서 '따른다' (히. 라다프)는 '추격한다' (pursue)라는 뜻으로 집요하게 추적하는 하나님의 은혜를 표현한다. 그런데 본문 10절에서 이런 은혜의 기쁨과 즐거움이 속량함을 받은 자들을 추격할 뿐만 아니라 압도하여 덮친다! 이 압도하는 은혜의 길이 메시아 예수의 십자가와 부활을 믿고, 그를 나의 주 나의 하나님으로 고백하는 이들에게 열린다. 이 길은 이 땅에 새롭게 출범한 하나님의 나라로 안내할 것이고, 장차 하늘에서 내려오는 거룩한 성 새 예루살렘으로 완성될 것이다. 날마다 압도하는 은혜의 기쁨과 소망 가운데 두려워 말고 담대하게 믿음의 분투를 싸워나가자!

[53장 각주]

205) 양형주, 「평신도를 위한 쉬운 로마서」, 49-52쪽.
206) 존 오스왈트, 「NICOT 이사야 I」, 716쪽.
207) 이러한 견해는 김회권, 「이사야 I」, 657쪽.
208) 존 오스왈트, 「NICOT 이사야 I」, 719쪽.
209) 게리 스미스, 「NAC 이사야 I」, 754쪽.
210) 위의 책, 754쪽.
211) 알렉 모티어, 「이사야 주석」, 607쪽; 참조 존 오스왈트, 「NICOT 이사야 I」, 720쪽.

[부 · 록]

이사야는 이런 책이다

예언서의 최고봉 이사야

이사야는 누구인가?

이사야서의 시대적 배경과 구성

이사야서의 주요 주제

* * * * *

*** 예언서의 최고봉 이사야**

이사야서는 그 자체로 구약성경 가운데 하나님에 관한 지식을 아주 풍성하게 전달하는 책 중 하나다. 이사야서는 구약의 여러 예언서 중 66장으로 가장 분량이 많고(렘 52장, 겔 48장 참고) 장엄한 하나님 나라의 통치와 회복의 비전을 제시한다. 신약성경에 오면 이사야서의 중요성은 더욱 커진다. 이사야서는 복음서를 비롯하여 바울 서신과 다른 신약성경에서 가장 많이 인용되는 선지서이기 때문이다. 그만큼 이사야서는 예수 그리스도를 통해 계시되는 복음의 성취에 심원한 영향을 끼친 책이다. 신약의 성도들은 이사야서를 통해 하나님을 더욱 깊이 알 수 있고 거룩한 성 시온의 회복, 하나님의 열방 통치와 회복, 이를 이루기 위해 보내실 여호와의 종 등에 대해 매우 풍성한 영감을 얻을 수 있다.

* 이사야는 누구인가?

'이사야' 란 이름은 '여호와가 도움이시다' 란 뜻이다. 이사야 1장 1절은 이사야를 아모스의 아들로 소개한다. 이사야의 아버지 아모스의 이름은 '여호와께서는 강하시다' 를 의미하며, 이는 그가 여호와를 경외하는 믿음의 가문에서 자라났음을 짐작할 수 있다. 이사야에게는 적어도 두 아들이 있었다. 첫째는 '스알야숩' 으로 '남은 자가 돌아오다' 는 뜻이며(사 7:3), 둘째 '마헬살랄하스바스' 는 '노략이 속히 올 것이다' (사 8:1)는 뜻이다. 이사야의 두 아들은 하나님의 예언에 대한 징조와 예표로 쓰임받았다. 이사야의 아내 또한 '여자 예언자' 로 소개되며, 예언자의 사역을 했던 것으로 보인다(사 8:3, 새번역 참조). 이렇게 볼 때 이시야의 가정은 예언자의 사명에 온전히 쓰임받았던 충성된 가문이었다.

이사야가 선지자의 사명을 감당하는 동안 제사장 가문과 왕실 사람들과 비교적 쉽게 접촉하고 왕래할 수 있었던 것으로 보아, 그는 유다의 종교, 정치 계층과 깊은 관련이 있었을 것이다. 이사야는 여호와의 명령에 따라 대제사장 우리야를 증인으로 세우고(왕하 16:10-16 참조), 아하스왕의 장인인 스가랴(왕하 18:2 참조)를 증인으로 세웠다(사 8:2). 이사야는 윗못 수도 끝 세탁자의 밭 큰 길로 나아가 아하스왕을 만나고(사 7:3), 여호와께 징조를 구하도록 직접 아하스에게 요청한다(사 37:2). 히스기야왕 때는 왕궁으로 직접 찾아가 히스기야를 만나기도 한다(사 38:1,5, 39:3).

* 이사야서의 시대적 배경과 구성

이사야 1장 2절은 이사야의 활동 시기를 '웃시야와 요담과 아하스와 히스기야시대'로 진술한다. 웃시야를 기준으로 하면 대략 주전 780년부터 시작된다. 하지만 이사야가 본격적으로 활동한 것이 '웃시야왕이 죽던 해'(사 6:1)로 보면 대략 주전 740년부터로 볼 수 있다. 이때부터 산헤립이 예루살렘 침공에 실패한 701년까지가 이사야가 주로 활동했던 시대다. 후대의 전승에 따르면 이사야는 므낫세시대에 순교한 것으로 알려졌다(히 11:37 참조).

이사야서는 그 내용상 크게 세 부분으로 나뉘며 각 부분에 따른 시대적 배경도 다르게 나타난다.

1. 1~39장(주전 740-701년) : 앗수르의 침공과 유다의 위기

1) 유다의 범죄와 심판(사 1-5장)

2) 심판 중의 은혜(사 6-12장)

3) 열방에 대한 심판(사 13-27장)

4) 유다와 예루살렘에 임할 심판과 구원(사 28-35장)

5) 예루살렘의 구원과 히스기야의 치유(사 36-39장)

2. 40~55장(주전 605-538년) : 포로 이스라엘을 향한 위로와 소망

6) 위로와 구원의 약속(사 40-48장)

7) 여호와의 종, 메시아에 대한 약속(사 49-55장)

3. 56-66장(주전 539-400년)

: 고레스 칙령 이후 귀환하는 이스라엘

8) 다가오는 영광스러운 미래와 열방의 회복

* 이사야서의 주요 주제

이사야서 전체를 관통하는 핵심적인 주제들은 다음과 같다.

1. 여호와 하나님은 이스라엘의 거룩하신 하나님으로(사 5:16, 10:17,20, 12:6, 17:7, 29:19, 30:11-25, 31:1, 37:23, 40:25, 45:11, 48:17, 49:7, 55:5), 그의 위엄과 능력과 주권을 세상에 드러내는 분이다(사 6:1,3, 14:22-23, 40:15,21-23, 47:1-4).

2. 여호와 하나님께 나아가려면 그의 백성 또한 거룩해야 한다(사 4:3, 6:5-7, 62:12, 64:8, 66:17). 죄는 하나님과의 관계를 단절시키며 하나님의 진노와 심판을 초래한다(사 1:10-17, 58:1-12, 66:1-4).

3. 하나님이 아닌 우상을 숭배하고, 열방을 의지하는 것은 헛된 일이다(사 7:1-8:22, 28:14-22, 30:1-17, 31:1-3, 39:1-8). 우상을 숭배하는 자들은 보아도 보지 못하고, 들어도 듣지 못한다(사 6:9-10, 43:8, 44:18).

4. 하나님은 온 열방을 통치하고 다스리는 창조와 역사의 주인으

로 그 무엇도 하나님과 비교할 자가 없다(사 40:3-5,12-31, 52:10, 59:19, 66:1-8).

5. 하나님은 그의 백성들의 죄를 눈과 같이 희게 할 것이며 용서하실 것이다(사 1:18).

6. 하나님의 심판은 그의 백성을 남은 자들로 줄어들게 하지만 결국 남은 자들을 회복시킬 것이다(사 1:9, 4:2-3, 10:22, 11:16, 46:3).

7. 무너진 시온은 장차 회복될 것이며 장차 모든 산 위에 우뚝 설 것이며 열방이 그 빛을 보고 모여들 것이다(사 2:2-4, 11:10, 42:1-13, 49:1-6, 52:15, 55:1-5, 60:1-3).

8. 죄 많은 이스라엘을 회복할 자는 여호와의 팔로 나타난 기름부음받은 메시아(사 61:1-3), 곧 여호와의 종이다. 그는 세상의 유일한 소망으로, 매우 연약한 싹과 같은 미천한 아기이자(사 9:6) 이새의 줄기, 곧 다윗의 후손으로 올 것이다(사 11:1). 그러나 그는 하나님이며, 그의 찔림과 상함으로 우리의 허물과 죄가 사함받고 상처가 치유될 것이다(사 53:5).